OPEN 是一種人本的寬厚。
OPEN 是一種自由的開闊。
OPEN 是一種平等的容納。

OPEN 2

龍樹中論的哲學解讀（增訂版）

作　　者—吳汝鈞
發 行 人—王春申
總 編 輯—張曉蕊
責任編輯—徐平
校　　對—趙蓓芬
封面設計—兒日設計

行　　銷：劉艾琳、蔣汶耕
影音組長：謝宜華
業務組長：王建棠
出版發行—臺灣商務印書館股份有限公司
23141 新北市新店區民權路 108-3 號 5 樓（同門市地址）
電話：(02)8667-3712　傳真：(02)8667-3709
讀者服務專線：0800056196
郵撥：0000165-1
E-mail：ecptw@cptw.com.tw
網路書店網址：www.cptw.com.tw
Facebook：facebook.com.tw/ecptw

局版北市業字第 993 號
初版：1997 年 2 月
二版一刷：2018 年 8 月
二版六刷：2024 年 2 月
印刷廠：沈氏藝術印刷股份有限公司
定價：新台幣 550 元
法律顧問：何一芃律師事務所

龍樹中論的哲學解讀

吳汝鈞——著

新版序

拙著《龍樹中論的哲學解讀》於一九九七年由臺灣商務印書館出版，由於讀者的反應不錯，再版了多次。近日臺灣商務印書館擬把舊版翻新，我自然感到高興，本來想在《中論》的偈頌方面做些事情，把偈頌的梵文原文和藏文的翻譯找出來，附在鳩摩羅什的漢譯之後，然後做些解釋。但由於偈頌繁多，需要較長的時間才能做好，這樣便拖延了新版的面世時間，因此打消了這個念頭，只做了些校對，改正和加入一些梵文、英文、德文的字眼，內容則完全保留下來。不過，關於這部鉅著（magnum opus）的梵文原本，我考量了再三，覺得還是把它作為附錄刊印出來，而且以其原來的天城體（Devanāgarī）表出。那是參考了以下三書而整理出來的：

1. J. W. De Jong, ed. Ch. Lindtner, rev. *Nāgārjuna's Mūlamadhyamaka-kārikā.* The Adyar Library and Research Centre, India, 2004.
2. Louis de la Vallée Poussin, ed. *Mūlamadhyamaka-kārikās de Nāgārjuna avec Prasannapadā Commentaire de Candrakīrti.* Bibliotheca Buddhica, No. IV. St. Petersbourg, 1903-13.
3. K. K. Inada. *Nāgārjuna: A Translation of his Mūlamadhyamaka-kārikā.* Tokyo: The Hokuseido press, 1970.

《中論》（*Madhyamaka-kārikā*）在大乘佛教的文獻中非常重要，解讀有些困難。我研讀這部論典，花費了很多時間，同時也在不同的階段，參考了日本和西方學者的著作。他們包含宇井伯壽、中村元、長尾雅人、梶山雄一和立川武藏；西方學者則有 Th. Stcherbatsky、M. Sprung 和 R. H. Robinson。路途相當曲折，很多時候也運用了傳統邏輯以至符號邏輯，以顯示龍樹《中論》這部名著的論證方式，禁得起邏輯方法論的考驗。我也注意到龍樹的邏輯思維通常是依從反面來確立正面這一路向。即是要證立命題 a，得先設立 ~a，進一步確認 ~a 是違背我們一般的思考，因而再加以否定 ~，這是雙重否定，最後這雙重否定被解構、被對消，而成立 a 這個命題。關於龍樹的論證方式，我在拙著《印度佛學研究》中有專文討論。

萬金川先生有《中觀思想講錄》一書，其中涉及一些問題，與我的這部《龍樹中論的哲學解讀》有關。他特別強調內學院的藏要本的重要性，批評我沒有運用這藏要本的譯文，而以《大正藏》為依據、為底本來研究。我頗不以為然。在我看來，研究《中論》依《大正藏》的鳩摩羅什漢譯，再輔以梵文原典作參照，已很足夠。萬先生還談及其他問題，有些我已採用，有些則不予置評。萬先生是中觀學研究的專家，他的說法自然有據，我在此謹向他誌謝。

萬先生又提到我的學位論文 "T'ien t'ai Buddhism and Early Mādhyamika"，可以助我們理解我國古代學者如何對待中觀學這部鉅著的重要思想。這篇學位論文已由夏威夷大學出版社出版。後來又由陳森田先生翻譯為中文，用《中道佛性詮釋學》為書名，由臺灣學生書局印行。這是後事，為補充性質。

進一步而言，萬先生肯定拙著《龍樹中論的哲學解讀》是當代漢語學界繼印順《中觀論頌講記》之後，最為全面地疏釋《中觀論頌》全書二十七品所有頌文的著作，而這兩部著作的出版時間竟相距了半個世紀之久。實際上，在印順的《中觀論頌講記》之後，疏解《中論》的書很多，為什麼說拙著是印公的《講記》之外，之後五十年來另一本最為全面疏釋這部《中論》的著作，而不及其他人所作的疏釋呢？可見拙著有其特出之處，而萬先生未有仔細留意。拙著很明顯與其他著作不同之處，是在主脈上疏解《中論》裡的論證方式，如在前提拙著《印度佛學研究》中的專文所作的。這是萬先生所未意識及的，他很可能未有看完我的疏解，便確認它是印公《講記》之後半個世紀中出現的其他人的疏解，這也是很可惜的。

最後，大陸方面近年（二〇一一）有葉少勇的《中論頌：梵藏漢合校・導讀・譯注》，功力既深且廣，值得注意。

自序

如所周知，龍樹（*Nāgārjuna*）的《中論》（*Madhyamaka-kārikā*）或《根本中論》（*Mūlamadhyamaka-kārikā*）是印度佛學的一部挺重要的著作，以偈頌的方式構成。它以極敏銳的邏輯，通過堅強的論證，把印度大乘佛學的空之哲學有力地確立起來。印度大乘佛學的中心概念是空（śūnyatā），而《中論》便是以明快和清晰的思考，從多方面闡述空的義理，把大乘哲學推向一個高峰。另外，印度大乘佛學的其他重要思想，如有關緣起、假名、中道、涅槃、業的說法，都在《中論》中得到確定下來，對爾後佛學的發展，散發出深遠的影響。佛教的四句（catuṣkoṭi）、四句否定和兩難等的思考方式，也在《中論》中樹立了典型。關於這部鉅著的文獻學的背景、哲學的旨趣，以及論證的方式等等，我在本書的〈概說〉中已有頗詳盡的交代，這裡不想再重複了。在這裡我只想集中談談《中論》的研究問題和這部《解讀》的撰著緣起。

以《中論》為中心來研究龍樹的中觀哲學的，在日本及歐美的佛學研究界來說，非常興盛。這可以說是國際的佛學研究的一個熱門題材。就研究《中論》這部文獻的偈頌來說，也很蓬勃。這主要是把這些偈頌翻譯成現代語文，並加上注解。大體來說，這些研究都是文獻學方法的。在西方，把梵文《中論》翻譯為現代英語的，起碼有以下多種：

1. Frederick J. Streng, *Emptiness: A Study in Religious Meaning*. Nashville and New York: Abingdon Press, 1967.
2. Kenneth K. Inada, *Nāgārjuna: A Translation of his Mūlamadhyamakakārikā*. Tokyo: The Hokuseido Press, 1970.
3. David J. Kalupahana, *Nāgārjuna: The Philosophy of the Middle Way*. Albany: State University of New York Press, 1986.
4. Ram C. Pandeya and Manju, Nāgārjuna's Philosophy of No-identity. Delhi: Eastern Book Linkers, 1991.

在這四種翻譯中，稻田龜男（Kenneth K. Inada）與卡魯帕哈納（David J. Kalupahana）的著作較具特色。前者行文流暢，在每品翻譯之先都附有對該品內容的簡單介紹。後者則對每一偈頌的涵義都作長短不一的分析。卡魯帕哈納更精通漢文，他曾把鳩摩羅什的漢譯《中論》譯成英語，故他的梵文《中論》的翻譯參雜有羅什的漢譯的味道。

日本學者對《中論》的研究，則更仔細和廣泛。他們不但把《中論》的梵文本翻譯成流暢的日語；更把這梵文本與幾種漢藏譯本子拿來作文獻學式的對照，把漢藏譯本子也翻譯過來。在這些研究中，最具規模的要數三枝充悳的《中論偈頌總覽》（東京：第三文明社，一九八五）了。這是有關《中論》的梵文原典、兩種藏文譯本和三種漢文譯本的對照研究，把這梵文原典和藏文譯本分別譯成現代日語，也對三種漢譯一一作了訓讀（按訓讀是日本學者讀解漢文的特別方式）。另外，並附有簡單的文獻學的解釋。稻津紀三與曾我部正幸合著的《龍樹空觀、中觀の研究》（東京：飛鳥書院，一九八八增補新版）也很堪注意。此書附有《梵漢和對照中論本頌原典》，其中把《中論》的梵文偈頌、所轉成的日譯、羅什譯本、羅什譯本的訓讀和《般若燈論》（*Prajñapradīpa*）的《中論》譯文並列出來以供對照。另外，原書末尾又有〈中論本頌本文解釋〉，提示梵文原偈與羅什譯本的文獻學上的問題與解釋。除以上兩種外，把《中論》譯成日本語的，還有羽溪了諦（《國譯一切經印度撰述部》第六十七冊，東京：大東出版社，一九七六）、宇井伯壽（《宇井伯壽著作選集》第四卷，東京：大東出版社，一九七四）和平川彰（中村元編《大乘佛典》，東京：筑摩書房，一九八一）三人。其中，羽溪譯本是譯自羅什的漢譯本子，宇井和平川譯本則是從梵文原本翻譯過來。

這些英日文的翻譯，對研究《中論》來說，特別是就文獻學方面來說，解決了不少細微的問題，當然有一定的貢獻。但從哲學義理一面言，由於《中論》文簡意精，它的豐富而艱深的義理與敏銳而曲折的論證方式，都不是單看頌文便能加以把握的，即使加上了現代的語譯和簡單的注釋，還是幫助不大。對於很多涵有豐富義理的偈頌，讀者簡直是如置身五里霧中，不得其門而入。這樣便需要對頌文作詳盡的講解了。就這方面來說，我國的印順法師的《中觀論講記》（臺北：慧日講堂，一九五二初版），在一定程度內頗能滿足這方面的要求。印公精通中觀學（Mādhyamika, **Madhyamaka**）的漢譯文獻，又熟諳龍樹的思路，對龍樹與當時印度哲學如正理學派、數論學派與佛教內部如說一切有部的爭執也能一一作詳細的交代。無可懷疑，他的《講記》對我們理解羅什的漢譯《中論》有一定的助力，也能在一定程度上反映出龍樹的以空義為中心的思想。

不過，我們也不必諱言，印公的《講記》有他的限制。首先，這書是印公演講的紀錄，出版於一九五二年，但印公於一九四二年已在四川法王院演講《中論》了，那是七十多年前的事。在這七十多年之中，現代佛學界在對中觀學與《中論》的研究方面，有多方面的突飛猛進的進展。這主要包括對基本概念的闡釋與基本方法的把握兩方面。留意中觀學的人，漸能以哲學的進路來理解龍樹的重要概念，和以邏輯特別是符號邏輯來處理龍樹的思考和論證方式了。因而頗能把龍樹的整個思想輪廓的特色呈現出來。這些研究成果，都是印公那時所不及見的，因而未能加以吸收。另外一點，《講記》是以鳩摩羅什（Kumārajīva）的漢譯《中論》為藍本的，這個譯本大體來說文字流暢，也能達意。但在有些地方文意隱晦難明，而且有顯著的錯誤，例如第二十四品的三諦偈便是一個明顯的例子。這是我們比對梵文原典而展示出來的。故只根據羅什的漢譯來講《中論》是不足夠的，有些地方需要參照梵文原本，才能弄清楚龍樹的意思。印公的《講記》未有參照梵本，是不足的。

我們的《解讀》，盡量避免了上述兩點不足之處。所謂「哲學的解讀」，表示我們對《中論》的理解，基本上順著哲學的路數來進行，以現代人熟悉的名相、詞彙和表達方式，通俗地對《中論》中的根本概念與哲學方法，作系統的分析，展示其中的哲學涵義與邏輯因素。在文獻學研究法與哲學研究法這兩種佛學研究法之間，我們比較多運用哲學研究法。我們非常重視鳩摩羅什的漢譯本，扣著這個譯本來對《中論》的偈頌逐一進行研讀。在羅什的譯本有文意隱晦的地方，或有顯著錯漏的地方，便拿梵文原本來對照，以梵文原本為依歸。若這樣做還不足夠，還不足以看出龍樹的意思，我們便拿羅什譯青目（Pingala）的注釋來參考。當然這一連串的作法，是在我們吸收了現代學者對中觀學和《中論》的研究成果的基礎下進行的。

由於這是一哲學的解讀，即解讀以哲學義理的闡發為我們的關心所在，因而對《中論》偈頌的注釋，在篇幅方面，便不能平均分配。即是說，對於那些具有深刻的哲學涵義的偈頌，我們會用很多的篇幅來解釋；而對於一般的偈頌，則用較少的篇幅交代一下便算。事實上，《中論》的偈頌，就哲學的抒發度來說，是有點參差的。有些很有哲學意味，其中所包含的概念，很有哲學涵義；有些則只抒發一般的意思。例如上面提到的三諦偈，其哲學意味便非常濃厚，因為中觀學以至整個大乘佛學的幾個重要概念，如因緣生、空、假名和中道，都在其中同時出現。故我們的解讀，便用上三四千字的篇幅，來逐一交代這幾個概念，及它們之間的相互關係。

有一點要說明的是，這部《解讀》既是以哲學方法來處理的，自然免不了對《中論》的思想的發揮。這發揮是小心謹慎的，它依於兩點根本的認識。第一點是，整部《中論》的二十七品，都是透過不同的主題，來闡述諸法無自性因而是空這一中心義理；即是說，它是以破自性而證空義作為其根本旨趣的。第二點認識是，龍樹的這種空之思想或空之哲學，是直接承自原始佛教的緣起、無我思想和《般若經》（*Prajñāpāramitāsūtra*）的無自性空思想而來的。龍樹在《中論》要做的，是提出敏銳的論證，把這種思想加以哲學化。

以上的所述，便是我們理解《中論》哲學的方法；這部《解讀》，便是依這方法做出來的成果。成績如何，我們不便置評，這應由高明的讀者來評檢。以後我們希望有機會能再弄一部以文獻學為主的《中論》解讀。

最後，我們要聲明一點，這部《龍樹中論的哲學解讀》本來是我在香港能仁書院哲學研究所的講課紀錄。我由一九九三年九月開始，在這研究所講授大乘佛學的專題課程，主要便是為諸生作《中論》的解讀，講了三年，至一九九六夏季完畢。這個講課，先後由黃志豪和陳森田二君錄音，然後筆錄下來，再由我自己修改，便成為這個樣子。對於黃、陳二君的辛勞，我要表示自己的祝福與感謝。另外，這個《解讀》的紀錄撰述計畫，又曾得到香港浸會大學的經濟支助，由於這項支助，我才能請黃、陳二君作為我的研究助理，參予《解讀》的錄音與筆錄的工作。在此我也謹向香港浸會大學致由衷的謝意。

目錄

概說

（一）中觀學派

中觀學派（Mādhyamika 或 Madhyamaka）是大乘佛教（Mahāyāna Buddhism）的重要學派之一。大乘佛教通常可分為三大學派，最先出現的是中觀學派，接著是唯識學派（Vijñānavāda），最後的是如來藏思想或如來藏學派（Tathāgata-garbha）。在這三個學派之中，不論從歷史演進或義理發展的角度來說，中觀學都較後出的唯識學或如來藏思想為重要。在許多重要的佛教觀念或理論中，皆以中觀學作為基礎，特別是空與中道概念，更由中觀學所奠定。

中觀學與較其早出的般若思想（Prajñāpāramitā）常被合稱為「空宗」，而跟由唯識學所代表的「有宗」相提並論。所謂空宗，實包括了兩大部門，這分別是般若思想和中觀學。兩者有相當密切的關係。般若思想主要表現在《般若經》（*Prajñāpāramitā-sūtra*）之中，諸如《心經》（*Prajñāpāramitā-hṛdaya-sūtra*）、《金剛經》（*Vajracchedikā-prajñāpāramitā-sūtra*）、《八千頌》（*Aṣṭasāhasrikā-prajñāpāramitā*）等，以至於那些篇幅較為龐大的般若經典。中觀學基本上是發揮般若思想裡的空（śūnya）的義理，它提供一些較嚴謹和具邏輯性的論證，以之來論證這個空的概念的成立。在空宗裡，般若思想較早出，它以經（sūtra）——《般若經》——為主，並且以直截了當的方式來陳述空的義理，而較少論證，所以它的哲學成分較為薄弱。但到了中觀學，基本上卻在發揮般若思想所強調的空義，它以非常嚴格的論證來支持空理的成立，因此有所謂「空之論證」。除卻這個空的概念外，中觀學還提及因緣生（pratītya-samutpāda）、中道（madhyamā-pratipad）、假名（prajñapti）、二諦（satya-dvaya）和涅槃（nirvāṇa）等觀念。而在哲學或邏輯方法上，它又強調四句（catuṣkoṭi）、四句否定和兩難（dilemma）等方法的運用。

（二）中觀學的重要文獻

中觀學的文獻極為豐富，但一般以《中論》（*Madhyamaka-kārikā*）和《大智度論》（*Mahā-prajñāpāramitā-śāstra*）兩部著作為最重要。《中論》可確定為龍樹（Nāgārjuna, 約 150-250）的作品；但經過許多現代學者的研究後，他們紛紛對《大智度論》的作者問題提出了質疑，認為它不一定是由龍樹所著。那究竟是誰的著作，至今仍沒有定論。有人提出，它是由譯者鳩摩羅什（Kumārajīva，344-413）所著；另有人指出，它是先由龍樹造了一部分，再經鳩摩羅什之手翻譯，而在翻譯的時候，鳩摩羅什除潤飾文體外，還加添了自己的見解，至今尚無定論。故此，現今對龍樹中觀學的研究，基本上還是以《中論》為主，而較少涉及《大智度論》。至於《中論》的主要內容，如前所述，可以總括為提倡空、中道等基本概念，以及運用四句、兩難等哲學方法兩大部分。

（三）研究《中論》的重要性

為何《中論》如此重要，值得我們特別來研習呢？這是因為中觀學是大乘佛學的基石，它較唯識及如來藏兩系統更為重要。不論從歷史方面還是義理方面來說，中觀學都是大乘佛教裡一個最重要的部分。它在印度佛學與中國佛學中，都有深遠的影響。而在中觀學的文獻之中，《中論》可算是最重要的。所以，就佛學的研究來說，若能夠掌握到《中論》的基本思想，便足以建立起一個了解大乘佛學的良好基礎。此外，如就哲學與邏輯的訓練來說，《中論》也是一部內容豐富、思想深刻的哲學著作，透過對它的研習和理解，則對哲學與邏輯思考的訓練，也有一定的幫助。可以說，無論就佛學研究或是哲學訓練來說，《中論》都是一部極其重要的文獻。

（四）《中論》的翻譯本子的問題

有關梵語 Mādhyamika 一詞，既可指中觀學，也可指中觀學派或中觀學者。三者的梵語皆是 Mādhyamika。至於《中論》的梵語，則是 *Madhyamaka-kārikā*，Madhyamaka 是取其中間的意思，kārikā 即偈頌，兩者合起來便稱為《中論》。又名《中論頌》或《中觀論頌》。

順著時代的發展，《中論》加上註釋而構成的文獻，共有六種。這六種文獻就是：

1. 青目釋，鳩摩羅什譯《中論》（只有漢譯）。
2. 《無畏論》（Akutobhaya）（註者不明，藏譯）。

3. 佛護（Buddhapālita, 470-540）註《根本中論註》（只有藏譯）。
4. 清辨（Bhavya 或 Bhavaviveka, 500-570）註《般若燈論》（Prajñāpradīpa）（有漢譯及藏譯）。
5. 安慧（Sthiramati, 510-570）註《大乘中觀釋論》（漢譯）。
6. 月稱（Candrakīrti, 600-650）註《淨明句論》（*Prasannapadā*）（梵文原本、藏譯）。在這六種《中論》的本子之中，只有一種屬梵文原本，這即是月稱《淨明句論》的梵文本子。現流行於西方及日本的《中論》梵文原本就是那個收在月稱《淨明句論》裡的梵文本子。故此，月稱的註解本極其重要，因為它收有《中論》的梵文原本。另外，鳩摩羅什譯並由青目註釋的《中論》本子，則是最流行的漢譯版本。至於其他本子，也都各具參考的價值。其實，在這六種本子當中，最重要的始終是月稱《淨明句論》裡所收的《中論》的梵文原本，因梵文本子實最足以代表龍樹的原來意思。現代流行的梵文本子是由法比系學者蒲桑（Louis de la Vallée Poussin, 1869-1938）所校訂的，他校畢《中論》的梵文原本，收於蘇聯出版的《佛教文庫》（*Bibliotheca Buddhica*）第四冊之中。這個本子就是附於月稱註釋中的《中論》梵文原本。

總括地說，《中論》現存的本子共有梵文本一種、藏譯四種及漢譯三種。而在《大正藏》之中，分別載有青目釋、清辨註及安慧註三種漢譯的本子。我們現在選取來研讀的是附於青目釋裡的《中論》本子，這即是鳩摩羅什所翻譯的本子。

在鳩摩羅什的《中論》漢譯裡，有一個明顯的問題。這就是鳩摩羅什的譯文有時跟現今僅存的梵文本原文有出入。這是否意味著鳩摩羅什在翻譯上出了錯誤呢？其實，這也不一定是鳩摩羅什的錯誤，因為鳩摩羅什所據以翻譯的梵文本子並不一定就是現存月稱註釋中所附的《中論》的梵文版本。可能的情況是，《中論》實際上有幾個梵文本子，其中的一個收在月稱的註釋之中，而鳩摩羅什所依據的可能是另一個本子。因此，鳩摩羅什不一定要對其譯文跟月稱本子不完全相應而負上責任。但到底哪個本子最為正確可靠呢？這實在無從考究了。對於幾個不同的版本，應視哪一個為標準，也很難說。但歸根究柢，月稱的本子始終是梵文版本，它的權威性總強一些。雖然如此，我們還是不能夠忽略鳩摩羅什的漢譯本的價值。這個譯本流傳很久，已成為我國和日本的佛學傳統研究中觀學的最重要古典文獻了。

（五）《中論》的組織

《中論》的梵本是用偈頌體寫成的，在鳩摩羅什譯為漢語的時候，為了使譯文精簡及方便背誦，也就保留了偈頌的形式。整本《中論》共有二十七品（章）。每首偈頌有四句，每句五字，即每一偈頌共有二十字。各品的篇幅長短不一，最長的是第二十四品觀四諦品，有四十首偈頌，共八百字；最短的是第十九品觀時品，有六首偈頌，只有一百二十字。在《中論》每一品名的開首處，皆冠上一個「觀」字，如觀因緣品第一、觀去來品第二、觀六情品第三，以至觀邪見品第二十七。這「觀」字表示觀察各種不同的主題，以透顯出中觀學所提倡的空義。

《中論》裡多數偈頌所涵蘊的義理很深奧，現更以偈頌的形式表達出來，雖能收到精簡扼要的效果，但也令到《中論》的意思更加艱澀難懂，這對理解龍樹的哲學也構成了若干妨礙。就如第二觀去來品，可說是《中論》裡最難懂的一品。這品是討論運動的問題，但其意思相當深微，要對它作出妥當的理解，實在頗費周章。所以，要把全本《中論》讀遍，並了解各品的涵義，實在不是一件輕易便辦得到的事情，必須付出很多心思與工夫才行。

（六）《中論》的主旨

現在讓我們集中討論《中論》的主旨問題。我們可以說，整部《中論》的主旨是宣揚空（śūnyatā 或 emptiness）的義理。全書各品都環繞著空義而展開不同的討論，目的在陳示出世間任何事物都隨緣而起，其中並沒有常住不變的自性（svabhāva），因而是空。這空或空理不單是中觀學派所特別強調，更是整個佛學的義理基礎。中觀學強調空的立場是繼承了般若思想而來的。不過，兩者雖同樣宣說空的思想，但卻有著相異的表達手法。中觀學者是根據《般若經》而造論（śāstra）的，如龍樹的《中論》，以至《大智度論》（*Mahāprajñāpāramitā-śāstra*）等，都是以論的形式來闡述空理，這就跟以經（sūtra）為主的般若思想有所分別。經並沒有什麼論證，往往只是在言詞中表示出對世間事物的某種看法。但缺乏對這種看法的論證，這尚不足以構成哲學。故此，我們通常不把佛經視作具有豐富哲學成分的文獻。論卻有所不同。在論之中，往往發現到不少嚴謹的論證，論即以這些論證來證立經中所述的種種義理。只有提供出論證，才能算作哲學。而在《中論》之中，就充滿對各種論題的不同論證。因此，《中論》是一部具有濃厚哲學意味的佛教空宗的文獻。

《中論》的根本觀念是空，它對空的說法，較其他佛教學派的說法為專一與明確。在此我們先將《中論》所表示的空義清楚地交代出來，再一品接一品地研習下去。《中論》的空義，基本上有兩個意思。第一個意思是自性的否定，第二個意思則是邪見（dṛṣṭi）的否定。對於事物的自性或邪見，《中論》都用否定或遮詮（negation）的方式來處理。實際上，我們可以將自性的否定劃入邪見的否定之中，以邪見的否定來概括空的整體的意思。因自性見也可說是一種邪見。但為了清楚交代空的具體涵義，最好還是把這兩個意思分開來討論。

先說第一個意思。自性的否定表示世間事物都由因緣和合而成，其中並沒有常住不變的自性。自性一詞的梵語為 **svabhāva**，**sva** 指自己，**bhāva** 指存在或存有。從 **svabhāva** 的梵語結構來解釋自性一詞，可把自性視為某種具有自身的存在性的東西，它並不需要依賴其他任何東西也得以存在。按照佛教的說法，世間任何事物都由緣起（**pratītya-samutpāda**）而成，因此都沒有自性，不能有自己決定自己存在的本質。所以，佛教便提倡自性的否定的學說，這就是空的涵義，空即無自性（**asvabhāva**）的意思。這個意思就在《中論》裡明確地表達出來。

空的第二個意思指邪見的否定。在此，空即是一種在克服或否定了種種邪見之後所展示出來的境界。所謂邪見，就是指不正確的見解，亦即是偏見。佛教裡常舉出的偏見是認為事物皆有生滅、常斷、同異、來去等所表示的客觀的實在性。其實，這生滅、常斷等東西只是人類思維所提供出來的概念，用以描述事物變化的狀況。所謂生滅、常斷，並不是說在事物之中有一個東西喚作「生」，又有另一個東西叫作「滅」。而是指事物都在緣起的狀態下生起，在空間中存在一段時間，在這期間，其狀態不斷地轉變，最後歸於消滅。即是說，並不是在事物之中有一種具有不變的自性的東西可被稱為生或滅；生滅並不是說事物在客觀裡有其獨立自存的不變性格。它只是思維中的一些概念，用以描述事物的生起、變化，以至於滅去的種種情況。若將這些生滅、常斷等概念自性化或實體化（hypostatize），認為在事物之中有一些常住不變的東西可被稱為生或滅、常或斷，以至於來或去，則只會構成邪見，從而阻礙了我們對事物真相的了解。所以，我們不可以執取任何事物的生滅、常斷等變化的狀態，不可以之為具有自性，否則便會形成邪見。而《中論》提倡空理的作用，就是要否定各種各樣的邪見，使我們免於執取事物的自性，對世間事物的真相有一確當的了解。

（七）《中論》的論證方式

《中論》裡充滿了不同的論證，這些論證基本上都是論證事物是空是無自性的道理。所謂論證（argument），就是透過一些論據來推導出某一結論。較常見的論證是以直截了當的方式來作的，它以前提（premise）帶引出一些正面的論據，由此推導出結論。但在《中論》裡的論證方法卻有所不同，它常常運用一些十分曲折的手法來進行論證。在一般正面的論證之中，若要論證 a，則會運用和 a 有密切關係的 b 和 c 來作為論據，最終把 a 推導出來，而確立之。這可以下列的步驟表示出來：

$$b \cdot c \rightarrow a$$

但在《中論》，所採用的卻不是正面的論證方式，而多是反面的或負面的論證方式。如要論證 a 一命題，則會假設 a 的反面，即～a，由～a 推導出一些困難（difficulty），這些困難多是與日常的世間知解有衝突甚至矛盾的困難。由於～a 會導致困難，若要避免這困難的出現，則必須放棄～a 這一前提。～a 不能成立，即得 a 為真確。這樣的論證過程，如下所示：

～a→d（困難）

～d→a

舉例來說，若《中論》要論證一種說法的成立，則它會設定這說法的反面，並顯示出這反面可引導出一些困難，因此，若要免除這些困難的出現，則必須放棄或不再堅持這說法的反面，即表示要支持或證立這正面的說法。現嘗試作一具體的演示，如要論證自性的不存在（即無自性）一命題，便先假設各種事物都有自性，結果產生種種難題。若要避免這些難題的出現，就一定要放棄事物都有自性的假設，換句話說，即是要堅持無自性的主張。全本《中論》差不多都是運用這種曲折的論證方式。這種屈曲的論證方式可說是貫通於整部《中論》，也充分表現出龍樹在思考和論證上的特色。

（八）研究《中論》的方式

研究《中論》的方式，較常見的有兩種。第一種是論述的方式。這是將《中論》裡的主要義理（包括概念與方法）作一有系統的論述，從而分析其中每個重要概念的意思以及方法的運用。第二種是閱讀的方式。這是按照《中論》本身的文字來了解，把整部《中論》從首至尾疏解一遍。疏解的方法也有幾種。總括地說，有較為古典的作法，這就是指傳統的以經講經或以論講論的手法；另外，也有較現代化的方式，採用現代人所熟悉的方法、概念和辭彙來研讀《中論》，並參閱其梵文原本（Sanskrit original text），以作對照。在這兩種方法之中，我們選取第二種方式來處理《中論》。

這種方式雖然較為笨拙，但透過這種步步推進的閱讀方式，可以讓我們仔細地研習原典，以了解其中所包含的概念及方法。在原則上運用第二種方法來解讀《中論》之下，我們也會盡量利用第一種方法，對重要的問題作深入的系統的分析，以求得它們的哲學的與邏輯的涵義。有時也參考梵本來對讀，以求得某些名相與問題的原意。

現在採用的《中論》漢譯本取自《大正新修大藏經》（簡稱《大正藏》）的第三十冊，第一至三十九頁。這裡所收的文字，除《中論》的漢譯本外，還附上了青目（生卒不詳）的註釋，兩者都由鳩摩羅什所譯。實際上，現在研究《中論》，除了依鳩摩羅什的翻譯外，又可參考其梵文，以正確了解《中論》一書裡所涵蘊的義理。關於參考梵本方面，由於鳩摩羅什的《中論》漢譯本在某些文句上出現了問題，因此透過與《中論》梵本的對比，便能夠將其原意檢出，從而免卻了對龍樹哲學中某些重要概念與理論的誤解。所以，梵本與漢譯的對照比較的研讀方式，顯得格外重要。

觀因緣品　第一

不生亦不滅，不常亦不斷，
不一亦不異，不來亦不出。（《大正藏》三〇．一b，《大正藏》以下省作大）

《中論》（*Mūlamadhyamaka-kārikā*）開首的兩首偈頌不能視為正文，而只能作為整部《中論》的「歸敬偈」。所謂「歸敬偈」，即將作者自身的意願迴向佛祖釋迦牟尼（Śākyamuni，約前五六五—四八六），從中表示出對佛祖的敬意。同時，也可以省略地標舉出整部《中論》的主旨，這即表現在不生（anutpāda）、不滅（anirodha）、不常（aśāśvata）、不斷（anuccheda）、不一（anekārtha）、不異（anānārtha）、不來（anāgama）、不出（anirgama）等所謂「八不」的列舉之中。「八不」即八種否定（eight negations），從否定中顯出中道，因此這首偈頌也被稱為「八不中道」。

「八不」指對八個思想上的概念同時予以否定。「中道」（madhyamā pratipad）是中觀學的重要觀念，但在《中論》裡，卻只出現一次，這即表現在第二十四品的三諦偈「眾因緣生法，我說即是空（無），亦為是假名，亦是中道義」（大三〇．三三b）中。它雖然只出現一次，但在整個中觀學裡，實在是一個頂重要的概念。中道的梵語是madhyamā pratipad, madhyamā是中間的意思，可指人身體上的腰部，因為腰部介乎人身體的中央，從而表示出中間的意思，而pratipad則指道路，兩者合起來便稱為「中道」。但要注意的是，中道並不是一般所常說的中庸的意思。我們慣常運用的中庸一辭的意思，可圖解如下：

a——c——b
中庸

這裡把a和b兩點連成一直線，而在兩者的中間置一c點，這c點就是介乎a和b兩個極端的中間，這便是一個中庸的位置。[1]

但中道的情況，卻有所不同。這也可以用圖表示如下：

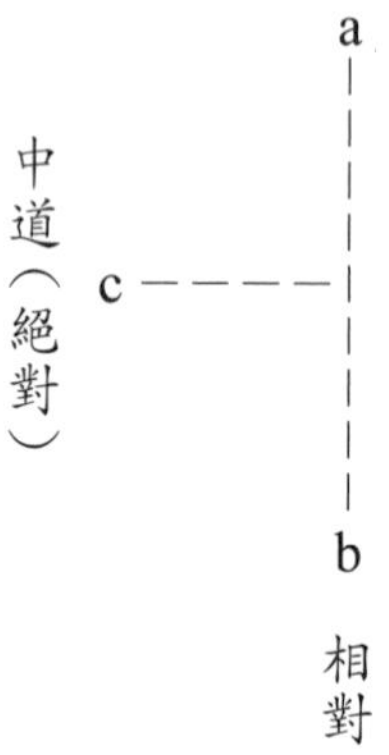

a
|
c - - - - |
|
b

相對

中道（絕對）

在相同的情況下，把a與b點連成一條直線，並在兩者的中央立一垂直線，再於垂直線的頂端放置c點，這條垂直線表示c點超越於a和b兩點所構成的領域之上，從而成就中道。a和b線是相對性的層面，而把c點置於這層面之上，即表示出中道是要超越相對的層面。既不執取a，也不執取b，更不會執取整條 ab 線所表示的相對層面裡的任何東西。即是說，中道超越於整個相對的層面，而構成一絕對的層面或境界。

生（utpāda）、滅（nirodha）、常（śāśvata）、斷（uccheda）、一（ekārtha）、異（anārtha）、來（āgama）、去（出，nirgama）等都是為了描述世間現象的情況而設定的概念，它們只是思維上的構作。[2] 整個現象世界只表現出相對的性格，上述所列舉的各種不同的概念也只是用來描述現象世界裡的種種相對情況。如生對於滅、常對於斷、一對於異、來對於去，它們都是用來描述現象界裡的生成、變化和滅去等等相對性質的活動。我們要從這種種相對性的東西所構成的相對領域之中超越上來，透顯出一種絕對的境界，這便是中道的涵義。所以，將相對的兩邊概念同時超越，而顯出一絕對的中道的境界，就是「不」，不即否定兩邊相對概念的意思。「八不」指同時超越四對八個相對的概念，然後中道的絕對境界便得以彰顯，這就是「八不中道」的整全的意思。

現在進一步解釋「八不」的意思。「八不」包括了對生滅、常斷、一異、來去等四對八個概念的否定，這些概念都是我們主觀思維裡的構作，我們提出了這些概念來描述現象世界中種種東西的變化狀況，而現象界裡各種東西都是因緣和合而成的，其中並沒有常住不變的自性（svabhāva）。這些現象界的東西所以有生和滅等變化，全是依據緣起（pratītya-samutpāda）的法則而進行的，即是說，現象世界是由各種緣起的東西所組合而成的。這些東西先會表現出生（生起）的情況，接著有住（在世間停留一段時間而不發生顯著的變化）、異（逐漸出現明顯的變化）和滅（最後歸於消滅）等幾個變化的歷程。在這裡，我們便運用了生、住、異、滅等概念來描述現象界的東西所經歷的變化狀況。我們雖然採用了生、住、異、滅等概念來指陳現象世界，但卻不可以執取這些概念，以為它們都有其自性，即不可以視自性為藏於現象界各種東西的生、住、異、滅等變化歷程之中。

---

1. 亞里斯多德的中（the mean），便是這個層面的意思，取其中庸，居於其中之意。這意思比較接近常識。
2. 「不去」在鳩摩羅什的譯本中作「不出」。梵文原本之「出」為 gama，表示消失之意，這與「來」的 āgama 對比來說，後者為出現之意。消失與出現正是一明顯的對比；實際上，來與去也有相類似的對比關係。故一般都把「出」作「去」看，以與「來」作對比。這種改法，在文意上影響不大。

如以為生有自性，住有自性，以至異和滅皆有其自性，這只會構成自性見。自性見是一種邪見，我們必須加以否定，從而有所謂「八不」，即不生不滅、不常不斷、不一不異、不來不去等八種否定。我們否定了這些邪見或邊見（邊見與正見是相對反的）之後，便會顯出正見，這正見就是中道的見解。即是說，中道是不偏執於生滅、常斷、一異、來去以至生、住、異、滅等相對的概念，不視它們任何一者為具有自性，從而展示出一種絕待或絕對的境界。所謂絕待的境界，就是要從相對的層面超越上來，而顯現出沒有對待關係的境界，這絕待的境界就是中道。所以，中道是要透過「八不」來否定種種邊見或邪見而顯示出來。這便是「八不中道」的涵義。同時也包含了空的意味，兩者在意義上有重疊，但並非完全一樣，而各有偏重，這點留待討論三諦偈的時候再作說明。

故此，在《中論》的「歸敬偈」中，即明顯地標示出整部書的主旨，這就是中道的奧義，中道在相當程度上等同於空，而有所謂「中道空」。這「中道空」是一表示中道可等同於空的複合概念（compound concept）。這中道或空的境界是透過否定種種邪見包括自性見來顯示，這就構成了「八不」。

其實，這首偈頌運用「八」一數量是沒有什麼必然性的，八只是用來配襯整個偈頌的表述才擬設的，即運用四對八個概念來構成一首文句工整的偈頌，以之來發揮否定邪見或邊見的作用。也可以這樣說，在這首偈頌中並不一定要採用八這個數量，若果偈頌的長度有所不同，也可以伸縮性地運用適當數量的相對概念，使它成為六個相對概念；或是增加另一對概念，將它增至十個，甚至十二個相對概念。事實上，《中論》是由梵文本翻譯過來的。梵文原偈每首只能而且必須有三十二音節。這三十二音節剛好能容納四對亦即是八個概念的否定。總而言之，只要令到整首偈頌得到流暢的表達，而又符合梵文規則的話，則不論是八，還是六、十、十二，甚至再增多一點的相對概念的數量，也會被容許的。

能說是因緣，善滅諸戲論，

我稽首禮佛，諸說中第一。（大三〇・一b）

這首偈頌說，若能顯示由「八不」這「因緣」所顯出來的真理，就可以滅除各種不同的戲論（prapañca）。[3]「戲論」一詞，在佛教典籍中極為流行。這是指將整個世界的真相加以概念化（conceptualization）的行為，以為透過不同的分別概念便能掌握到整體世界的真相，而不能就世界的本來情狀來了解它。所謂世界的本來情狀，即是指世界裡所有東西都是緣起無自性的，也就是空的，這才是世界的本來的狀況。但戲論卻將世界的性格加以概念化，用不同的概念來將世界的性質實在化，如視世界中有生的自性、滅的自性，以至常、斷等自性，這全是戲論的表現。

進一步說，戲論可以指在語言（language）、概念（concepts）或文字（words）上作出不斷的追尋，以為透過這些東西就足以展示出真理的自身。凡持守戲論的人，皆以為語言、概念等可以代表真理，而加以執取、追逐。但實際上，所有語言、概念，還有文字，只不過是人類透過約定俗成（convention）的形式擬設出來的，正由於它們是約定俗成的，所以它們只具備相對的性格。就如

3.「因緣」在這裡指「八不」所規定的緣起的義理，按「八不緣起」是《中論》或中觀學有關緣起方面的說法，表示現象界的諸法都是依因待緣而生起，這種生起是沒有自性的。中觀學要闡述的，便是這種「沒有自性的生起」。它是用遮詮的方法，說明不可能有「自性的生起」。關於八不緣起，其詳可參考拙著《中國佛學的現代詮釋》第八章〈華嚴宗的法界緣起觀〉中的有關部分。

「檯」、「椅」、「紙」或「簿」等概念，全都是具有相對的性格，它們這些稱呼是經由我們約定俗成的，我們全都同意稱某東西為「檯」，而稱另外一類東西為「椅」，甚至為「紙」、為「簿」等，它們的稱謂並沒有必然性。如桌這類東西不一定要稱為「檯」，簿也不一定要喚作「簿」，它們這些稱謂全是為了我們溝通和了解上的方便而設定的。舉凡約定俗成的東西，都只有相對的性格，而所有語言、概念、文字等都是約定俗成而得以建立的，所以全是相對的，我們並不能透過相對性格的東西來表達具有絕對性格的真理。但若我們錯認這些相對性的語言、概念等足以表達絕對的真理，而妄加執取，則這些語言、概念便會形成戲論。戲論會對人接近真理構成障礙，令人墜入對語言、概念的迷執之中，而不能了達真理。也有人將戲論翻譯為「觀念遊戲」（intellectual play），這指耽迷於觀念的尋索之中，失去了洞察真理的方向。

在接下來的下半頌中，作者對佛祖表示出虔誠的敬意，「稽首」是對佛祖行禮，並讚歎他提出的「八不中道」的說法，而譬之為種種不同的說法中最優勝的一種說法。4

一・一　**諸法不自生，亦不從他生，不共不無因，是故知無生。**（大三〇・二b）

這是〈觀因緣品〉正文的開始。其實，「觀因緣」也可稱為「破因緣」，意思是破除對因緣（因果）關係（causality）的不正確的理解。所謂不正確的理解，是以為因緣各有自性（svabhāva），但龍樹指出，這是一種不正確的見解，因此他在這品裡便要盡力加以破斥。但要注意的是，龍樹並非要破除一般的因果關係。這一般的因果關係指規範著現象世界裡所有東西的生成變化等情況的律則，這是世界的真實狀況，是不能破除的。可是，若執取因果規律，以為因有其自性，果也有其自性，即以自性的立場來看待因果關係，這便會形成邪見。當執著因果關係而構成邪見，便須加以破斥。

本品由這首偈頌開始，以及後述的若干偈頌，基本上都在表達這個相同的主題，即破除對因緣所產生的自性見或邪見。現在這偈頌更是全部〈觀因緣品〉的樞紐，是極為重要的一首偈頌。所以，我們在這裡必須加以仔細的探討。也由於本偈頌較其餘各偈頌為複雜，我們也要花上不少的篇幅才能弄清楚它的義蘊。

在這首偈頌的四句裡，第一句表示自生的否定，第二句是他生的否定，第三句是共生（自生加上他生）以及無因生的否定，最後則明確地提出無生的主張。可見這首偈頌是透過一種獨特的邏輯思考模式來表達其意思的，這便是哲學上的「四句否定」。若要深刻地理解這首偈頌的涵義，我們得先要了解在邏輯上四句否定的性格和作用。

所謂四句（catuṣkoṭi），是以正負的模式來窮盡我們對事物的思考方式。對於某一事物，我們在思考上可對其表現出四種態度。現把這四種態度列舉於下：

1. p——肯定的命題
2. ～p——否定的命題
3. p・～p——綜合（共）的命題

---

4. 要注意的是，「八不中道」自然不是佛祖釋迦牟尼說的，而是龍樹自己提出來的。不過，在最能代表佛祖的見解的原始佛教的《阿含經》文獻中，確有說到中道的問題，也是超離相對的兩端或兩邊之意。

4. $\sim(p\cdot\sim p)\longrightarrow\sim p\cdot\sim\sim p$——超越的命題

即是說，我們對事物的思考可能有四種態度，第一種是肯定的態度；第二種是否定的態度；第三種是同時肯定和同時否定的綜合的態度，這就是「共」，即兼有肯定和否定的意思；第四種是對「同時肯定和同時否定」再作一次同時否定，而成為一種超越的態度。[5]

現在以生作為主題，配合著四句的邏輯形式展示出來。按諸法的生起，不外乎有四種可能，這分別是：

1. 自生：以自己作為原因而生起；
2. 他生：以其他東西作為原因而生起；
3. 自生、他生：以自己加上他者為共同原因而生起；
4. 無生：既不是以自己作為原因而生起，也不是以他者作為原因而生起，由於自己和他者已概括了所有原因，現在既不是自生，也不是他生，便是沒有原因的生起。

把諸法的四種生起擬配四句，便可得出以下的表述情況：

1. 自生──→肯定，正面肯定事物由自己生起；
2. 他生──→否定，對於自生的否定；
3. 自生、他生──→綜合，同時肯定自生和他生兩者；
4. 無因生──→超越，同時否定自生和他生兩者，從而超越了有原因生起的形式。

可以說，這偈頌基本上是依據四句否定的模式來成立的。首先，我們可將諸法的生起分為有緣因的生起和無緣因的生起兩大類；接著，再把有緣因的生起總括為三類，分別是自生、他生和共生。有緣因生共有以上三種情況，而無緣因生則只得一種情況。而本偈頌所作的論證，是指出若果就自性的角度來看，不論是有緣因的生起還是無緣因的生起，諸法的生起都不能夠成立，從而破斥了世間裡種種偏頗的因果法則。但必須要注意的一個重點是，這裡所說的破斥因果法，並非指一般世間的因果法則。由於世間的因果法則是成就整個世間裡所有事物的規則，是不可以破斥的，龍樹所要破斥的是以自性的立場來看世間因果活動的錯誤見解而已。即是說，若以自性的立場來看生起，龍樹便會指出，這種具有自性的生起是根本不能成立的。在因生果的活動中，作為原因的因沒有自性，作為結果的果沒有自性，而因生果的生的活動也沒有自性。實際上，龍樹並非要破斥世間的因果法則，而只是要破斥以自性的眼光來看世間因果生起的作法。因為這種具有自性的生起是不可能的，不論它是自生，還是他生，以至於共生或是無因生，在現實上都不可能有具備自性的生起。

我們先把龍樹的基本論證陳示出來。就生起的問題來說，可分為有因生和無因生兩大類，而在有因生方面，又可再細分為自生、他生和共生三種。如下圖所示：

5. 關於四句和四句否定的詳細的探討，參看拙著 *Tien-t'ai Buddhism and Early Mādhyamika.* Honolulu: Tendai Institute of Hawaii/Buddhist Studies Program, University of Hawaii, 1993, Chap. V, pp.90-105.

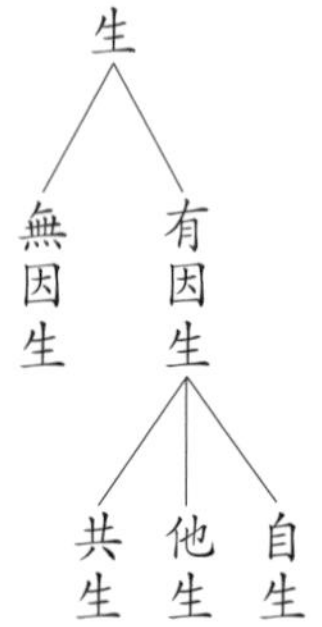

生
- 有因生
  - 自生
  - 他生
  - 共生
- 無因生

即是說，以自生、他生和共生三種有因生，配合著無因生，便窮盡了生的一切可能性。除了這種有因或無因的生起之外，再也沒有另一類的生起了。現在，龍樹論證出有因生與無因生均不可能成立，由此便顯示出生起是不可能的。我們必須要留意一點，就是龍樹在這裡論證生起一問題是從自性的立場出發的，將之否定掉，推導出自性的生起是不可能的結論。

現在先討論自生。自生是指事物由自己所生起；但龍樹立刻指出，事物是不可能由自己生起的。其中的一個重要原因，是當我們說生的時候，便已預設了因與果、能生與所生兩者的對比，而由前者生起後者；但是，若事物是自生的話，即是以自己作為原因來生起結果，而因與果是完全一樣的，於此便失卻了能生與所生的因果關係，跟世間所理解的因果情況相違背。世間一般都承認因果關係的存在，即有能生及所生，而由能生生出所生。所以，不能以自身作為原因而生起結果，否則便破壞了世間所認許的包含著能生和所生的因果關係的意義。這便是自生不可能的一個理由。

另外，自生不可能的第二點理由是，假若自生可以成立，則事物便應不斷地由自己生起。例如，假設某一手錶具有自生的作用，它能自己生起自己，那麼它便應該不斷地生起，因為手錶若可以自生的話，它便應不斷地、沒有窮盡地生起無數的手錶。由於自生是不需要依待任何其他的外在條件而生起，所以，能自生的手錶應可以不斷地生起手錶。自生是以自己作為原因而生起結果，這實包含了只需要自己便足夠生起結果的意思。即是說，自己本身就是生起的充足條件，只要具備了自己這一充足條件，就能夠生起手錶，而不用依待任何外在的東西為條件，這便能無窮無盡地生起手錶。但是，這一點跟日常我們所理解的因果法則不協調。當我們說自生的時候，我們是從自性的立場來看這個問題的，即在由手錶生起手錶這一活動中，能生的手錶是具有自性的，所以，它是自足的，並不需要倚待其他因素的作用才生起，它自身即能生起手錶，更能夠不停地生起手錶。但這顯然跟我們的日常知解相衝突，所以自生是不可能的。

若自生是不可能的，則他生也不可能。因為他生對於他者來說，也就是自生，他與自只是一種角度上的轉換而已。他生指某一東西由他物作為原因而生起，但對於他物的自身來說，他也就是自，所以，他生其實只是自生的一種變換了的表現方式，這是不可能的。

另外，若他可生起自，也會出現問題。以手錶為例，若手錶是由他生而成的，手錶為自，生起手錶的原因是他（或他者），由於是他生的緣故，他與自應是兩種截然不同的東西。倘若兩者皆以自性的立場來看，即作為手錶的自固有自性，而作為原因的他也一樣具有自性，由於自和他兩者都具備了自性，所以它們必定是完全不同的兩樣東西。現在我們先提出另一個問題，就是在生起的過程中，自和他兩者有些部分相同，有些部分不相同。若果這種情況可以成立，則不需要預設自與他是兩個完全不同的東西。但現在是以自性的立場來看，則這種預設是不可能成立的，因自和他兩者都各具有自性，這只能構成兩種關係。由於兩者都是從絕對的自性的立場來看，所以其中一種關係是全然地絕對相同，這就是自生。另一種關係是自和他完全不同，即兩者全然是絕對不同的兩種東西，其間沒有一絲相同，這則成了他生。

為何自和他兩者只可能有這兩種絕對相同或絕對不同的關係，而不能有第三種自他有相同亦有不同的情況呢？這個問題的關鍵就在自性一立場上。當我們以自性的立場來看東西的時候，正是就一絕對的眼光來說的，因為自性的定義就包含了絕對性、整全性（不能分成部分）和不滅性（不變化）的意思。現以下列圖例來說明這一點。這兒共有三個圖例，分別表示著A和B有不同的關係：

圖一：A和B完全相同

圖二：A和B完全不同

圖三：A和B的相交部分相同，而沒有交合的部分則不同

若以自性的立場來看，則A和B只能有圖一（完全相同）和圖二（完全不同）的兩種關係，而圖三中A與B有同有異的關係是不可能出現的。因為若要A和B有同有異，則先要假定A、B兩者可被分割，才能形成兩者有相同和不相同的部分，但自性具有整全而不能被分割的性格，故此，A和B不可能有圖三所表示的那種關係。

龍樹在論證之中，往往是先站於自性的立場進行推論的。明白到這一點，才算是了解中觀學的樞紐，這不單就我們對因果關係的理解為然，而在其他問題上，這也是關鍵性的一點。我們通常所說的世間現象，如因果、運動、作用者與被作用者的關係等等，都是龍樹所要破斥的；但他所破斥的種種，都就自性的立場來說，即他要破斥的是以自性的角度來看世間現象的觀點。

假若某一物可以自生，即是由一個具有自性的東西生起自己。但我們日常所說的生起，卻包含有能生與所生兩個方面，而由能生生出所生。順此而言，即能生與所生不會有完全相同的性質。具備自性的生起跟我們日常所理解的生起是相違反的。舉例來說，若我們認為手錶能夠自生，而這是從自性的立場來看手錶的。則由於手錶具有自性，它本身即能作為生起自己的充足條件，永遠不斷地生起自己。但這跟我們日常理解的因果法則有極大的差異，因此自生不可得。

再說他生。若以自性的立場來看，他生指某一物由跟自己完全不同的東西生起，自、他各具自性。即是，他生含有某一具自性的東西由另一完全不同且具自性的東西生起的意思。要是這樣的他生可以成立，便會引生出一個困難。這困難就是，某一物可由跟它全不相干的另外一個東西生起，這便違背了世間的知解。舉例來說，假定有一手錶，若可以由另一與這手錶完全不同的東西生起，則我們可以說，由水、泥土、麵包、雪糕等與手錶完全不同的東西也可以生起手錶了。這明顯地跟我們的日常知解不相協調。就我們世間的一般知解來說，手錶是由不同的手錶零件再加上設計而產生的，不可以由水、泥土、麵包、雪糕等東西生起。

這個問題的關鍵是在自性一點上，可以說，如從自性的立場來看他生，而他生又能夠成立的話，則某一物將可以由另一全然不同的東西生起，如手錶會由其零件和設計生起，也可以由水、泥等東西生起。由自性的立場來看，手錶的零件和設計與手錶各有自性，二者全然不同。同樣，水泥與手錶也各有其自性，二者也全然不同。兩種「不同」是一樣的。乍看之下，龍樹的這種說法似是詭辯，但它其實不是詭辯，至少其目的跟詭辯有所不同。它不是為辯論而辯論，而是要掃除我們對日常事物的自性的執取，不以之為具有自性。他指出，若我們以自性的眼光來看日常的東西，則日常東西賴以生起的因果法則便不能夠成立了。

接著說共生。共生是指一物的生起由自生和他生共同組成。但就自性的立場來看，具備了自性的東西是不能分割成部分而由自他兩者共同生成的，所以，共生與自性的立場根本相背反而不能成立。

我們分別審察了自生、他生和共生三者在自性的立場上，都不可以成立。因此，可以說，從自性的立場來說的有因生是不能夠成立的。

最後，我們要討論無因生。龍樹對此不作任何論證，理由是無因生根本違背了世間知解的因生果的自然法則。故此，無因生根本不會被我們所理解和接受，由於它全然違反了一般的世間知解。可是，若從自性的角度來看，無因生卻可以成立，因為若某一物具有自性，它便是獨立的，所以，它便不需要任何原因也能生起，這正是無因生。故此，從有自性的立場看，無因生可以成立。但這始終跟我們的日常知解有距離，因為在我們的知解裡，事物是透過不同的因素或條件的逐漸變化而生起，就如雞生蛋的情況，蛋先不存在，而在雞這母體中醞釀了一段時間，發生了變化，才產生了蛋，即是說，蛋是有因生的。若說事物是無因生，這根本違反了世間的知解。

因此，就生起一問題來說，若要由自性的角度來看，則生起根本上無法建立。若生起無法建立，則因果法則也無從建立，這豈不破壞了因緣結集而生果的緣起法則？但這並非龍樹的本意，他不是要破除我們世間所理解的因緣法或因果關係，他只是要破除以自性的立場來看生起、能生與所生的態度。即是說，在因果關係之中，我們不能從自性的角度來看這三者。不論是生的現象、能生的東西，或是所生的東西，都是不能具有自性的，這就是本偈頌所要展示的道理。可以說，本偈頌要我們剔除從自性的立場來看緣生的錯誤見解。換句話說，我們應以無自性的立場來看緣生。

其實，這首偈頌表現了一種較為曲折的論辯過程。龍樹不先主張我們從無自性的立場來看緣生，他是先假定若以自性的立場來看緣生，則會產生種種困難，從而推論出自生、他生和共生的有因生以及無因生皆不可能。可見以自性的立場來建立緣生是行不通的。而在邏輯上，這即是表示我們應該以無自性的立場來看待緣生這回事。龍樹在本偈頌中，實繞了一個圈子來推證出無自性地生起這個道理。最後歸結到我們應以無自性的立場來看緣生法的結論。對於其他問題，如運動、變化、事物的作用等等，龍樹也採用了相似的論證手法，指出我們不應以自性的立場來看事物的運動、變化，以及相互作用的關係。我們應從無自性的角度來看事物。而無自性也就是空。這樣，龍樹便提出了空的根本立場。我們在這首偈頌中，透過它所表現的四句否定的論證方式，可以見到龍樹論證方法的特色所在，以及其最終要證立的東西。這可說是整部《中論》的論證方法的典型表現。這是極具代表性的一首偈頌。

因此，後來天台宗的智者大師在《摩訶止觀》6一書裡，當評論到《中論》的時候，便指出它「品品別意，而俱會無生」。即是說，《中論》各品有不同的主題，如第一品談因緣的問題，第二品說

---

6. 大四六．一一七a。

去來的問題，以後每一品也各有其主題。雖然各品的論題有所不同，但最後也可以會通於「無生」一共同的旨趣之中。於此可見「無生」的宗旨在整部《中論》裡的重要性。

最後要特別強調的是，「無生」並非表示世間裡生起的現象不能成立，它不是要破除世間的因果法則，只是要破除從自性的立場來看生起的觀點，有自性的生起根本不可能成立，由此而說「無生」。可以說，「無生」的目的是破斥有自性的謬見，讓我們不由自性的角度來看待生起的現象，並從此建立一種正確的觀法——以無自性的立場來看世間種種現象，當然包括生的現象。

一．二　如諸法自性，不在於緣中，以無自性故，他性亦復無。（大三〇．二b）

上一偈頌提及若以自性的立場來看諸法，則不能建立世間的因果關係。現在這首偈頌是補充上一偈頌的意思，把不自生和不他生的意思再演述一遍。在本偈頌裡，不自生和不他生同是著眼於自性的立場上的。即是，有自性的自生和有自性的他生同樣是不可能的，「以無自性故，他性亦復無」便指出了若諸法的自性不能成立，他性也一樣不能夠成立。自性生不可能，即假定具有自性的生起在實際上是不可能成立的。按照中觀學的看法，一切事物都是眾緣和合而生，其中並沒有自性，自性其實只是我們意識裡的假構物。自性不能成立，則他性也不能夠成立，因為他性對於他者來說，就是自性。

「如諸法自性，不在於緣中」是說，若果諸法具有自性，便跟由因緣和合而生起東西的現象相抵觸，所以，在緣中不能尋找到自性。更且「以無自性故，他性亦復無」，不單在自的方面不能建立自性，在他的方面也一樣不可以建立他性。故此，自性和他性均不得成立，即以自性來看的生起現象不能夠成立，以他性來看的生起現象也不能夠成立。

本偈頌基本上是複述了上一偈頌的意思，運用自性和他性兩個概念表明自生與他生所產生的問題，從而透露出具有自性的生起是不可能成立的道理。

一．三　因緣次第緣，緣緣增上緣，四緣生諸法，更無第五緣。（大三〇．二b－c）

這首偈頌討論四緣的問題。在佛教裡，事物的生起是靠不同的條件來成就的，這不同的條件可被區分為四種，即所謂「四緣」，分別是因緣（hetu-pratyaya）、等無間緣（anantara-pratyaya）、所緣緣（ālambana-pratyaya）和增上緣（adhipateya-pratyaya）。四緣在唯識學派裡有詳盡的描述，但其運用則不限於唯識學派，而是普遍地為佛教各個宗派所採用。

本偈頌是將四緣逐個破斥，先破因緣，再破等無間緣，接著是所緣緣，最後是增上緣。雖然本偈頌破除了四緣，但並不是要廢除佛教裡四緣的說法，而只是要破除以自性的立場來看四緣的觀點。四緣都不具有自性，但若視之為各具自性，便構成了一種錯誤的見解，其結果反會令到四緣不能成立，而世間的因果關係也會受到破壞。所以，若不從自性的角度來看四緣，就可避免破毀了世間的因果關係。故此，本偈頌與一．一偈頌有極為密切的關係。因果關係指涉事物發生之間的一種互相交錯的現象，我們不可以自性的角度來加以處理。一．一偈頌只是一般地說及因緣，本偈頌則具體地列出了四緣的名目，並加以描述。

現在要簡介四緣的涵義。因緣指在事件發生中的主導因素，在唯識學裡，這則指種子（bīja）。

次第緣（又稱等無間緣）是指一種機緣，但並不是實指某種因素。若就識（vijñāna）來說，某一識的作用過後，下一識將要生起，則這前識的消失或過去便給予了後識一個生起的機會，在這意味下，便是所謂次第緣或等無間緣。如就某一事件來說，這事件正在生起的時候，下一事件便不具備必需要的間隙來填補它，只有待第一事件消失之後，才能留有一間隙或機會以供第二事件發生。在此，第一事件的消失即以等無間緣的身分來作為一種緣，讓下一事件可以發生。換句話說，它為下一個將要發生的事件提供了一種間隙或機會，這也算作一種緣。緣緣（或稱所緣緣）是一種與主導因素直接作用的因素，通常可稱之為作用的對象。「所緣」指對象，「所緣緣」則指作為對象的條件；後一緣字指條件而言。最後是增上緣，這是指除開了以上三緣之外的其他一切因素，這些因素與發生的事情有較疏遠的關係，可以是一些並無直接關係的因素。所以，增上緣的因緣意味頗為廣泛，且與發生的事情的關係也較輕，通常會被忽略掉。[7]

本偈頌即指出，除了以上所列舉的四緣之外，並沒有第五種緣來構成諸法的生起。

一・四　果為從緣生？為從非緣生？是緣為有果？是緣為無果？（大三〇・二c）

這首偈頌充滿思辯的意味。在一・一偈頌裡，龍樹破除了以自性的立場來看的因果關係，現在這偈頌卻就緣生果一點來進行分析，最終也是要破除果從緣生的說法。即是說，龍樹要破除由自性立場來看果從緣生或緣生果的觀點。

「果為從緣生，為從非緣生」表示果的生起不外乎兩種可能，第一種可能是從緣生，第二種可能是從非緣生。其實，從非緣生是勉強擬設出來的，在實際上是說不通的，因為非緣根本就無法生出果。所以，現在我們主要還是就從緣生一點來加以審察。

在從緣生一點上，又有兩種可能性。第一種可能性是緣裡先有果，然後再把果生出來，如雞先孕有蛋，後來才將蛋生出，這可稱為「緣先有果然後生果」。第二種可能性是緣裡先沒有果，然後才把果生出來，這可喚作「緣先無果然後生果」。以上各點，可以下圖表示出來：

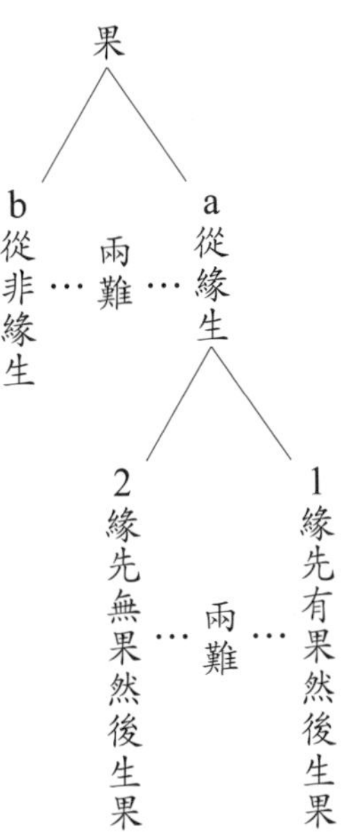

龍樹在這首偈頌中所要設置的論證模式，是要推證出1和2兩種情況都有困難，都不能夠成立，由此而產生出一種兩難（dilemma）的困局；然後再顯示出a和b也不可能，同樣是一個兩難的局面。結果，他便論證出具有自性的從緣生果的情況是不可能的。

現在再檢閱龍樹在本偈頌中所表現的論證方式。龍樹指出，果從緣生不外乎兩種情況，一是從緣生，二是從非緣生。龍樹現在便要論證出從緣生不可能，而從非緣生也不可能。從非緣生不可能的情

7. 關於四緣，可參看多屋賴俊、橫超慧日、舟橋一哉編：《佛教學辭典》，法藏館，一九七四，頁四二b～c。

況不需加以特別的討論，因為它本身是非緣，含有與果無關係的一切東西的意思。要是這從非緣生可以成立，則果便可由任何東西來生起，但這顯然跟我們的日常知解不相協調，所以是不可能的。

就從緣生的方面來說，有自性的果從緣生是否可以成立呢？龍樹在考慮這個問題的時候，首先指明，從緣生果不外乎兩種情況。第一種情況是緣裡先有了果，然後將果生出來；第二種情況是緣先沒有果，後來才生出果來。龍樹接著指出，這兩種情況都不可能，即是說，從緣生果這方面是不能夠成立的。

結果，無論從緣生果，還是從非緣生果，均不可以成立。換句話說，從緣生果這種情況根本不可能成立。但龍樹在作出這樣的論證的時候，首先預設了自性的立場，從而論證出有自性的緣生果是不可能的。他並非要從我們的日常知解中去否定緣生果的可能性或是因果關係。而是要闡明，從自性立場來看待的因果關係是不可以成立的，我們對此要加以否定，這便是本偈頌的重點。

以上的論證模式，是龍樹在全本《中論》裡所開展出來的典型方法。龍樹透過這種論辯方式來說明一點，在所有套上了自性立場的情況，不論所討論的是因果關係，還是運動、變化或主客關係等等問題，一概不可能成立。也可以說，龍樹並不是要否定這些關係，而只是要指出，在自性的角度下，它們是不可能成立的。龍樹要破除自性的意向是十分明顯的，雖然他並沒有在文字上直接表達出來。

龍樹論證的目的，是要我們不在自性的立場上建立因果等關係。為了讓因果等關係得以成立，我們必須放棄自性的立場，否定事物具有自性的見解，從而成就空的義理。龍樹的整個哲學體系的重心是確立空的義理，他先擬設出有自性的困難，然後推論出無自性的可成立，也就是空理的可成立。我們如能把握到龍樹這種論證的模式，則以下多首偈頌的涵義也自然清楚了。

在本偈頌之中，龍樹只提出了有自性的果從緣生一論題的綱目，並未有詳盡的解析，這要在一．六偈頌中才作出詳細的討論。

一．五　因是法生果，是法名為緣，若是果未生，何不名非緣？（大三〇．二c）

本偈頌明顯跟上下文的討論次序不協調，仿如硬砌出來似的，其意思並不在討論的脈絡之中，它所說的東西根本不是順著上一偈頌來展開討論的。

在這首偈頌中，龍樹主要指出在果未產生之前，緣不得稱為緣，但這點與上一偈頌的論題並不協調。上一偈頌討論緣先有果然後生果及緣先無果然後生果的情況，而本偈頌卻談果未生則緣不稱緣，兩者在論題上有一定的差距，可見兩首偈頌在討論的理路上並沒有直接的關聯。雖然，本偈頌所說的論題也自有其意思。它指出了當果尚未生出來的時候，緣就不可以被我們喚作緣的道理。可惜這論點並非直承自一．四偈頌。所以，我們在此略過不談。

一．六　果先於緣中，有無俱不可，先無為誰緣？先有何用緣？（大三〇．二c）

現在這首偈頌才是直承一．四偈頌來展開討論。在第一，四偈頌裡，龍樹探討了果從緣生一問題的可能性，並且提出兩種可能性，第一種是緣先有果然後生果，第二種是緣先無果然後生果，但兩者的可能性都同被否定。即是說，不論是果先有於緣中，還是果先無於緣中，皆不可能，都有困難。這就是本偈頌的前半部分「果先於緣中，有無俱不可」所表達的意思。因此，具備自性的果從緣生起是不可以成立的。

至於下半首偈頌「先無為誰緣，先有何用緣」，便是對上半首偈頌提出的問題的答覆。「先無為誰緣」指出假若緣本身先沒有果，那它應該對什麼東西（即果）而稱作緣呢？換句話說，如果緣本身並沒有結果，那緣就失去了被稱為緣的條件。故此，「緣先無果然後生果」這種果從緣生的方式是行不通的。若緣先沒有果，則緣的身分也不可能成立。由於緣與果兩者都處於對待的位置，彼此必須同時存在，才能成就彼此的身分，也只有在互相依待的情況下，彼此才會被視作緣和果。但是，現在卻說緣先無果，則緣便喪失了可被稱為緣的條件。

而第二種情況「先有何用緣」，指出若緣先有了果，那麼緣也不用再稱為緣，因為緣預先有了果，緣便不能再相對於果而被我們喚做緣了。在此，龍樹強調緣與果必須處於一種同時呈現的狀態之中，才能出現因果關係。若緣預先並沒有果，則緣便不可能被稱作果的緣因。由於果不存在，根本談不上因果關係。另外，若緣預先有了果，則緣也不能被視為緣，因為果已出現，已用不著緣來作為生果的原因了。

對於我們日常所理解的因果關係，可以下圖表達出來：

因、緣 <===========================> 果

交相涉入、此起彼承

在這裡，因或緣置於一方，果置於另一方，兩者有一種交相涉入、此起彼承的關係。正由於這種關係，兩者才能稱為因、緣與果。但現在這首偈頌所說的因果關係，卻跟我們日常理解的大有不同。它或說緣先沒有結果然後生果，或說緣先有了結果然後生果，但兩者都沒有緣與果應有的交相涉入、此起彼承的關係。所以，果從緣生的現象不可能建立。當然，這是就緣與果俱有自性的角度來立論，才會得著這個結果。

舉例來說，把鹽加於水中，再把兩者加以攪拌，令它們混和，便產生了鹽液。在此，鹽加上水屬於因、緣而鹽液則是果。關於這點，可用下圖來表示：

由因、緣（鹽加水）的混合，而產生出果（鹽液）。在把鹽加水而演變成鹽液的過程之中，兩者（因、緣及果）之間是互相作用的，即鹽加水和鹽液有一種交相涉入、此起彼承的關係，這其實就是我們日常所理解的因果關係。

但龍樹在這首偈頌之中，卻指出「緣先有果然後生果」和「緣先無果然後生果」兩種在自性的觀點下的緣生果的情況，都是在日常的因果關係之外的。就日常的因果關係來說，我們並不預設自性，不從自性的立場來看鹽、水或鹽液任何一者。可是，「緣先有果然後生果」以及「緣先無果然後生果」兩種情況皆擬設了自性的立場來看待緣和果，所以兩種情況均不可行。在「緣先無果然後生果」一情況裡，若就自性的角度來看，則會出現這樣的情形，在具有自性的緣之中，原先並無具有自性的果，而後來才生起具有自性的果，但這實在是不可能發生的。因為若結果是具備了自性的話，它便應獨立自足，不需要依待其餘的東西為緣才能生起。所以，有自性的緣不能生起有自性的果，有自性的東西不會由任何其他東西來生起，它本身是獨立自足的，自己可以令到自己存在，而不待外物為生起的原因。況且，「緣先有或沒有果」的說法，便已觸犯了具有自性的涵義，因為具有自性的東西，根本不可能存在於其他有自性的東西之中，這實在有違自性是獨立自足的意思。也可以這樣說，有自性的東西是獨立自足的，它不可能存在於任何其他的東西之中。總括一句，在具有自性的緣之中，原先並無具有自性的果，而後來才生起具有自性的果，是不成的。故「緣先無果然後生果」的說法不可行。

我們接著看「緣先有果然後生果」一情況，若以自性的眼光來看待緣及果，則這情況也是不可能成立的。第一，緣不可能先有具備了自性的果，而有自性的果也不會存在於有自性的緣之中。第二，假若緣先有了結果，後來再生結果，按照自性的立場來說，這後來產生的結果，也應具備了自性，若具有自性，它便不會由緣所生起。

因此，若就自性的眼光來看，則無論是「緣先有果然後生果」，還是「緣先無果然後生果」，兩種從緣生果的模式也無法成立，兩者並不符合我們日常理解的因果法則。我們一般所理解的因果關係，預設了事物皆具備了緣起的性格，就先前所舉的鹽液一例來看，我們都會視鹽、水、鹽液為緣起的東西，因與果於此有著此起彼承的關係，由此令到因果關係得以成立。反過來說，若把鹽、水、鹽液都視作具有自性，這樣便不可能出現由鹽加水為原因演變出鹽液的結果。因為鹽、水或鹽液等，均是獨立自足的，鹽和水既是獨立自足，它們便不能混和在一起，也不會產生出有自性的鹽液。其實，「有自性的鹽液」自身便是一個矛盾的複合概念（compound concept），因為若說鹽液是有自性的東西，但其中卻包含了有自性的鹽和有自性的水兩種成分，這便違反了自性的原意。自性是整一的，它不能被分割成部分，故此，在有自性的鹽液之中，不可能有一部分是有自性的鹽，而另一部分是有自性的水。所以，在鹽加水成為鹽液的情況下，它一定是由緣起或無自性的立場出發而生起的。也只有這種事物無自性的生起方式，才能構成真正的因果關係。

在第一品之中，除了一・一偈是一首極為重要的偈頌之外，現在這首偈頌也是頗為要緊的。

一・七 若果非有生，亦復非無生，亦非有無生，何得言有緣？（大三〇・三a）

在本偈頌中，龍樹再次採用了四句否定的論證方式。偈頌的模式雖屬四句否定，實際上在偈頌之中只表現了三句，分別是有生（果先有於緣中而後生）、無生（果先無於緣中而後生）和有無生（有生與無生兩者的結合）。有生是第一句，無生是第二句，有無生是第三句，而第四句為非有無生，但龍樹略去。雖然略去了第四句，仍不破壞這首偈頌採取四句否定一論證模式的效用。

龍樹在三句之前，都加上了「非」一否定語，而成為非有生、非無生和非有無生，即把三者同時予以否定。龍樹要指出的是，有生（果先有於緣中而生）不可能（非有生），而無生（果先無於緣中而生）又不可能（非無生），再者，有無生（有生與無生的結合）也不可能（非有無生），以論證出果從緣生不可以成立。當然，這論證是站在有自性的立場上說的。現以下圖將這種論證的關係展示出來：

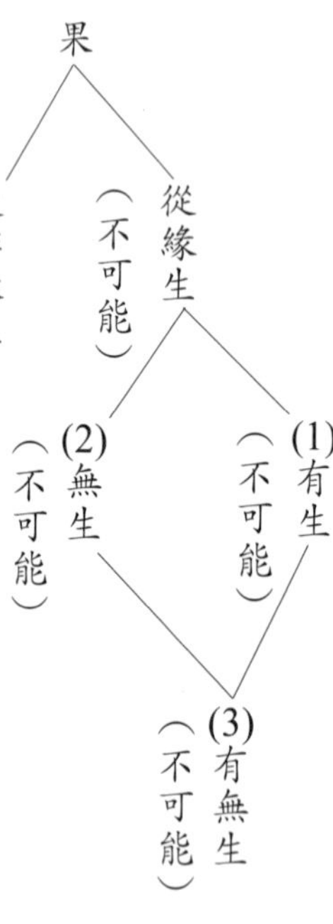

既然果從緣生不可以成立，那我們便不可以說果是從緣生起的，所以龍樹說「何得言有緣」。其實，龍樹在這首偈頌中所作出的論證，是以破除因果關係為目的，要斥破以自性來看因果關係一類謬見，而不是針對我們一般世間知解所談及的因果關係。

一．八 果若未生時，則不應有滅，滅法何能緣？故無次第緣。（大三〇．三a）

上一偈頌破因緣，而現在這一偈頌則是破等無間緣。「果若未生時，則不應有滅」是說當結果尚未生起的時候，我們實在不能說它滅去。因為等無間緣意指識的作用或事情的發生不斷地進行，直至它消失後，作用才終止，讓下一瞬間將要表現的識作用或事情可以生起，等無間緣於此便為事物的發生提供了一度間隙。可是，龍樹現在卻指出，作為等無間緣的結果尚未能生起，所以不能說它會消失，一件事情既然沒有所謂生起，自然也沒有所謂消失。

接著，龍樹又說「滅法何能緣？故無次第緣」。滅法是指在等無間緣中的前一個事情或心識的消滅，若將這滅法視作緣，它也只可被視為虛緣，即不能夠產生出正面作用的緣，而只能提供一度機緣或間隙，讓後來的心識或事情生起。所以，滅法不能算作緣，因而並沒有所謂次第緣的存在。龍樹於此又破除了次第緣。

一．九　如諸佛所說，真實微妙法，於此無緣法，云何有緣緣？（大三〇．三b）

這偈頌要破的是所緣緣。所緣緣通常被理解為「所作用於其上的緣（條件）」；所緣緣的兩個緣字涵義各有不同，前一「緣」字指認識或作用，後一「緣」字指條件。簡單地說，所緣緣即是與主導因素產生直接關係的對象的那個條件。

「如諸佛所說，真實微妙法」的這半偈頌，並沒有表示什麼重大的義蘊，它只表現了一種宗教的情操，讚美諸佛的說法。「於此無緣法，云何有緣緣」這後半偈頌是說並沒有以法為緣的事情，這裡的法和緣均是就自性的立場來說，因此並非真實的東西，即是說，根本就沒有具備了自性的法來建立具備了自性的緣。所以，我們不能說有實在的所緣緣。

一．一〇　諸法無自性，故無有有相，說有是事故，是事有不然。（大三〇．三b）

這首偈頌是一般地提舉出諸法皆緣起無自性的涵義。由於諸法都是因緣和合而生，其中並沒有自性，因此也沒有「有相」。有相即指決定性質的相狀，這明顯是從自性的立場來說的，即以自性作為基礎而成立的有決定性的相狀。「故無有有相」的意思就是指緣起的諸法並不具有決定的相狀。「說有是事故，是事有不然」指出，若認為諸法俱有自性的決定相，便是一種不正確的見解，而與諸法的真實狀態並不相符。8

本偈頌只是一般地討論諸法緣起無決定相的道理，並沒有特別精微的涵義。

一・一一　略廣因緣中，求果不可得，因緣中若無，云何從緣出？（大三〇・三b）

這是總括地說的一首偈頌。前半偈「略廣因緣中，求果不可得」中，「略廣」指粗略地和廣泛地討論。這其實在說，我們不論是從粗略或是廣泛的討論層面來看，都不能在因緣中尋著結果。這結果自然是以自性說的。至於後半偈「因緣中若無，云何從緣出」則表示出，既然因緣中並沒有具備了自性的結果，我們就不能認為結果是從因緣中生起。也可以這樣說，假若因緣中不具有自性的結果，我們怎能說結果是從因緣中生出來呢？但在此必須要留意一點，在後半偈頌中，龍樹指出在因緣裡若沒有自性的果，則不能說具有自性的果從因緣中生起，這實際上是否定了從緣生果的說法。當然，這種被否定的從緣生果的見解，並非我們一般世俗的理解，而是那種從自性角度來指陳的緣生果的關係。

這首偈頌給我們總括地指出四緣不生果，這自然是指以自性立場來看的四緣（泛稱因緣）不可能生出結果的意思。

一・一二　若謂緣無果，而從緣中出，是果何不從，非緣中而出？（大三〇・三b）

龍樹在這首偈頌中提出了反問，從而證立出緣中無果的道理。在「若謂緣無果，而從緣中出」的主張裡，龍樹指出了如果我們肯定緣裡並沒有結果，但又要說結果是由緣中生出來的話，他便反問「是果何不從，非緣中而出？」意思是我們何不說這結果可由跟它完全不同的東西（非緣）中生出來呢？若緣裡沒有結果，但我們又要強說緣生出結果，這就相等於認為結果可由跟它絕對不相干的非緣生起了。現舉例加以說明。假設有一棵蘋果樹，其中並沒有蘋果，即蘋果樹與蘋果完全隔絕起來，兩者並無任何關聯；這當然是由自性的立場來看待蘋果樹和蘋果兩者。可是，我們又要說這個蘋果是從這棵蘋果樹生出來的。要是這種說法可以成立的話，我們同時也可以認為這個蘋果是由一些跟它完全不相干的東西（非緣）生出來的，如石頭、手錶等等。現把這個例子圖示如下：

蘋果樹 ------------> 蘋果
⋮ 　＝
（非緣）　＝ 等
⋮ 　＝ 對
石頭或手錶 ------------> 蘋果

8.「有相」的梵文為 sattā，由 sat 與 tā 組成。sat 是存有、存在之意；tā 則指性格，與 sat 連起，使 sat 成一抽象名詞，故 sattā 表示存有的性格，或存在性。鳩摩羅什譯 sattā 為「有相」，其中的「相」指「性」而言。在佛教文獻中，「相」與「性」通常是相通的，《般若》文獻便常有這種例子。又「有相」指由自性而來的決定的性相，這與《般若經》所常說的「決定相」，是同一意思。

若我們說蘋果樹中沒有蘋果，但又認為蘋果是由這棵蘋果樹生出來，那麼，我們一樣可以認為石頭生出了蘋果，因為就同屬非緣的性格來說，蘋果樹與石頭是沒有差別的，兩者跟蘋果都沒有直接的關係。即是說，蘋果既然可以由非緣的蘋果樹生出，那它也一定能夠由任何非緣的東西生起，如石頭。

由於以自性立場來看的因果關係不能夠成立，但我們又從常識的角度來看而認為因果關係可以建立，則會出現困難。這困難就是，一些非緣的東西也能夠生起結果。但若這情況可以成立，則我們可以更進一步地說，果可從任何一切東西生起。但是，這種情況卻跟我們的常識有很大的距離。

一・一三　若果從緣生，是緣無自性，從無自性生，何得從緣生？（大三〇・三b）

本偈頌和以下一偈頌都是〈觀因緣品〉的總結。「若果從緣生，是緣無自性」兩句首先指出，若有結果是從緣所生出來，則這緣便是沒有自性的，因為緣若有自性，則不能生出結果，故此，能生出結果的緣必定是無自性的緣。因此，當我們提及生起的現象，這其實是指沒有自性的生起。作為一種生的現象，它本身並沒有具備了自性的生起的性格。生只不過是由緣到果之間的一種此起彼承的關係，我們就運用「生」一辭來指述這種關係。換句話說，這生自然不能夠採用自性的立場指陳出來。

「從無自性生，何得從緣生」兩句，則指出果是從無自性的東西生起，而不是從具有自性的緣裡生出來的。

一·一四 果不從緣生，不從非緣生，以果無有故，緣非緣亦無。（大三〇·三b）

這是〈觀因緣品〉的最後一偈頌，總結無自性的道理。這偈頌完全以自性的立場出發。「果不從緣生」即果不會由有自性的緣生起；「不從非緣生」說果又不會從有自性的非緣生出來；「以果無有故」則指出果本身是無自性可得；「緣非緣亦無」是說緣和非緣俱沒有自性。

前半首偈頌從自性立場來看因果關係，顯示出果不從緣和非緣而生。後半首偈頌則從我們世間立場出發，說明果與緣不能以自性來說。也就是說，果、緣和非緣均不能夠具備自性，才可以令到生起的現象得以成立。

對於這首偈頌，我們亦可直截了當地作這樣解釋：就自性的立場來說，果不能從緣生出來，也不能從非緣生出來。具有自性的果是沒有的。沒有這種果可言，則亦沒有作為它的生者的緣或非緣可言。這樣地否定了以自性說的緣與果的存在，則空的無自性的涵義便透露出來了。

觀去來品 第二

在開始講述這第二品的正文之前，我們有必要先探討一下有關運動的若干個概念的涵義。關於運動，有三個極為重要的概念，這分別是運動者、運動時間和運動，而三者在龍樹的偈頌中的名目可相配如下：

運動者——————去者
運動時間——————去時
運動——————去

現在先由常識的層面來看運動這回事。當我們說去者在去時中去（運動者在運動時間中作出運動）的情況時，是假定了去者、去時和去三者都是緣起法，同是沒有自性的東西。但龍樹卻指出，當我們以自性的眼光來看這三者關係的時候，便會產生問題。這個問題就是，我們不能說去者在去時中進行去的運動。由於以自性的角度來看，去者不能在去時中作出去的動作，這與我們的常識有著頗大的距離。所以，龍樹的這種說法難免令人產生迷惑，而不能明白箇中道理。

因為，就常識的層面來看，去者是在去時去的，但現在卻說去者不能在去時去，便難免引起迷惑。其實，只要我們留意到，龍樹說這種情況不能成立，是站在自性的立場來看的話，就不難明白到，龍樹這番話並不是針對我們日常所理解的運動狀態，而是針對那些懷有自性見來看待運動的論者所作出的批評。並藉此指責他們的見解根本有違常理。

所以，龍樹指出，若要建立起去者、去時和去三者的關係，使去者能在去時中去的情況成立，我們便要放棄以自性的立場來看運動的狀態。可以說，整篇〈觀去來品〉的要旨就在於此。

二・一

已去無有去，未去亦無去，
離已去未去，去時亦無去。（大三〇・三c）

這第二品的首個偈頌已頗費解，而與我們的常識有著很大的距離。我們現在先就字面來解釋這首偈頌。整首偈頌的表面意思是說，已去的東西中沒有去的運動，未去的東西中也沒有去的運動，在正在去的時間中也沒有去的運動。從這些字面上的意思來看，是頗費解的，因此，我們必定要透過詳細的分析，才可以了解這個論證的意義所在。

這首偈頌所以令人感到困惑，關鍵在「離已去未去，去時亦無去」一句上。因為，「已去無有去」指運動已經發生了，則運動便不再存在，這個道理十分容易明白；此外，「未去亦無去」指運動尚未發生，所以根本沒有運動存在，這點也不難理解。但是，我們要理解「離已去未去，去時亦無去」一句，卻頗為辣手。這句話的意思是，在已去和未去之間的第三者——去時（運動正在進行中的時間）中，也是不存在去的運動。這種說法當然令我們感到難以了解。

現在先將「去時無去」一句的難解地方加以分析。由「去時無去」一句的字面上看，「去時」一詞已表示出運動本身的存在，即處於運動正在發生的當兒，但龍樹卻說在運動發生的時刻中並沒有運動的存在。也可以這樣說，從字面上來理解「去時無去」一語的時候，便會產生一種矛盾的情況。因為在「去時」一詞裡，隱含或預設了運動的發生，否則便不成其為「去時」，可是，「去時無去」中的「無去」兩字，卻否定了前者所隱含的設定，由此便產生出一種前後矛盾的意味，因而令人大惑不解。

我們現在嘗試從自性的角度出發，來解釋龍樹這句話的涵義。當我們說去時的時候，例如：當一物正在走動的時候，這走動的時間是要依賴於走動這一動作才得以成立的。從邏輯上說，在「去時」之中，運動是先在的，而時間則是後在的。因為時間是依賴著運動才可以成立的，所以，運動的時間是預設（presuppose）了運動的先在性。我們在此要留意一點，這先在性不能從真正發生的時間上來說，而只能從邏輯上來說。因為運動並不是在發生的時間上真的早於運動時間。即是說，運動與時間兩者同時存在，彼此無分先後。但從理據上說，我們可以說運動時間是依於運動才得以存在，因此，運動是先在於運動時間的。可以說，先在有作為基礎的意思。所以，運動的時間是以運動來作為基礎，才能建立起來。故此，從義理層面上來看，我們只有先確立了運動，才可以建立起運動時間來，兩者的邏輯次序是不能夠倒轉的。[1]

既然運動時間以運動為成立依據，因此，當我們說「去時去」的時候，龍樹立刻指出，這其實是一種不合理的說法。他的理由是，我們基本上連運動時間也不能夠確立，更何況是「去時去」的情況哩！由於「去時去」一語指的是在運動時間之中所作出的運動，但當我們這樣說的時候，必須先確立運動時間才行，否則便談不上「去時去」了。可是，龍樹卻給我們指出，運動時間必須待運動的發生才可以確立。但運動本身是否真的在進行著，還未曾決定。運動既然未被確立，運動時間當然也不可能先行確立起來，這自然更談不上有「去時去」的情況，所以，龍樹便說「去時無去」了。

我們剛才是通過一種語言分析（linguistic analysis）——對概念的語意作一種邏輯上的分析——的方法來處理「去時無去」這一語句的內在義蘊，這種處理手法跟我們先前所說的以自性的立場來看運動的情況，有一定的關聯。我們現在便從自性的角度出發，來說明「去時去」這種情況不能成立的理由。首先要指出的是，當我們以自性的立場來看運動的時候，運動者、運動時間及運動三者皆各有其自性。但由於現在要處理的只是「去時去」這個問題，而這個問題只牽涉到運動時間與運動兩者，所以，我們現在便先把運動者撇下，以便集中研究運動時間與運動兩個概念之間的關係。若我們以自性的立場來看事物，就會認為時間本身是有自性的，並且由於時間本身具有自性，它便可以脫離運動而獨立存在，這自然跟我們常識中對時間的理解不一樣。因為具有自性的運動時間已不再需要運動為基礎，它單靠自身也能夠建立起來，時間因而變成了一種具有獨立性的東西。因此，在時間具有自性的情況下，我們不能再說「去時」這一複合詞。理由是，假若運動與時間各具自性的話，兩者就會各自獨立起來，時間根本不再需要結合著運動而構成運動時間。因此，運動時間是不會出現的。

若再進一步解釋，我們可以這樣說，由於自性包含了自足和獨立等性格，因此，當我們說「去時」——表示運動正在進行中——的時候，這個名詞就不能夠成立。原因是，「去時」一詞本身即

---

1. 這點非常重要。我們只在邏輯上、意義上確立運動為先在，而以時間依於運動。實際上兩者是不能分開的。時間是運動的時間，而運動則是時間的運動。

表示出在有自性的時間中藏著有自性的運動這個意思。但是，由於自性是獨立的、自足的，有自性的運動根本不可能埋藏在有自性的時間之中。甚至乎，「去時」一詞中隱含著時間是受到運動安排或形容（modify）的意思；但若從自性的立場出發，我們便不能以有自性的運動來形容有自性的時間，因為有自性的時間是獨立自足的，它不需要被其他東西來安排或形容。假若時間可以被另一樣東西安排或形容，它便不再是一種具有自性的時間了。同樣，我們不能說在有自性的時間之中埋藏了有自性的運動，否則便有違自性的意思。也就是說，有自性的運動不能存在於有自性的時間之中，否則便不成其為有自性的運動了。

總括地說，若以自性的立場來看待運動和時間，我們便不能以運動來形容時間，因為兩者都是獨立自足的，不可能以其中一方來形容另一方，否則便與自性的意思違反了。透過這個論證，運動時間便不能成立。既然運動時間不能成立，那麼再說「去時去」或「去時有去」，也同樣是不能夠成立的。因為「去時去」是依待於運動時間的，但現在運動時間不可以成立，那「去時去」自然也不能成立了。

二・二

動處則有去，此中有去時，
非已去未去，是故去時去。（大三〇・三c）

這首偈頌先擬設一個論敵者提出質詢。這個論敵者主張「動處則有去，此中有去時」，認為凡有發動的地方（動處）必會有運動，因而，我們可以把這個發動的時刻喚作「去時」。其實，這個論敵者始終是站在常識的層面來思考龍樹的論證，而未能領悟到龍樹所說的「去時無去」是站在事物有自性的立場上說的。這兒明顯看到論敵者的哲學智慧不及龍樹，仍然滯留於常識的層面來看運動這個問題。論敵者接著說「非已去未去，是故去時去」，他也承認已去和未去皆無去。因為已去是指運動已經發生，未去則指運動未發生，而已發生和未發生都不是處於正在發生的階段，由此便不能說運動正在發生。所以，論敵者所說的去，不是指已去和未去的去，「非已去未去」，而是指正在處於運動當中的去，即「去時去」。這論敵者論證「去時去」的重點在「動處則有去，此中有去時」，即由發動處著手，從而建立其「去時有去」的主張。

我們現在看龍樹對這個問難者的回應。龍樹指出，當我們說「去時去」的時候，其實是以為在運動時間中有運動的存在，這種說法可簡化為「……時中有……運動」的表達模式，即在某種時刻之中有某種運動。當我們這樣說的時候，是以時間為本位的，而就運動來說，本位的時間在邏輯上是先在的。這情況可表示如下：

去時去→去時有去→
↘ ……時中有……運動
↙ 於某個時間有某種運動

但就常識的層面來看，這種說法是大有問題的。因為時間是依於運動而確立起來的，若沒有運動，則根本談不上有運動的時間。時間實際上是不可能脫離運動而成立的，換句話說，我們不能離開具體的運動，而妄談一種具有自性的時間。

簡括地說，由於時間是依賴某種運動而成立的，它根本不具有自性。我們不能把時間抽離運動，而認為有一種獨立於運動之外的時間，並加以執取之。所以，「……時中有……」的表達模式，犯上了執取時間有自性的毛病，而有違於時間依賴具體的運動而成立的原則。故此，這二·二偈頌有一個反面的意思，教我們不要離開了具體的運動而執取一種具有自性的時間。

二·三　云何於去時，而當有去法？若離於去法，去時不可得。（大三〇·四a）

這偈頌是龍樹對論敵者的回覆。「云何於去時，而當有去法」指出，我們不能說在運動時間之中有運動（去法）的存在，這是由於「若離於去法，去時不可得」的緣故。這就是說，若脫離了運動，則運動時間便不可能建立起來。既然運動時間不能夠成立，我們自然談不上「去時去」或「去時有去」這種種陳述運動的語句了。

二·四　若言去時去，是人則有咎，離去有去時，去時獨去故。（大三〇·四a）

「若言去時去，是人則有咎」這上半首偈頌是說，若有人認為「去時有去」的說法可以成立的話，那麼，這個人便犯有一種毛病。這種毛病就是下半首偈頌所說「離去有去時，去時獨去故」。所謂「離去有去時」，就是說在脫離了運動的情況下，也可以有運動時間的出現；甚至乎會形成「去時獨去」的情況。這句話的意思是，運動時間變得可以獨自存在（獨去），而不需要依待運動作為成立的根據。

龍樹在這首偈頌所要說的是，如果主張「去時去」或「去時有去」，便是將運動和運動時間兩者分割開來，如下圖所示：

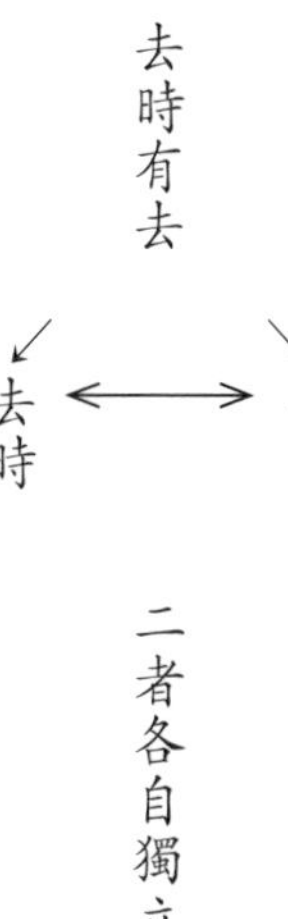

在這裡，「去時有去」中的去時和去各自獨立開來而不相關聯，即是說，時間與運動被分割開來了。這種時間和運動各自獨立的情況，只有在自性的立場下才得以成立。但在現實世界裡，時間和運動都沒有自性可得，兩者是緊密連在一起的。把時間和運動割裂開來的說法是錯謬的。因為時間只可能依附於運動才得以成立，脫離了運動，根本就談不上運動時間。故此，時間是不可能獨立的，是不具有自性的，若我們以自性的角度來看時間，就是一種錯誤的作法。

二・五——若去時有去，則有二種去，一謂為去時，二謂去時去。（大三〇・四a）

這兒提到兩種去的問題。若我們認為在去時之中有去，則會產生出有兩種去的情況，這兩種去分別相應於「去」時與「去時去」。其實，我們由始至終只提及一種運動，這就是去時去，但現在卻衍生出兩種運動來，這自然構成了一個困難的局面。

「去」時是指由去而成立了去時的去，「去時去」則是去時成立之後的去。這兩種去的說法明顯地違背了世間的常理，其關鍵在於，這兩種去皆是從自性的角度來立論的。若就常理來看，由去而成立去時的去與去時成立之後的去是一樣的，因為兩者始終都是一個事體（event），無自性可得。在現實世界之中根本就不會有如上所述的兩種去的情況出現。

但是，假若以自性的立場來看，則「去時有去」一語便會弄出了「去」時與「去時去」兩種違背常理的運動來。若再進一步分析，「去」時可說是去在時先的去，而「去時去」則可說是去在時後的去。我們現在先把時間先後的涵義交代出來。按時間是不能獨自確立起來的，它必須以運動為建立的依據。運動在時間之先，這就是去在時先的去的意思。關於這去在時先的去，我們可以舉例加以說明。如火燒水滾的情形，便是一個好例子。在火燒水滾的事件之中，水滾是以火燒為依據的，先有火燒，後有水滾。火燒是原因，水滾是結果。所以，火燒在時間之先，而水滾則在時間之後。時間之先表示在兩個連續發生的事件之間，發生在先的那個事件在時間上早於發生在後的那個事件。

這時間的先後問題並不是一種邏輯的關係。實際上，時間先後跟邏輯關係並非同一回事。所謂邏輯關係，可以三段推理例示如下：

(1) $A > B$（大前提）
(2) $B > C$（小前提）
------
(3) $A > C$（結論）

在圖中，(1)和(2)是理據，而(3)是結論。我們只要知道(1)和(2)兩項，便能推導出(3)這個結論，這只是一種推理或邏輯的關係，完全跟時間無關。我們不能說(1)和(2)發生在(3)之先，然後便出現了(3)。例如，不能說由於在十分鐘之前 $A > B$ 及 $B > C$，所以在十分鐘之後便產生了 $A > C$ 的結果。由此可見，時間先後與邏輯關係是兩種完全不同的事情。我們只可以說，十分鐘之前火在燒，十分鐘之後水在滾。而這情況只表示出火燒在時間上早於水滾，水滾在時間上後於火燒。所以，從時間的角度來看，火燒先在於水滾，水滾後在於火燒。

龍樹從自性的立場出發，認為假若我們主張「去時有去」的話，便會產生出兩種去的難題。第一種去是由去而成立去時的去，即去在時先的去。至於第二種去，則是去時成立之後的去，即去在時後的去，其涵義跟去在時先的去一樣，俱是指一種獨立於時間之外的運動。由於以自性的眼光來看，便產生出去在時先和去在時後的兩種運動，從而發生跟我們的常識不相符順的情況。

在我們的正常理解之中，「去時有去」這個表述式根本只表示出一種運動，而不是兩種各具自性的運動。實際上，各具自性的去法只是用自性角度來看運動所產生的謬見，這種謬見只會引致知解上的困難。因為具有自性的去法可引致兩種去，一為去在時先的去，另一則為去在時後的去。這兩種情形會令到「去時有去」中的兩個去各不相干而獨立起來，陷入了知解上的困難。這個困難令到原來只得一個去的運動分化為二，這明顯跟我們的預設——由始至終只得一個運動存在——產生矛盾。[2] 對於這種把原本一個運動二分的困難，龍樹在現偈頌中並未明確交代出來，而留待下一首偈頌才加以闡述。

---

2. 「去時有去」的說法之所以引致有二種去的運動的困難，純是由於以自性的立場來看這種說法所致。這種看法的結果，使本來是一整一活動的去，拆分為兩個部分：「去」時中的「去」與去時有「去」中的「去」。前者是去在時先的去；後者是去在時後的去。中間由時間間隔著；而這時間亦是以自性看。

二·六　若有二去法，則有二去者，以離於去者，去法不可得。（大三〇·四a）

龍樹於此直接指出兩種運動的困難。他以為「若有二去法，則有二去者」。即是說，如果有兩種互不相關的運動（去法）出現，便必須有兩個運動者（去者）來配合，從而產生兩個運動者的後果。為甚麼會關聯到運動者來呢？因為「以離於去者，去法不可得」，離開了運動者，運動便不能夠建立起來。這表示運動依於運動者，因為運動者是表現運動的主體，二者緊密相連。運動是發生在運動者身上的。

「去時有去」的結果，弄出兩個運動來，那麼便要隨之設立兩個運動者。因為不同的運動要發生在不同的運動者身上，而不能發生在一個運動者身上。因此，若以自性的立場來看，勢必弄出兩個運動者來，這當然與最初的設定不相符了。

這裡有一點是可以提出的。「去時有去」引出兩種去的運動，因而有兩個去者。但這是假定在同一時間才是這樣的。倘若不是在同一時間，而是在不同時間，那不是可以容許一個去者有兩種去的運動麼？龍樹似乎未有注意這點。

二·七　若離於去者，去法不可得，以無去法故，何得有去者？（大三〇·四a）

這首偈頌主要指出運動者與運動是互相依待的。「若離於去者，去法不可得」這上半首偈頌，表示運動依於運動者，由於運動依附於運動者才得以成就，若離開了運動者，運動便不可能成立。「以無去法故，何得有去者」這下半首偈頌，則指出運動者也依於運動，若果沒有運動，運動者也不能成立。

所以，這二・七偈頌的上半部分說明運動依賴運動者，而下半部分則指出運動者也依賴運動。綜合了整首偈頌，我們便可以知道運動與運動者是互相依待的，離開了運動者就沒有運動，而離開了運動也沒有運動者，我們並不能抽掉其中一方而單獨建立另外一方。[3]

以上七首偈頌都以「去時無去」為討論的主題。透過這七首偈頌，龍樹主要為我們指出，若從自性的立場出發，便不能夠建立「去時有去」這個命題。直到了這第七首偈頌，龍樹才算是總括出了「去時無去」的結論，結束了這個長達七首偈頌的辯論。

二・八　**去者則不去，不去者不去，離去不去者，無第三去者。**（大三〇・四a）

這是第二品的第八首偈頌。龍樹在這兒轉換了一個新的主題，不再以「去時無去」為辯論的中心，而改以「去者不去」為辯論的中心。

就運動來說，只可有去者和不去者兩種運動的主體，沒有第三種主體出現，因此，龍樹說「離

3. 在邏輯上，若兩樣東西互相依待，則表示這兩者是等同的。在哪方面等同呢？正是在成立的機會或可能性方面等同。要麼兩者同時成立，要麼兩者同時不成立。不可能有其一成立另一不成立的情況出現。

去不去者，無第三去者」。在這後半首偈頌裡，龍樹運用了邏輯法則中的排中律來進行推論，顯示出在運動的主體問題上，只有去者和不去者兩種主體存在。在去者與不去者之間絕對沒有第三者，所謂第三者是不能夠成立的。現以下圖把這種關係表示出來：

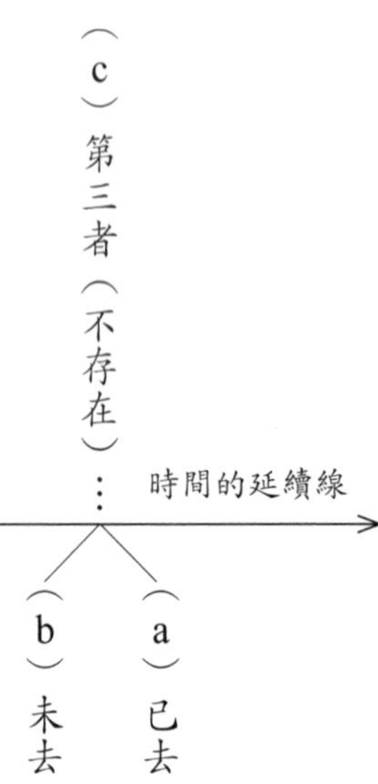

在這條時間的延續線上，另有（a）和（b）兩條線，（a）代表已去，（b）代表未去，而在兩者的中間，並沒有（c）第三者或正在去者的存在。所謂排中律，就是排斥了已去和未去的中間情況。由於（c）實際上表示（a）之後立刻到（b），而不是兩者之間留有一道間隙。所以，（c）並非第三者的容身之所。故此，只有（a）已去者和（b）未去者的存在，而沒有（c）第三者或正在去者的存在。可以說，龍樹運用了排中律來處理運動的主體問題，把運動主體的範圍劃定為已去者和未去者兩類，而將其中的正在去者（第三者）剔出了考慮範圍之列。

關於已去者和未去者，龍樹說「去者則不去，不去者不去」。從常理來看，「不去者不去」一句並沒有什麼難以理解的地方，因為不去者即是未曾進行運動的主體，既然運動尚未發生，那不去者自然未有作運動了。剩下來的問題，就在「去者則不去」一句上。從表面上看，「去者不去」這句話是說不通的。由於去者在字面上已表示出去的意思，但接著卻說不去，去者與不去便顯得矛盾起來，從而令人感到大惑不解。因此，「去者不去」一表述式在語句上有自相矛盾的毛病，並且跟我們的世間知解不符。

「去者則不去」這句話大體上說運動者的運動已經逝去了，所以其運動不可得。但我們若以自性的立場來看，運動者與運動都變得具有獨立的實體性格，由於運動者與運動各有其自性，兩者因而互不相涉，我們因此也不能說運動是埋藏於運動者身上，更不能以運動來形容運動者。既然運動和運動者之間並無任何關係，所以，龍樹就作出「去者不去」的主張了。事實上，「去者則不去」一句話正是從自性的立場來說的，而不是就常理來立論。由於具備了自性，故此運動與運動者便各自獨立起來，而互不統屬，從而得出了「去者不去」這個結論。

二・九 若言去者去，云何有此義？若離於去法，去者不可得。（大三〇・四b）

這裡擬設了一個問難者，對龍樹「去者不去」的主張提出質疑。這個問難者從常識層面出發，以為「去者不去」這種講法說不通，認為「去者去」才是正確的主張。

龍樹回覆這個問難者的疑問，指出為什麼「去者去」不能夠成立。其理由是「若離於去法，去者不可得」，這就是說，當我們從自性的立場出發，而主張「去者去」的時候，便會把運動者與運動分割為二，如此一來，運動者脫離了運動，因而兩者的聯繫就不能建立起來，運動者不能成為運動者。由於運動者尚未建立起來，所以「去者去」也一樣不可以成立。

我們現在且就「去者去」不能成立的情況，提出兩個理由。第一個理由是，若就自性的立場來看，運動者與運動各有自性，「去者去」就變成具有自性的運動者（去者）之中含藏著具有自性的運動（去）。但自性是獨立自足的東西，所以，具有自性的運動不會被包含於運動者之中，否則便不成其為有自性的運動。就這個情形來看，自然談不上「去者去」。至於第二個理由，則不由自性的角度來看。當我們說運動者的時候，這運動者所以能成為運動者，是以運動作為依據的。即是說，運動者不可以脫離運動而獨立存在。但現在所談的「去者去」一語，是指在運動尚未成立之先便已有運動者存在，這明顯有違運動者以運動作為依據一原則。要是運動還未確立起來，則談不上有運動者，那「去者去」自然也說不通了。

龍樹提出「去者不去」的主張，主要是就第一個理由立論的。透過這論調，龍樹教我們不要以自性的立場來看「去者去」的問題，否則便會使到「去者去」的情況建立不起來。

二・一〇

若去者有去，則有二種去，一謂去者去，二謂去法去。（大三〇・四b）

龍樹在這首偈頌之中，仍然由自性的立場出發，指出「去者有去」會衍生出兩種去的現象。第一種運動的現象是去者去，第二種運動的現象則是去法去。所謂去者去，是指在運動者之中的運動；至於去法去，則是指作為運動本身的運動。

這兩種運動各有其自性，換句話說，在運動者中的運動與作為運動自身的運動是兩個不同的東西，兩者互不關涉。這兩種互不相涉的運動的出現，令到「去者有去」的主張遇到概念上的困難。

所以，若以自性的立場來看，「去者有去」一命題絕對不可以成立。

二·一一 若謂去者去，是人則有咎，離去有去者，說去者有去。（大三〇·四b）

本偈頌再進一步闡釋「去者有去」這論調說不通的理由。我們首先順著這首偈頌的文字來了解其意思。「若謂去者去，是人則有咎」這上半首偈頌指出，若我們以自性的角度來看運動者與運動，並認為在運動者當中藏有運動，就會產生義理上的過失（咎）。這種過失正是下半首偈頌「離去有去者，說去者有去」所說的意思。這是說，將運動和運動者分割開來，令到兩者不相關涉：離開運動有運動者。接著提出「去者有去」的主張，以為具有自性的運動者可以包含具有自性的運動。結果只會令到「去者有去」變成一種有違我們日常知解的說法。

其實，在我們的日常知解裡，運動者是依於運動而建立起來的。運動者所以能成為運動者，是因其正處於運動的狀態之中。若果某人不在運動狀態之中，自然不會被我們稱為運動者。即是說，主體（subject）是依賴於行動（movement）來決定其性質的，處於運動當中的就是運動者，不處於運動當中的便是非運動者。故此，運動者是建立於運動之上的。

但若從自性的立場來看，則運動者與運動便各被賦予自性，而兩者也因此分離開來。這時候再主張「去者有去」，便恰與我們的世間知解相違反，而成為一種不能成立的主張。故此，我們不可以寡頭地不管運動而單單建立運動者，否則便破壞了運動者與運動互相依待的世間原理。反過來說，若能放棄以自性的角度來看運動與運動者的話，便可避免犯上了分割兩者的毛病，從而令到運動與運動者得以維持相依相待的關係，也使到「去者有去」的主張得以成立。

我們在此可以總結一下了。以上各首偈頌主要討論了「去時不去」和「去者不去」兩個主題。關於這兩個問題，若我們採取自性的觀點去看，便會掌握到這兩個命題所以不能成立的關鍵了。即是說，若從自性立場出發，則無論是去、去時，還是去者，都會各具自性而獨立起來，因此便談不上「去時有去」（具有自性的運動時間包含著具有自性的運動）或「去者有去」（具有自性的運動者包含著具有自性的運動）。由於三者各具自性，彼此也不會被任何一方所包容，順此即構成了「去時不去」和「去者不去」兩個主張了。

二・一二　已去中無發，未去中無發，去時中無發，何處當有發？（大三〇・四b）

對於上列各首偈頌作過演述後，聽者不得不折服於龍樹的辯論技巧，而對「去時無去」和「去者無去」兩個命題不能再提出反駁。但是，聽者雖然口舌上敗給龍樹，內心始終不服。在龍樹提出「去時不去」和「去者不去」的主張下，運動的真實存在性像被徹底否定了，但在聽者的主觀意思上，卻總覺得有某種運動是真實存在的。聽者接著想到，當運動未發生前和發生後，也可以說尚未出現運動。但在開始進行運動的那一瞬間，必定會有運動存在，否則便談不上運動正在發動了。

龍樹卻進一步否定了這個說法。他指出，如果我們以自性的角度來看，就會看到運動正在發動的情況也不可能成立。而現在這首偈頌正是要闡明發動不能成立。

從字面上來看，「已去中無發，未去中無發」的上半首偈頌，意思極為清晰。這是說，運動已經開始了便沒有發動，而未開始的運動也沒有發動。這些道理並不難理解。問題只在下半首偈頌中的「去時中無發」一句裡。這句話的意思是，在運動開始的瞬間也沒有發動。在聽者的觀念裡，認為在運動開始發動的時候，是一定包藏著發動這回事的，但現在龍樹卻把運動開始時的發動狀態也否定掉，這便令聽者感到大惑不解。

其實，在龍樹對「去時無發」一句話的詮釋中，是以自性為立足點的。他認為，由於具備了自性，即使運動在開始進行的瞬間，也沒有發動這回事。因為，若具有自性，則在「發動時」一瞬間中，我們就應該將發動與時間兩者嚴格區分開來。如此一來，由於發動與時間各具有自性，彼此便不能跟對方併合起來，否則便破壞了自性具有獨立性格的意義。這樣，發動跟時間便變為兩個各具自性的獨立的東西了。

由於發動與時間各自獨立開來，就使到「發動的時刻」這種表述式（expression）也陳構不來。即是，「發動時」在自性的立場下是建立不起來的。由此可見，我們是否就自性的立場來看「發動的時刻」這句表述式，正是理解龍樹論證的關鍵所在。當我們說「發動時」一語的時候，其表述的模式是「……時有發動」。但如果由自性的角度來看這句話，便會使到時間與發動各具自性，彼此互不相容而獨立開來，結果便令到這個表述式中的「……時」與「發動」分離。在這個情形下，我們就不能說「……時有發動」的主張了。而當我們不以自性的角度來看事物的時候，「……時有發動」這表述式所包含的兩個詞彙——發動與時間——是不會分割開來的。時間是由發動來形容，從而構成了發動的時點，即「發動時」這句說話得以成立。這其實就是我們日常知解的情況。可是，若我們從自性立場出發的話，則完全是另一番光景。由於在自性的立場下，發動與時間均有其自性，結果便形成了具有自性的發動不可以形容具有自性的時間這一種情況。因為兩者各具有自性，彼此便會成為兩個獨立的東西，任何一方也不可能跟另外一方併合起來。發動不可以形容時間，因為「形容」一詞實意味著發動由獨立性的東西轉變為依附性的東西。發動也因而喪失了具備自性的獨立性格，反跟具備自性的涵義相違反。所以，在自性的眼光下，根本沒可能有一種由發動來形容時間的情況出現，那自然也沒有「發動時」這個表述式了。

由於「發動時」不能成立，「開始發動時」也一樣不能成立，這樣一來，我們便不能說「開始發動時有發動」這個命題了。換句話說，「開始發動時有發動」這句話在自性的立場下是不成立的。

二・一三 未發無去時，亦無有已去，是二應有發，未去何有發？（大三〇・四b）

這首偈頌的上半部指出，在未發動的時候，是沒有去時和已去的，這是容易理解的。在一般人的眼中，去時和已去是有發動的，所以龍樹接著說「是二應有發」。可是，根據上述論證，以自性的立場來說，我們發現不單已去沒有發動，就連去時也沒有發動。至於未去有沒有發動呢？答案也是否定的。理由是，既然尚未開始活動（未去），自然便談不上有發動了，所以龍樹便反問：「未去何有發？」

這二・一三偈頌實際上重複了第二・一二偈頌所討論的問題，本身並沒有太大的價值。

本品發展到這首偈頌之前都集中在討論「去」的問題，至此才可以告一個段落。由下一首偈頌開始，龍樹將會轉變另一個論題。

二・一四　無去無未去，亦復無去時，一切無有發，何說而分別？（大三〇・四b—c）

由現偈頌開始，討論的主題由「去」改變為「住」，雖然現偈頌表面上還是談去的問題。相對於去這種動態的運動模式，住就是一種靜態的運動模式。住（停住）其實是指運動靜止的情況，所以，它也可算作廣義的運動的一種模式。

這首偈頌的內容頗為簡單，它實際上不過是下面第二・一五偈頌的一個引子。龍樹在這首偈頌中首先指出，透過了上述各項討論，我們可以得到以下的結論。若就自性的立場來看，不論是已去的發動、未去的發動，還是去時的發動，三者俱不能夠成立。我們實不可對已去、未去和去時作一種自性的分別。我們應放棄自性的立場，俾三者得以成立。

既然沒有運動和發動，那麼，便可以引伸出一個可能的情況來。這個可能成立的情況就是：既未進行運動也不曾發動的停住下來的狀態，又能否成立呢？這個有關停住的可能性一問題，就是聽者對龍樹提出的疑問。龍樹隨即作出明確的答覆。他指出，若果仍舊以自性的眼光來看，就連住也不能夠建立起來。

龍樹接著便開始討論停住這個問題，他所運用的論證方式，與詮釋運動（說明已去、未去和去時皆無去）問題時所採取的模式無甚分別。這便引出了緊接著的二・一五偈頌的意思。

二・一五　去者則不住，不去者不住，離去不去者，何有第三住？（大三〇・四c）

「去者則不住」一句是說，已經進行了運動的人是沒有停住的，這意思不難理解。至於「不去者不住」一句，則較難了解，我們現在嘗試作出以下的解釋。停住與運動是兩種互相對反的狀態，但如果運動根本不被設定，則與其相對反的停住也是不存在的。因此，我們不能把停住抽離於運動而加以獨立的處理，從而忽略了它們彼此間的相對關係。所以，當我們談到停住的時候，必然是相對應於運動來說的，不可以將停住與運動兩者分割開來，這即是「不去者不住」一句話的意思。簡單地說，沒有運動，便沒有停住；反過來說，沒有停住，也自然沒有運動了。

「離去不去者，何有第三住」這下半首偈頌，明顯地運用了排中律，從而說明了在運動者沒有停住下來和非運動者也沒有停住下來之間，並沒有另外的可能性。不是運動就是非運動，不是非運動就是運動，除此之外並無第三者的存在。實際上沒有運動與非運動之間的東西，也沒有與這第三者相對應的停住的情形發生。這情況就如下圖所示：

二・一六 **去者若當住，云何有此義？**
若當離於去，去者不可得。（大三〇・五a）

這首偈頌在文字上不甚通順，而且明顯地有詭辯（paradox）的成分。這裡先預設了一點，就是聽者強調停住的狀態是存在的。聽者以為，當正在運動的東西停止下來的時候，便是處於停住的狀態。因此，有所謂停住的存在。即是說，運動者是可以有停住下來的狀態出現的。

龍樹回應說「去者若當住，云何有此義」，指出運動者有停住狀態是一種不合理的情況。換句話說，「去者有住」這主張是不可能成立的。若仔細一點看，對龍樹這句話的意思可作出以下的理解。當運動者停頓下來的時候，便喪失了運動者的身分而不再是運動者，因此也不可能有跟運動相對反的狀態。由於停頓下來的不再是運動，龍樹便說「去者不住」。

其實，龍樹的這種解釋明顯具有詭辯的意味。因為運動者實際上是由動態的運動狀態（去）轉變為靜態的運動狀態（住）的，即這停住的狀態分明是由運動者所表現出來的。但龍樹卻要將運動者的身分改稱，使運動者不再喚作運動者，這就令到運動者原是停留下來的狀態也說不上來。龍樹的這種解說有強詞奪理之嫌，難使人心服。4

也許，我們可以放寬一點來看龍樹的解釋。若果從自性的角度來看運動者，則運動者永遠都是運動者，他不可能有停頓下來的一刻而變成非運動者，因此，其運動者的身分永不改變，所以運動者便不可能出現停住的狀態。我們希望透過這樣的詮釋，能夠化解龍樹在這首偈頌中所含有的詭辯成分，至於這樣解釋是否符合龍樹的本意，則有待更進一步的研究了。

---

4. 由這點亦可以看到，龍樹的論證並不完全是有效和有意義的。在某些情況，詭辯在所難免。

二・一七

去未去無住，去時亦無住，
所有行止法，皆同於去義。（大三〇・五a）

這首偈頌總結以上的論題。透過對上列各首偈頌的討論，可見龍樹論證出已去（去）、未去和去時三種運動狀態都不會有停住下來的情況發生。此外，對於其他一切有關運動和停止的問題（行止法），我們都應該運用以上的道理來加以處置。一言以蔽之，我們要放棄以自性的立場來看待關於運動的種種問題。

二・一八

去法即去者，是事則不然，
去法異去者，是事亦不然。（大三〇・五a）

由二・一八偈頌以下的三首偈頌，都牽涉到同一個主題。而且，在這些偈頌之中，龍樹普遍地採用一種獨特的論證方式——兩難（dilemma）論證法，以同一性和別異性兩個範疇來展開論證。為了有效地理解下列三首偈頌的意思，我們在此先把龍樹的兩難論證法的推論方式詳細交代出來。我們在這裡先舉例說明這種兩難論證法。假設有（a）、（b）兩種各具自性的東西，它們只會構成兩種關係，這即是兩者完全相同與兩者完全別異。無論是哪一種關係，都會引伸出困難，從而迫出了放棄自性的結論，最終便成就了空的立場。這可以下圖來表示：

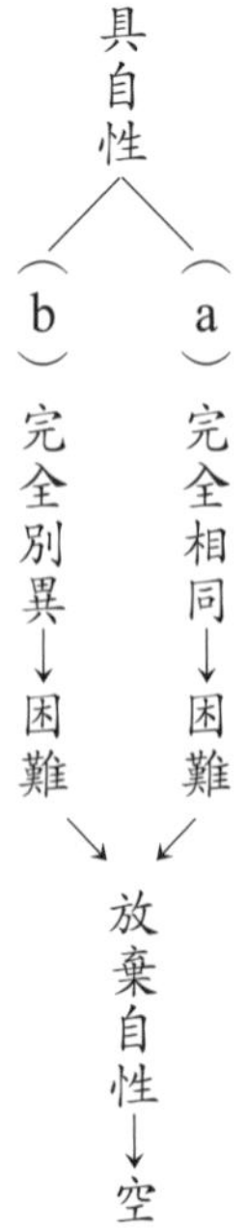

具自性
（a）完全相同→困難
（b）完全別異→困難
放棄自性→空

所謂兩難的論證方式，關鍵在於（a）、（b）兩種東西各具自性，並由此引伸出各自的困難情況來。為了消解這個兩難的困局，便不得不捨棄自性的設定。

現在再進一步解釋為何具有自性的兩種東西只能有完全相同和完全別異的兩種關係。其中的關鍵在於「自性」一概念的涵義。就自性的定義來看，凡是具有自性的東西，都是不變化和不能分割的整一體。因此，具有自性的（a）和（b）便只可能有兩種關係。第一種關係是（a）和（b）完全相同，如下圖所示：

（一）完全相同

a b

在圖中，由於（a）與（b）兩者完全相同，所以它們所分別表示的圖形便會重疊起來，而成為一體。至於第二種關係，則如下圖所示：

（二）完全別異

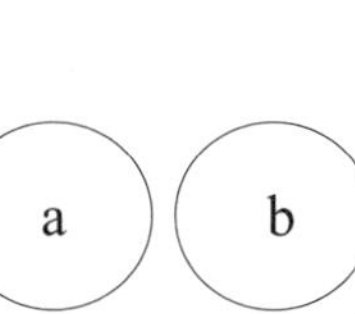

圖中的（a）與（b）所分別表示的圖形各自獨立，互不相涉，所以兩者完全分離開來，從而形成了（a）與（b）的兩個獨立體。

接著我們要問的是，是否有可能出現（a）與（b）有部分相同和部分別異的第三種關係呢？我們在回答這個疑問之前，先把這種擬設中的第三種關係用圖解表示如下：

（三）部分相同和部分不同

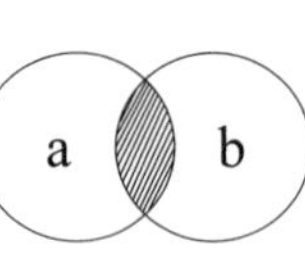

圖中的（a）和（b）兩者所分別表示的圖形有部分重疊，表示（a）、（b）有部分相同，又有部分不同。不過，根據自性的定義，這種情況是絕對不可能出現的。所以，第三種關係並不會成立。其理由在於，自性是不會變易的和不可分割的。但在第三種關係下，（a）與（b）同被分割開來，變得（a）有部分跟（b）相同，又有部分跟（b）不同，而（b）的情況也是一樣。這種情況與自性的涵義剛好相背反。實際上，在自性的立場下，（a）與（b）不可能各自被分割開來，成為有部分相同和有部分不同。所以，第三種關係是不可能出現的。

可見，在具有自性的前提下，（a）與（b）只會有完全相同和完全別異兩種關係。而龍樹的兩難論證法正是要指出這兩種關係俱不可能成立；不論（a）、（b）兩者是完全相同，還是完全別異，都跟我們世間的日常知解相違背，從而構成了一個兩難的困局。假若我們要避免這個困局的出現，便要放棄自性的立場，採取無自性的立場。由此而成就了空的真理。故此，龍樹透過兩難的論證模式，為我們揭示了世間一切事物都是空無自性的道理。

我們現在嘗試列一圖表把二・一八、二・一九和二・二〇等三首偈頌的整個論證模式表示出來：

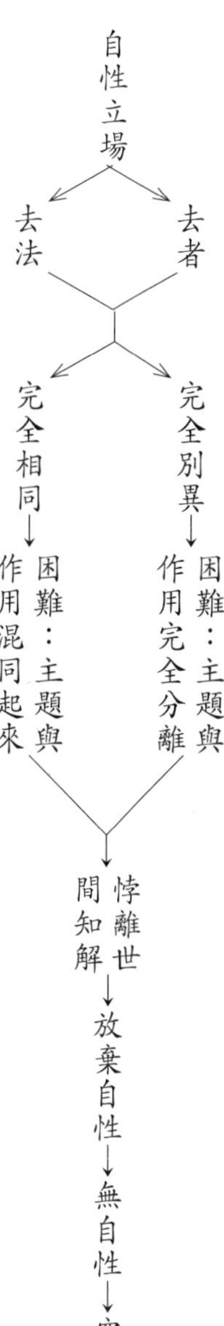

首先，我們採取一種自性的立場來看去法與去者，因而運動與運動主體都具有自性，去法與去者只能有完全相同和完全不同兩種關係。如上所述，這是由於凡具有自性的東西，都是不變易和不能分割的，所以去法與去者便只會出現完全相同和完全別異的兩種關係。龍樹接著指出，無論是完全相同的關係，還是完全不同的關係，都引致困難。

在去法與去者完全相同的情形下，會產生主體（去者）與作用（去法）混同起來的毛病。在我們的世間的常識之中，主體與作用必須劃分開來，而不可能是同一樣東西。至於在去法與去者完全不同的情形下，又會產生主體與作用完全分離開來的毛病，令到運動及運動主體成為兩個各自獨立的東西。這些情況明顯跟我們的日常知解不相符順。既然去法與去者完全相同或是完全不同都違背我們的世間知解，所以，兩者都不能建立起來，這便是一個兩難的困局。龍樹最後指出，為了不讓悖離世間知解的情況出現，我們只得放棄自性的設定，這其實即是採取無自性的立場。無自性也就是空的意思。故此，我們最終便得出了空的結論。以上就是二・一八、二・一九和二・二〇等三首偈頌的整體論證模式。

我們現在回過頭來，先看第二・一八偈頌的意思。「去法即去者，是事則不然」說的是，運動完全等同於運動者（即第一種關係），是說不通的。「去法異去者，是事亦不然」則說，運動完全不同於運動者（即第二種關係），也是說不通的。

二・一九　若謂於去法，即為是去者，作者及作業，是事則為一。（大三〇・五a）

二・一九和二・二〇偈頌是對二・一八偈頌的立論作出的解釋。而二・一九偈頌則是解釋運動與運動者在完全相同的情況下不能成立的理由。

「若謂於去法，即為是去者」是說，假若運動便是運動者的話，這就會出現運動與運動者完全相同的情況。在這個情況下，作用跟主體完全同一，這即是「作者及作業，是事則為一」的困難。所謂「作者及作業，是事則為一」，是說主體（作者）及運動（作業）兩種東西混同起來，這樣便違背了我們的日常知解而難以建立起來。所以主體與作用完全同一只會構成困難的局面。

二・二〇　若謂於去法，有異於去者，離去者有去，離去有去者。（大三〇・五a）

這首偈頌是解釋運動與運動者在完全別異的關係下建立不起來的理由。

「若謂於去法，有異於去者」一句說，假若運動跟運動者是完全不同的話，這便構成了運動與主體完全不同的情況。在這個情況下，便會產生「離去者有去，離去有去者」的困難。所謂「離去者有去，離去有去者」是說，主體（去者）跟運動（去法）可以截然分割開來，這便構成主體與作用分離的困難，而跟我們的世間知解不協調。在我們的常識中，主體與作用是不可以完全分離的。

故此，我們透過二・一八、二・一九和二・二〇等三首偈頌的論證，便可以得到有自性的運動與有自性的運動者不能夠建立起來的意思，從而推導出我們應以無自性的立場來看待運動與運動者的結論，這其實即是一種以空的立場來看世間一切事物的態度。

在此再重複一點，這種兩難的論證方式，是龍樹在整部《中論》裡普遍運用的推理手法。他希望透過一種兩難的局面，逼使我們放棄自性的設定，成就無自性空的終極真理。只要我們把握到這種兩難論證法的關鍵，那麼對龍樹的推理方式便可明瞭。

二・二一 去去者是二，若一異法成，二門俱不成，云何當有成？（大三〇・五b）

鳩摩羅什的這首偈頌文意並不通順，但明顯是緊接前三首偈頌的意思推演下來的。

「去去者是二」的第一個「去」字是指運動，第二個「去」字則連接著「者」字一起使用，這即是運動者。上半首偈頌的意思是，假若以自性的角度來看，運動與運動者這兩種東西便會構成「若一異法成」的情形。「若一異法成」的「一」字是指運動和運動者有完全相同的關係，而「異」字則指運動和運動者有完全不同的關係。也就是說，在自性的立場下，運動與運動者只能有完全相同或完全不同的兩種關係。

「二門俱不成」中的「二門」是指完全相同和完全不同的兩種關係。不論運動與運動者是處於其中任何一種關係，都會遇上困難而不能成立。「云何當有成」是反問句，由於第一種關係（兩者完全相同）和第二種關係（兩者完全不同）都建立不起來，而第三種關係（兩者有部分相同又有部分不同）又不存在，故此，在自性的立場下，運動與運動者的所有關係俱不可能成立。

總括地說，在自性的立場下，運動與運動者只能有完全相同（一法）或完全不同（異法）兩種關係。但這兩種關係均有其困難。因此，運動與運動者的關係既不能由「一法」成就，也不能由「異法」成就。如此一來，由自性角度來看待運動與運動者，只會令到什麼關係也建立不起來，從而顯示出我們要以無自性或空的立場來看運動與運動者。

二・二三

因去知去者，不能用是去，
先無有去法，故無去者去。（大三〇・五b）

我們要理解這首偈頌的涵義，便要先了解「去者去」一表述式的意義。第一個「去」字跟第二個「去」字的指涉並不相同。第一個「去」字形容運動中的主體，而第二個「去」字則指運動自身。我們現在以下圖來表示這個意思：

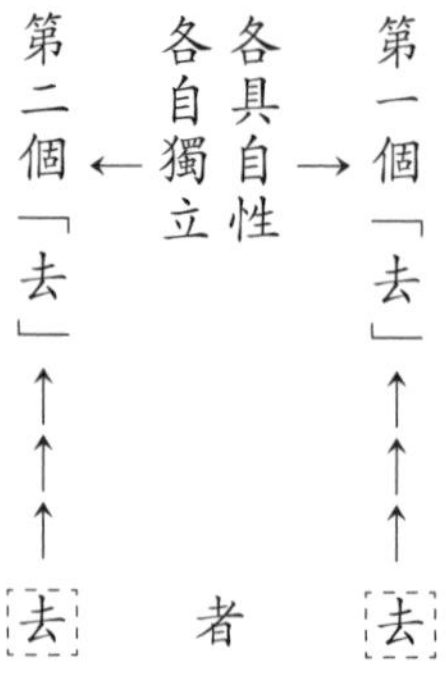

第一個「去」←←←［去］
→ 各具自性 各自獨立 ←　　者
第二個「去」←←←［去］

「因去知去者，不能用是去」一句是說，若我們先設定運動與運動者各有自性，那便會產生出問題來。由於運動而成為運動者的「去」字（即「去者去」中的第一個「去」字）並不能夠與運動者的「去」字（即「去者去」中的第二個「去」字）重疊起來，兩者分別指涉著不同的東西。兩者各有其自性。故此，兩個各具自性的去的運動不可能是相同的事物。即是說，「去者去」中的第一個「去」字跟第二個「去」字分別指涉著兩樣不同的事物。因去知去者的去，不能夠同一於（用）去者去中的去（第二個去）。

「先無有去法，故無去者去」一句則說，獨立的運動（第二個「去」字）跟運動者之中的運動（第一個「去」字）並不相同。更精確地說，「先無有去法」是指在運動者之中只有「去者」一詞裡的去（第一個「去」字），而沒有「去者去」裡的去（第二個「去」字）。故此，「去者」裡的去與「去者去」中的去並不相同，即第一個「去」字跟第二個「去」字各關涉著不同的東西。所以，「去者去」一詞是說不通的。因為在「去者去」一詞之中，第一個「去」字與第二個「去」字應指同一樣東西，但現在卻把前一個「去」字跟後一個「去」字各自獨立起來，而指述了兩種不同的事物，由此便使到「去者去」一表述式不能建立起來。

現以下圖加以解釋：

(去)　者　[去]

在圖中，我們把「去者去」一表述式中的兩個「去」字分別加上○與□的符號，在○中的去跟在□中的去是兩樣不同的東西。(去)是在先的去，[去]是在後的去。也就是說，(去)是使去者成為去者的去，[去]卻是成為去者之後的去。兩個去之間有沒有任何銜接？如果我們以自性的立場來看這個問題的話，那麼，(去)與[去]各有其自性，因而互不關聯。正如下圖所示：

自性　　　　　　　　自性
(去) ←－－－－－－－→ [去]
兩者各自獨立
互不關聯

由於自性有獨立自足的意思，因而凡具有自性的東西，單憑自身也能夠存在，而不必待他緣的配合才得以成就。故此，具有自性的(去)與另一具有自性的[去]便會各自獨立開來，而不相聯繫，甚至會互相排斥。我們也因此而談不上「去者去」這個表述式，換句話說，「去者去」一表述式是不能夠成立的。其中的關鍵在於，當我們說「去者去」一表述式的時候，兩個「去」字本來是同一樣東西；但現在卻把這兩個「去」字各賦予自性，從而令到他們分離開來，並成為各自獨立的東西，所以，兩個「去」便被分離成兩個不同的事物，兩者不再指涉相同的活動，使「去者去」不能成立。5

二・二三

因去知去者，不能用異去，
於一去者中，不得二去故。（大三〇・五b）

這是回答問難者的一首偈頌。問難者以為，「去者去」中的前一去不能應用到後一去，則不妨

---

5. 在這裡，我們再提一下。有○號的去（即是(去)），與有□號的去（即是[去]）由於以自性來看的原故，因而不能指同一的去的運動。前者是使去者成為去者的去；後者則是去者成為去者後的去。兩者可以各不相涉。

採用另一種與「去者去」不同的去法。但龍樹立刻指出這個問難者的說法是不能成立的，這就是本偈頌所要表達的意思。

龍樹指出，運動與運動者要一一相應，若只有一個運動者，便只可以一種運動來與之相應。我們不可以用兩種運動來相應同一個運動者。故此，他說「於一去者中，不得二去故」。又若以不同的運動來相應運動者，也是不可以成立的。所以，龍樹說「因去知去者，不能用異去」。如果某一去法不能夠應用到運動者之上，則採用另外一種運動，也同樣不可以應用到運動者身上的。換句話說，若有自性的去不能回應運動者，則採用另一具有自性的運動，也一樣不能夠回應運動者。

就我們的日常知解來說，「去者去」的兩個「去」字，實指涉同一樣東西。即是說，在一個運動者之中，只會存在著一種運動。運動者與運動是一一相應的。但是，若果我們以自性的角度來看，則「去者去」的兩個「去」字，便成為了各具自性的兩種運動。而在同一個運動者之中出現了兩種運動，根本有違於運動者與運動一一相應的世間律則，因而跟我們的世間知解相違背。至於問難者所主張的以另外一種運動來回應運動者，則會產生以下的困難。既然運動與運動者必須一一相應，那麼，由問難者所提出的另一種運動也必須找尋另一個與之相應的運動者。但實際上，這另一個運動者根本不存在。

總之，若以自性的角度來看「去者去」一問題，便違背了我們的日常知解，從而使到「去者去」一表述式不能成立。故此，若要令到「去者去」的兩個「去」字同樣指涉一種運動，俾能符順運動者與運動一一相應的原則，我們只得放棄運動者與運動都具有自性的設定，這其實便成就了一種無自性的立場。這亦即是空的立場。

二・二四 決定有去者，不能用三去，不決定去者，亦不用三去。（大三〇・五b）

這首偈頌的主旨是說，不論是從自性的立場來看運動者，還是不用自性的眼光來看運動者（這樣運動者即成為虛無的運動者），都談不上有已去、未去和去時（三去）這三種不同的運動狀態。可以說，龍樹在這首偈頌之中，主要是討論運動者的已去、未去與去時的問題，並配合著運動者有否具備自性的極端來加以申論。

「決定有去者」的「決定」一詞，有濃厚的肯定意味。「決定有去者」即指那些肯定地有自性的運動者。我們對於這些具有自性的運動者，根本就不可能運用已去、未去和去時等描述運動狀態的詞彙來加以形容。由於決定地具備了自性，運動者即成為不可變化的東西，也不會出現狀態上的不同情況。所以，我們便不可能用已去、未去和去時等表示運動變化的述詞加諸其上。因為自性是不會變化的，若運用表示變化的述詞來形容具有自性的東西，便不協調。若認為具有自性的運動者可以表現出已去、未去和去時三種運動狀態來，便與具備自性的義理相違反，而陷於矛盾。

此外，「不決定去者」指不以自性的眼光來看的運動者。嚴格地說，這是指一無所有（nothingness）的運動者，這其實是從虛無主義的眼光來看的運動者。龍樹指出，這種虛無的運動者，同樣不能出現已去、未去和去時等三種運動的狀態。因他相當於虛無；對虛無的東西，任何分別的描述都形同虛設，沒有正面意義。

二・二五　去法定不定，去者不用三，是故去去者，所去處皆無。（大三〇・五b）

上一首偈頌以運動者為主題；現在這首偈頌卻由決定與不決定兩個角度來看運動有否已去、未去和去時的狀態出現；也就是說，這首偈頌是以運動為主題的。「去法定不定」的「定不定」，即指決定有自性和不決定有自性兩種對待運動的立場，這兩極化的立場是排除了作為兩者中介的緣起立場來說的。6

先說決定地有自性的運動。決定地有自性的運動者談不上有已去、未去和去時三種運動的狀態，所謂「去者不用三」就是這個意思。在相同的情況下，若果運動決定地有自性，便不會依附於運動者而進行運動，即是說，不會由於運動者的存在，才會有運動的出現。因為在具有自性的前提下，運動者與運動是各自獨立開來的，任何一方也不需依待他方便得以成立。而且具備自性的運動本身也能夠長久地存在和永不改變。所以，運動就如運動者一樣，單憑其自身便足以成立，並不需要由已去、未去、去時等述詞來形容。

接著討論決定地無自性的運動。決定地無自性的運動即一無所有的運動，由於這種運動什麼也不具備，它自然也談不上有已去、未去和去時等三種運動狀態了。

故此，這首偈頌主要給我們指出，無論運動本身是確定地有自性，還是確定地無自性，都不能

6. 即是說，決定有自性即實有的立場；不決定有自性即決定無自性，而且是一無所有，連緣起的有也排除掉，這是虛無的立場。龍樹以為，這兩種立場都是極端，都有所偏。

有已去、未去和去時等三種運動狀態的出現。

我們現在要對整個第二品作一總結。第二品共有二十五首偈頌，其中心要旨是說明，若果我們以自性的立場來看運動的話，就不能建立起運動、運動者，甚至運動的處所等東西。因為這些東西全是緣起幻有的，根本就沒有自性可得。若我們以自性的眼光來看待這些東西，便是一種錯誤的作法。我們要以無自性的立場來看待運動，這也是一種空的立場。

觀六情品　第三

這第三品的內容較為簡單，是討論六情或六根的問題，要我們不要執取它們。所含偈頌的數量也較少，合共全品也只得八首偈頌，而且每首偈頌也沒有難於理解的地方。較為特別的，是其中若干偈頌牽涉到第二品所述的已去、去時和未去等幾種運動的狀態。只要我們對這些概念有清晰和明確的了解，便不難把握到第三品的整體意思。

三・一　眼耳及鼻舌，身意等六情，此眼等六情，行色等六塵。（大三〇・六a）

六情即指六根，六根分別是眼根、耳根、鼻根、舌根、身根和意根，這是六種認識的器官。這首偈頌表示出我們要破除對這六種器官的執取。在現實上，許多人執著六根，認為它們有自性。並且以為，由於六根具有自性，它們才能產生出認識事物的作用。因此，這首偈頌是針對人們對六根自性的執取而發的，再由此帶引出破除自性的道理。

龍樹說：「行色等六塵，」這是指眼根、耳根、鼻根、舌根、身根及意根等六根，認識（行一字有活動的意思，再進一步說，便可解作認識）色等六塵。六塵指色、聲、香、味、觸和法六種認識對象。其認識的情況是：眼根認識色，耳根認識聲，鼻根認識香，舌根認識味，身根認識觸，意根認識法。

三・二　是眼則不能，自見其己體，若不能自見，云何見餘物？（大三〇・六a）

這首偈頌牽涉到所謂「三段論」（syllogism）的論證方法。從文字的表面意思上來解釋，「是眼則不能，自見其己體」這上半首偈頌是說眼不能看見自身；「若不能自見，云何見餘物」這下半首偈頌則指出，若果眼不能夠看見自身，又怎麼可能看見其他東西呢？這裡明顯假立了「不能見自己則不能見他物」的基本設定。為了方便了解這首偈頌的推理，我們現在先以西方的三段論來把這首偈頌的推論方式展示如下：

三段論的形式

大前題：不能見自己，便不能見其他東西。

小前題：眼根不能見自己。

結論：眼根不能見其他東西。

從三段論的論證方式來看，這是一個有效的推理。

其實，當龍樹提出這首偈頌的時候，正處於一個與佛教內的說一切有部（Sarvāstivāda 簡稱有部）進行著激烈辯駁的時期。他反對有部的看法，針對彼方以自性、實體的眼光來看事物的態度而加以批判。有部是小乘佛教中的一個派系，以自性或自體（svabhāva）的立場來看待一切事物，認為一切事物皆有其自性或自體。所謂一切事物，自然包括眼根在內。因此，有部認為眼根是一種具有自性的東西，既然眼根具有自性，它便能憑其自性來看見任何東西。有部認為見到東西，是自性的作用，而自性是眼根所具備了的，因此，透過自性的作用，眼根便可以看見任何東西。這就是有部的認識論。

而龍樹的認識論立場恰好與其相反。他認為眼根看到東西是由於各種不同的因素互相配合所致，而不是因為具備了自性才可以形成見的活動。其實，在龍樹看來，眼根壓根兒便不具有自性。龍樹在此是要說明有部的主張是難以成立的。他指出，作為一種視覺機能，眼根看見其他東西，並不是眼根具有自性的作用所致，而是由於「看見東西」這一活動，是眾緣和合而成。它需要眼根、對象、適當的距離和光線等種種因素的配合，才足以成就，使眼根能看見東西。故此，「看見東西」並不是眼根具有自性的作用。即是說，有部解釋眼根的認識作用並不恰當。

因此，龍樹在這首偈頌中以否定的方式來駁難有部認為眼根具有自性的主張。他以三段論式（不能見自己便不能見其他東西；眼根不能見自己；所以眼根不能見其他東西）來否定有部認為眼根憑藉其自性便能見到其他東西的主張。並且進一步帶出了視覺活動的構成是由於眾緣和合才得以成就一意思，而不是由於眼根具有自性才會產生出視覺作用。

三・三　火喻則不能，成於眼見法，去未去去時，已總答是事。（大三〇・六a）

現在這首偈頌隱含了聽者回應上一首偈頌所作出的反駁。在龍樹提出了三・二偈的主題之後，聽者即運用火的比喻來進行反駁，希望能夠藉此指出論者（即龍樹）的論據不能成立。這個火的比喻是說，火不能夠燃燒自身，但卻能夠燃燒他物。而眼不能看見自己，故不能看見其他東西的情況，正跟火的燃燒狀況有很大的差別。聽者顯然是要以火燒的情況來作標準，來說眼見的情況。他以為眼見也應如火燒一樣，雖不能對自己作用，但能對他者作用。即是說，眼雖不能見自己，但仍能見其他東西。如同火雖不能燃燒自己，卻能燃燒他物那樣。

可見，聽者的論說採用火的比喻來反駁龍樹。這論說的論點是眼根與火的情況是一樣的，眼根雖然不能見自身，但能見其他東西（如色）。再推前一步，便可主張眼根是有自性的，而由這自性來生起眼根的見的作用。要之，這個論說希望透過火的比喻來建立眼根能見物和具有自性的主張。

論說者的這種反駁在文句裡並未明顯地表示出來，只隱含在這首偈頌之中。龍樹現在即透過本偈頌來駁斥論說者的說法。

在論說者提出其主張之後，龍樹隨即說出「火喻則不能，成於眼見法」的道理。這是說，火的比喻不能夠建立眼具有能見自性的主張。換句話說，龍樹不承認火具有不能燃燒自身卻能燃燒他物的性格，這便跟論說者對火的解釋有很大的分野。論說者認為火能燒其他東西是憑藉其自性所致，龍樹則否認火具有能燃燒他物的自性。其實，這個問題與第二品所提及的已去、未去和去時等三種運動的狀態是有密切關聯的，所以，龍樹接著便說：「去未去去時，已總答是事。」這是指，龍樹在第二品裡對運動中已去、未去和去時三種狀態的解釋已解答了以上的疑問。由於龍樹認為火根本就沒有自性可說，所以不承認火可憑其自性來燃燒其他東西。他指出，這情況就如在運動之中，我們不能在已去、去時和未去三種場合裡建立自性，三者都沒有自性可言。同樣地，火也不具有自性的燃燒作用。火的燃燒狀態不外乎三種情形，即已燒、正在燒和未燒，而這三種情形都沒有自性可得。已燒是已經燒掉了，即已成過去；未燒是還未開始燃燒，即尚未出現；而離開了已燒和未燒，並沒有正在燒的情況出現。在已燒和未燒之間，並沒有一種屬於正在燒的間隙。不是已燒，便是未燒。這事例跟運動的已去、未去和去時的情況完全一樣。運動中只有已去和未去，而不存在一種屬於去時的間隙。當然，這純然是從自性的角度來立說的。

龍樹認為以火的比喻來反駁他的論點是不能成立的，即是說，火不能產生一種具有自性的燃燒作用。同樣，眼根亦沒有具有自性的見的作用。

三·四 見若未見時，則不名為見，而言見能見，是事則不然。（大三〇·六a）

這裡擬設聽者總是執取眼根有其自性，藉此生起見的作用。龍樹即用另一種論證的方式來回應對方。

龍樹指出，如果眼具有自性並因此而能見物，則眼必可在一切時空中都能成就見的作用，而不必其他條件（如對象、光線、距離等）的輔翼。這是因為，假若見的作用只取決於眼根是否具備自性的話，眼便是構成見的作用的充足條件，而不需要依待其他條件的互相配合來成就視覺活動。

龍樹在此強調一點，若是聽者所說的是正確的話——即眼根只需有其自性便足以構成見的作用，那麼，不論有否視覺對象，有否充足的光線和是否處於閉眼的狀態，都不足以影響眼根的視覺作用，眼根都必定會看到其他東西。因為眼根自身便是構成視覺活動的充足條件。但是，可惜得很，這與現實情況並不相符。我們只要隨便舉出一個日常的事例，也可以知道這種情況是不合常理的。

例如，在沒有光線的情況下，眼睛便不能看到任何東西。所以，眼睛能否看見事物，絕非如聽者所主張——只要眼根具有自性便能見物的情況般簡單，而是由於各種不同的條件配合得當，眼睛才會看見某樣東西。

故此，龍樹在這首偈頌中說：「見若未見時，則不名為見，」即在未曾看見對象的情況下，我們不能稱為「見」。因為在這個時刻，我們尚未構成看見，當然不能稱之為「見」了。所以，只有在視覺對象出現之後，眼睛又處於張開的狀態，再加上適當的光線和距離等條件的配合，眼睛才能成就見的活動。換句話說，眼睛能否看見事物，並不是拜其自性所賜，而是因緣和合的結果。

「而言見能見，是事則不然」一句則指出，若將尚未見到對象的「見」（還未見對象的「見的活動」）也喚作見，便是一種不確當的說法。因為若就自性的立場來看，見的活動正與運動的情況相同。即是說，見也可以分作三種狀態，這就是已見、未見和見時。但正如龍樹在第二品對運動的分析一樣，已見已成為過去，未見還未出現，而在已見和未見之間並沒有見時的空隙。因此，在有自性的立場下，既不能說已見見，也不能說未見見，更不能說見時見，三者同樣不能成立。可以說，具有自性的見的活動是不能夠建立起來的。但反過來說，只要我們放棄自性的立場，便能夠正確地理解見的活動的真實情況。這種情況就是指不具有自性的日常的見的活動。所以，有部的聽者主張眼根有自性而能見物的說法是錯誤的。

在這首偈頌之中，龍樹的最終目的，是要破除有部所執取的自性見，指出他們認為眼根具有自性而能見物的見解的錯謬之處。

三・五 見不能有見，非見亦不見，若已破於見，則為破見者。（大三〇・六a）

現在這首偈頌是緊接著上一首偈頌而展開討論的。所謂見的活動，不外乎兩種情況，這即是，不是已見便是未見，而沒有正處於見中的情況發生。「見不能有見」一句中的前一個「見」字，指的是已見，這即是說，已見的事情不可能再見到；「非見亦不見」一句卻說未見的（非見）也不可能被見到。由於已見和未見的東西均不可能見到，也沒有正在見的情況出現，因此，龍樹便指出，以自性來建立的見的活動，在實際上是不可得的。既然不能夠成立具有自性的見的活動，那麼，作為見者的眼根也不可以成立。見的活動破了，作為見者的眼根也破了。換句話說，我們是不能以自性的立場來看待眼根的，因為它根本就不曾具有自性。

事實上，見的活動是依待種種因素的配合而成就的，而不是像有部所說的那樣，眼根是依據自性的作用而形成見的活動。故此，我們不應對眼根起一種自性見，並由此而執取眼根的自性。

三・六 離見不離見，見者不可得，以無見者故，何有見可見？（大三〇・六b）

在上一首偈頌的論證中，龍樹斥破了有部認為眼根有自性而能見物的看法。另外，在佛教內部還有一個小乘的學派犢子部（Vātsīputrīya），強調「我」的問題，跟原始佛教主張「無我」（否定我的自身）的觀念相違背。這犢子部接受了龍樹上面的說法，承認眼根不具有自性而見物；但是，卻另設一個「我」在人的生命存在的背後，再由這個「我」運用眼根來生起見的作用。即是說，犢子部認為眼根雖不能憑藉自性來見其他東西，可是，在眼根的背後卻有一個「我」，利用眼根而成就見的活動。這種說法，其實是將能見的關鍵由具自性的眼根轉移到「我」之上，而這個「我」自然也是一種具有自性的東西。

龍樹隨即提出反駁，指出犢子部所謂自我的見者，歸根究柢，是一種沒有自性的東西，因而產生不出見的作用。在這首偈頌裡，龍樹先設定犢子部的主張，然後才提出自己的見解，並從中反駁犢子部的謬說。

龍樹首先將見的活動分為兩種情況，第一種情況是離開見的場合，第二種情況則是不離開見的場合。龍樹認為，在這兩種場合之下，作為見者的我都不能建立起來。所以，他說：「離見不離見，見者不可得。」「離見不離見」的「離見」，即離開了見的第一種場合；「不離見」則指不離開見的第二種場合。而兩種場合的見者或我都是「不可得」的。

現在分別說明為何兩種見的情況都不可以成立。先說「離見」的場合。「離見」指離開了眼見的情況，既然已經離開了眼見，那麼，作為見者的當事人即不再成為見者。由是，見的活動不可以成立。

接著說「不離見」的場合。按照犢子部的說法，「不離見」是指見的活動只要利用眼根（由「我」所役使）便得以成就，從而讓眼睛看到東西。但是，在這種情況下，眼根便成為見者，根本不再需要在眼根之外另立一個「我」來役使眼根見物。即是說，犢子部雖然接納了龍樹的主張，否認眼根具有自性，而能見物，但卻在眼根之外別立一個具有自性的「我」來成就見的活動。龍樹現在便指出這個「我」的設立是毫無用處的，因為見者只有一個，既然眼根已作為見者，便不再需要「我」來作為見者了。這樣便否定了犢子部所提出的「我」是見者的說法。也可以說，龍樹認為單靠眼根不能見物，必須依待「我」的作用才能見物的主張是錯誤的。因為眼根既然不能見物，則「我」同樣也不能見物；那麼，要以不可見的「我」來役使不可見的眼根來見物，從而成就見的作用，當然是一種不合理的情況。由於兩者（「我」和眼根）分開時皆不能表現出見的作用，聚合時當然也不能表現出見的作用，故犢子部的說法是不合理的。

既然作為見的主體（見者）不能夠成立，則所謂見和可見的兩種情況，當然也不可能成立，所以，龍樹說：「以無見者故，何有見可見？」「見可見」的前一個「見」字，指見的作用，「可見」則指見的對象。由於見的作用和見的對象都依於見者才可以建立起來，今見者不可以成立，那見的作用和見的對象同樣是不能夠成立的。故此，龍樹便反問「何有見可見？」來詰難論敵者，使對方折服於其推論之下。

三・七 ── **見可見無故，識等四法無，四取等諸緣，云何當得有？**（大三〇・六b）

龍樹在這首偈頌中，開始作出總結。「見可見無故」的前一個「見」，指能見的眼根，「可見」則指可見的境或色，兩者都無自性可得。因此，十二因緣（十二因緣分別是無明、行、識、名色、六入、觸、受、愛、取、有、生、老死）中的識、觸、受、愛等四法（四個因果環節）都同樣不可說具有自性。而在愛法後的取（取即指由執著而來的煩惱之意），可細分為欲取（貪著於色、聲、香、味、觸五境）、見取（妄執色、受、想、行、識五蘊中的我見和邊見而產生出惡見）、戒禁取（修習佛教所禁止的行為，如破五戒等）和我取（執著自我而生我見、我慢等妄念）等四取；這四取與眼根一樣，同是沒有自性的。

總括地說，四法和四取都無自性可得，甚至乎整個十二因緣中的每一種因果環節都談不上具有自性。故此，龍樹認為由眼根開始，以至於四法、四取和十二因緣等，都是沒有自性的。

三・八

耳鼻舌身意，聲及聞者等，
當知如是義，皆同於上說。（大三〇・六b）

除了以上各首偈頌所集中討論的眼根外，其餘的耳根、鼻根、舌根、身根和意根，以及聲和聞等六根的認識對象，我們都要以同一眼光來看待。這即是說，不論是眼根，還是耳根、鼻根、舌根、身根、意根等，甚至是其認識的對象，我們都不能視之為具有自性的東西。「當知如是義，皆同於上說」指以上各首偈頌對自性見的破除的論證，可以同樣運用於六根及認識對象之中，因為這種無自性的真理對任何東西都是一樣的。無自性是一種普遍的真理，它描述出一切世間法和出世間法的普遍性格。

觀五陰品 第四

所謂五陰，就是五蘊（skandha）。五蘊包括色（rūpa）、受（vedanā）、想（saṃjñāna）、行（saṃskāra）及識（citta）五種構成生命存在的要素。〈觀五陰品〉牽涉到緣起或因果的問題，要旨是說明因與果必須互相依待才能成立。在一方面，結果依於原因才能成立；另一方面，原因也要依賴結果，才可以成為原因。故此，因與果有一種雙向的關係。在這種雙向的依待中，因與果是平等的。一般人只著意於果依因才能成立的單向關係，而較少留意到因依果而成為因的道理。但龍樹在本品裡，卻特別指出，原因必須待結果出現後，才能成為原因，這便是本品在義理上的獨特之處。當然，本品的最終目的還是闡述不論因、果或五陰，都是緣起無自性的道理。

四・一　若離於色因，色則不可得，
若當離於色，色因不可得。（大三〇・六b）

色是五蘊中的第一蘊，指物質性的東西。這首偈頌說，若色離開了色的原因，便不能成為色；另一方面，沒有或遠離了色，也不可能有色的原因。這其實在說，因與果有一種互相依待的雙向關係，結果自然要依賴原因才能成為結果，但是，原因也要依於結果方可成為原因。上半偈「若離於色因，色則不可得」指結果依於原因；而下半偈「若當離於色，色因不可得」則指原因依賴結果。[1]

現舉一實例來加以演述。就以父子的關係來說，我們可表示如下：

雙向關係

因 <------------> 果

父 ------------> 子

生

在這裡，父生出子，則父為因，子為果。明顯地，兒子（結果）要依賴父親（原因）才能成為兒子（結果），這是極易明白的。反過來說，當我們提及父親（原因）要依於兒子（結果）才能成為父親（原因）的時候，乍聽起來，好像很不自然，但其實也並非不自然的。若要成就父親的身分，則必須要生出了兒子，才足以把父親的身分建立起來。由於「父」「子」的稱謂是互相依待的，如果沒有兒子，便不能喚作父親。故此，原因依於結果的道理並不難解。

由於因果互相依待，因依果，果又依因，兩者都不能獨立存在，我們便能推導出因和果都無自性的結論，這是本偈頌所能引伸的涵義。而我們也可以把這個論點視作整個第四品的總說，龍樹在此暗暗地點出了原因和結果互相依待，兩者都不能具有自性的道理，[2]本品後面各首偈頌全是這個意思的分說。

四・二　離色因有色，是色則無因，無因而有法，是事則不然。（大三〇・六b）

這首偈頌是說果不能離因而獨存。「離色因有色，是色則無因」這前半首偈頌，是說離開了色（物質）的原因而有的色，便成為無因的東西。「無因而有法，是事則不然」這後半首偈頌，指出沒有原因但又有色的存在（法），是說不通的。即是說，一切事物都要依靠因緣才能夠生起，世間上並沒有一些「沒有因」的事物。若有「沒有因」的事物，那一定是具備了自性的東西，才可以不依賴任何原因也能存在。但按照龍樹的意思，世間一切事物都是緣起性空，都無自性，故此，並沒有任何東西能夠逃離原因而獨立地存在。這首偈頌顯然是教我們要從緣起的立場來看事物。

四・三 若離色有因，則是無果因，若言無果因，則無有是處。（大三〇・六c）

這首偈頌則是說因不能離果而獨存。「若離色有因，則是無果因」是說離開了色（物質）而有原因（即原因可以離開結果而成為原因），則這種原因可被喚作「無果因」——沒有結果的原因。「若言無果因，則無有是處」指出，這種沒有結果的原因，是不能成為原因的，因為任何原因都需要有結果，然後才會成為原因。也可以這樣說，結果是足以令到原因成為原因的東西。故此，若離開了結果，根本就不會有原因。

---

1. 上面我們說過，在邏輯上，若兩樣東西互相依待，則它們為相等。這相等不是內容上的相等，而是成立機會上的相等。要麼兩者同時成立，要麼兩者同時不成立。不會有任何一方佔優勢的情況出現。
2. 即是，結果依原因，則結果無自性；原因依結果，則原因無自性。或者說，便是因為沒有自性，才有依賴的情況出現。

因此，龍樹認為「無果因」是虛構的東西，不能成立。但為何會有「無果因」這種詞彙出現呢？龍樹的答覆殆是，這是由於人們以虛無主義（nihilism）的眼光來看事物，認為一切事物都是一無所有，一無所是，不會產生出任何東西，甚至可以完全等同於「無」（nothingness）。由此而生起「無果因」這種不符合實際情況的詞彙。在佛教裡，這種虛無主義的觀點往往被稱為「斷見」或「斷滅論」，並與涵義跟它相反的「常見」或「常住論」同被視作不正確的見解，即所謂戲論（prapañca）。

四·四 若已有色者，則不用色因，若無有色者，亦不用色因。（大三〇·六c）

本偈頌透過兩難的方式來展開論證。「若已有色者，則不用色因」表示，若作為結果的物質（色）已經存在，便不需為它提供任何原因。「若無有色者，亦不用色因」則說，若物質本身根本不存在，也用不著為它提供任何原因。在這裡，龍樹明顯地運用了兩難的方式來進行論證，不論是「已有色」還是「無有色」，均不需要原因。

要注意的是，龍樹於此分別採用了自性和虛無兩種觀點來看事物，結果便構成了這種兩難的局面。「已有色」是事物有自性，「無有色」是事物是虛無。兩種情況都不能成立。如果我們從自性的角度來看事物，則所有事物皆具備了自性，因此不需要任何原因也能夠成立。若果我們以虛無的眼光來看事物，那麼事物便是一無所有的東西，故此，也不需要任何原因而令它成為一無所有。龍樹認為這兩種觀察事物的立場，都是邪見，是不正確的見解。以緣起的眼光來看事物，則是一種超越自性和虛無兩種立場的合理作法。這種緣起的眼光是假定原因才能成立結果的。即是說，萬事萬物都要依因待緣才得以成就。這可以說是一種「中庸」的看法，是一種觀察世間事物的正確看法。

四．五　無因而有色，是事終不然，是故有智者，不應分別色。（大三〇．六c）

「無因而有色，是事終不然」表示沒有原因而有物質性的東西（色），就是一種不合理的情況。如果不需要原因，事物也可以出現，那麼這個事物必定是一種具有自性的東西。因為只有具備了自性的東西，才能夠脫卻一切原因而自得其存在。但我們若認為世間有具有自性的東西存在著，則會形成一種不確當的看法或虛妄的見解，因為這種看法違背了緣生的正理。

所以，龍樹接著便指出「是故有智者，不應分別色」，即有智慧的人（有智者）不會對事物起一種自性的分別，不會將自性的見解妄加於事物之中。有智慧的人是不會認為世間會有具備了自性的事物的。此中的「不應分別色」的「分別」是自性分別，即分別色為有自性的東西。

四．六　若果似於因，是事則不然，果若不似因，是事亦不然。（大三〇．七a）

若只就字面上來看，這首偈頌的意思是說不通的，這是由於它在翻譯上出了問題的緣故。這偈頌的表面意思是，假若結果跟原因是相近似，是不合理的；假若結果跟原因是不近似，也是不合理的。可是，這個意思顯然有問題，因為就我們的日常見解來看，原因與結果是相類似的，這恰好與「果若不似因」的意思相背反。所以，就字面上看，我們根本難以準確地理解本偈頌的涵義。

在這裡，我們可以發現這首偈頌運用了兩難的方式來進行表述。它一方面指出果似於因的情況不行，另一方面，它又指出果不似因的情況也不行。即是說，似與不似的正負兩面也不可能，從而構成了一個兩難的局面。但問題的癥結卻在「似」一字上，鳩摩羅什的翻譯在這兒出了問題。相應於「似」字的梵文為 sadṛśam。[3] sadṛśam 有三個意思，分別是相似、切合和值得。鳩摩羅什的譯文明顯採用了相似一意思，但據文意來看，應當採用切合（同一）這一意思。若採取相似這個意思來進行翻譯，譯文便變得不可解。譯文採用切合一意思會較為恰當。所謂「切合」相當於英語的 fit，指兩者（原因與結果）完全吻合或完全相同的意思。

我們若從自性的立場來看，原因與結果只有兩種關係。第一種關係是兩者完全相同，第二種關係是兩者完全不同。這可用圖表表示出來。現先假定A、B這因果二物各具自性，則可有下列情況：

1. 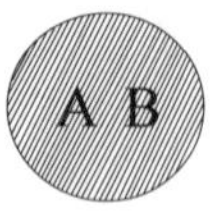 A B　完全相同（A與B重疊）

2. 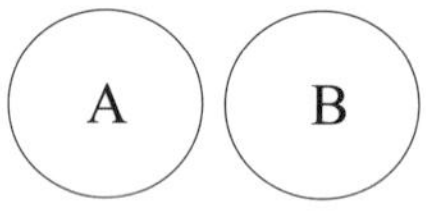 B　A　完全不同（A與B分離）

3. Kenneth K. Inada, *Nāgārjuna: A Translation of his Mūlamadhyamakakārikā.* Tokyo: The Hokuseido Press, 1970, p.55.

若就事物具有自性的立場來看，以上圖表1和圖表2兩種情況皆可能。但以下圖表3的情況，卻不可能：

3.

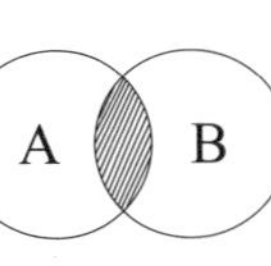

部分相同（斜線部分）
部分不同（白色部分）

由於自性是一整體，這實包含不可被分割的意思。所以，原因與結果只能有完全相同或完全不同的兩種關係，而不可能出現部分相同和部分不同的第三種關係，這第三種關係即是相似關係。因為因與果相似的情況表示自性可被分割為相同和不同兩個部分。假若這個情況可以成立的話，這便跟自性的立場相違背。換句話說，這第三種關係在自性的立場下是不可能出現的。關於這點，我們在討論第一・一偈及二・一八偈的時候，已作出了詳盡的交代。

因此，若就自性的立場來看因果，則因果只可有兩種關係，第一種關係是因和果完全相同，第二種關係是因與果完全不同。在因果完全相同的關係中，因和果成為沒有絲毫分別的東西，因即果，果即因。但這情況根本違背了我們日常對因果的理解。在我們的一般知解中，因雖生出了果，但兩者並不會是完全相同的。因不可能完全等同於果，否則便談不上一物由他物所生起。若因與果完全相同，就變成了自生自成，但自生自成實有違我們的日常知解。而在因和果完全不同的情況中，因與果便成為兩個絕對不同的東西。這情況可舉例加以說明，如零件是因，手錶是果，而由作為因的零件生出了作為果的手錶。若我們認為兩者是完全不同的，它們不相同的程度就如石頭跟手錶的情況一樣，兩者根本是全不相干的。假如這情況可以成立，則我們同樣可以認為石頭也會生出手錶。因為就因與果完全不同的角度來看，作為原因的零件與石頭是沒有什麼大差別的，兩者都跟作為結果的手錶完全不相同。所以，若零件可以生出手錶，則石頭也應該可以生出手錶來。但這裡便構成了困難，因這情況明顯跟我們的常識相違背，故此，這只是一種不合理的情況，在世間的因果關係中是尋找不著的。

所以，這首偈頌的意義實帶出了我們不該以自性的立場來看世間因果關係的訊息。這自然顯示世間的因果事物只具有緣起的性格，這其實就是諸法皆空的意思。

四・七　受陰及想陰，行陰識陰等，其餘一切法，皆同於色陰。（大三〇・七a）

這首偈頌的涵義極為簡明。本品的標題是討論五陰，而先前的各首偈頌討論了色陰的情況，這兒便接著指出餘下的受、想、行、識四陰跟色陰的性格是一樣的，故此不需要分別加以討論。所以，五陰均是緣起法，都不具備自性。

四・八　若人有問者，離空而欲答，是則不成答，俱同於彼疑。（大三〇・七a）

餘下的這兩首偈頌是結論，表示我們應以空的立場來回應他人的質疑。若果他人對我們提出疑問，但我們又離開了空的立場來回答他，這就不能得出正確的答案，反會跟問難者一起陷於疑難之中，犯上了相同的毛病。即是，若不以真理（空）的立場來回應問題，便會與提問者遇到同一的疑惑，而不能得著真理的消息。

四．九

若人有難問，離空說其過，
是不成難問，俱同於彼疑。（大三〇．七a）

這首偈頌緊接著說，若果他人有問難，質疑別人的過失，但我們又不以空的立場來指明其過失，便不能夠為這人的問難提供合理的答案。這樣不但未能為他人解決疑問，反倒使自己陷入了問難者的過錯之中。所以，對於一切義理上的過失，我們都要從空的立場來解答，把過失彰顯出來。否則便不能對他人的問難提出正確的回應。

這最後的四．八和四．九兩首偈頌並不是十分重要的，它們只是重申先前各品的主題——我們不要以自性的立場來看事物，而應該以性空的立場來看待事物，以性空的角度來回應人家的問難。

觀六種品 第五

我們首先說明何謂六種。所謂六種，其實即是六界（dhātu）。六界為六種元素或六種領域，代表著印度人一種早期的朴素的世界觀。他們以為，整個宇宙是由六種基本元素所組成，這六種元素分別為地、水、火、風、空和識。本品的標題雖說六界，但其內容實際上只提及空一界，而以此空界為代表來展開論證。

其實，龍樹是希望透過這品來討論語言與對象的關係一問題的。當我們運用語言的時候，經常涉及某種事物的特徵或特性，而這些作為語言的表現的特徵或特性，跟其指涉的對象本身存在著怎樣的關係呢？這實際上就是語言和對象的關係問題，也正是本品所要討論的重點。

在這裡，空界的空與佛教一貫強調的空理（自性的否定）並不相同，它純然是空間（space）的意思，我們切勿將兩者的涵義混淆起來。在佛教來說，空間或虛空往往被視為屬於「分位假法」一類東西。「分位假法」是指由意識所提供出來的一些概念或認識的範疇，在客觀世界方面並沒有與之相應的事物。即是說，在客觀世界裡，我們根本找不著一種與空間這概念相應的實物。由於這些「分位假法」只是由我們的意識所提供出來的，因此並沒有實在的性格。它們只是緣起假名而已。[1]

而在這品的眾多偈頌之中，常出現「空相」這一概念。「相」（lakṣaṇa）是特徵（characteristics）的意思，「空相」即指關於空間的特徵。在印度流行的各個哲學派別之間，對「空相」往往有不同的見解，更從中衍生出各種不同的論調。如在勝論與正理學派之中，即由實在論（realism）的觀點出發，認為空間是一種單一的並且具有恆常性的實體。而在佛教內部的阿毘達磨學派之中，則以為空間是一種無為法（不用經過任何造作來成就的東西）。這些對空間的看法都有偏頗，並不確當。而較為正確的說法，應是中觀和唯識學派的主張。這兩個大乘佛教的學派俱認為，空間是一種觀念上的設定，是幫助我們理解世界的一些思維模式，它只有形式的意味，而沒有實質的內容。可以說，空間其實只是一些缺乏實在性的概念而已。它可以說是一種緣起假名。

龍樹為了探討語言與對象之間的關係，便選擇了空間的特徵一主題來作為我們討論的事例。在這裡，我們以較為寬鬆的角度來看語言的涵義，取其廣義的意思，而認為語言可以相當於特徵（相），並且以特徵來代表語言。這特徵是我們在對事物下定義的時候，所提舉出來規定某種事物的特點的表述詞。這些表述詞無疑是我們運用語言的一種手法，所以，「相」就是一種語言的表現。

在哲學上，語言與對象的關係是一個十分重要的課題，我們在這品裡將可見到龍樹對這個問題的看法。以下我們即開始看龍樹的意思。2

五・一　空相未有時，則無虛空法，若先有虛空，即為是無相。（大三〇・七b）

---

1. 這種東西，在哲學上通常稱為形式的概念（formal concept）。它們只有形式的意義，沒有實質的存在性。即是，它們只表示一種形式，一種模式，只存在於思想中，在實際的時空中並無存在性。
2. 這亦可說為是龍樹的語言哲學（philosophy of language）。

從字面上來看這首偈頌，我們可作出以下的理解。「空相未有時，則無虛空法」是說，若我們不能夠確定空間的特徵，則談不上有空間的存在（虛空法）。因為，如果我們要提舉某一樣事物，首先便得指出這件事物的特徵，然後才能把它提舉出來。但我們現在卻未能說出空間的特徵，所以，我們便不能將空間提舉出來。若再加以解釋的話，我們可以這樣說，當我們要提舉某一事物的時候，但卻不能把它的特徵說出來，那根本就沒有傳遞到任何關於這件事物的訊息，這種提舉的方法壓根兒就沒有效用。換句話說，要提舉一樣事物，就一定要將它的特徵說出來。故此，若我們不能把空間的特徵說出來，則不能確立提舉空間的作用。

可以說，當我們要建立起虛空這個觀念的時候，就一定要將它的特性交代出來，否則便只如提舉出一個缺乏特徵的名詞，根本產生不出傳達有關空間的任何實質訊息的作用，也就失去了運用語言的實際意義了。

「若先有虛空，即為是無相」這句話是說，若果我們勉強地指稱「空間」一詞，而不能將它的特徵提舉出來，則空間便成為了一樣沒有特質的東西，那麼聽者實際上就不能了解到「空間」一詞的實質涵義，這根本就不能傳達「空間」這個名詞的原來意義。

這首偈頌強調事物的特徵或特性的重要性。若我們要傳遞某一消息，我們便必定要指出關於這個消息的內容、特性，否則就達不到傳遞訊息的效果。實際上，我們必定要透過語言才能把特徵或特質說出來。故此，特徵實際上就是語言的作用，這便突顯出清晰的語言和概念的重要性。如果我們不能運用清晰的語言和概念，便不能將事物的特徵準確地說出來，別人對我們所說的東西就不能理解，這當然不能發揮傳達訊息的效能了。

五・二 是無相之法，一切處無有，於無相法中，相則無所相。（大三〇・七b）

龍樹在這首偈頌裡進一步指出，如果我們不能把某種東西的特徵提舉出來，這種東西在實際上就等如不存在一樣。因為若我們不能將一種東西的特性說出來，便根本不可以把關涉到這樣東西的重要訊息傳遞給他人。既然他人未能把握到有關這東西的確切訊息，則對於他來說，這東西就仿如不存在一樣。所以，清晰和準確的語言及概念，是我們傳遞消息和溝通的關鍵所在。

「是無相之法，一切處無有」指出，凡沒有特徵的東西，即等如不存在於任何處所之中。簡單地說，即等如不存在一樣。「於無相法中，相則無所相」則指出，在提舉不出其特徵的東西裡，其特徵自身究竟可依附於哪兒呢？

但是，我們若翻查梵文原本，便會發現「於無相法中」一句的漢譯實在有點問題。我們現在把梵文原偈用現代漢語翻譯出來，先看看它的原來意思，然後才作進一步的理解。以下便是「於無相法中」一句的現代漢譯：

> 當沒有特徵的東西不存在的時候，（我們所提舉出來的特徵究竟應該依附於哪裡呢？）[3]

為便於理解起見，我們又將「相則無所相」一句也加以現代漢譯。這便可得出如上的意思。

---

3. Kenneth K. Inada, *Nāgārjuna: A Translation of his Mūlamadhyamakakārikā*. Tokyo: The Hokuseido Press, 1970, p.57.

我們把這兩句綜合起來，便可得到以下的涵義：如果沒有特徵的東西根本不存在，則我們提舉出任何特徵，也不可能將這些特徵依附於這種不存在的東西之上。換句話說，當一樣東西本身是不存在的時候，特徵就無從依附。

我們現在將五．一和五．二兩首偈頌的涵義結合起來，再作進一步的分析。透過以上的討論，我們知道五．一偈表示出虛空依於特徵而成立，而五．二偈則表示出特徵依於虛空而成立，兩首偈頌的意思剛好相反。為有利於說明起見，我們現在以對象來代表虛空，而以語言來代表特徵，正如下圖所示：

虛空 ＝ 對象

依於 ↓ ↑ 依於

特徵 ＝ 語言

我們接著便可以得到這個涵義：五．一偈表示對象依於語言而成立，而五．二偈則表示語言依於對象而成立。我們再以下圖將這個意思表示出來：

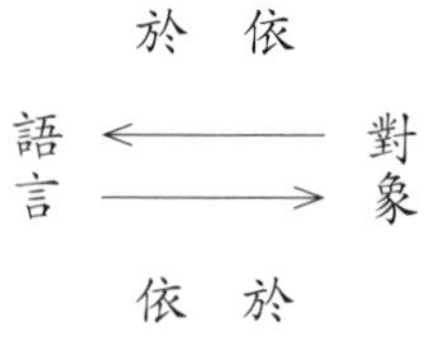

對象

依於 ↓ ↑ 依於

語言

若我們把五・一和五・二兩首偈頌的涵義結合起來，則會得出以下的意思：語言與對象有一種互相依附的關係。由此可見，語言和對象是相依相待的，彼此皆依靠著對方才得以建立起來，任何一方也不可能獨自成立。

可以說，龍樹希望通過五・一和五・二兩首偈頌，來為我們點出語言與對象有互相依待的關係這一事實。這其實正是整個第五品的重點所在。

五・三　有相無相中，相則無所住，離有相無相，餘處亦不住。（大三〇・七b）

在這首偈頌之中，鳩摩羅什的譯文意思並不清晰，而梵本的涵義卻較為清楚。故此，我們有必要參考梵文原本，俾能得到一較準確的意思。

現在以現代漢語將這個偈頌的梵文原意加以翻譯如下：

> 在已有特徵及未有特徵的東西中，並沒有特徵被產生出來。在這二者之外，也沒有特徵被產生出來。4

在鳩摩羅什的譯文中，最不清晰的地方是在「住」（pravartate）這個字眼上。我們若就梵文原偈來看，「住」這個字的原意應為「被產生出來」，但「住」一字卻並不一定包含有「被產生出來」的

4. Ibid., p.58.

意思，所以，鳩摩羅什採用「住」這個較為隱晦的字眼便會令到整首偈頌的意思含糊起來，有礙我們的理解。為了較為準確地理解龍樹的原意，我們還是採用「被產生出來」一詞較佳。

我們對於「在已有特徵及未有特徵的東西中，並沒有特徵被產生出來」這句話的意思，可作如下的分析。在已經有特徵的東西之中，自然不會再有特徵被提舉出來，正由於特徵已經存在於這東西裡，那就不用我們將其特徵再次提舉出來。而在沒有特徵的東西之中，也不會有特徵被提舉出來，因為在這個東西尚未有特徵的境況下，它自然與特徵沾不上邊，所以也就沒有特徵可被產生出來了。若再加上「在這二者之外，也沒有特徵被產生出來」一句，即表示出在有特徵及未有特徵的兩種東西之外，並沒有第三種足以容納特徵存在的事物。

以上的說法，很容易令我們聯想起龍樹在第二品中論證已去無去、未去無去和去時無去的模式。[5]兩者可說是如出一轍的，只是換了不同的題材罷了。即是說，第二品以運動為主題，而現在這品卻以特徵為主題，但兩者的論證手法則無甚分別。

若再仔細一點看，我們將會發現「在有特徵的東西中……沒有特徵被產生出來」相當於「已去無去」；「在未有特徵的東西中……沒有特徵被產生出來」相當於「未去無去」；而「二者之外……沒有特徵被產生出來」則相當於「去時無去」，可見兩者是以相同的模式來論證不同的主題。

於此可見，龍樹的思考模式是一貫的，相同的思考模式經常重複出現於不同的題材之中。而在《中論》的各品中，這情況是十分普遍的。

這首偈頌是說，若我們以自性的立場來看特徵的話，便會令到特徵不能夠存在於任何東西之中。因為，若以自性的立場來看特徵，那麼特徵就成為具有自性的東西，而有自性的東西是自足、自立和自存的，不可能存在於其他東西之中。不論這另外的東西具有特徵還是沒有特徵，俱不可能容納得了具有自性的特徵。故此，有自性的特徵不可能存在於任何東西之中。換句話說，我們若要令到特徵可在任何東西之中被提舉出來，則需要捨棄自性的立場，也就是以無自性空的角度來看待特徵。

五·四　相法無有故，可相法亦無，可相法無故，相法亦復無。（大三〇·七c）

龍樹在這首偈頌裡，分別用相法和可相法來表示特徵與對象。「相法」中的「相」，即指事物的相狀，也就是特徵的意思，「可相法」則指特徵的對象，是可以把特徵附在其上的東西。而特徵是由語言所表達的，也就代表著語言；對象則是特徵或語言所作用的事物。這些關係可用下圖表示出來：

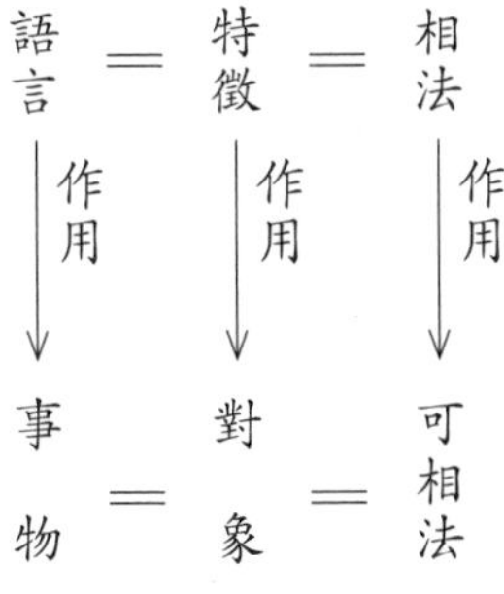

5. 這偈頌是：已去無有去，未去亦無去，離已去未去，去時亦無去。（大三〇·三c）

「相法無有故，可相法亦無」這上兩句表示，可相法是依賴於相法的，即是說，對象依賴於特徵，也就是依賴於語言。而「可相法無故，相法亦復無」這下兩句則表示，相法是依賴於可相法的，即是說，特徵依賴於對象，也就是依賴於事物。我們再以下圖把這種關係表達出來：

相法（特徵／語言） —依於→ 可相法（對象／事物）（五・四下半偈的意思）

可相法（對象／事物） —依於→ 相法（特徵／語言）（五・四上半偈的意思）

由這種相法與可相法的相互關係，我們可以得到以下的結論：語言與對象是互相依賴的。而這個結論的進一步涵義是：兩者各自有所依賴，因此兩者俱沒有自性。6

五・五 是故今無相，亦無有可相，
離相可相已，更亦無有物。（大三〇・七c）

「是故今無相，亦無有可相」這上半首偈頌是說，相（特徵、語言）與可相（對象、事物）都沒有。也就是說，不論是相或可相，均是互相依賴著對方的，兩者不能夠獨自建立起來，而只有在互相關聯的情況下才得以成立。語言一定要關聯於對象才能夠存在，對象也一定要關聯於語言才得以存在，彼此密切地關聯著，不能相互分離。

「離相可相已，更亦無有物」這下半首偈頌則說，離開了語言（相）和對象（可相）之外，再也沒有第三樣東西。即是說，沒有語言和對象化加於其上的東西，是不存在的。

在這兒，龍樹希望透過空間或虛空這個主題來論證出語言與對象均沒有自性，兩者只能夠在一種互相依賴的狀況下才得以成立。

五・六 若使無有有，云何當有無？有無既已無，知有無者誰？（大三〇・七c）

龍樹在這首偈頌中，又再以空間作為討論的重心。

我們先從文字上來了解這首偈頌的意思，然後再探討其內涵義蘊。「若使無有有」中的第二個「有」字，是指由自性決定的有；而這句話的意思是，倘若具有自性的有不能成立的話，則會引生出「云何當有無」的後果來。「云何當有無」的「無」字，指由自性所決定的無。這是承接著上一句的意思推演開來的。由於具有自性的有不能成立，那麼，認為具有自性的無這類構想又怎可能成立起來呢？

在這裡，龍樹將有與無並列出來而成一對比，兩者皆為偏見，而有違中道的義理。詳細一點說，

6. 在邏輯上來說，倘若兩個東西互相依待，則表示這兩個東西是等同的。這等同不是內容上的等同，而是在成立的機會上等同。語言與對象若是互相依待，則兩者在成立的機會上等同。進一步說即是，兩者要麼便同時不成立，或兩者要麼便同時成立。

有指自性地有或絕對地有，即常住論；無則指自性地無或絕對地無，即斷滅論或虛無論。這可以下圖表示出來：

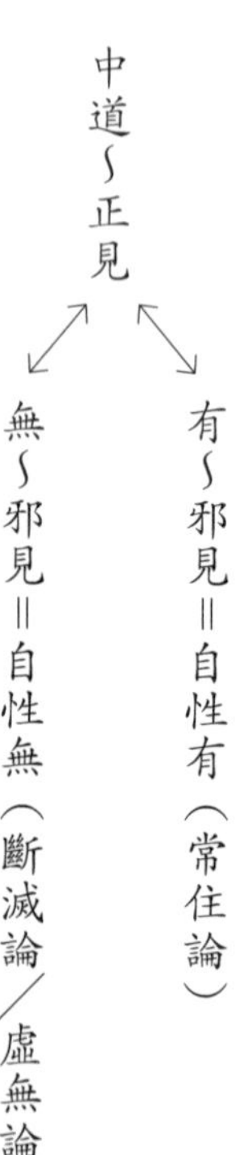

不論是常住論還是斷滅論（虛無論），都是偏見或邪見，皆違背了緣起的正法。因此，若依據緣起的立場來看，則不論是自性有，還是自性無，俱不可能成立。

「有無既已無」指出，由於自性有和自性無均不能成立，那麼「知有無者誰？」即知道有和無的主體或當事人是誰呢？

以上是這首偈頌的表面意思，我們現在再進一步研究其哲學涵蘊。這首偈頌其實要指出，如果有自性的虛空是不存在的話，則無自性的虛空（虛無主義的虛空）也同樣不能夠成立。換句話說，不論是自性的虛空（實有的虛空），還是虛無的虛空（實無的虛空），皆不可以建立起來。既然自性有的虛空與自性無的虛空同樣不能成立，那麼，認知虛空的主體也不能夠決定。因為根本缺乏了認知的對象，那認知主體自然不能夠建立起來了。

故此，龍樹在這首偈頌裡，不單破除了自性論，也破除了虛無主義，同時更破除了關聯著自性論和虛無主義的認知者，指出了三者俱不能夠成立。這其實暗示出，我們要破除以上種種偏見，而依從緣起的正見來看事物。

五・七　**是故知虛空，非有亦非無，非相非可相，餘五同虛空。**（大三〇・七c）

這偈頌表示出在破除了自性論和虛無主義之後，立刻便顯現出緣起性空的正確的見解。「是故知虛空，非有亦非無」指出，我們通過以上數首偈頌的闡釋，便會明白到虛空本身是「非有非無」的。即虛空既不是自性有（常住論），也不是自性無（斷滅論）。虛空本身是不具自性的，但也不是一無所有，它其實是介乎兩者之間的第三種狀態——緣起幻有——的東西。

「非相非可相」則指出，空間是同時否定了相與可相兩者的。這其實是說，空間既不是特徵，也不是特徵的對象；它既不具有獨立自足的性格，又不是具有獨立自足的性格的對象。相與可相兩者被同時否定掉，結果也顯出虛空其實是只具有緣起幻有的性格的東西。

可以說，龍樹透過了「非有非無」和「非相非可相」的雙重表述，從而突顯出緣起幻有才是空間的真實性格的意思。

「餘五同虛空」這最後一句話是要指出，除了我們剛剛討論過的虛空之外，六大中的其餘五者（餘五，即包括了地、水、火、風和識等五種基本的元素）的性格都跟虛空一樣，是緣起幻有的。

五・八　**淺智見諸法，若有若無相，是則不能見，滅見安隱法。**（大三〇・八a）

這首偈頌是第五品的結論。龍樹在這兒說，只具有膚淺智慧的人（淺智）往往以有或無來概括各種事物（諸法），以為事物或屬自性的有（有相），或屬斷滅的無（無相），並分別對這兩種見解加以執取。[7]龍樹隨即指出，這兩種見解皆不正確，是不能成立的。常住論和虛無論只會障蔽人們的心靈，令到他們不能夠觀照（見）到那種由於滅除了一切有無的謬見而顯示出來的安隱狀態（滅見安隱法），使到人們不能認識中道，而執著於常住或斷滅等偏見之中。

我們在此可以總結這品的整體意思。這品的涵義極為清晰，其中心主題就是要給我們顯示出語言與對象俱不能有自性，兩者都是緣起幻有的，彼此只有在互相依待的關係下才得以成立。故此，這品的主旨無疑是要闡釋事物的緣起幻有的真實性格，這正是宣揚空義的手法。

---

7. 這裡所謂的有相和無相，其「相」字不應作通常的相狀或特徵解，而無寧近於「性」的意思，這即是自性也。有相或有性是實有論、常住論；無相或無性則是虛無論、斷滅論。關於後者，不應作無自性看，而應是一無所有（nothingness）。

觀染染者品 第六

這品名為「觀染染者」。所謂「染染者」，其實是分別用上了染法和染者兩個題材組合而成的。染法是煩惱（rāga）的意思，而染者則指承受煩惱的人（有煩惱者）的意思。整品基本上都在討論染法與染者的關係，從中透顯出煩惱與煩惱者都不能具有獨立的自性，因而兩者的性格都是空的。

六・一　若離於染法，先自有染者，
因是染欲者，應生於染法。（大三〇・八a）

這首偈在文字上有不清晰的地方，但在翻查了梵文原偈之後，我們發現原偈在意思上同樣含糊不清。[1] 故此，這偈頌的文意含糊並非純粹是翻譯的問題，無寧是原文在表達上的失誤所致。

於此，我們只得借助於青目（Piṅgala）的注解，才得以弄清楚這首偈頌的涵義。青目對這首偈頌的注解如下：

若先定有染者，則不更須染，染者先已染故。若先定無染者，亦復不應起染。要當先有染

---

1. Kenneth K. Inada, *Nāgārjuna: A Translation of his Mūlamadhyamakakārikā*. Tokyo: The Hokuseido Press, 1970, p.60.

者，然後起染。若先無染者，則無受染者。（大三〇・八a—b）

我們現在撇除了梵文原偈和鳩摩羅什的漢譯，而專就青目的注釋來理解這首偈頌的涵義。青目給我們指出：「若先定有染者，則不更須染，染者先已染故。」其意思是，若果先有個從自性立場來看是決定地有的煩惱者，就不需要再有煩惱的出現，因為煩惱者已預先決定地（自性地）具有了煩惱。既然煩惱者本已具備了煩惱，那自然不再需要煩惱了。這兒說，其實，這種表達的手法跟「已去無去」的模式一樣，只是將主題由「去」轉換成「染」而已。這兒說，因為已經有煩惱的人已具有了煩惱，所以就不用再給予其煩惱；而在「已去無去」一表述式中，則說已經運動了的東西本已具有運動，故此不用再給予其運動。[2]可見兩者的表述手法是一致的。

青目接著說：「若先定無染者，亦復不應起染。」如果是預先決定地沒有煩惱的人，則更不需要煩惱了。這兒明顯地看到龍樹再次運用「未去無去」這種表述模式來進行論證。

「要當先有染者，然後起染。若先無染者，則無受染者。」這是對上述所引文字的解釋。青目認為，我們要先有當事人的存在，然後再由這當事人來接受煩惱，才能成為煩惱者。若果先假定沒有當事人，則當然也不會有接受煩惱這回事，也不會有具有煩惱的人。

實際上，我們可依龍樹的表述方式，將青目的解釋歸納到「已染無染，未染無染」一主張之中，從而推導出具有自性的染是不可得的結論。由此可見，龍樹往往反覆運用其「已去無去，未去無去」的論述模式，只是轉換不同的題材來表達而已。

以上只是六・一偈的表面意思，其內裡涵義則有待我們討論到六・二偈時才一併探討。

六・二　若無有染者，云何當有染？若有若無染，染者亦如是。（大三〇・八a）

這六・二偈跟六・一偈一樣，漢譯與梵文原偈的意思皆含糊不清，我們只好再次運用青目的注解來幫助理解。青目的有關注解如下：

> 染法亦如是。若先離人定有染法，此則無因，云何得起？似如無薪火。若先定無染法，則無有染者。是故偈頌中說，若有若無染，染者亦如是。（大三〇・八b）

第六・一偈談的是煩惱者，而這六・二偈談的卻是煩惱自身。我們尤其需要注意的是，龍樹說這兩首偈頌時是先預設了自性的立場，然後才展開他的論證。

從「染法亦如是」這句話中，我們看出青目認為煩惱跟煩惱者的情況是一樣的。「若先離人定有染法，此則無因，云何得起？似如無薪火。」這是說，若果離開了當事人而有決定地獨自存在的煩惱（即有自性的煩惱），那麼煩惱便可以脫離作為原因的當事人而變成無因生的東西了，但這是違背緣起的律則的。因為，只有在具備自性的情況下，煩惱與煩惱者才能互相獨立起來而互不關聯。在緣起法的正理下，這顯然是一種背理的情況，在現實上是不可能出現的。在緣起性空的角度下，煩惱與煩惱者具有一種互相牽纏或互相滲透的作用，兩者是不可能各自獨立開來的。因此，若煩惱

2. 參看我們對〈觀去來品第二〉的解說。

可脫離煩惱者而自存，其弊害便如無因生的東西一樣，這正如沒有柴的火（無薪火）似的，都犯上沒有原因而生起的錯誤。這表示出，如果我們認為離開了當事人仍可有煩惱存在的話，便會犯上無因生的錯誤了。

「若先定無染法，則無有染者」則說，如果原先確定地沒有煩惱，也就沒有煩惱者了。因為煩惱與煩惱者必定有一種互相滲透的關係，不可能只有一方獨自成立的。「是故偈中說，若有若無染，染者亦如是」說，不論是有煩惱，還是沒有煩惱，都犯上了煩惱跟煩惱者割裂開來的毛病。

以上是我們根據青目對這首偈頌的注解所得出來的表面意思。現在要進一步把六．一和六．二偈合併起來，看看龍樹在這兩首偈頌中所要表達的道理。

其實，龍樹要給我們指出，若從自性的立場出發，則不論是確定地有煩惱者，或是確定地無煩惱者，還是確定地有煩惱，或是確定地無煩惱，都不可能建立起煩惱者與煩惱之間互相依待的緣起關係。換句話說，若堅持自性的角度來看煩惱者與煩惱，則無論是確定地有煩惱者或煩惱，還是確定地沒有煩惱者或煩惱，都不能將煩惱者與煩惱的緣起關係建立起來，因而不能令到煩惱者和煩惱成立緊密的關係。究其原因，是我們先假定煩惱者與煩惱各具自性，則離開煩惱者可另有煩惱，而離開煩惱也可另有煩惱者，兩者因此脫卻了互相依待的關係。但這情況在實際上是不可能成立的。煩惱者與煩惱互相依待的關係，其實是在緣起幻有的立場下說的真實狀況，也只有在互相依待的關係下，一般理解的煩惱者與煩惱才得以成就起來。

此外，當我們從自性的立場出發，而主張「煩惱者的煩惱」（染者的染法）的時候，就會出現一個有趣的情況。這情況就是，煩惱者與煩惱各具自性而各自獨立起來。進一步的情況就如下圖所示：

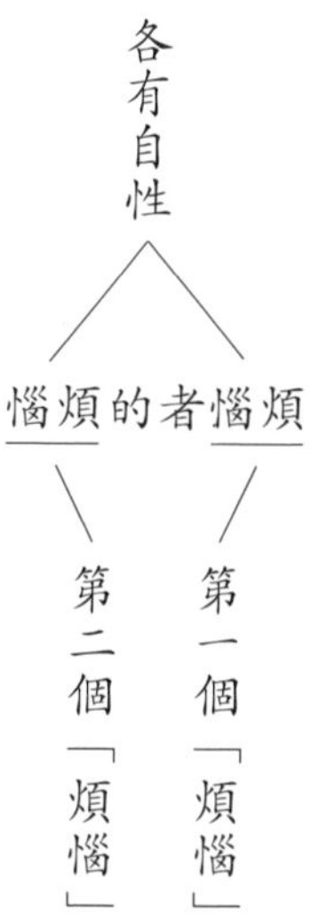

各有自性

煩惱者的煩惱

第一個「煩惱」　第二個「煩惱」

由於煩惱者與煩惱各有自性，因而產生兩個互不相屬的煩惱同時出現的情形，這剛好令到「煩惱者的煩惱」一句話發生問題。因為煩惱者與煩惱各自獨立而構成了兩種煩惱，第一種煩惱的當事人自然是煩惱者自身，第二種煩惱則獨立出來，沒有任何當事人承擔，從而失卻了相對應的關聯性。[3]這種情況既使到煩惱者與煩惱割裂開來，而不能對應關聯，也產生了兩重煩惱的困難，而跟我們的日常知解有距離。在我們的日常知解下，「煩惱者的煩惱」這句話中的兩種「煩惱」是同一的，並不是兩個各自獨立的東西。

總括而言，在第六．一及六．二兩首偈頌裡，龍樹為我們指出，若從自性的角度出發，則不論是主張確定地有染法或確定地無染法，這兩種說法都不能建立起染者與染法之間的緣起相依待的正常關係。而且，若染者與染法各有自性，則兩者便會截然分開，離染者會有染法，離染法也會有染者，兩者成為各不相干的東西。由此失去了染者與染法互相牽纏的正常關係，而跟我們的日常知解相違背。故此，若要符順緣起的正理而建立起染者與染法的相依待關係，我們便應以無自性的立場

3. 即是說，第一種煩惱是「煩惱者的煩惱」中的煩惱；第二種煩惱是「煩惱者的（煩惱）」中的（煩惱）。這便有問題了：既有兩種煩惱，則理應有兩個煩惱者來承擔它們。但現在只得一個煩惱者，這如何說得通呢？這個事例與上面說的「去者去」或運動者的運動，如同出一轍。參看〈觀去來品第二〉。

來看待染者和染法。也就是說，我們最終還是要從緣起性空這個立足點出發來看待兩者，從而使到兩者的關係得以建立起來。

六・三 染者及染法，俱成則不然，染者染法俱，則無有相待。（大三〇・八b）

這首偈頌先預設了聽者提出的疑難。聽者擬設出如下的問題：假若染者與染法各有其自性或自體，那麼兩者又可否不分離而同時成立呢？龍樹隨即指出這種情況是不可能的，染者與染法根本上不會由於各有自體而能夠同時成立起來。因為，染者與染法具備了一種能所的關係，正如下圖所示：

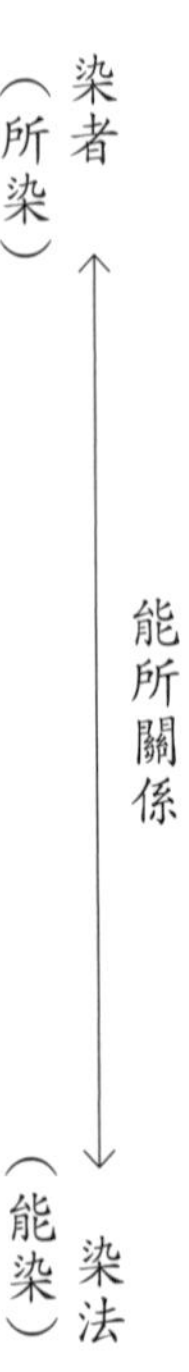

在圖中，染法是能染，染者是所染，可見兩者具有一種能所的關係。而且，除了能染和所染的關係之外，染者與染法更有一種能有和所有的關係，如下圖所示：

染者（能有）←→ 染法（所有）
能所關係

在這個圖中，染者是能有，染法是所有，兩者又具有另一種能所的關係。

龍樹認為，在現實的情況下，染者和染法有著能染與所染、能有與所有的關係。但在兩者各具自性的情況下，染者和染法這兩種能所關係便建立不起來。而能所關係一旦建立不起來，染者和染法便失去了成立的基礎。因此，龍樹乃指出，聽者的擬設是錯誤的。

六·四　染者染法一，一法云何合？染者染法異，異法云何合？（大三〇·八b）

聽者接著提問：究竟各具自性的染者和染法有否和合的關係呢？因為，假使染者和染法可以和合起來，兩者便可構成一種互相關聯的關係。

但龍樹隨即指出，兩者和合的情況是不可能的。原因在於，若假定了染者和染法各具自性的話，則兩者只可能產生完全相同或完全不同的兩種關係，但不論染者與染法是完全相同，還是完全不同，都不能夠建立起和合的關係。在這首偈頌之中，龍樹顯然運用了兩難法來回應聽者的問難。這首偈頌的上下兩部分分別說明了染者與染法在完全相同及完全不同的兩種關係下，二者的和合都不可能成立的道理。

「染者染法一，一法云何合？」這上半首偈頌是說，如果染者和染法是完全相同的話，兩者便成為單一的東西，而單一的東西便談不上有結合。因為結合是涉及兩樣或更多的東西的活動，單獨一樣東西根本就構成不了結合的活動。因此，染者與染法完全相同而形成單一的東西，實際上不能構成和合的關係。

「染者染法異，異法云何合？」這下半首偈頌則說，假若染者和染法完全別異的話，兩者便成為各自獨立的東西，而兩樣各自獨立的東西根本就談不上有結合，因為各有自性的東西是自足的，彼此不會產生出結合的活動。所以，染者和染法完全別異而成為各自獨立的東西，也不能夠構成和合的關係。

六・五

若一有合者，離伴應有合，
若異有合者，離伴亦應合。（大三〇・八b）

在這首偈頌中，龍樹緊接著指出，假若聽者不論染者跟染法是同一還是別異都強說兩者可以相合，那就產生出一種背理的情況。就如一個人必須跟其伴侶在一起才算得上是相合，而一旦與伴侶分離便難再視為相合了。可是，按現在的情形來說，聽者根本上認為不論染者與染法是相同還是不同，兩者都可以相合起來。那情況便等同於一個人脫離了他的伴侶還可以相合一樣，是絕對不合理的。因此，龍樹先說「若一有合者，離伴應有合」，這句話表示出，假使染者與染法兩者各具自性而是同一的，而可有相合的關係，便仿如一個人離開了他的伴侶仍然有相合一樣，是一種不確當的說法。龍樹接著說「若異有合者，離伴亦應合」，這句話則表示出，假使染者與染法各具自性而完全別異，但彼此仍可相合，情況就似一個人離開了他的伴侶後還可以相合一樣，是一種不正確的說法。由此可見，若聽者強行主張有相合的情況出現，根本上就是一種不合理的作法，並不會為人們所接受。

六・六

若異而有合，染染者何事？
是二相先異，然後說合相。（大三〇・八b）

這裡所謂「異」，指的是染者與染法各具自性而完全別離開來。「若異而有合」一句是說，假若主張染者與染法既別異但又相合的話，便會產生出「染染者何事？」的疑問。「染染者何事？」是指染者與染法究竟存在著什麼關係呢？由於首先設定了染者與染法各有自性，因而構成了兩者互相別異和排斥起來的情形，然後又認為兩者可以和合起來。從中可見，前言跟後語所描述的情況明顯有衝突，所以，龍樹於此便質疑染者與染法的關係，從而否定這種「異而有合」的論調。

「是二相先異，然後說合相」這下半首偈頌的意思，我們可以參照青目的注解，從而得出一個明確的說明。青目的注解如下：

> 若染染者，先有決定異相，而後合者，是則不合。（大三〇・八c）

青目於此表示，假使染者與染法先有決定別異的相狀，然後將兩者結合起來，這實在是一種不合理的情況。青目緊接著解釋說：

> 何以故？是二相先已異，而後強說合。（大三〇・八c）

青目指出，由於染者與染法原先已經各自別異分離開來，然後在辯說中卻強行將兩者說是可以相合起來，這在義理上根本說不過去。

六・七 若染及染者，先各成異相，既已成異相，云何而言合？（大三〇・八c）

這裡說，若染者與染法原先各別異而構成兩種完全不同的相狀，那麼，既然兩者已經是完全別異的相狀，又怎可以說兩者能夠相合呢？

我們於此再參考青目的注釋。青目說：

若染染者先各成別相，汝今何以強說合相？（大三〇・八c）

青目認為，既然染者與染法已各自成為別異的相狀，那就不能再強行說兩者可以相合起來。異相跟合相是互相排斥而不能並存的。若以為異相中會有和合，便是一種錯誤的說法。

六・八　**異相無有成，是故汝欲合，合相竟無成，而復說異相。**（大三〇・八c）

龍樹在這首偈頌之中，駁斥聽者反覆主張各具自性的染者和染法有和合的可能性。所謂「異相無有成」是指染者與染法各自別異的情況在事實上是解決不了問題的。「是故汝欲合」則指聽者強行主張兩者可以和合起來。但卻「合相竟無成」，終不能成功地建立起二者和合的關係。可是聽者還要「而復說異相」，即不斷重複地宣說染者與染法有著別異的關係。這其實是要說，聽者反覆申說不可行的主張是毫無價值的，由於染者與染法既為完全相異的東西，彼此便不應該有合相的出現，如強行將兩者和合起來，這只不過是一種違背常理的作法而已。

六・九　異相不成故，合相則不成，於何異相中，而欲說合相？（大三〇・八c）

「異相不成故，合相則不成」這上半首偈頌是說，染者與染法各具自性、各自別異而不能成就和合的關係，縱使聽者勉強地主張二者有和合的情況出現，但在現實上總是行不通的。「於何異相中，而欲說合相？」這下半首偈頌則說，究竟在怎樣別異的情況下可以將染者和染法的合相建立起來呢？龍樹的意思是說，不論在任何情況下，異相都不可能配合到合相之中。既然染者和染法兩者是各具自性而別異開來，則在任何情況下，皆不可能結合起來。

六・一〇　如是染染者，非合不合成，諸法亦如是，非合不合成。（大三〇・八c）

龍樹最後指出，我們應以緣起的眼光來看染者與染法的關係。染者與染法的關係是「非合」和「非不合」的。簡單地說，染者和染法既不是完全地相合（完全相同），但也不是完全地不相合（完全別異），這正是兩者皆在緣起無自性的狀態下的真實情況。在此緣起的狀態下，染者與染法是交相涉入的，兩者有一定程度的相合，也有一定程度的不相合。

除了染者與染法的關係之外，其餘各種東西的關係也要從緣起的立場來看待，從而透顯出「非合非不合」的真實情況，這是對待事物的正確作法。

觀三相品 第七

「三相」是指有為法的三種相狀——生、住、滅。生是生起；住是停留；滅是滅去。另說有所謂「四相」，即是生、住、異、滅，異就是指變化。異可以歸入滅當中，所以三相說與四相說的分別不大。從哲學角度看三相，與一般眼光看相狀有所不同。以一般眼光看事物，會有一個固定的相狀，例如檯有棕色的相，是具體的相狀。哲學地看，生、住、滅是抽象的相狀，是非色非心的。非色意思是非物質性的；非心是指非心理性的。這些抽象的相狀是由思維所提供出來的概念，用以描述事物的狀態，又稱為「不相應行法」。這三相一方面不能稱為有為法，因為它們是抽象的，不是具體的被製作而成的東西；另一方面又不能稱為無為法（例如：真如、空等）。在龍樹的時期，對於三相屬於有為法或是無為法的問題，有著很大的爭議。有些人指三相是有為法，有些人說是無為法，而龍樹卻認為三相是沒有自性的，不可稱為有為法，亦不是屬於無為法。三相只是思維提供出來的概念，用以描述事物發展的相狀，並非是實際存在的事物。例如雞生蛋的現象，生只是一個假立的概念，用來描述雞蛋的出現這個情況，並不是有一個客觀實在的事物稱為生。龍樹在本品中是要發揮三相是無自性的見解。他要我們明白，並無有自性的東西稱為生、住和滅。也沒有有自性的能生的東西，沒有有自性的所生的東西。以下是就生一相來代表三相以展開他的論證。

七・一　若生是有為，則應有三相，若生是無為，何名有為相？（大三〇・九a）

此偈頌運用兩難的方式去否定「生」是有為，以及是無為的見解。龍樹指出，無論說生是有為，或說生是無為，都是有困難的，這就是一種兩難（dilemma）的論證方式。倘若說生是有為法，則它本身亦應有生、住、滅三相，因為一切有為法都有三相的。說生本身具有三相是有困難的，至於有甚麼困難，龍樹將在下面的偈頌中交代。另一方面，倘若生是無為法，它如何能作為有為法的相狀呢？[1] 無為法是無作用、無相貌、不生不滅、無變化的，它的性格正好與有為法相違反，所以有為法不可能擁有無為法的相狀。關於這點，我們可以再參考青目的註釋：

> 若生是無為，云何能為有為法作相？何以故？無為法無性故。因滅有為名無為，是故說不生不滅名無為相，更無自相，是故無法，不能為法作相，如兔角龜毛等不能為法作相。是故生非無為。（大三〇・九a）

這裡說出剛才所表達的意思，指出無為法的性格是無自相的，故此不能作為有為法的相狀。

1. 有為法有生、住、滅三相。若生是無為法，則有為、無為的境域各異，作為無為法的生如何能作為有為法的相狀，而由無為過度至有為的境域呢？

七・二　三相若聚散，不能有所相，云何於一處，一時有三相？（大三〇・九a）

這裡討論三相聚散的問題。聚散是就事物所占據的時間和空間的同異而言。若各樣事物占據同一時間和空間，即事物同時同地出現，這就謂之聚；若各樣事物各自占有不同時間和不同空間，這就謂之散。倘若三相是散的，即各相獨自存在，生時無住、滅；住時無生、滅；滅時無生、住，則三相如何能夠相延續呢？我們知道，事物是不停地生、住、滅的，三相接續地不斷循環，每個狀態間是相連接的，由生引導出住，由住引導出滅，生之中要包含住的傾向才能引出住，住中要包含滅的傾向才能引出滅，若三相是散，如何能連續呢？另一方面，如果三相是聚的，這也不合理，因為生、住、滅是互相排斥的，同時出現生、住、滅的狀態是不能理解的。倘若三相是有為法，則三者若非聚就是散，龍樹在本偈頌中否定了三相是聚，以及三相是散這兩個可能性，排斥了三相是有為法這種見解。2

七・三　若謂生住滅，更有有為相，是即為無窮，無即非有為。（大三〇・九b）

如果說生、住、滅是有為法，則三者各自應有生、住、滅三相，各自的三相個別又應有三相，這樣就會有無窮的三相，如下圖：

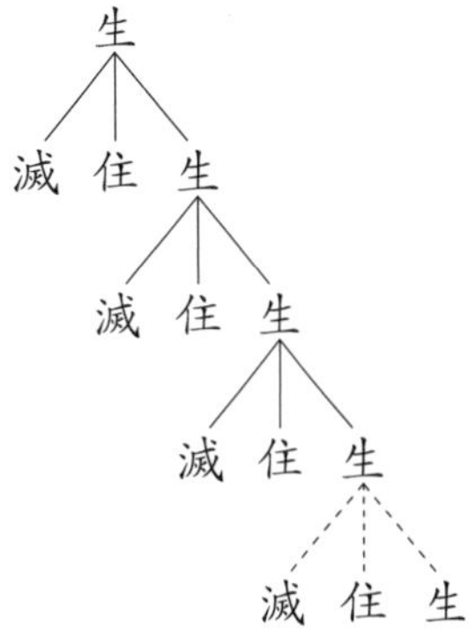

生
滅 住 生
滅 住 生
滅 住 生
滅 住 生

每一層的生、住、滅各自又有三相，這樣就會無窮地擴展下去，這是一種不能理解的情況。任何哲學理論若出現這種無窮擴展的情況，都不能成為完整的理論。所以，若將生、住、滅視為有為法，是不能成立的。另一方面，若說生、住、滅各自沒有三相，它們就根本不是有為法，因為有為法必定有三相，無三相的必定不是有為法。這就是「無即非有為」的意思。

直至現時為止，龍樹的目的是要強調生、住、滅只是我們在思維中假立的概念，用以描述事物的狀態，並非實在有某些東西對應著這些概念而存在著。在佛教中，這種概念又稱為「分位假法」，或是「不相應行法」。在哲學上，這種概念稱為「形式概念」（formal concept），即是指一種沒有實在事物對應著的概念，它們只有形式的意義。

七・四 **生生之所生，生於彼本生，本生之所生，還生於生生。**（大三〇・九b）

2. 聚與散是有為法的兩個普遍範疇。有為法不是聚便是散，不是散便是聚。既無所謂聚，又無所謂散的，便不是有為法。

某些學派以為生、住、滅三者的生起有著兩種可能方式：一種是自生，另一種是他生。部分人認為三相是自生的，另一部分人則以為三相是他生的。但龍樹指出，無論說三相是自生，或說三相是他生，都是傾向於以自性立場看三相，以為生、住、滅是實在的東西，本身亦有生起的，這兩種見解都是錯誤的。由此偈頌開始，是龍樹對這兩種見解的駁斥。

「生生」是指導致「生」（三相之一）生起的那一個生；「本生」是指原本在生、住、滅三相中的生相。「生生之所生，生於彼本生」意思是：「生生」的生起，是由「本生」而來的；「本生之所生，還生於生生」是說：「本生」的生起，還是由於「生生」而來的。總括來說就是：「生生」是生於「本生」的；「本生」又是生於「生生」的，「生生」與「本生」兩者是互相生起的。這種見解可以避免了以上所述的無窮擴展的情況，「生生」與「本生」互為因果，互相生起，就無需再有第三層以下的生，這種是他生派的見解。[3]但龍樹認為這種見解是錯誤的。

七．五　**若謂是生生，能生於本生，生生從本生，何能生本生？**（大三〇．九b）

七．六　**若謂是本生，能生於生生，本生從彼生，何能生生生？**（大三〇．九b）

這兩首偈頌是龍樹對他生派的駁斥，他對這種見解提出兩方面的詰難。我們要留意的是每首偈頌的後半部，而前半部的意思並不重要。「生生從本生，何能生本生？」意思是：「生生」是由「本生」而生起的，它又怎能夠生出「本生」呢？「本生從彼生，何能生生生？」是說：「本生」是從

「生生」而生起的，它又怎樣能生出「生生」呢？龍樹的意思是，「生生」與「本生」不能互相生起對方，只能「生生」生「本生」，或「本生」生「生生」。

七・七　若生生生時，能生於本生，生生尚未有，何能生本生？（大三〇・九c）

七・八　若本生生時，能生於生生，本生尚未有，何能生生生？（大三〇・九c）

對於龍樹在前面的詰難，他生派提出辯護，這兩首偈頌各自的上半偈是他生派的辯護。他們提出：「生生」在自己生起時，同時能夠生起「本生」；「本生」自己生起時，同時亦能生起「生生」。對這種見解，龍樹又再進行駁斥。在兩首偈頌各自的下半偈中，龍樹駁斥說：若如他生派所說，那麼，在「生生」尚未有時，如何能生起「本生」呢？另一方面，在「本生」未有時，如何能生起「生生」呢？如果說「生生」生起「本生」，則必須在「生生」本身已生成後才能生出「本生」；同樣地，如果說「本生」生起「生生」，亦必須在「本生」已經生成後才能夠生出「生生」。在「生生」生起時，它自己亦未成為完整的「生生」，它又怎能生出「本生」呢？另一方面，在「本生」生起

3. 他生派以為，本生從生生而生出來，但這生生不需另一個「生生生」生出來，卻是可返轉來由本生生出來。因為本生生起時，具有能生起其他法的力量，這包括生出生生。龍樹則指出這種說法的矛盾不通之處，這即是以下第五與第六兩偈頌所說的。

時，它自己未成為完整的「本生」，亦不應有能力生出「生生」。所以，他生派的同時因果見解是不能成立的。

七・九　如燈能自照，亦能照於彼，生法亦如是，自生亦生彼。（大三〇・九c）

以上龍樹駁斥了他生派的說法。另外還有自生派的說法。此偈頌便是自生派的見解，他們認為「生」是自己生起的，它自己生起後亦能夠生起其他東西。他們舉出例子來支持自己的見解：燈能夠照自己，同時亦可照其他東西。同樣地，「生」能夠生出自己，亦能夠生起其他東西。這顯然是把生的問題比照到燈照的現象方面去。

七・一〇　燈中自無闇，住處亦無闇，破闇乃名照，無闇則無照。（大三〇・九c）

龍樹在這裡破斥自生派在前面的見解。自生派以自性立場來看「生」，以為「生」是客觀實在的東西，本身是自己生起，亦能生起其他東西，正如燈能自照亦能照他。龍樹要指出，燈能自照亦能照他這件事，必須在緣起立場上才能成立，若以自生派所執的自性立場，燈這個事例亦是不能成立的。以自性立場說，明、闇都是實在的，亦是相違的，明處不會有闇；闇處就沒有明。龍樹指出，燈本身有明，所以沒有闇，而燈所處的地方亦有明，亦沒有闇。所謂「照」，是指破除闇，現在既然在燈本身以及燈所到的地方都沒有闇，無闇可破，所以根本沒有「照」這回事。由此可見，燈自照照他這個例子，是不能支持他們認為的「生」能夠自生生他的見解。

自生派不能否認在燈未亮時，仍是一片闇，沒有照這回事。而在燈亮之後，闇已消失，無闇可破，亦無照這回事。但他們以為當燈正在亮時，光線從近而遠，這時候，光線所到的地方的闇就被破除了，所以照在這時候是成立的。對於這種見解，龍樹又再行破斥。

七·一一 云何燈生時，而能破於闇？此燈初生時，不能及於闇。（大三〇·九c）

自生派所說的燈光照破闇的情況，在現實上是成立的，在我們日常的經驗中亦很普遍。但在現實的情況，事物是緣起的，只有在緣起的立場上，才能推導出這情況。而自生派要論證的是「生」具有實在的生起，這是一種自性的立場。若以自性的立場說，就不能推導出燈光破闇的情況。龍樹對自生派的破斥，就是針對這種自性的立場。

這偈頌是以自性的立場來立說。若以自性來看燈光所照之處，則照處不是已照，便是未照。已照沒有照，未照時照未出現，因此也沒有照。在已照未照之外，我們找不到另外的可能性。如近處是已照，遠處是未照，燈光由近而遠地照，這又如何呢？龍樹以為，因為所照之處，既然以自性看，自性無方所，不能有遠近的分別。總之，闇在時燈光還未來，燈光來時闇已前去。燈光與闇不能有相互碰頭處，故還是不照，不破闇。這種思路，以燈光只有已照與未照兩個可能性，不能有由未照轉變為已照的情況出現，顯然是運用了排中律。

七・一二 **燈若未及闇，而能破闇者，燈在於此間，則破一切闇。**（大三〇・九c—一〇a）

龍樹又假設自生派繼續堅持己見，再提出另一種辯駁，說燈光破除了光線未到之處的闇，而使之變為明。對於這種辯駁，龍樹再行破斥說：倘若正如他們所言，燈光能破除光線未到之處的闇，以達到照的效果，那麼，只要一盞燈在此，就應能破除所有地方的闇了。因為除了燈光已到之處，其他所有地方都是光線未到之處，若燈能照破光線未到之處的闇，則一盞燈就應能照破其他所有地方的闇。很顯然，這種情況是不合理的，所以自生派的辯駁是不成立的。4

七・一三 **若燈能自照，亦能照於彼，闇亦應自闇，亦能闇於彼。**（大三〇・一〇a）

龍樹再進一步破斥燈能自照照彼的見解。燈代表明，明與闇是相違的。正由於相違，所以有明就必無闇；有闇就必無明。倘若說燈能照亮自己，亦能照亮他處，那麼，闇亦應能闇蔽自己，亦能闇蔽他處了。如果我們將燈放到闇處，究竟會是燈照亮該處，還是該處的闇闇蔽這燈呢？所以，站在自性立場說燈能自照照他，顯然是不合理的。自生派欲運用燈這個例子來支持「生」的自生生他的自性見解亦是錯誤的。5

七・一四 **此生若未生，云何能自生？若生已自生，生已何用生？**（大三〇・一〇a）

上面已經否定了自生派所舉的例子，他們以燈為例，指出燈能自照照他，用以支持生能自生生他的見解。龍樹破斥了這個事例後，現再針對生能自生這種見解進行破斥。他再運用已生、未生、生時的方式來進行討論。在此偈頌中，先討論「已生」和「未生」的方式。他提出詰難說，在這個「生」本身未生起時，它怎樣能生起自己呢？另一方面，在這個生已經生起後，它又何需再生起自己呢？自生派以為生是自己生起自己的，依這個見解，這個生起在時間上有三個可能性：第一是在生本身未生成時生起自己；第二是在生自己已經生成後生起自己；第三是在生自己生起的同時生起自己。龍樹指出，在生未生成時，它本身未成立，故未有生的功能，未有這種功能當然就不能生起自己。而在生生成之後，它當然已具有生的功能，但它本身既然已經生成，又何需再生起自己呢？所以，在以上所列三個可能性之中，已生和未生兩種情況必定不能成立。

七·一五

生非生已生，亦非未生生，
生時亦不生，去來中已答。（大三〇·一〇a）

生並非在自己已經生成後生出自己，亦非在自己未生成時生出自己，現在繼續討論第三個可能

4. 即是說，若燈光本來未接觸到闇，而又能破闇，則以一燈放在一處，理應可破除一切闇了。因為燈在這裡，碰不到闇，而卻可以破闇，則其餘一切地方的闇，也碰不著，卻也應該可以破闇了。這裡的闇與其他地方的闇，就與燈光都是碰不著來說，是一樣的。這當然是不合理的。

5. 即是說，燈火照闇的譬喻，在自性的立場下，是不成立的。需在無自性的角度下，才能成立。說有為法能生自己，同時亦能生起其他東西，這種生法，不能在自性的立場下成立。只有在無自性的立場下才能說。

性。自生派以為生在自己生成之時生出自己，應該是沒有問題了。但龍樹又再破斥這種見解。關於生，不是已生，便是未生。在兩者之間的「生時」，是不可得的。在未生與已生之間，是沒有間隙的。因此是沒有生時的。沒有「生時」，「生」當然就不能在生時中生起自己。這個道理在〈觀去來品第二〉中已經解釋清楚，這裡不再贅言。6

既然在三時中都沒有生，就必定是無生，但佛教普遍承認諸法具有生、住、滅三相，何以在自生派的理論中不能建立生呢？原因就在於他們以自性立場去理解三相，以為三相各自都具有實在的自性。就以三相中的生來說，能生起自己的生未生成時，當然沒有能力生起自己；當這個生已經生成時，亦無需要再生起自己；而生時本身是不存在的，所以是無生。若排除自性的立場，就可以明白到根本上就沒有生這樣東西客觀地存在，三相都只是假立的概念，用以描述事物的狀態，這樣才能正確地了解事物的三相。

七・一六　若謂生時生，是事已不成，云何眾緣合，爾時而得生？（大三〇・一〇c）

自生派為著挽救自己的理論，轉而說生是在眾緣和合時生起的。龍樹又再次破斥說：剛才已經指出「生時生」是不能成立的，何以現在又說在眾緣和合時生起生呢？提出眾緣和合時生，與剛才提出的「生時生」，其實犯著同一的錯誤，同樣可以用已生無生、未生無生、生時無生的說法加以否定。眾緣未和合時，當然不能生起生；眾緣和合後，生已經生起，故亦不會有生；而眾緣和合時是依著未和合時以及和合後而施設的，中間沒有間隙，即沒有和合時的時段存在，所以亦沒有生。

結果仍然是無生。其實，說任何法是眾緣和合而生的，龍樹都是不會否認的。但自生派卻要執著具有實在自性的生，同時又說它是眾緣和合而生，這顯然就是矛盾的，自性見與緣生見本來就是相違的。所以，龍樹就對這種站在自性立場上說緣生的見解加以破斥。

七・一七　若法眾緣生，即是寂滅性，是故生生時，是二俱寂滅。（大三〇・一〇c）

龍樹在這裡講出正確的緣生觀念，以解釋為何在自性立場上不能講緣生。他說：倘若說世間事物是由眾緣和合而生的，就是承認這些事物都是「寂滅性」的，而「生」以及「生時」兩者都是屬於世間事物，所以此兩者都是寂滅的。寂滅的意思是沒有客觀實在性的，而自性就是指一種客觀實際的存在，所以寂滅就是無自性，亦即是空寂的。說事物緣生，就是指事物由種種因素結合而生起的，這種種因素就是緣。所以事物是依待它的因素才能成立的。若說事物具有自性，就是認為事物自身已能提供自己的存在性，這樣就無需依待緣亦能存在。單就這點已顯示出，認為事物是緣生的，和認為事物具有自性，這兩種觀點是相違背的，不能同時並存的。所以，自生派一方面認為生具有自性，另一方面又說生在眾緣和合時生起，明顯是自相矛盾的。

6. 即是說，在已去中是沒有去的，在未去中也沒有去。在已去與未去之間，並沒有間隙，不是已去，便是未去，並沒有所謂「去時」。故不能說去時中的去。

七・一八 若有未生法，說言有生者，此法先已有，更復何用生？(大三〇・一〇c)

以上所講的反對論者，無論是他生派或自生派，都是以為法是實有的，這點正好與龍樹主張的諸法皆空的見解相違背。龍樹在上首偈頌已指出了他們堅執自性立場，同時又說生是緣起的，所構成的矛盾。他們又有另一種解釋，以為可以挽救自己的理論。他們認為，生本身是一直存在的，是實在而具有自性的，但它是隱藏著，還未生起，待眾緣和合時，這個本已存在的生就生起，顯現出來。他們以為，這樣可以圓滿地解釋既具有自性，又是緣生的理論。龍樹在這裡破斥這樣的見解，他說：若法已經存在而未生起，而說它是會生起的，這是矛盾的，因為此法既然已經存在，又何需再生起呢？按這種見解實有點像因中有果論。這種理論以為，在因中本來已存有著結果，不必要靠甚麼營為，便有結果。

這裡需要較細緻地分析一下。反對論者所用的方法，是將存在與生起割裂開來，視為兩件獨立的事情。他們認為存在是本有的，一切事物本身都是一直存在著，而生起就是這種存在性的顯現，在眾緣和合的情況下，就能令原本存在，但隱藏著的東西展現出來。從這方面就可以推出具自性的事物有生起的事。但龍樹指出，存在與生起是不能分開來說的，從緣生的立場來說，一切存在的事物都是眾緣和合而生起的，沒有生起的，根本就不存在。所以，對於一切事物，包括反對論者所說的「未生法」，若說它們存在，則必定是已經生起的，不可能有一種事物仍未生起而又已經存在的。既然反對論者所說的「未生法」已經存在，存在就必定已生起，那又何需再次生起呢？所謂未來生起的法，實際上是已經生起的法，因為它們是存在的。

七・一九

若言生時生，是能有所生，
何得更有生，而能生是生？（大三〇・一一a）

龍樹再從另一角度去批評反對論者的見解。現在暫且不提前面種種的困難，假定「生」在本身生起時，能夠生出別的東西，但仍然會有另外一些困難。就算生在自己生起時，能夠作為其他東西的因，而生起其他東西，但生本身的生起，仍然需要一種外在的動力來促成的。即是說，雖然生能夠作為別的東西的因，去生起那些東西，但它本身的生起，仍然需要另一股動力去驅使。困難就是：生是所有其他東西生起的原因，那麼，還哪裡有另一些東西能夠生起這個生呢？

七・二〇

若謂更有生，生生則無窮，
離生生有生，法皆能自生。（大三〇・一一a）

龍樹接著上首偈頌，提出更進一步的困難。就算我們找到另一種力量能夠生起這個「生」，且稱它為「生生」，這個「生生」仍然需要另一種力量將它生起，繼續推論的結果就如下圖：

生 ↑ 生生 ↑ 生生生 ↑ 生生生生 ↑ ……

這需要無窮無盡地向前尋找最初的原因，但卻是永遠找不到的，因為無論將哪一個稱為初始的生，它仍然需要另一個原因將它生起，所以仍然需要有更前的生。這種無窮追溯的情況，使這個理論不能成為完整的體系。

倘若從另一角度去辯護，說生無需由另一種力量生起，而能自己生起自己，還是會有不少困難。

上文已經解釋過自生的種種困難，現再進一步說。生相本身是我們假立的概念，我們面對這個緣起幻化的世界時，對於現象由未出現以至出現這種變化狀況，需要進行描述，於是就建立生這個概念。所以，在客觀世界中根本沒有一樣實在的東西對應這個概念。倘若我們錯誤地以為世間上存在著一個實在的生，而說這個生是自己生起來的，無需別的原因，這樣是自性的設定，違反了因果規律。再者，同樣在自性立場說，生本身是諸法的一種，若它能夠自己生起，則一切法都應能自己生起，而無需要生作為其原因，這樣是違背因果律的。

七．二一

有法不應生，無亦不應生，有無亦不生，此義先已說。（大三〇．一一a）

這裡運用自性的觀點說有和無，從而指出以自性觀點看，生不能成立。從自性觀點說，有就是絕對的有，這是一種常住論，認為事物是恆存不變的；無就是絕對的無，這是一種斷滅論，認為事物根本一無所有，全是虛無的。龍樹認為這兩種見解都是邪見。對世間現象，我們應持緣起論去理解。若認為事物是絕對地有，則事物是不應生起的。因為生起是需要依待原因，使到這些事物從未有變成為有，而絕對地有的事物是無需依待他物的，它本身已經可以提供自己的存在性，獨立地存在。所以，生起的事物就並非絕對地有，絕對地有的事物就無需生起。若說事物是絕對地無，則亦無需生起。因為事物生起來就必定有作用，有作用就不會是虛無，若事物是虛無，就根本上沒有生起。

「有無亦不生，此義先已說」這兩句的意思可以參考上文第一品第七首偈頌，該偈頌說：

若果非有生，亦復非無生，

亦非有無生，何得言有緣？（大三〇・三a）

現在討論到的「有無亦不生」的意思，已經在這首偈頌中討論過，現不再重複。

七・二二

若諸法滅時，是時不應生，
法若不滅者，終無有是事。（大三〇・一一a）

再就關聯到滅與不滅方面來說，諸法在滅去時，是不應生的。因為滅和生是相違的，同一件東西，在同一時間中，不可能又生又滅的。一件有為的東西，在同一時間又生又滅，顯然是不能理解的。另一方面，諸法是否在不滅時生呢？一切有為法都是不停地生滅的，才生即滅，根本就沒有不滅的時候。所以說諸法在不滅時生亦是不成立的。諸法在滅時不生，亦非在不滅時生，所以諸法根本上沒有生。

七・二三

不住法不住，住法亦不住，
住時亦不住，無生云何住？（大三〇・一一a）

前面的偈頌主要是破除對三相中的生相的自性執著。以下開始討論住相和滅相的問題。本偈頌以三時破的方式，即是通過否定未住、已住和住時的法的住相，去論證沒有實在的住相。「不住法」是指未住的法，此法既然未住，當然就是不住。「住法」是已經住著的法，「住」的意思是指事物從運動的狀態轉變為靜止的狀態，已經住著的法本身是已經處於靜止的狀態，當然不可能再從運動狀態變成靜止狀態，所以亦沒有住。「住時」一般是指未住和已住之間的間隙，但這是一個假立的概念，在實際上，未住和已住之間是沒有任何間隙的。事物若不是已住，就必定是未住；不是未住，就必定是已住。住時根本上不存在，所以「住時亦不住」。由於在三時之中都找不到住，可見沒有實在的住相。

最後，龍樹回應前文對生的破斥。由於上文已論證了根本沒有自性的生，而住是依生而成立的，事物若沒有生，就不可能有住。所以，同樣基於自性的立場，住是不能成立的。

七・二四 **若諸法滅時，是則不應住，法若不滅者，終無有是事。**（大三〇・一一b）

此偈頌運用滅與住的互相排斥來否定住的實際存在。這裡提出住的存在在時間上的兩個可能性，第一是在諸法滅時存在，第二是在諸法不滅時存在。首先討論第一個可能性，由於滅和住是互相排斥的，這兩個狀態不可能同時發生在同一事物上，所以諸法在滅去時，不可能住著。第二個可能性是在諸法不滅時住著，龍樹認為諸法是不停地生滅的，沒有任何時間是停留著不滅的，所以根本沒有諸法不滅的時間，這第二個可能性亦不能成立。這便是兩難。

七・二五 **所有一切法，皆是老死相，終不見有法，離老死有住。**（大三〇・一一b）

此偈頌是承接上首偈頌，繼續發揮諸法沒有不滅時的見解。這裡的「老死」可以解作消失。龍樹說：一切事物都是會消失的，這便是「所有一切法，皆是老死相」。沒有任何一件事物是能夠住著不消失的，這便是「終不見有法，離老死有住」。由於事物都是生滅無常，不停地生起又消失，所以沒有住著的時間。

七・二六

住不自相住，亦不異相住，
如生不自生，亦不異相生。（大三〇・一一b）

此偈頌牽涉到自性的問題。若以自性的觀點看，一個有為法不能夠依靠自己就能夠有住著的能力，同時亦不能依靠其他東西的能力使自己住著。正如上文討論到生相的問題時，得出的結論是：生不能靠自己的力量而生，亦不能靠他者的力量而生。同樣道理，住相亦不能靠自己或他者的力量而住著。所以，生和住的現象都是不能以自性立場去理解的。[7]

七・二七

法已滅不滅，未滅亦不滅，
滅時亦不滅，無生何有滅？（大三〇・一一b）

此偈頌開始討論滅相的問題。這首偈頌的結構與第二十三首偈頌完全一樣，都是運用三時破的方式。該首偈頌是破除住相的實在性，而這首偈是破除滅相的實在性，所提出的理由都是同樣的。事物在已經滅的時候，當然不能再滅；在未滅的時候，亦沒有滅；而滅時本身是不存在的，所以亦

7. 換句話說，一個有為法的住，不能依於自身住的能力，而使自己住下來；亦不能依於另一住的能力，而使自己住下來。這是由於自身的住，和另一的住，都沒有自性可得。這正好像有為法的生，不能依於這個生的自身的生的能力，使自己生起；也不能依於另一個生的生的能力，使自己生起。因為自身的生，和另一的生，都沒有自性可得。

不可能在這時滅。實際上，在上文已論證了生不能成立，而必須要有生，之後才能滅，現在既然生不能成立，滅當然也不會出現。

七・二八 **法若有住者，是則不應滅，法若不住者，是亦不應滅。**（大三〇・一一c）

這首偈頌運用住與滅的相互排斥來破斥滅的實在性。龍樹提出一個兩難，指出事物若是住著，是不應滅的；事物若是不住著，亦是不應滅的。首先，如果事物在住著的狀態中，它不可能同時又是在滅的狀態中，因為這兩種狀態是相互對反的，它們不可能同時出現在同一事物上。其次，法若在不住著的狀態中，亦不應滅的，因為事物若不是住著，它就沒有存在性，而滅是指事物從存在的狀態變為不存在的狀態。現在既然事物本身就不是處於確實存在的狀態，根本上就沒有事物可以滅去，所以亦是沒有滅。

從以上可見，滅並非一種實在的東西。實際上，滅只是依附於緣起事物上的假相，是用來表示事物的眾緣離散的狀態。當組成一件事物的各種因素離開時，這件事物就會消失，這種情況就稱為滅。所以，滅只是一個假立的概念，並非有一樣客觀存在的自性對應著這個概念。

七・二九 **是法於是時，不於是時滅，是法於異時，不於異時滅。**（大三〇・一一c）

這是直接從當前的時點與另外的時點來說否定滅相的可能性。從當前的時點來說，若說當前的事物就在當下這一刻滅去，是不通的。因為我們不能說當前這一事物當下存在，而又當下滅去。同一事物不可能在某一時刻中具有兩種相反的狀態，即不能同時具有存在與滅去兩種相對反的狀態。故說：是法於是時，不於是時滅。又若說該事物在現在這一刻中是有，未有滅去，卻在下一瞬間滅去，也是不通的。理由是，在這一刻中，事物是有；但到了另一刻，事物是無了，如何能說它滅去呢？故說：是法於異時，不於異時滅。

按此處實有詭辯成分。既然說在這一刻中事物是有，下一刻事物是無，顯然已是滅去了，怎麼又說「不於異時滅」呢？

七．三〇　如一切諸法，生相不可得，以無生相故，即亦無滅相。（大三〇．一一c）

龍樹的意思殆是說事物刻刻在流轉，其中並無自性永遠停留在那裡。即是說，事物是不停地變滅的，但這變滅只是事物如幻如化的一種相狀，自身並無自性，即並沒有一個變滅的自性。

現再進一步論證沒有實在的滅相。上文已經證明了沒有實在的生相，而生相和滅相是相對以及相依待的，事物必需有生才會有滅，既然已證明了生相不可得，所以亦不應有滅相。

七．三一　若法是有者，是即無有滅，不應於一法，而有有無相。（大三〇．一一c）

七．三二 若法是無者，是即無有滅，譬如第二頭，無故不可斷。（大三〇．一一c—一二a）

這裡再運用兩難方式去進行論證，指出無論法是有或是無，都不會有滅相的。這裡的有和無都是以實在的、絕對的角度來說的，並非指緣起的有和無。如果事物是實在地有的，應具有常住性，而具有常住性的事物，是不會滅的。常住與斷滅這兩種狀態不能同時存在於同一的事物中。倘若事物是實在地無，就是虛無的，完全不存在，既然本身就不存在，當然不可能滅去。正如人的第二個頭是不能斬斷的，因為人只有一個頭，第二個頭根本不存在，所以不可能斬斷。

七．三三 法不自相滅，他相亦不滅，如自相不生，他相亦不生。（大三〇．一二a）

這裡所說的「自相」和「他相」，意思相等於自性（svātma）和他性（parātma）。他性是指他者的自性，在本質上，自性與他性無別。龍樹自己提出問題：事物會否就本身的自性滅去呢？以及，事物會否就他者的自性滅去呢？然後，他又自己回答這些問題。他指出，事物不會就本身的自性滅去，亦不會就他者的自性滅去，正如事物不會就本身的自性生起，亦不會就他者的自性生起。事物根本沒有自性、他性。

七．三四 生住滅不成，故無有有為，有為法無故，何得有無為？（大三〇．一二a）

一切有為法都不能離開生、住、滅三相，三相的自性都是不能成立的，所以，有為法的自性都是不可得的。而無為法是對應於有為法而說的，必須要有實在的有為法，才能相對應地說有實在的無為法，既然有為法的自性不可得，故不可能有無為法的自性。

在本品中，龍樹針對著關於三相是有為法或是無為法的爭論而展開其論證。由於爭論的對方都傾向於將三相實在化，一方認為三相是實在的有為法，另一方則以為三相是實在的無為法。龍樹針對這種自性見的傾向，指出在自性的立場上，無論將三相視為有為法或是無為法，都是不能成立的。在文中，他逐一破斥生、住、滅的實在性。他的意思是，生、住、滅三相不能有有為的自性，也不能有無為的自性。以實在的自性的眼光來看三相，都是妄見。

七·三五

如幻亦如夢，如乾闥婆城，
所說生住滅，其相亦如是。（大三〇·一二a）

最後，龍樹提出自己的觀點來結束本品的討論。「乾闥婆」是梵文 gandharva 的音譯，意思是海市蜃樓、如幻如化的影像。龍樹指出，三相都只是假立的名相，用以表達緣起事物的狀態。生、住、滅三相本身都是沒有自性的，就如夢、幻和乾闥婆城一般，是虛幻不實的。[8]

---

8. 羅什的漢譯本有此偈，但狄雍（J. W. de Jung）與連達納爾（C. Lindtner）所校定的梵本則無此偈；葉少勇的《中論頌：梵藏漢合校・導讀・譯注》亦無此偈。對於此一文獻學的問題，暫時擱置不論，待後有機會處理。

觀作作者品 第八

這品的篇幅不太長，內容也不難理解。這品的主題是「觀作作者」，「作」指動作、行為，「作者」則為表現這種動作、行為的主體。若嚴格一點說，作應包括行為及其效果，佛教稱這種行為的效果為業（karma），由此引伸開來，便可知本品是要說明業與作業者（或作者）之間的關係。按照龍樹的見解，業與作者是互相依待的，作者相對於業而成為作者，業也相對於作者而成為業。業與作者彼此是互相依存的，我們不可以將其中一方分割開來，視之為具有自性的東西。換句話說，我們不能夠將業視為有自性的東西，可獨立於作者之外而成立；同樣地，我們也不能夠把作者視為有自性的事物，可獨立於業之外而成立。可以說，整篇第八品的主旨是要彰顯出業與作者皆互相依待，彼此俱無自性的道理。

其實，我們也可以從因果的角度來看業與作者的關係。作者是原因，業是結果，兩者有一因果關係，業不能脫離作者而成為結果，作者也不能離開業而自成原因。因此，在這個因果關係的兩端——作者與業，均沒有自性可得。總括地說，因與果或作者與業，皆是在互相依待的情況下成立起來的東西，其中只有緣起的性格，而絕對沒有自性可言。

以上先交代了這品的主旨，然後才正式討論本品的內容。本品的若干偈頌或許有些難解的地方，但只要順著上述的理路來思考，便不難明白龍樹所要宣說的道理。實際上，龍樹所說的道理是相當理性的，其中的思考脈絡也極為順通和清晰。

八・一　決定有作者，不作決定業，決定無作者，不作無定業。（大三〇・一二b）

所謂「決定有」或「決定無」，是從自性的角度來說的。「決定有」指的是確定地有自性的東西，而「決定無」則指確定地沒有自性的東西。在佛教裡，把事物視為決定地有自性的東西的見解被稱為常見，而將事物視為決定地無自性的東西的看法則被喚作斷見。在常見之中，事物是永恆地具有自性的；而在斷見之中，事物卻被認為在實質上是一無所有，這即顯現出一種虛無主義的傾向。按照中觀學的主張，不論是常見，還是斷見，均有所偏，都不是正確的見解。

「決定有作者，不作決定業」這上半首偈頌的意思是，確定地具有自性的業，不可能由確定地具有自性的作者所造。反過來說，確定地具有自性的作者也不會造出確定地具有自性的業來。「決定無作者，不作無定業」這下半首偈頌則說，確定地沒有自性的業，也不可能由一無所有的作者製造出來。換句話說，決定地無自性的作者不可能作出決定地無自性的業。

為什麼會出現以上兩種情況呢？這是由於兩種有關情況俱違背了緣起的因果律則所致。世間種種事物皆不可能違反緣起的法則，否則便難以建立起來。就以上列舉的兩種見解來看，決定地有作者的說法是常見，決定地無作者的主張則是斷見。無論是常見還是斷見，都違反了緣起的律則，所以兩者都不可以成立。

八·二　決定業無作，是業無作者，定作者無作，作者亦無業。（大三〇·一二b）

這首偈頌是八·一偈頌的解釋。「決定業無作」指那些決定地有自性的業是不可能由造作所產生的，因為「是業無作者」，這些具有自性的業是不會由作者製造出來的。既然這些業是具有自性的東西，那就含有否定製作的意思，所以決定地有自性的業根本不需要有作者的存在。

「定作者無作」指那些決定地有自性的作者是不待作出業來才成其為作者的，因為本身已具備了作者的自性，那自然可以獨立於業以外而自存，更不需生起種種業來建構作者的身分，所以決定地有自性的作者根本不會生起製造業的活動。同時，「作者亦無業，」既然作者已經具備了自性，那就不需把業製造出來，而業當然也不會產生了。

以上所說的兩種情況，同樣違背了正理。在正理的立場，決定地具有自性的業沒有可能存在，而決定地具有自性的作者也不會存在。因為業與作者是互相依待而成立的，業依於作者而成為業，作者也依於業而成為作者，兩者在實際上是不會各具自性而獨立起來的。

八·三　若定有作者，亦定有作業，作者及作業，即墮於無因。（大三〇·一二b）

「若定有作者，亦定有作業」是說，假若作者可以脫離業而成為有自性的作者，那麼，業也一定可以離開作者而成為有自性的業。要是上述的情況能夠發生的話，那便會出現「作者及作業，即墮於無因」的後果，離開了業的作者和脫離了作者的業便成為沒有原因生起的東西了。

因為作者之所以成其為作者，是由於他會製造出種種業來，從而與業構成了相對待的關係，並以自身作為產生業的原因而建立起作者的身分來。至於業之能夠成為業，也是由於它是由作者所造作出來，並與作者構成了相對待的關係，而以果的身分出現，才得以成其為業。故此，作者與業有一因果相承的關係，作者是因，業是果，兩者是依於因果關係而並存的。作者與業的身分必須互相依待才得以同時成就，而不能各自獨立起來。假使作者與業各具自性，那麼兩者便可以脫卻彼此的因果關係而各自獨立開來，作者不再成為業的原因，業也不再是作者的結果。但如此一來，作者與業便變成無原因而生起的東西了。這種無因的論調正違背了緣起的法則，故不能成立。

八・四　**若墮於無因，則無因無果，無作無作者，無所用作法。**（大三〇・一二c）

龍樹在這八・四偈中承上偈所提出的「作者及作業，即墮於無因」一點，而繼續展開討論，從中揭示這種無因的論調所引生出來的流弊。

如果作者及業皆由於具備了自性而不再需要有原因，從而構成了無因的局面，那麼，作者及業也就同樣不會有結果。這是根據「有因必有果，無因則無果」的因果法則來立論的。若果有原因，就一定有其結果，假使沒有原因，也就沒有結果。現在既然沒有了原因，自然也談不上有結果了。但是，「無因無果」的情況會引生出「無作無作者，無所用作法」的困難來。就偈意來解釋，由於作者本身並沒有產生結果，那表示作者並沒有進行種種造作的行為，而業也沒有產生出來，在這個情形下，實際上就沒有作為結果的業被製作出來，既然沒有作為結果的業出現，也就談不上有作為原因的作業者的存在，其中當然也不會有造作的活動發生了。

在這首偈頌之中，龍樹以八．三偈裡的「作者及作業，即墮於無因」一句為重點，而引伸出這種無因論所包含的困難所在。簡要地說，這個無因論的流弊就是陷入「無因也無果」的困局之中。在「無因也無果」的困局裡，作者及業不但沒有原因，也沒有結果，從而更沒有作業的活動出現。這樣，非獨作者成就不來，就連業也成就不來，可以說，整個由作者造作業的活動也無從建立起來。

八．五　若無作等法，則無有罪福，罪福等無故，罪福報亦無。（大三〇．一二c）

「作等法」指作者、業及作業的活動三種東西。「若無作等法，則無有罪福」是說，若果沒有了這種種作者、業等東西，也就沒有罪福可言。因為罪福的果報必定以作業的活動為依歸，有怎麼樣的行為便會產生怎麼樣的業力，再招致某種果報。但上述的無因論卻破壞了作者等法成立的規律，令到罪福的果報也建立不起來。因此，龍樹接著便說「罪福等無故，罪福報亦無」。由無因而無果論當中所衍生的種種流弊，最後只會導致罪福果報也建立不起來的嚴重後果。

八．六　若無罪福報，亦無有涅槃，諸可有所作，皆空無有果。（大三〇．一二c）

「若無罪福報，亦無有涅槃」指出，如果沒有了罪福的果報，便使到涅槃的境界也不能夠達致。

作為一種理想的解脫境界，涅槃是一種福報的具體表現。在獲取涅槃之前，修行者必須要經過眾多艱辛的歷程，作出無數的善行，積集了無量的善業，最後才獲得大涅槃的福報。在這種獲致涅槃的過程之中，有一因果的關係存在，這因果關係就是涅槃之得以成就，是依於無量數的福報而來的。假使福報不可以成立，則涅槃這理想境界也就建立不起來了。

追源溯始，假若作者及業陷入了無因論之中，便會引伸出涅槃境界不能建立的流弊。罪福的業行及果報與世間及出世間的各種因果關係有密切的關聯。當果報的觀念受到破壞，便會使世間法與出世間法同樣受到破壞，到最後連涅槃的理想境地也不能夠建立起來。

八・七　作者定不定，不能作二業，有無相違故，一處則無二。（大三〇・一二c）

在這首偈頌裡，龍樹把八・一偈的論題重新提出。在討論這首偈頌的涵義之前，我們需把八・一偈的意思重溫一遍，以方便我們進行緊接而來的討論。

在八・一偈中，龍樹指出，不論是決定地有作者，還是決定地無作者，都不可能造作出種種業行來。可是，我們卻可提出，決定地有作者或決定地無作者的單一情形雖不可以成立，但將兩種情況調和起來，便可以解決業的問題。龍樹的論敵採用了邏輯上的排中律來處理這個問題，認為在有無作者的問題上，只可以有兩種情形出現，第一種情形是決定地有自性的作者，另一種情形則是決定地無自性的作者。但這個反對論者卻忽略了第三種情況，這即介乎決定地有自性的作者和決定地無自性的作者的中間情況——緣起的狀態。在實在（決定地有自性的作者、常見）與虛無（決定地無自性的作者、斷見）的狀況之外，尚有緣起地有及緣起地無的狀況。現以下圖把這種關係表示出來：

1 實有、常見、決定地有自性

↑

3 緣起地有、緣散地無
（緣起）　（性空）

↓

2 虛無、斷見、決定地無自性

在1和2兩種情況之外，還有3的情況，而3這種情況才是事物的真實狀態。

實際上，事物有無的狀態應該以因緣合散的角度來了解，才符合正理的。因緣聚合，事物便生起，因緣離散，事物便消失，這才是事物存在的真正狀態。

就八・七偈的文意來看，龍樹就反對論者作出了回應，指出主張事物決定地有自性或決定地無自性的論調是不諦當的，因為其中遺漏了第三種情況的存在，即忽略了事物緣起地生的真實狀態。龍樹對論敵批評說「作者定不定，不能作二業」，認為作者的決定地有自性或無自性的狀態根本不會製造出兩種業行來。換句話說，不論作者是決定地有自性，還是決定地沒有自性，都不能夠造作出決定地有自性的業與決定地無自性的業。龍樹緊接著指出「有無相違故，一處則無二」，由於決定地有自性的作者跟決定地無自性的作者在邏輯上是互相矛盾的，兩者不可能結合起來而產生出業行，否則便有違邏輯規律。事實上，實有跟虛無不能並存，彼此是沒有可能結合起來的。「一處則無二」的意思是不可以在一個地方容納互相矛盾的兩種可能性。由於決定地有自性跟決定地無自性是互相違反的，所以不可能結合起來產生共同的作用。

八・八　有不能作無，無不能作有，
　　　　若有作作者，其過如先說。（大三〇・一二c）

這首偈頌直接就因果關係來立論。龍樹首先指出，從因果關係的角度來說，業本身是由作者製造出來的，所以，作者是原因，而業則是結果，從中構成了因果相應的關係。龍樹隨即聲言「有不能作無，無不能作有」。這句話的意思是，有自性的作者在事實上是不會製造出無自性的業行來。換言之，若要符合因果關係，有自性的作者便要製造出有自性的業行來。另一方面，無自性的作者實際上也不可能製作出有自性的業行來。也就是說，為了符順因果的關係，無自性的作者就必定要造作出無自性的業行。在順應因果關係的情況下，有自性的作者只可以造出有自性的業，而無自性的作者也只可以造出無自性的業，否則便違背了因果的法則。

龍樹然後說：「若有作作者，其過如先說。」這句話可作如下的解釋。假若活動（作）及作者是預先存在的，並且在互不依賴對方的情況下便得以存在，那麼，便犯上了過失，這過失正如先前八・三偈中所說的一樣。作者、業以至作業的活動都是在互相依待的情況下才得以成就的，但現在卻假定作業者及作業的活動等俱預先成立了，然後才說有作者製造業的情況出現，這樣便在認識的過程中犯上了一個明顯的過錯。作者與作業的活動必須互相依待才能成就出造業的情形。有作者才有活動，有活動才有作者。兩者必須在相依待的情況下才能成就。

八・九　作者不作定，亦不作不定，及定不定業，其過如先說。（大三〇・一三a）

八・一〇　作者定不定，亦定亦不定，不能作於業，其過如先說。（大三〇・一三a）

我們現在把八・九和八・一〇兩首偈頌結合起來，作一綜合的解釋。這兩首偈指出，以自性立場來理解作者造作業是不可行的。換句話說，我們不能夠以為具有自性的作者會製造出具有自性的業來。由於作者與業是互相依待才得以成就，兩者沒有可能各具自性而獨立起來。具有自性的作者是不可能製作出具有自性的業的。

在八・九偈裡，龍樹說：「作者不作定，亦不作不定，及定不定業。」這些話的涵義是，作者不會製造一些確定地具有自性的業（定）、沒有自性的業（不定），以及不會製造確定地有自性同時又確定地沒有自性的業（定不定）。不論這種業的狀態是決定地有自性或決定地無自性，還是兩者的綜合，俱不會由有自性的作者製作出來。如果我們認為這種作者會造作出這種業來，便犯有先前所說的過失（見八・一偈）。

而在八・一〇偈之中，龍樹則說：「作者定不定，亦定亦不定，不能作於業。」這裡指出，就作者的情況來看，不論其為確定地有自性（定），或確定地沒有自性（不定），還是兩者的綜合（亦定亦不定），均不能製造出業行來。假若認為這種作者能夠造作業行，也犯上了前述的過失（見八・七偈）。

八·一一 因業有作者，因作者有業，成業義如是，更無有餘事。（大三〇·一三a）

由這首偈頌開始，龍樹作出了總結。在先前的各首偈頌之中，龍樹批判了以自性立場來看作者及業的說法，並指出我們不能從自性的角度來看待這兩者。而在揭示了這種以自性的眼光來看待作者及業的見解的流弊後，龍樹便從正面說明作者及業的真實情況。他認為作者與業的關係異常密切，因為兩者皆是緣起的，彼此在互相依待的情形下成立起來，作者依待業而成為作者，業也依作者而成為業。作者與業只是緣起而不具自性的東西。

「因業有作者」指出，由於業而有作者的成立。「因作者有業」則指出，由於有作者，業才得以建立。即是說，業與作者必須在互相依賴的環境下才得以成就。「成業義如是，更無有餘事」一語是說，我們對於業應作如下的理解：業必依於作者而成為業，而不能由於具備自性便可以自成為業。我們除了透過緣起的角度來理解業的形成外，再也沒有別的方法可資參考了。也就是說，除了緣起的正理外，其餘種種解釋業行的見解都是不成的。於此可見龍樹最後還是把作業的問題帶到緣起的立場上加以詮釋，從中建立出緣起的正理。

八·一二 如破作作者，受受者亦爾，及一切諸法，亦應如是破。（大三〇·一三a）

這是全品最後的一首偈頌，也是全品的總結。龍樹在八·一一偈裡，強調作者與業具有緣起的性格，而在這首偈頌之中，卻將話題一轉而延伸到受受者方面。[1]

在上一首偈頌裡，龍樹討論的焦點在作作者（作業和作業者）之上，這是較為積極及正面的說法，而現在這首偈頌所帶出的受受者（受業和受業者），卻是較為消極及負面的說法。受指所承受的行為，受者則指由五蘊所聚合而成的自我。受與受者的關係跟作與作者的關係是相一致的，龍樹於此只是將作作者的關係延伸至受受者的問題之上，並從中展示出作作者與受受者的問題是相同性格的。

「如破作作者，受受者亦爾」這句話就有上述的意思。龍樹先破了以自性的立場來看業與作者的關係，然後再破除以自性的角度來看受和受者的關係。「如破作作者」是破除對作業活動及作者的自性的執著；「受受者亦爾」則是指，對於受和受者也同樣不能執取其自性，而要徹底明白受與受者是相依成就的。受依待受者才得以成立，受者也依於受方可建立，兩者不能分離而各自獨立開來，否則便違背了緣起的正理。

「及一切諸法，亦應如是破」指出，其餘各種事物（一切諸法）的關係也跟作作者的情況相同，俱在因果關係的網絡中才得以成立，彼此是互相依待的。因此，我們要運用破作作者的同樣方法，來破斥一切法皆有自性的見解，破除對事物的自性的執著。即是說，我們要從緣起的角度來看諸法，從而徹底領會諸法皆無自性的真相。

1. 什公譯以此偈頌為該品最後的偈頌，但稻田（K. Inada）本和葉少勇本（《中論頌：梵藏漢合校・導讀・譯注》）都提出第十三偈頌，本書暫不做作文獻學之處理。

觀本住品 第九

我們在此先將第九品的主題交代一下。在這一品裡，龍樹討論的焦點集中在「本住」的問題上。本住的梵文為 pūrva，意為原先已存在之物；而在印度佛學裡，往往以神我（prakṛti）來指涉這種原先已存在之物。所謂神我，其實是一個表徵實體性的概念，意指一存在於我們生命中的實體，擁有常住不變的性格。在整個印度哲學的發展歷程中，這種實體性的概念經常成為哲學家之間的辯論焦點所在，可以說，它是印度哲學中受到最廣泛探討的問題之一。佛教所說的神我，其意思跟《奧義書》（*Upaniṣad*）中反覆出現的個我（ātman）一概念極相近似，二者皆表示潛藏於生命中的一個常住不變的我體或實體。持守這種我體觀念的哲人們普遍地認為，在人死後這個我體仍然存在，死亡只是人類軀體的變化腐壞，而我體卻不會滅去。這個我體來自梵（Brahman），梵是創生整個宇宙的本體或實體。在印度眾多的哲學思想中，這套宇宙本體與個我自體關係的思想構成了大部分學說的基本預設。不論是印度的哲學還是宗教，往往以這種梵、我的觀念作為思想的源頭。在主觀方面，他們先設定在人的生命存在中有一常住不變的我體作為主宰；而在客觀方面，則認為梵是整個宇宙創生流變的終極原理或本體、實體。

但在《中論》裡，龍樹卻不用神我這個稱謂，而改用本住一詞。這兩個詞彙的基本涵義並無差別。本住是梵語 pūrva 的意譯，神我則是 prakṛti 的意譯，二者俱指含藏於生命存在中具有常住不變的性格的我體。至於《奧義書》中的我，卻譯自ātman，但意思跟上述兩詞的也大致相同。由於有這幾個不同的梵語稱謂，故漢譯也相對地有不同的譯詞。但三者的意思卻可相通，同樣指涉生命中那常住不變的我體。

無論是本住、神我，還是我或梵，在佛教中都被視為具有自性的東西；而自性乃梵語svabhāva一詞的漢譯，sva是自己（self），bhāva則是存在（existence），自性即指自己存在的本質。所謂自性，是不需依靠任何東西也得以存在，因自己本身即涵容了存在的性格。自性的意思跟佛教所提倡的緣起正理有著明顯的衝突，自性必定排斥緣起，而緣起也一定否定自性。其理由是，在緣起的學說下，事物是由種種不同的因素所生起的，事物當中不能具有自性，所以事物的本質是空的，空就是不具有自性的意思。因此，按照佛教的立場來看，這些本住、神我、我或梵等概念皆象徵著自性的存在，故與佛教的緣起觀互相對立。這情形可以下圖表示出來：

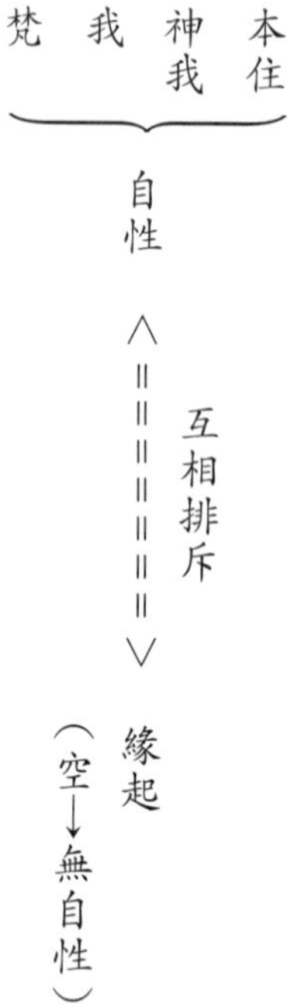

本住
神我
我
梵
} 自性 <=====互相排斥=====> 緣起（空→無自性）

由此可見，佛教所強調的空，是直接針對著自性而立說的。由於空的提倡，而強調一切事物皆無自性。故此，印度哲學裡所有提倡自性的學說，都在佛教反對之列。龍樹在本品中即從緣起的立場論證出本住的不存在，從而否定本住的觀念，並指出一切事物皆無自性的道理。

以上就是本品的主旨。在交代了龍樹在本品所要破斥的對象和立說的目標後，我們便著手探討本品每一首偈頌的確切涵義。

九・一　眼耳等諸根，苦樂等諸法，
誰有如是事？是則名本住。（大三〇・一三b）

這偈頌表示神我論者的主張。龍樹在本品中先列舉出神我論者的說法，然後才一一加以破斥。這首偈頌表示出，神我論者認為本住是實有其事的。他們以為眼、耳等感覺機能，以及苦、樂等心理狀態，俱是各各分離的，但背後必有一令其綜合起來的東西，才可以使到各種機能的效用發揮出來。這個綜合各種機能的東西是什麼呢？「誰有如是事？是則名本住。」這句話即指出了這概括眼、耳等諸根和苦樂等諸法的東西就是本住。可以說，神我論者認為本住是一綜合了人身各種機能的主宰，而身體各項機能必定要隸屬於本住之下，才能發揮出各自的效用。

九・二　若無有本住，誰有眼等法？
以是故當知，先已有本住。（大三〇・一三b）

這偈頌也代表著神我論者堅持本住是實在的看法。神我論者緊接著指出，本住是一具有常住性格的東西，是一不會消失的我體。「若無有本住，誰有眼等法？」是說，假使不是由本住作為主宰，哪將會由什麼東西來帶導這些眼耳等諸根和苦樂等諸法呢？換句話說，眼耳諸根和苦樂諸法原來是處於一種離散的狀態，互相割離開來。如眼只負責看物，耳則負責聽聲等，各自有不同的功能。這些不同的身體機能互不相屬，若沒有一個常住的主宰來統轄它們，便永遠處於散亂的狀態，而不能夠集中起來，有系統地表現各種不同的功能。故此，為了避免這點，便需要推導出本住的存在，「以是故當知，先已有本住。」為了解決各個機能散亂的情況，我們便知道在各個機能的背後，當有一常住不變的本住來統御這些眼耳諸根和苦樂諸法。

這兒有一個基本的設定，便是在眼耳諸根、苦樂諸法的背後，需要透過一個常住不變的我體的制約，才能發揮各種機能的獨特作用。如果缺乏了這個我體的宰制，這些機能便呈現出一片散亂的狀態，而不可以一一發揮其作用。神我論者便是通過以上的預設來建立本住的觀念。

九·三　若離眼等根，及苦樂等法，先有本住者，以何而可知？（大三〇·一三b）

龍樹在這首偈頌中開始駁斥神我論者的主張。上述的神我論者認為本住或我體是先存在著的，有了這個本住，才能統御眼耳等諸根、苦樂等諸法。龍樹卻指出這種說法含有漏洞。他提出，假使本住是先於任何機能而存在的話，那麼在脫離了任何感覺器官的情況下，本住由什麼東西來證知呢？在我們的認識之中，一樣物件的存在與否，必須透過感覺器官的辨別，然後才能夠作出判斷。但在所有感覺器官都未曾存在的時候，便不會產生任何認知的活動，在這個情形下，根本就沒有東西來證知本住的存在。可是，神我論者卻強調本住先於感知器官而存在，這便沒法解答由什麼東西來證知本住的問題了。

當我們認為一樣東西存在的時候，必定要透過一種感覺器官來證知其存在。如看見黃色的杯子，便是通過視覺器官的作用；又如聽到牛的叫聲，便是由聽覺器官來促成的。沒有了感覺器官的作用，我們便不會知曉事物的存在。

「若離眼等根，及苦樂等法」這一句話表示在眼等器官及苦樂等心理狀態出現之先。「先有本住者，以何而可知？」是龍樹提出的質詢語，他反駁神我論者說：這先於感覺器官存在的本住是經由什麼途徑來認知的呢？

由於神我論者認為本住是先於感覺器官而存在的，因此，我們不可能通過感覺器官來證知本住。本住的存在必須通過一見證者來確立，至於透過什麼東西來確立本住的存在，神我論者卻沒有交代出來。所以，龍樹便指出，假若沒有見證者，則不可以認為本住是本來便存在的。

九·四 若離眼耳等，而有本住者，亦應離本住，而有眼耳等。（大三〇·一三c）

龍樹於此進一步闡釋其論點。「若離眼耳等，而有本住者」一句，龍樹承接了神我論者的說法，指出若脫離了眼耳等諸根仍說有本住，但卻不能證知此本住的存在，則我們同時也可以主張「亦應離本住，而有眼耳等」，即離開了本住，也會有眼耳等諸根和苦樂等諸法的存在。

但如果脫離了本住也會有眼耳等諸根存在的話，這剛好與九·二偈之中，神我論者強調眼耳等諸根和苦樂等諸法不能離開本住而存在，必待本住確立後才會有眼耳等諸根的存在的說法不協調。龍樹順其理論推演下去，得出眼耳等諸根可脫離本住而存在的相反結論，可見兩方的主張有矛盾。

龍樹在這首偈頌中要指出的是，主張離開了眼耳等諸根、苦樂等諸法而可有本住存在這個前提含有困難，因此不能夠成立。

九・五　以法知有人，以人知有法，離法何有人？離人何有法？（大三〇・一三c）

這首偈頌討論法與人的關係。在佛教的詞彙當中，法常指一般存在的事物，有時也指抽象的事物，但這裡卻指眼耳等諸根及苦樂等諸法；至於人，則指我體或本住。

龍樹在本偈中主要是說明法與人是相對等或相依待的道理。由於法與人是互相依待的關係，我們要通過法的存在才足以推導出人的存在，同樣地，我們也必須通過人的存在才可以推導出法的存在。換言之，眼耳等諸根及苦樂等諸法與本住應是互相對待的，我們不能離開眼耳等諸根及苦樂等諸法來建立一個常住不變的本住。反過來說，我們也不可以脫離本住而建立起眼耳等諸根和苦樂等諸法的存在性。

簡單地說，龍樹在這首偈頌中所作的論證如下：人與法是相依相待的，人依於法而成立，法也依於人而成立。而現在以人來指涉本住或我體，以法來指涉眼耳等諸根及苦樂等諸法。既然人與法是互相依待而成立，那麼，本住或我體自然也與眼耳等諸根和苦樂等諸法相對待而成立。這種關係如下圖所示：

人（我體、本住） ←——互相依待——→ 法（眼耳等諸根、苦樂等諸法）

在這裡，龍樹說「離法何有人？離人何有法？」這句話的意思是，脫離了法便不能夠建立人的存在性。另外，脫離了人也不能夠建立法的存在性。但神我論者卻希望在一個脫卻了眼耳等諸根和苦樂等諸法的情形下來建立起本住的存在性。龍樹立刻指出，兩者是相依成立的，我們不能在脫離了眼耳等諸根、苦樂等諸法的情況下建立起一個獨立的本住。不過，我們要注意，龍樹於此是要帶出事物因緣而生的訊息，並由此指出事物間的相對性格，而不是真的認為有一個跟眼耳等諸根、苦樂等諸法互相依待的本住存在著。

九・六　一切眼等根，實無有本住，眼耳等諸根，異相而分別。（大三〇・一三c）

龍樹在這首偈頌中開始正面地表達自己對眼耳等諸根和苦樂等諸法的看法。在「一切眼等根，實無有本住」這上半首偈頌裡，龍樹堅守佛教所提倡的緣起的立場，認為眼耳等諸根和苦樂等諸法俱是因緣和合而成的，其中並沒有本住或我體存在著。而在「眼耳等諸根，異相而分別」這下半首偈頌之中，龍樹則表示，眼耳等諸根和苦樂等諸法是各各區別開來的，即各自有其自身的作用，如眼有看見顏色的作用（視覺機能），耳有辨別聲音的作用（聽覺機能），鼻則有判別不同氣味的作用（嗅覺機能）。這種種感覺器官的用途是嚴格區分開來的，眼有其自身的用途，耳也有其自身的用途，以至於鼻、舌、身等等也各有其自身的用途。任何一種感覺器官的作用都不相同，其中並沒有重複的作用出現；如眼只能看見顏色，而不能聽見聲音，反過來說，耳也只可以聽到聲音，而不能看到顏色，其餘諸根的情況也是一樣。故此，每種感覺器官都有各自的感覺機能，不能彼此混淆起來。

由於各種感覺器官的機能是嚴格劃分開來的，龍樹於此即認為我們根本不需要虛妄地預設一個本住或我體來作為諸種感官的綜合體，以之概括眼耳等諸根和苦樂等諸法。

九．七　若眼等諸根，無有本住者，眼等一一根，云何能知塵？（大三〇．一四a）

神我論者在此偈頌裡反駁龍樹的說法。他們反對龍樹的基本論點如下：如果眼耳等諸根及苦樂等諸法的背後沒有本住作主宰，那我們便沒法去分別認知對象。「若眼等諸根，無有本住者」是說，如果眼耳等諸根和苦樂等諸法的背後沒有本住的存在，便會產生出問題來，這問題就是「眼等一一根，云何能知塵？」這是說，若果眼耳等諸根的背後沒有一個本住的存在，那我們怎可能認識到對象（塵）呢？

這是由於，神我論者認為眼耳等諸根必須以本住作為主宰，然後才可以產生識別作用，以識別被認識的對象。眼等感覺器官只是認識的手段，本身並不能識別對象，識別作用是在本住或我體之中。現以下圖將神我論者的說法表達出來：

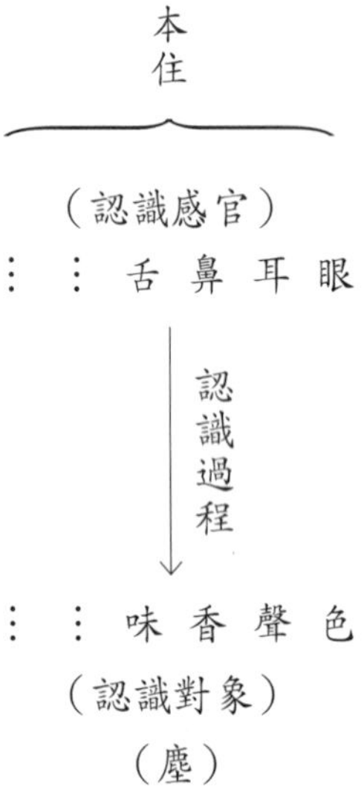

本住
（認識感官）
眼　耳　鼻　舌　：　：
認識過程
色　聲　香　味　：　：
（認識對象）
（塵）

神我論者強調，單靠眼不能直接認識顏色，單靠耳也不能直接認識聲音。換言之，僅靠感覺器官是不能直接認識外物的，必須在感覺器官背後有一本住、我體的存在，才足以概括、綜合、運用各種認識的手段（即感覺器官）來識別外物。因此，如要感覺器官產生效用，則感覺器官背後必須有一主宰。單單依賴感覺器官的自身是無從認識任何外物的。1

九・八 見者即聞者，聞者即受者，如是等諸根，則應有本住。（大三〇・一四a）

這首偈頌也代表著神我論者的主張。神我論者指出，在人身之中只有一個本住或我體，如我體表現在眼這感官的時候，就成為見者；如我體表現在耳這感官的時候，便成為聞者；如我體表現於感觸機能的時候，則成為受者。這即是「見者即聞者，聞者即受者」一語的涵義。在這種理解下，應只有一個同一的我體存在著。在見的活動中的見者，與在聞的活動中的聞者，以及在感受的活動中的受者，應指涉著同一個我體。

既然見者、聞者、受者是同一個我體的表現，那便應當給本住一個位置，承認它的存在性。所以神我論者接著便說：「如是等諸根，則應有本住。」

---

1. 這裡說的識別對象的識別作用，含有分析、綜合、比較的意味，這應屬於心或意識的作用，而不屬於感官的作用。就此點看，神我論者所說的本住，應有心的意味。

九・九 若見聞各異，受者亦各異，見時亦應聞，如是則神多。（大三〇・一四a）

龍樹於此對神我論者的說法作出回應。他認為「若見聞各異，受者亦各異」。即見、聞、受等等作用各不相同，各有自身獨特的表現；既然見、聞、受各代表著不同的作用，那麼見、聞、受等等活動便應互不相屬，彼此分離開來。我們只有將見、聞、受等作用分離開來，才可以使見、聞、受等各種作用同時產生。所以，龍樹說「見時亦應聞」，即當視覺作用產生的時候，聽覺作用也應該同時產生。這樣，便應有「如是則神多」的後果。若不是這樣，當同一個主體同時表現著見、聞、受等各種不同的作用的時候，便會引生出混淆的結果。

我們現在將龍樹的辯論方式以圖表示於下：

各機能互相分離
- 見　者→見→色（神我）
- 聞　者→聞→聲（神我）
- 受　者→受→苦、樂（神我）
- ⋮　⋮　⋮
- ⋮　⋮　⋮

在上圖中，我們可以清楚地看到龍樹的意思。見者產生見的作用，而作用的對象是色；聞者產生聞的作用，而作用的對象是聲；受者產生受的作用，而作用的對象是苦、樂等。至於其他各種感官的活動，情形也是一樣。龍樹於此要強調的是，各種感覺機能有著截然不同的作用，各自分開。既然每種機能的性質都是清楚地劃分開來的，那作用的主體也應該同樣地截然分割開來。這樣，見應有自身的主體或神我，聞應有自身的主體或神我，受也應有自身的主體或神我。其餘各種機能也應有各自的主體或神我，彼此的主體或神我是判然有別的。只有在各個主體分離作用的情形下，才能夠解釋我們何以在同一時間內會產生數種不同的感官作用。如不同的感官皆歸諸單一的主體或神我，則會令到各種感官之間的作用產生混淆，而不能清晰地表現出各自的獨特功用。

所以，若要維持各種感官的作用，我們便需承認每一種感官有各自不同的主體，見有見者，聞有聞者，受有受者。而見者、聞者、受者都可以視作神我，因此便有眾多的神我，這便是「如是則神多」一語的涵義。

由此可見，神我論者所預設的單一本住的說法是含有理論上的困難的。龍樹即以上述的推論來指出神我論者的獨一無二的本住的主張是不成立的。[2]

九・一〇 眼耳等諸根，苦樂等諸法，所從生諸大，彼大亦無神。（大三〇・一四a）

2. 即是說，神我論者以為每人都有一獨一無二的本住，以概括一切的認識活動。龍樹的說法是，為免在認識上產生混淆的情形，每一認識器官都需預設一本住。這樣便是多本住，而非一本住了。故神我論者的獨一無二的本住說不能成立。

由九・一〇偈以下的三首偈頌，其重要性不如前述諸偈。龍樹在這九・一〇偈頌中，進一步指出所謂五大（五大是構成眼耳等諸根、苦樂等諸法的根本要素，大指根本元素，五大即地、水、火、風、空，若加上識即成六大）的真實性質。在印度思想史中，五大或六大是古來印度思想家視為組合宇宙及人身的基本原料，龍樹於此即承接這種思想來加以詮釋，從中表達自己的想法。

他認為，即使是數論（Sāṃkhya）以至其他印度哲學派別所提出的地、水、火、風、空五大等宇宙根本元素，也不可能有神我的存在。簡而言之，不單在那些複雜的東西（如人的生命存在或宇宙萬事萬物）中沒有神我的存在，甚至構成宇宙萬物及生命的最基本元素，也是沒有神我存乎其中的。

「眼耳等諸根，苦樂等諸法，所從生諸大」是說，眼耳等諸根和苦樂等諸法是由五大以至六大等根本元素所組成。「彼大亦無神」則說，在這些根本要素之中，也沒有神我或本住的存在。

九・一一 **若眼耳等根，苦樂等諸法，無有本住者，眼等亦應無。**（大三〇・一四b）

龍樹說，假使眼耳等諸根和苦樂等諸法沒有本住或我體，則眼等感覺機制或感覺器官也沒有本住。在這裡要釐清一點，就是眼根與眼的涵義並不一樣，眼根指整個視覺神經組織，眼卻指視覺的器官。龍樹在這首偈頌中所強調的是，如果在較為細微的視覺神經中並不存在著本住，則在較為粗大的視覺器官當中，也同樣沒有本住或我體的存在。

龍樹這偈是前數偈所作的辯論的進一步推展，但其基本論點已在九・九偈裡清楚地表達出來了。

九・一二　眼等無本住，今後亦復無，以三世無故，無有無分別。（大三〇・一四b）

經過前述數首偈頌的討論後，龍樹已證明了「眼等無本住」。即是說，在眼耳等諸根和苦樂等諸法的背後，並沒有本住或神我的存在。而且是「今後亦復無」。實際上，不僅今後沒有本住的存在，就是過去、現在、未來（三世）中所有的東西俱不可能含藏有本住的存在。具體地說，就目前為止的眼耳等諸根和苦樂等諸法來看，並沒發現有本住的存在；甚至乎在將來無盡的時間裡，也不可能有本住的存在。

「以三世無故，無有無分別」一語緊接著道出，既然在三世之中皆沒有本住可得，那麼，主張有本住或主張無本住，在實際上並沒有分別，甚至乎更成為沒有必要的爭論。故此，關於本住或我體的各種學說在事實上是不諦當的，因為本住或我體是根本不存在的東西，所有支持這題材的正面主張，全都成為了沒有價值的虛構瞎想。

以上就是龍樹在本品所作的最終結論，其目的是要否定本住或我體的存在性。也就是說，本住或我體在實際上並不存在，那由本住或我體所關聯著的自性也不存在。由於自性並不存在，因而是空，這正是龍樹中觀學乃至整個佛教義理的立說基石。

觀燃可燃品 第十

燃、可燃是兩樣東西：燃是指進行燃燒的東西，即是火；可燃是可以被燃燒的東西，這裡以薪作為例子。在本品中，龍樹利用燃（火）代表作用的主體；可燃（薪）代表作用的對象，去探討作用的主體與對象間的關係。一般對作用的主體和作用的對象之間的關係是這樣理解的：主體是不斷地向對象施加影響力，滲透入或徹入對象裡面；而對象方面，是不斷地承受主體所施加的力量，被徹入本身當中。在這種情況下，作用就會產生。龍樹認為，在整件事情上，我們只可能以緣起的角度去理解，無論是作用的主體、作用的對象，或是作用本身，都是緣起的。作用的主體、對象和作用本身，都是由種種因素結合而成的。而且，必需具備這眾多因素，才能成就此作用。所以，這三樣東西都是緣起的、無自性的。如果我們賦予自性於三樣東西中任何一樣身上，都會產生很大的困難。不是有重重矛盾，便是與常識背離。以下我們看《中論》本品的偈頌。

一〇・一　若燃是可燃，作作者則一，
若燃異可燃，離可燃有燃。（大三〇・一四c）

這裡的燃，是指火，代表作用的主體；可燃是被作用的對象，這裡以薪為代表。本偈頌以燃燒這一作用，去展開主體與對象的關係的討論。龍樹先基於自性的角度，將兩者的同一性與別異性套入一組兩難的論式中，由此顯示出以自性角度去觀察燃燒這一事情所遇到的困難。

假若燃與可燃是同一的東西，則作用主體與作用對象就不能劃分，失去了主客的關係。若燃與可燃是別異的，則沒有可燃，亦能有燃，即是沒有薪仍能有火，這樣是不合常理的。龍樹在這裡預設了火和薪都各有自性，基於自性的定義，火和薪若是相同的，就必定完全相同，沒有任何分別；若兩者是相異的，就沒有任何相同的成分，而完全相異。因為自性是不能分割的，所以兩者的關係只能是完全相同，或是完全相異，絕不能有部分相同，而另一部分不同的關係出現。故此，說火與薪是同一，或是別異，得出的結果都是不符合實際情況的，而且是不能理解的。[1]這樣，就顯出了自性的設定所產生的矛盾。如果要避免矛盾的出現，就必定要放棄自性的主張。

此偈頌總說了以自性角度去理解燃與可燃所帶來的矛盾。以下的偈頌將細緻地分析，具體地指出自性的預設所會面對的各樣困難。

一〇・二

如是常應燃，不因可燃生，
則無燃火功，亦名無作火。（大三〇・一四c）

如果火與薪是完全別異的，能獨立存在的，則火應該是可以不斷地燃燒著，而無需依靠薪作為燃料。這樣說，火就是無因而生起的。既然它是無因生，則不需要「燃火功」，即是無需將火燃點

1. 這種情況是：作用主體與作用對象混在一起；這是完全相同的情況。完全相異的情況是：火可離薪而存在，或作用主體可離開作用對象而存在。

起，火是本身固有的。這樣的火又可稱為「無作火」，意思是無人或其他事物造作，將之燃點，而能自己燃起的。很顯然，以上這種情況是不符合事實的，與我們常識的理解相背離。

一〇・三　燃不待可燃，則不從緣生，火若常燃者，人功則應空。（大三〇・一四c）

本偈頌暗示燃與可燃間相待的關係。現假定兩者各有自性，則火無需依待薪亦能生起。既然無需依待其他事物都能生起存在，這火就並不是從緣生的，因為緣生的東西都是由其他事物所構成的。火既然是獨立地，而且恆常地存在，那麼，任何人為的造作，例如向一個燃燒著的火爐加薪、吹風，都不會對火造成任何正面的影響。但是，實際上，火爐中的火需要有薪才能繼續燃燒，加上吹風，火勢會越發旺盛。可見自性的假設，所造成的結果是不合乎事實的。若要符順事情的實際情況，就必須放棄自性的假設，以緣起的角度去理解事情。

由本品開頭至現時的討論，都是龍樹自己發揮本身的見解。以下，他將擬設一個反對論者。

一〇・四　若汝謂燃時，名為可燃者，爾時但有薪，何物燃可燃？（大三〇・一四c—一五a）

反對論者認為，薪本來就是具有可燃性的。從經驗上得知，所有薪都是可供燃燒的，所以他們以為可燃性就是薪的自性的性質。但龍樹認為，當薪未被燃燒時，可燃性是不存在的，因為燃燒是要多種因素結合而成的，因素未足夠，就不會燃燒，既然不被燃燒，又怎能說可燃性呢？

當薪在燃燒時，這薪就稱為可燃。反對論者以為，薪之所以是可燃，是由於它本身就具備可燃性。但龍樹反駁說，當只有薪而沒有火時，有甚麼東西去燃燒這個可燃（薪）呢？若單獨只有薪，沒有其他事物配合，根本不可能進行燃燒。沒有燃燒這件事情，又怎會有燃或是可燃呢？所以，說薪本身就具有可燃性，是不適當的。再者，反對論者更將可燃性視為薪的自性，這樣就更加落入一種邪見之中。[2] 事實上，薪之所以能夠燃燒，完全是基於緣起的。由眾多因素結合起來，才能構成燃燒，並非單由薪的「可燃性」就可產生燃燒。

總括來說，薪在未燃燒時，它仍然只是薪，並未成為燃燒的對象，所以不能說這時的薪是可燃，亦不能說它具有可燃性。當薪被火燃燒時，薪本身是可燃，但薪之所以能夠被燃燒，並非由於它本身具有可燃性。龍樹特別強調，可燃性不是薪本來就具有的，更不是薪的自性的性質。事實上，薪之所以成為可燃，是眾緣和合的結果，必需要有足夠的條件，例如：氧氣、適當的溫度等，才能構成燃燒的效果。單是有薪，卻缺乏其他條件，絕不能產生燃燒。所以，薪之所以被燃燒，決不是單憑薪的「可燃性」。

一〇・五　若異則不至，不至則不燒，不燒則不滅，不滅則常住。（大三〇・一五a）

---

2. 這是龍樹最反對的一點。他以為在薪燃燒前把可燃性附在它身上，而視之為常住不變的自性，是虛妄的。當然，就一般情況來說，說薪具有可燃性，並無不可。但反對論者把可燃性視為薪的自性，將之依附在薪之上，這便成邪見了。

由上偈看到，我們不能視可燃性為薪的自性，視火為等同於薪。假設火與薪是完全別異的，那又會是甚麼情況呢？本偈頌說，如果火與薪各有其自性，完全是別異的，則兩者各自住著於本身的自性當中。而自性之間是完全沒有接觸的，完全是獨立存在的，這樣，火與薪就永遠不能走在一起。兩者不能碰頭，就不能夠產生燃燒的作用。沒有燃燒，薪就不會消滅，不消滅，就能常住。說薪是常住，就失卻了它真正的緣起的性格，而且，燃燒這種現象亦不能出現。很顯然，這些都是不切合事實的，與我們的經驗相違背的。

一〇・六

燃與可燃異，而能至可燃，
如此至彼人，彼人至此人。（大三〇・一五a）

反對論者以為，火與薪完全是別異的。正由於兩者是別異，火才能接觸到薪而產生燃燒。他們更舉出例子來說明，燃與可燃就正如此人與彼人，兩者是不同的，此人可以往接觸彼人；彼人亦可來接觸此人。龍樹反對這個論點，他指出若火和薪相互不同，各有其自性，則兩者各自住著於其自性中，此自性與彼自性是沒有相通的，彼此都是獨立存在。兩種自性是不可能有任何關聯的。

若以緣起的角度說，兩件東西必須本身是分開的，才可能合起來，因為分和合是相對的。必須有分，才可說合；必須有合，才會有分。就這個分合的觀點看，反對論者的意見是正確的。但問題所在，是反對論者並不是以緣起的角度去看事物，而是以自性的角度去理解。以自性的角度說，兩樣東西各有不同的自性，而互相別異，就不可能合起來。龍樹所作的批評，是針對著自性的預設來說的。

一〇・七 若謂燃可燃，二俱相離者，如是燃則能，至於彼可燃。（大三〇・一五a）

倘若說，燃和可燃本身是相分離的，完全無關係的，這樣，燃就能夠去接觸可燃，而產生燃燒的作用。這是反對論者的見解。但龍樹指出，若要兩者能夠接觸，產生作用，則兩者之間必須存在著某種關係。在事實上，火之所以成為作用的主體，是由於與作用對象相對應；薪之所以是作用的對象，是基於與作用主體相對應。若沒有火，則薪不能成為作用對象；若沒有薪，火亦無從作為作用主體。兩者缺一，都不能發生作用。無作用，就無所謂作用主體或作用對象。所以，兩者必須要有這種相對應的關係，才能稱為燃和可燃。但是，若以自性的角度說，火和薪是完全獨立的，無任何關係的，這樣，就根本不成為作用主體和作用對象。兩個自性之間，更不可能有任何接觸。這種情況是與現實不符合的。所以，我們必須要放棄自性的設定，將燃和可燃視為緣起的東西，無各自的自性。這樣，才能作這樣的理解：火與薪雖然是不同的東西，但在適當條件下，就能結合起來，產生燃燒的作用，使火成為作用的主體，而薪成為作用的對象。這種無自性的見解，就是一種空的觀念。這又與緣起的義理分不開。

本品到目前為止，是龍樹以自己的見解去與擬設出來的反對論者進行辯論。很顯明，反對論者是節節敗退的。故此，反對論者改變了論點，將燃與可燃的關係，從各自獨立的觀點，改為互相依賴的關係。這種事物互相依賴的關係，正相應於龍樹的緣起觀念所展示的事物之間的關係。緣起的意思，就是指事物由其他東西結合而生起。在緣起的世界中，一切事物都是依賴別的事物而存在的。

這樣的觀念正好排斥自性觀，因為自性是不依待其他事物而獨立存在的。可是，反對論者雖然採納燃與可燃之間具有互相依賴的關係的見解，但仍然保留兩者各具自性的看法。在以下幾首偈頌中，龍樹就是要對這種看法進行批評。

一〇・八　若因可燃燃，因燃有可燃，先定有何法，而有燃可燃？（大三〇・一五a）

倘若以自性的角度說，可燃與燃兩者都能夠獨立存在，但現在反對論者認為，燃與可燃是相互依待而存在的，即是說，燃必須依賴可燃才能成為燃；可燃又必須依賴燃才能成為可燃。這樣，究竟是先有燃，其後可燃依次而生，還是先有可燃，然後才生出燃呢？倘若說，先有燃，然後可燃依次而成，那麼，未有可燃時，燃又怎樣能成呢？若反過來說，先有可燃，其後燃依次而成，同樣地，未有燃時，又怎能有可燃呢？若問：兩者能否在一瞬間同時成立呢？若是這樣，則兩者已經能夠各自成立，就無所謂依待了。可見，若以自性角度說兩者互相依待，則兩者都不能成立。所以，必須放棄自性的觀點，從緣起相待的觀點看，才能理解燃與可燃的關係。

一〇・九　若因可燃燃，則燃成復成，是為可燃中，則為無有燃。（大三〇・一五b）

倘若說燃依賴著可燃而成，則會出現燃成立了兩次的情況。第一次是燃本身以自性存在。何以說燃先以自性存在呢？因為若非燃已經存在，則可燃就無所依，以致不能成立，由此推知燃必定已經存在。第二次就是依著可燃而成立。[3] 但以常理推斷，當一件東西已經成為了該東西，則不可能再次成為該東西。因為必定要經過了某些轉變，才能說是「成」，例如，原本沒有該東西而產生了該東西；或是，原本是其他東西，現在變為這件東西。燃既然在第一次已經成為燃，就不可能再次因可燃而成為燃。所以，「成復成」這種情況是不合理的。「成復成」表示成立了又再成立，即成立了兩次。

反對論者可能會否認燃的第一次成立，這樣就可避免了成復成的過失。從表面上看，若說先有火，然後才出現薪，這樣當然是不合理，應該加以否認的；但反過來說，先有薪，火才依薪而出現，這就相當合理。但這並不表示反對論者所提的「因可燃燃」能夠成立，因為在未有火之時，薪仍只是薪，不能說是可燃。倘若說薪是可燃，然後因可燃而成立燃，則在燃未成之時，可燃就已獨自存在，這時，可燃中沒有燃，又怎能說是相依待呢？

反對論者以相因相待的立場去理解燃和可燃的關係，這樣是正確的。但他卻不循緣起的角度，反而採取自性的角度去解釋，結果就造成了以上的困難。

一〇·一〇 若法因待成，是法還成待，今則無因待，亦無所成法。（大三〇·一五b）

倘若說某法依待他法而得成立，則這法亦會為其他法所依待，這樣才能成立交互依待的關係。

3. 即是說，倘若說燃依待於可燃才能成燃，則由於燃在依待於可燃而成為燃之前，已先成立，使可燃成為可燃。這樣，燃實成立了兩次。第一次成立使可燃成為可燃。第二次成立是因可燃而成為燃。

現在若以自性來看諸法，說它們相互依待，實際上是沒有一法可作為所依待者。既沒有所依待者，則亦不能有依待它而成的能依待的東西，即沒有依待它而成立的「所成法」。

一〇・一一　**若法有待成，未成云何待？若成已有待，成已何用待？**（大三〇・一五b）

在此偈頌中，龍樹再從另一個角度去批評反對論者。他又假設事物正如反對論者所言，是具有自性，而且又是因待而成的。在這裡，龍樹提出一個兩難的情況：究竟事物是未成時有待，還是已成才有待呢？若說未成時有待，這時候，該東西根本未出現，沒有該東西，又怎能說該東西依待別的東西呢？倘若說該東西已成才有待，既然該東西已成，又何需依待別的東西呢？所以，在這種兩難的情況下，說事物未成時有待，或說已成才有待，都是行不通的。這偈又包含下面意思（雖然這個意思未有在偈中明白地顯示出來），即是：若再問：事物能否成時有待呢？答案是：不可能。所謂成時，即是指事物正在形成當中，這時候是一部分已成，另一部分未成。若說事物具有自性，自性是整一不可分割的，又怎會有部分已成，而另一部分未成的情況呢？所以，以自性角度說，根本沒有「成時」的情況。

一〇・一二　**因可燃無燃，不因亦無燃，因燃無可燃，不因無可燃。**（大三〇・一五b）

龍樹堅持相依待的緣起無自性的觀點：既然是相依待而成立，便不能具有獨立的自性。「因可燃無燃」的意思是，火依於薪而成火，故火不可能有自性。「不因亦無燃」的意思是，若不依於薪，火也不可得。火不可得表示火不與薪對比著說，或燃不與可燃對比著說，便不成其為火或燃。離開了可燃，燃自身便不能成立。同樣，薪依於火而成薪，故薪不可能有自性。若不依於火，薪亦不可得。

一〇．一三

燃不餘處來，燃處亦無燃，
可燃亦如是，餘如去來說。（大三〇．一五c）

若說燃與可燃各具有自性，則兩者本身就獨立地存在，那麼，在兩者結合發生燃燒之前，它們又存於甚麼地方呢？即是問，它們從何處來以產生燃燒作用呢？龍樹說「燃不餘處來，燃處亦無燃」，「餘處」是指在可燃以外的任何地方。我們知道，沒有燃料，火是不可能存在的，所以，燃本身絕不可能存在於可燃以外的任何地方，然後來與可燃結合，產生燃燒。另一方面，燃本身亦不可能存在於可燃之中。在燃燒發生之前，我們不可能從可燃之中找到火。所以，燃不可能存在於可燃以外或可燃之中，亦即是說，燃在燃燒發生之前，不可能已存在於任何地方。由此可見，燃是不能獨立地存在的，故此，燃是不應有自性的。同樣道理，可燃在與燃結合產生燃燒之前，亦不可能獨立存在於任何地方。薪在接觸到火之前，它本身仍不是可燃。故此，可燃不能夠在燃燒之前已經存在，然後來與燃結合，產生燃燒作用。

本偈頌的最後一句「餘如去來說」討論到燃燒這件事情本身是否實在具有自性的問題。龍樹套用了觀去來品的論證方式來解釋這個問題，該品的第一首偈頌說：

已去無有去，未去亦無去，

離已去未去，去時亦無去。（大三〇．三c）

將此偈頌套入現時討論的問題，就成為以下情形：

已燃無有燃，未燃亦無燃，
離已燃未燃，燃時亦無燃。

這裡先假設了燃燒本身具有自性，然後從三時（過去、現在、將來）中去尋找燃燒的所在。得出的結果是：在三時中，都不能成立具有自性的燃燒。其中的理由已在去來品中交代，現不再贅述。既然在任何時間中都找不到具有自性的燃燒，而在事實上，又不能否認燃燒的存在，由此可證明，燃燒本身並無自性，只是緣起的東西。

一〇．一四　可燃即非燃，離可燃無燃，
燃無有可燃，燃中無可燃，
可燃中無燃。

（大三〇．一五c）

本偈頌綜合了以上的討論結果。以上共提出了燃與可燃的關係的三種可能方式來討論：第一種是燃與可燃是同一樣東西，即燃就是可燃，可燃就是燃。第二種是燃與可燃是完全別異的，無任何關聯的。第三種是燃與可燃是互相依待的。整個討論，都是就著燃與可燃各具自性的前提而進行的，而在自性的前提下，亦再沒有第四種可能關係能夠提出來。在上文，龍樹已逐一地將以上三種可能性否定掉，於是得到了現時的結論。此偈頌的漢譯本意義較含糊，現根據梵文原本翻譯過來，以作對照：

復次，火不是薪。在薪之外亦沒有火。火不包含薪；在火中沒有薪，在薪中也沒有火。[4]

第一種關係是燃與可燃同一，龍樹指出，若是如此，則犯了主體與客體同一的過失，於是說「火不是薪」來否定這種關係。

第二種關係是燃與可燃完全別異，各自獨立存在。這樣說，火就應恆常存在，人功亦不能影響它，但事實亦非這樣。而且，這種見解亦抵觸了事物的緣起相關的關係。於是，龍樹說「在薪之外亦沒有火」，以否定這樣的見解。

第三種關係是兩者互相依待。但這樣又附上自性的說法。這是以火與薪各自具有自性，但又互相依待。這本來是矛盾的，具有自性的東西又如何能互相依待呢？所以龍樹順著自性的設定提出說「火不包含薪，在火中沒有薪，在薪中也沒有火」，將這種關係否定。

在自性的前提下，燃與可燃的三種關係都被否定，而又沒有第四種關係可提出。由此可以確定，燃與可燃，即作用主體與作用對象，都是無自性的，無自性就是空。[5]

一〇．一五　以燃可燃法，說受受者法，及以說瓶衣，一切等諸法。（大三〇．一五c）

以上結論到，若以自性觀點看，則燃與可燃都不能成立，故必須以緣起觀點去理解兩者。實際

4. Kenneth K. Inada, *Nāgārjuna: A Translation of his Mūlamadhyamakakārikā*. Tokyo: The Hokuseido Press, 1970, p.84.
5. 即是說，燃與可燃，作為作用的主體與作用的對象，兩者有一種相依相待的關係：燃要依待可燃，才能成為作用的主體；可燃要依待燃，才能成為作用的對象。兩者都不能具有自性。

上，這種觀點不單可用在燃與可燃的關係上，更可應用到受與受者，以至一切事物的關係上。「受」是指五蘊法，這五蘊法即是色、受、想、行、識；而「受者」就是指我，即是生命主體，這個生命主體是由五蘊法所組成的。龍樹認為，以緣起觀點將事物的關係視為相互依待的見解，可以應用到一切事物之中。他在這裡所舉的例子：受與受者，泥與瓶，布與衣等的關係，表面看來並不符合他的見解，因為受者是由受所組成，受者要依待受，但受卻不用依待受者。同樣，瓶和衣是由泥和布所製成，瓶與衣要依待泥和布，但泥和布卻不依待瓶與衣。這些關係似乎都不對應龍樹的見解。在這裡，我們需要更仔細地分析。在龍樹的見解中，燃與可燃的關係實際是指作用主體與作用對象的相對關係而言，所以，當應用這見解在其他事物上，都是針對事物的相對關係。在生命個體的形成中，受是因素，受者是成果；在生產的活動中，泥和布是材料，瓶和衣是製成品。這些相對角色的關係是互相依待的。受者固然是依待五蘊，而五蘊若離開受者亦不能成為因素。瓶和衣是依待泥和布的，但若不是用來造出製成品，泥和布亦不能成為材料。故此，就著這種相對關係而言，事物的相待關係是成立的。

一〇・一六

若人說有我，諸法各異相，
當知如是人，不得佛法味。（大三〇・一五c）

倘若某些人以為有「我」的自性，或是認為客觀事物都各有其自性，由此形成事物間的差異，則我們可以就此確定這些人是未能了解佛法的真義，未能領悟到空的真理。在龍樹眼中，我也好，種種事物也好，都無自性可得，都是緣起而成的，都是空的。

觀本際品 第十一

本品的梵文原名為Pūrvāparakoṭi，意譯為「本際」，本指生死，際的意思是極限。本品的內容是討論眾生的生死極限的問題，亦即是輪迴的極限的問題。談到生死極限的問題，當然不單只是東方人有討論，西方人對此問題亦有自己的見解。西方的基督教將人的生死的最後歸宿放在上帝那裡。他們認為人的生命由上帝賦予，因為每個人都是從父母而生，而人的始祖（亞當、夏娃），是由上帝所創造的，所以人的生命是從上帝而來的。人死後，還要受上帝的審判，這決定了人的最後歸宿。所以，以基督教的觀點看，上帝就是人的生死極限，即是人的本際。而佛教是完全不提上帝的，在佛教的教義中，沒有一個至尊無上的神。在談論到生命的來源和最終歸宿的問題上，佛教以無始和無終來作解答。這種態度是將這問題張開，而不給予一個確定的答案。無始和無終都是一種消極的答覆，沒有提出任何固定的答案，所謂「本際不可得」。

一一・一

大聖之所說，本際不可得，
生死無有始，亦復無有終。（大三〇・一六a）

在這偈頌中，龍樹點出了佛教對本際問題的基本立場。按照佛陀所說，本際是不可得的，這即是無始和無終的意思。現再進一步分析，生死輪迴基本上是在時間中不斷進行的，所謂始和終亦是就著時間而言的，而時間是可以無限地向前追溯，亦可以無盡地向後延展，沒有始終可言；生死輪迴亦不可能在時間上有始和有終。惟有獲得解脫，覺悟到一切（包括時間）皆空，超越始終的極限，臻於無限的境地，才能擺脫六道輪迴。

一一・二 **若無有始終，中當云何有？是故於此中，先後共亦無。**（大三〇・一六a）

倘若沒有始和終，則兩者中間的時段亦是沒有的。舉例說，如下圖：

A ——————— B
C

A是線頭（始），B是線尾（終），C表示此線段。C是相對於A和B才有的，假若沒有A和B，則C亦不存在。若此線段存在，則必定有線頭和線尾；現既然沒有線頭和線尾，就必定沒有線段本身。同理，若沒有始和終，則時段本身亦是沒有的；生命若沒有本際，則生命本身亦不會是實有的。

以上已說到，位於始和終之間的時段是沒有的，因此，生和死根本不能說有先後或是同時發生的情況，所以說「是故於此中，先後共亦無」。一般人的觀念總是認為生之後有死；再以輪迴之觀點看，死後亦會再生。但龍樹在此指出，生與死無所謂先後，或是共時；原因是先、後、共時都是就著時間而言的，既然生死無本際，當中的時段亦不可得，所以生死沒有時間上的次序。就此見解，龍樹在以下偈頌中有進一步的論證。

一一・三　若使先有生，後有老死者，不老死有生，不生有老死。（大三〇・一六a）

生和死在時間上的次序有三個可能性：一是先生後死；二是先死後生；三是生死共時。在上首偈頌中，龍樹提出了生和死沒有時間上的次序，所以他要對這三個可能性一一否定，現在先討論先生後死的情況。

假若說先有生，而後有老死，那麼，生與死就是各自獨立的，生有生的自性；死有死的自性。結果就是，生可以離開老死而獨自存在；老死亦可離開生而存在。這種情況是不合理的，是違反了因果法則的。實際情況是：生和死是互相關聯的，有著連貫性的。所以說先有生而後有老死，是不能成立的。

此首偈頌的梵文原本與此漢譯本稍有不同，現引述如下：

> 倘若生是先而老死是後，則會有沒有老死的生了。這便意涵有沒有死亡的存在生起了。[1]

就正常的知解來說，生與死是有著因果關係的，有生之後必有死。但是以自性立場看，生與死各有其自性，生就可以脫離死亡而獨自存在，這樣是不符合現實情況的。所以，我們不應以自性立場說先有生，而後有老死。

1. Kenneth K. Inada, *Nāgārjuna: A Translation of his Mūlamadhyamakakārikā*. Tokyo: The Hokuseido Press, 1970, p.86.

一一・四　若先有老死，而後有生者，是則為無因，不生有老死。（大三〇・一六a）

現在討論第二個可能性：先死後生。如果說先有老死後有生，結果就會遇上一種困難，這困難是：老死沒有生作為其原因。在正常的情況下，有生作為因才會有老死。如果老死在先，則沒有原因就出現了結果，這是不合理的。這種困難亦是出自以自性來了解生和死，在自性的立場下，生和死各自獨立，死無需依待生，結果就是老死能夠脫離生而獨自存在，這樣是違反了實際的情況，以及因果法則的。所以，先死後生亦是不能成立的。

一一・五　生及於老死，不得一時共，生時則有死，是二俱無因。（大三〇・一六b）

這裡討論第三個可能性：生死共時。龍樹說：生和老死不可能同時出現，因為倘若生死同時，則兩者都是無因而生的。這裡所說的生和死，都是指發生在同一生命體當中的情況。若生時有死，則生死就會混淆。提出這種生死共時見解的人，是基於自性立場而說的，他們以為生和死都各有自性，生是生的自性所產生的力量；死是死的自性所生的力量，這兩種力量同時存在，互相牽扯，互相抵消。[2] 龍樹指出，如果是這樣，生死就失去了相互間的因果關係，兩者都成為無因而生，這是不合理的。

以上，龍樹逐一否定了先生後死、先死後生，以及生死共時三個可能性，亦即是否定了生死在時間上的所有序列方式。他所否定的，都是以自性立場看生死的情況。龍樹本身的立場是很明顯的，他認為應以緣起立場去理解生和死。生是由緣起而生的，沒有生的自性，當緣起情況改變，生再不能維持，就出現死的情況。生和死都是由緣起來支配，不能獨立存在。

一一．六　**若使初後共，是皆不然者，何故而戲論，謂有生老死？**（大三〇．一六b）

「初」是指先生後死；「後」是指先死後生；「共」是生死共時。照龍樹的見解，這三種情況都不能成立，都不能解釋生死的情況。他認為，生死都只是在時間的洪流中幻化的現象，都是沒有自性的。所以，我們不應建立種種戲論去解釋生死的問題，將生死概念化，以至自性化。我們不應把自性附在生死上，致它們可各自獨立開來，失卻那種因果的聯繫。

一一．七　**諸所有因果，相及可相法，受及受者等，所有一切法。**（大三〇．一六b）

一一．八　**非但於生死，本際不可得，如是一切法，本際皆亦無。**（大三〇．一六b）

---

2. 即是說，自性使生死具有不同的相反力，在同一時間中互相牽扯，也互相抵消。

這兩首偈頌，是龍樹對本品所作的總結。生和死都是無自性可得的，兩者間的先、後、共時的情況都不能成立，所以生死本際是不可得的。龍樹指出，本際不可得的情況，不單在於生死問題上，而且是遍及於一切其他東西，包括「相及可相」、「受及受者」。「相」是指一些特徵；而「可相」是具有這些特徵的東西。「受」是指感覺；而「受者」是承受這些感覺的主體。龍樹認為，在相及可相、受和受者等關係上，本際都是不可得的。即是說，若以自性立場說，相和可相、受和受者的情況，跟生和死一樣，都沒有先、後、共等時間序列的。照龍樹的觀點，種種法都是在三世（過去、現在、未來）中流轉，沒有任何自性可得。若我們能撇棄自性的執著，以緣起觀點看世間事物，就能發現種種事物跟生命一般，生死相宛然，緣起如幻，生後會有死，死後又會再生。諸法與生命都是在這種緣起相續相中不斷流轉，沒有起始，亦無終結。

龍樹在全品中所帶出的意思是：生死輪迴的本際是不可得的。若以自性立場看，生和老死並沒有先後之分，亦不會共時出現，這樣就不能建立起生和老死之間的因果關係。但在現實的情況中，生死是因果相續的，所以，若以自性立場看生死，就違背了現實情況。按照龍樹的觀點，若要建立起生死以及諸法的因果相續，就必須放棄自性的立場，改以緣起觀點去理解一切事物，這樣才能正確地解釋世間事物的種種情況。

觀苦品 第十二

「苦」（duḥkha）是指種種苦痛煩惱或是苦果，這些都是人生中非常普遍的事情，跟生死輪迴一般，是不可能避免的現象。在原始佛教之中，已經多次討論苦的問題，例如四聖諦（苦、集、滅、道）就是以苦為第一聖諦。如再進一步分析，苦諦實際上是四聖諦的重心。苦諦可以反映出實踐整個真理歷程的總的面相，在苦、集、滅、道這四個歷程當中，都是圍繞著苦的問題。即是說，苦諦是指苦本身；集諦是指苦的生起，怎樣由不同的因緣而形成苦；滅諦是說苦的滅去；而道諦則是指苦的滅去的方法。所以，四聖諦基本上都是以苦為中心，去指出追求真理的四個歷程。由此可見，苦的問題在佛教理論中占有很重要的地位。

龍樹基本上是順著原始佛教的四聖諦來討論苦的問題。他認為苦是依因待緣的，沒有常住不變的自性，故此，我們可以透過修行，將苦痛消除。否則，若果苦痛具有自性，而我們的生命中又有實在的苦痛存在著，我們就不能談到去除苦痛，獲得解脫的理想，因為自性是不能被消除的。所以，必須在緣起立場上，視苦痛是依因待緣而起的，才有可能消除苦痛，達到解脫的目標。

一二・一 **自作及他作，共作無因作，如是說諸苦，於果則不然。**（大三〇・一六b）

此偈頌是運用四句否定的方式來展開論證。關於四句否定的結構，在上文已經介紹過。這裡用四句來分析苦的成因：

第一句：自作
第二句：他作
第三句：共作
第四句：無因作

這裡所講的「作」，是以自性的立場來說。龍樹先舉出苦痛的作成的四個可能性，然後在以後的偈頌中，逐一指出以自性立場說的這四種作將要面對的困難，從而歸結出：若以為苦痛的作成是具有自性的，則沒有一種作可以成立。亦即是說：根本沒有具自性的作，但苦痛卻又宛然存在，由此得知苦痛沒有自性。

這首偈頌先總破四種作，指出這四種作都是不能成立的，由此帶出了全品的旨趣，然後在下文逐一交代。但對於共作和無因作，文中卻沒有詳細的分析，原因是：共作只是自作和他作的結合，無需要再重複解釋；而無因作本身就是違背了因果規律，完全不合理的，故亦不需要詳細討論。

一二・二

苦若自作者，則不從緣生，
因有此陰故，而有彼陰生。（大三〇・一六b－c）

苦痛煩惱本身是緣生的，無自性的，它不是由自己作成的，這是符合緣生正理的見解。但是，如果我們以自性的立場去理解苦痛煩惱，以為它是由自己作成的，即是認為苦痛具有本身的自性，這就違背了緣生正理。因為自作必須依自性立場來說，所以自作與緣生是互相排斥的。故偈頌說：「苦若自作者，則不從緣生。」

苦痛煩惱的作成，跟五陰身的生起一樣是依因待緣的。此時的五陰身是依著前時的五陰身而成的，前後的五陰身之間，有著一種緣起的相續性。此時的五陰身不具有自性，它亦不是從前面的具有自性的五陰身而來的。倘若前面的和現時的五陰身都具有自性，則兩者的關係必定是完全同一，或是完全別異。即是說，如果前後兩個五陰身有同一自性，則兩者必定完全相同；當前後的五陰身各自具有不同的自性，則兩者就完全別異。這兩種情況都是不正確的，違背常理的；我們必須以緣起角度去了解五陰身。五陰身是由眾緣聚合而成，是不停地變化的，前時的五陰身與現時的五陰身是有分別的，現時的五陰身不可能是自己作成的。前五陰身只能作為現時五陰身的緣，使後者生起，但不是等於後者。同樣，苦痛亦是緣生的，不斷地變化，所以亦不可能是自己作成的。

一二·三 **若謂此五陰，異彼五陰者，如是則應言，從他而作苦。**（大三〇·一六c）

上首偈頌提到，現時的五陰身是以前時的五陰身為緣而產生的，兩者之間有著此起彼承的關係，但是沒有自性的延續關係，所以現時的五陰身不可能是自作的。所謂自作，是指作者與所作是有著同一自性，若是這樣，兩者就有著自性的延續關係，而且是完全相同的。但在事實上，前後的五陰身之間沒有一種自性的延續關係，兩者是不相同的，由此可知，現時的五陰身不是自作的。另一方面，前後的五陰身亦不是完全別異的，所以現時的五陰身亦不是他作的。「他作」的意思是自性地由他者作成，即是說，現時的五陰身的作成與前時的五陰身完全無關，兩者亦是完全別異的。但這種情況不符合事實。事實上，前後兩個五陰身之間有著非常密切的因果聯繫，兩者有著相同的地方，亦有著相異的地方。前後五陰身之間的關係受著緣起的因素限制，這些因素不斷改變，所以兩者不會完全相同；前者作為後者的緣，生起後者，兩者亦不會完全別異。這種不同亦不異的情況，才符合實際情況。倘若我們以自性的角度去觀察前後五陰身，則兩者只可能是完全相同，或是完全相異，但這並不符合事實。

總括而言，若五陰身是自作，則前後五陰身是完全相同；若五陰身是他作，則前後兩者是完全別異。這兩種都是自性觀點的情況，都是不符合事實的。所以，說五陰身是自作或他作都不能成立。

一二・四 若人自作苦，離苦何有人？而謂於彼人，而能自作苦？（大三〇・一六c）

如果說人有一個自性的自我，而這個自性的自我生出苦痛來依附於自己，這就不符合常理。龍樹認為人的苦痛煩惱是五陰身的感受，它們當下就是五陰身，離開了苦痛煩惱，另外並沒有一個具自性的我，所以龍樹說：「離苦何有人？」[1]

「彼人」是指一個獨立具有自性的自我。上面已說到苦痛煩惱和五陰身是不能分開的，既然這樣，我們又怎能說有一個具自性的自我能夠作出苦痛煩惱呢？如果我們這樣說，就是將苦痛煩惱從五陰身推出去，成為一樣獨立的東西。但事實上，苦痛煩惱和五陰身是相互依待而存在的，苦痛煩惱不可能獨立地由一個具自性的自我構作出來。

一二・五　若苦他人作，而與此人者，若當離於苦，何有此人受？（大三〇・一六c）

上一首偈頌否定了苦痛煩惱由一個具自性的自我構作出來，此首偈頌則討論是否由一個具自性的他者構作出苦痛煩惱。如果說苦痛煩惱由他人作成，而讓另一人去承受，這樣就預設了有一個具自性的他者去作出苦痛，而另有一個具自性的受者去承受這些苦痛。龍樹認為這樣是不合理的，因為離開了五陰身，無任何作者或受者獨立存在。所以他說：「若當離於苦，何有此人受？」苦痛煩惱本身當下就是五陰身，而五陰身以外再沒有一個「此人」去承受這些苦痛煩惱。離開苦痛就等於離開了五陰身，那麼，怎會有一個「此人」去承受這些苦痛呢？實際上，承受苦痛煩惱的，就是這個五陰身。

一二・六　苦若彼人作，持與此人者，離苦何有人，而能授於此？（大三〇・一六c）

此首偈頌的前兩句與上一首偈頌的前兩句的意思完全相同。上首偈頌指出了「由他人作苦給予

1. 即是說，依龍樹的意思，苦痛煩惱是五陰身的一部分；它的存在，便存在於五陰身之中。並不是有苦痛煩惱從外面加到五陰身方面來。

此人受」這種見解的一個困難，就是離開了苦痛，根本沒有「此人」。本偈頌則指出這種見解的另一個困難，就是離開了苦痛，亦沒有一個「彼人」將苦痛授予此人。上文已提到，苦痛煩惱當下就是五陰身，五陰身以外再沒有所謂他人（彼人）和此人。所以，「由他人作苦給予此人受」這種見解必定不能成立。

五陰身和苦痛煩惱都是緣起的。五陰身作成苦痛，亦承受苦痛，整個過程都是緣起因素所影響的，並沒有具自性的五陰身和苦痛煩惱。

一二・七　自作若不成，云何彼作苦？
若彼人作苦，即亦名自作。（大三〇・一七a）

龍樹在這裡提出「彼作苦」這種見解的另一個困難，就是如果「自作」不能成立，又怎能說是「彼作」呢？何以如此說？因「自」和「彼」是相對於作者的稱謂，若對於此人來說是彼作，則對於彼人本身來說就是自作。所以自作和彼作，在本質上是一樣的。既然自作不能成立，彼作當然亦不能成立。

一二・八　苦不名自作，法不自作法，
彼無有自體，何有彼作苦？（大三〇・一七a）

此偈頌可分上、下兩部分來解釋，上半偈是討論自作，下半偈是討論彼作。上半首偈頌提到苦痛煩惱是無自性的，不會自己作成的。因為一切法都是依因待緣的，不可能由自己產生自己，苦痛煩惱是法的一種，當然亦不例外。下半偈討論到「彼作」，即是由他者作成。他者本身亦是無自體的，既然無自體，又如何能自己作成苦痛煩惱呢？

此偈頌基本上只是重複上文對自作、他作進行否定，沒有更深入的意義。

一二．九　若此彼苦成，應有共作苦，此彼尚無作，何況無因作？（大三〇．一七a）

前文一直是討論本品的四句之中的前兩句——自作、他作，現在開始討論第三、四句——共作、無因作。

共作是以自作、他作為基礎的，自作、他作結合就成為共作。所以，倘若自作、他作能夠成立，則應該有共作的。可是，前面已論證了自作、他作都不能成立，既然無自作、他作，當然就不可能有共作。

自作、他作、共作都是有因作成的方式，亦已包括了一切有因作成的可能方式，但三者都不能成立。既然如此，則作成的方式，在邏輯上只剩下一個可能性，就是「無因作」。但龍樹進一步否定這種方式，他指出自作、他作、共作等都是有因作的方式，已經是較為符合因果法則的，但尚且不能成立，何況是不符合因果法則的「無因作」？有因作的方式雖然符合因果法則，但亦有種種困難存在，以致不能成立，而無因作更是違反了因果法則，所以更不可能成立。

一二・一〇 非但說於苦，四種義不成，一切外萬物，四義亦不成。（大三〇・一七a）

以上已經否定了苦痛煩惱的四種作成方式，龍樹現再進一步將這種理論擴大，去概括世間一切事物。他認為不單只苦痛煩惱的作成的四種方式不能成立，甚至一切其他東西的作成都不能依自作、他作、共作和無因作這四種方式。

龍樹在本品中排斥一切作成的方式，而這些方式都是基於自性立場的。無論自作、他作、共作或無因作，若以自性立場來說，都不能成立。所以，從自性立場來說就是「無作」，既然無作，就必定甚麼東西也沒有。但事實上，世間萬物不是完全沒有的，它們仍有種種作用、種種影響力，顯然不是完全虛空的。所以我們必須放棄自性的立場，改以緣起立場去理解世間事物。世間事物都是有作成的，但不是自性的作，而是緣起的作。這種基於緣起原理的作成，表現為作法宛然、如幻如化的現象世界。

觀行品 第十三

本品主要是透過不同角度去討論「行」的問題，顯示出行的無常、空寂的性格。「行」（saṃskāra）在佛教中有著幾方面的意思。首先，行是指一種潛在的力量（potential force），是使我們的存在成為目前這種模樣的一種力量。它的性格有點像自性，但沒有像自性有那麼強烈而明顯的獨立自存的性質，它只是隱約地有點作為萬物的本質的意義，或可說是萬物存在的條件。然而，這種觀念在佛教中並不普遍。其次，行是指我們的意念，或稱為心的取向，例如我們有一個購買汽車的意念，即是說我們的心有這樣的一個取向。佛教所謂「諸行無常」，所說的就是這個「行」，即是指意念。五蘊中的「行蘊」亦是指這個意念的意思。此外，行又有一種遷流、無常的意思，作為名詞解，是指一切事物生滅變化的情況。本品的「行」是代表著第三種意思，即是指一切東西的生滅變化，亦即是一切「有為法」的流變情況。這個意思非常廣泛，包含了整個現象世界的狀況。現象世界的東西都是流變無常的，不斷地生滅變化的，沒有一樣東西能止住下來，即使是瞬間的停滯。這便是行。

一三・一　如佛經所說，虛誑妄取相，諸行妄取故，是名為虛誑。（大三〇・一七a）

此漢譯文字與梵文原本的意思有點不同，現引述梵文原義，以作比較：

> 世尊說：虛妄性的東西是不真實的。所有意識制約的東西，其本性都是虛妄性的，因此，都是不真實的。[1]

這首偈頌顯然是包含了一個三段論的推理，其推論過程如下：

> 大前提：虛妄性的東西是不真實的。
> 小前提：意識制約的東西是虛妄性的東西。
> 結　論：意識制約的東西是不真實的。

在梵文本中，這個意思是非常明顯的。但在漢譯本中，卻未能清楚表達這個意思，必需稍作修訂，將第二句「虛誑妄取相」解釋為：妄取相是虛誑的，才能表達出這個三段論式。現試將此偈頌修訂如下：

> 如佛經所說，妄取是虛誑，
> 諸行妄取故，是名為虛誑。

將這個內容套入三段論中，可成以下論式：

---

1. Kenneth K. Inada, *Nāgārjuna: A Translation of his Mūlamadhyamakakārikā.* Tokyo: The Hokuseido Press, 1970, p. 92.

大前提：凡妄取的東西都是虛誑的。
小前提：諸行是妄取的東西。
結　論：諸行是虛誑的。

這個結論正是本偈頌所要表達的意思。這樣透過梵、漢本對照，我們較容易找到偈頌真正要表達的意思。

「妄取」是將不真實的對象執著為實在的東西，這種方式是虛誑的。而一切心念（諸行）都是將各種虛假的東西執著為實在的，所以一切心念都是虛誑的。這種三段推理的方式是《中論》的一個特色，其他佛教典籍中，很少出現類似的論證方式。由此可見龍樹採用的方法是具有創意的，而且很符合現代的邏輯規則。雖然他沒有將這些論證方法系統化，但能夠這樣靈活運用，對後世的「因明學」（簡單地可稱為佛家邏輯）已造成了不少影響。

一三・二　虛誑妄取者，是中何所取？佛說如是事，欲以示空義。（大三〇・一七b）

當我們妄取世間事物，以為它們是實在的，這是一種虛誑的表現。在這個世間中，有甚麼東西可以讓我們取著呢？實際上，世間的事物都是虛假的，無一可以執取。這種觀點是佛所說的，他說這些事的目的，是要顯示出世間事物都是無自性的，即是空的。

一三·三　諸法有異故，知皆是無性，無性法亦無，一切法空故。（大三〇·一八a）

一切事物都是會變化的，由此可知所有事物都是無自性的。再進一步說，「無自性」這個概念本身亦是無自性的。這裡並非說沒有「無自性」這回事，而是說由於一切法都是空的、無自性的，「無自性」這個概念本身亦是諸法之一，所以這個概念亦是無自性的。當我們說世間事物皆是無自性，意思是說我們對事物作出的指謂，都並非對應於某一實在的自性的東西。例如「筆」這個概念是我們對某事物的指謂，但實際上並沒有一樣實在具自性的東西對應於「筆」這個概念，我們日常所指的筆亦只是緣起的東西。所以我們說世界事物都是無自性的，亦即是空的。而「無自性」這個概念本身，亦沒有一樣實在的東西對應著，所以「無自性」亦是無自性的，這就是所謂「無性法亦無」。

一三·四　諸法若無性，云何說嬰兒，乃至於老年，而有種種異？（大三〇·一八b）

此偈頌是龍樹擬設的反對論者所說的。反對論者以為諸法應該具有一個固定的自體，由這個自體去承受種種的變化。他問難說：如果諸法都沒有這樣的一個自體，則一個生命體由嬰兒發展到老年期間，怎會出現種種變化呢？反對論者的這種見解，是基於他以為諸法雖然無自性，但仍然有「無自性」這樣一個自體存在於其中，由這個自體去承受一切的變異，構成種種現象。

一三・五　**若諸法有性，云何而得異？**
若諸法無性，云何而有異？（大三〇・一八b）[2]

龍樹在此偈頌中，設立一個兩難的局面，去反駁反對論者在前面提出的見解。反對論者以為有「無自性」這樣一個自體存在於諸法之中，由這個自體承受種種變異，但自體本身不變，變異只是發生在這個自體上的現象。這種見解實際上就是一種自性見，龍樹的兩難就是針對這種見解而提出。龍樹指出，若基於自性的立場，說諸法有性，則不可能有變異，因為自性或性是不變異的。同樣地，說諸法無性，亦不可能有變異。這個「無性」並非指緣起無自性，而是說虛無（nothingness），因為以自性的立場，有就是實有，無就是虛無，不能說緣起。當提到變異時，必定是設定了存在著某樣東西，變異就發生在這東西上，現在既然說諸法是虛無的，又怎可能有變異呢？

龍樹這個兩難否定了諸法有自性，以及諸法為虛無這兩種見解，以為不管是說諸法有自性，或說諸法為虛無，都不能說諸法的變異的情況。

一三・六　**是法則無異，異法亦無異，**
如壯不作老，老亦不作壯。（大三〇・一八b）

龍樹在此偈頌再進一步解釋何以在自性立場看沒有變異。所謂變異，是指事物從一種狀態，假

2. 此一偈頌在月稱（Candrakīrti）的《淨明句》（*PrasannaPadā*）中是有的，但在梵藏本中則未見出現。

設是A，發展成另一種狀態，假設是B。現試從自性立場看A和B，A狀態中的事物和B狀態中的事物都是有自性的。倘若這兩個自性是同一的，則這件事物根本就沒有發生變異，因為自性是同一的，同一的自性表示本身就是同一件事物，沒有任何分別，既然無分別，就不能說有變異。這就是「是法則無異」的意思。[3]另一方面，倘若兩個自性不同，則兩者根本上就是兩樣不同的事物，當然不可能說B是從A而生起的，所以亦沒有變異，這就是「異法亦無異」。[4]從自性立場看，無論如何也無法推導出變異的情況，但在世間上，事物變異是普遍的情況，所以必須放棄自性立場，改用緣起去解釋種種變異的現象，這樣才能正確地了解實際情況。

本偈頌的第四句「老亦不作壯」，梵文本無相應的表述語。若以自性觀點看，老和壯各有其自性，則壯不會變成老。「壯不作老」特別對應上面第二句「異法亦無異」。在這裡，壯是A，老是B，壯和老各有不同的自性，所以是異法，兩個自性之間不可能有因果關係，所以A不會作成B，於是不會有變異產生。

一三・七

若是法即異，乳應即是酪，
離乳有何法，而能作於酪？（大三〇・一八b）

上一偈頌是說，若以自性立場來看，則不管兩法是同抑是異（完全同一與完全別異），都不能解釋變異的現象。諸法的變異，是依因待緣，因果之間有此起彼承的關係而引發的。

這裡再以乳和酪為例，進一步解釋上面的見解。乳是用來製造酪的材料，在現實情況中，我們可以知道乳經過加工，放入一些其他材料，會變成酪。乳和酪本來不同，但乳可變而成酪。如果乳和酪各自有自性，而且乳的自性跟酪的自性是不同的，則兩者就是各自獨立，無需因待乳，酪亦可以自己存在，但在事實上，若不依靠乳，怎樣能夠製成酪呢？

龍樹所要表達的意思，是事物的變異是依因待緣的，正如酪是由乳加上人工處理及其他材料等因素而作成的，沒有具自性的酪和乳。只有以緣起觀點，才能清楚解釋這種變異的現象。

一三・八　若有不空法，則應有空法，實無不空法，何得有空法？（大三〇・一八c）

此偈頌的立論方式，表面看似犯了前項謬誤：

$$p \supset q, \sim p \supset \sim q$$

不過，龍樹的用意是表示空法與不空法具有同等的存在機會：二者只能同時存在，或同時不存在。不能有一存在，有一不存在。

這裡的「空法」和「不空法」都是以自性角度來說的。「空法」是虛無的，而「不空法」是指具自性的東西。空法與不空法是相對的概念，倘若不空法能夠成立，則空法亦應能夠成立。如果我們承認有具備自性的東西，就必須承認某些東西是虛無的。而實際上，一切東西都是緣起的，沒有

3. 即是說，A、B始終都停留在一個體性上，前後都是這一體性，這當然不能說變異。
4. 即是說，A不是B，B不是A，A、B各自保有其自性，絕對不同，亦無變異可言。因A自是A，B自是B，既是以自性言，自然不能說自性A變異而成自性B。

所謂「不空法」，同樣「空法」亦是沒有的。龍樹在此偈頌要指出一切東西都是緣起的，它們不能說是實在有，亦不能說是完全無。所以他要排斥自性和虛無的見解。

一三・九　**大聖說空法，為離諸見故，**
若復見有空，諸佛所不化。（大三〇・一八c）

如來對眾生講述空的義理，是為著使他們遠離各種邪見，這些邪見都是以自性的執著為核心的。這種空的義理，是指出世間事物都是緣起無自性的，空就是用來表述事物無自性的性格。倘若有人聽了空的義理之後，誤以為有一樣實在的具有自性的東西稱為「空」，而去執著這個「空」的自性，這種人就犯了極大的錯誤，甚至乎諸佛也無法教化他們。因為這些人聽了如來所說的空的義理之後，將「空」自性化，執著為客觀實在的事物，以為必須要追求「空」這種自性的東西。他們無法了解一切東西都是緣起無自性的道理，反而將這道理自性化。[5] 若對他們再多說義理，反會使他們執著更多。所以，這種人是諸佛也無法點化的。

5. 這即是將「空」或「無自性」自性化，以為在客觀方面有實在的「空」或「無自性」這些東西。

觀合品 第十四

這品主要討論合或結合（saṃsarga）的問題。在中觀學裡，合指數個東西互相結合起來，當中即顯示出事物皆由因緣和合而成的。如一棵樹得以生長起來，是依賴著種子、泥土、養料、水分、空氣、陽光等條件互相結合起來，才足以成就的。在合這種活動之中，並沒有自性可言，它只是由眾多因緣互相配合起來的一個過程。順此而言，組合成這個活動的種種因素本身也沒有自性。換句話說，無論是合這個活動自身，還是構成合這個活動的各種條件，都沒有自性可得。

但在這品之中，龍樹特別針對我們在認識事物的過程中所關聯到的條件而立說。當中如六根裡的識便是討論的重點所在，透過根來認識外境。如顏色，便是所認識的外境之一。這關係可以下圖表示出來：

根（識）——————外境（色）

合（觸）

在這裡，所謂合就是指通過根這種官能來認識色這種外境，而根、境結合起來，便產生了觸的活動，再從中產生出人的感情、意念等東西來。

這一品基本上以合為主題。在此，龍樹是要透過這品的各首偈頌來說明不論是合的活動，還是構成合的各種條件，均無自性可得的道理。此外，我們要留意一點，這品的文句頗為艱澀難讀，但其涵義卻不難理解，只要稍加措意，便可以把握其中奧蘊。

一四・一 見可見見者，是三各異方，如是三法異，終無有合時。（大三〇・一九a）

「見」指眼根，「可見」指外境（色），「見者」則指眼識。只要以上三者齊備，便可以構成見的活動。龍樹說，以上三種東西各有不同的處境（異方），彼此不相交涉，尚未發生結合的情形。然後，由於其他各種不同的因素，令到三者相遇而產生見的作用，這見的作用便是一種因緣和合的結果。換句話說，此中並沒有令到三者絕對結合起來的必然因素，故此，三者會隨條件的改變而分離開來，那麼見的活動也會隨之消失。可見，在眼根、外境和眼識三者結合的情況中，並沒有自性的存在，三者得以結合，只不過是因緣和合的結果而已。正由於結合本身並無自性，它只是隨著條件的湊足而得以成立，也隨著條件的離散而歸於消失。

因此，龍樹說「如是三法異，終無有合時」，指出了若從究極的立場來看，眼根、外境和眼識三者各自有著不同的背景，三者始終不能絕對地結合起來，即產生不出具有自性的結合來。三者的結合只不過是隨因緣和合而形成的，從中並不會構成一種穩固的結合狀態，最終也會隨著因緣的消散而分離開來。

一四・二 染與於可染，染者亦復然，餘入餘煩惱，皆亦復如是。（大三〇・一九a）

龍樹於此採用另一個例子來說明相同的道理。「染」指貪著，「可染」指貪著的對象，「染者」則指貪著的主體。龍樹指出，這三者的結合，同樣沒有自性可得。「餘」指除了眼之外的其他感覺器官，如耳、鼻、舌、身等，「餘煩惱」則指除了貪著之外的其他煩惱，如嗔、癡等，這些東西的結合，俱沒有自性可得。

一四・三 異法當有合，見等無有異，異相不成故，見等云何合？（大三〇・一九b）

「異法當有合」是說，我們通常就不同的東西來說結合，這種不同是從自性的決定來立論的。即是說，若我們從自性的立場來看結合，這結合便是由各自不同的東西所構成的，而所有這些不同的東西本身皆有其自性。就表面看，這些從自性立場來看的東西便應當有真正的結合。

進一步看，「見等無有異」中的「見等」，是指眼根、外境、眼識種種有關視覺的東西，這些東西俱沒有自性可得。它們之間的不同只能就因緣和合的角度來說，而不能認為它們具備了自性的不同相狀。由此便說「異相不成故」，即從自性角度來看的相異的相狀（異相）並不能成立，順此再說「見等云何合」，即有關視覺的各種東西，均不可以說有自性的結合。

在這首偈頌裡，龍樹先換轉另一個角度來說結合。這便是從有自性的角度來說結合，從而假設結合本身具有自性，而構成結合的各種因素也都具有自性，俾能產生一種徹底的結合狀態。但這種絕對的結合，顯然違背我們所認識的常理。從日常現象界裡的事物來看，一切事物皆是因緣和合而成。如就視覺的情形來說，見、可見、能見均是緣起的東西，不可能具有自性，從中形成的結合也不可能具有自性。故此，在日常現象界裡的結合，跟從自性立場來看的結合大相逕庭，我們切不可把兩者混同起來。

一四・四 非但見等法，異相不可得，所有一切法，皆亦無異相。（大三〇・一九b）

「非但見等法，異相不可得」是說，我們推而廣之，便會發現在視覺活動之外的各種事物，皆沒有異相可得。異相即指由自性決定而來的種種相異的相狀。換句話說，在包括視覺活動的各種東西之中，皆沒有由自性決定而來的異相可得。一切緣起的東西都不會出現具備自性的結合活動。「所有一切法，皆亦無異相」則指出，在所有東西之中，都沒有由自性所決定的異相存在，也談不上具有自性的結合。

我們日常所說的結合，是從緣起的立場來看的。龍樹的意思是，雖然徹底的結合必定是具有自性的結合，因為只有具備了自性的結合才不會離散開來。而條件可散失的結合便不會是徹底的結合。[1]但這種徹底的結合卻不存在於我們的實際生活中，它只是我們在意識裡虛構出來的假象，現實上根本找不到這種徹底的結合。在現實生活中的所有結合，俱是因緣和合的產物，它只是隨著不同條件的聚散而形成，其中絕無自性可得。

一四・五 異因異有異，異離異無異，若法從因出，是法不異因。（大三〇・一九b）

諸法的相異，是由於它們各別之間存在著不同的面相，因而成為相異。倘若遠離了這各別之間所存在的不同的面相，相異便不成相異了。即是說，諸法的相異，是由於諸法自身存在著相異。但要注意的是，這存在於諸法自身中的相異，是就現象或緣起的立場來說，而諸法自身亦是就它們的緣起的性格來說。這與自性是無涉的。實際上，諸法的自性只是我們意識的妄構，根本不存在。

另外，龍樹又從因果之間的關係談同異的問題。果由因生出來，則果與因必有某些方面是相同的；兩者不能完全相異。這樣說的因與果，自然也是從緣起的脈絡下說，而與自性無涉。

一四·六　若離從異異，應餘異有異，
離從異無異，是故無有異。（大三〇·一九b）

此偈的漢譯文字全不可解，我們只好放棄它，參考其梵文原本來索解。原文如下：

倘若一個相異的質體之是相異，是由於它生自另一相異的質體，則若它離開後者，仍是可存在的。但實際上這樣的相異的質體的情況是不可能的。[2]

1. 這裡說只有具備了自性的結合才不會離散開來，而條件可散失的結合不是徹底的結合，其意是只有自性的結合才是徹底的結合。這是我們順著龍樹偈意而提出來的理解。但這理解自身也有漏洞：自性的結合是不可能的。即是說，結合一方面由各方因素聚合而成，另一方面又具有自性，這樣的結合，是不可能的。由自性的定義可得知，有自性的結合是單一的，它是一整體，不能有部分的區分，這便與「各方因素聚合」不協調。關於這點，我們目前仍未有一完滿的解答。現在只是把這個問題或疑點提出。進一步的思索，只有俟諸異日。
2. Kenneth K. Inada, *Nāgārjuna: A Translation of his Mūlamadhyamakakārikā*. Tokyo: The Hokuseido Press, 1970, p.95.

根據以上的現代漢譯，對這首偈頌的意思可作出如下的理解。「倘若一個相異的質體之是相異，是由於它生自另一相異的質體，則若它離開後者，仍是可存在的」這段文字表示，如果一個相異的東西生自另一個相異的東西，那麼假使它脫離了產生它的東西，它將仍然保持著從自性而來的相異性格。「但實際上這樣的相異的質體的情況是不可能的」則表示，實際上所有現象界的東西都是緣起的，故此這種相異的東西可以獨自保留其相異性的情況是不可能發生的。

若事物跟生起它的東西有所分別，這種分別是基於其自性的不同所致，則正因為基於自性，這分別應可長久保留而不會消失掉。但事實上世間所有事物皆是緣起無自性的，故此這種分別只可以在相對的情況下成立。即是說，這種分別是在跟其他東西對比之下，才得以成就的。若沒有了其他可相比較的東西存在，則這種分別便失去了相比較的參照，因而變成不可能了。

龍樹在這首偈頌之中，先預設了由自性而來的相異性格，然後再指出，在現實世界上所有東西俱是緣起的，根本就不可能出現這種由自性而來的相異性格。

一四．七　異中無異相，不異中亦無，無有異相故，則無此彼異。（大三〇．一九b）

我們於此先要留意的是，「異相」指從自性而來的差異相狀，而不是從緣起角度來說的差異相狀。「異中無異相」是說，由於世間上根本就只有緣起的東西，而這些東西皆沒有自性可得，所以，那些源於自性而來的差異相狀也不可得。「不異中亦無」是說，由於一切皆是緣起無自性的，不論是相同還是相異的東西，當中完全沒有那些自性差別相存在。「無有異相故，則無此彼異」則說，由於沒有了自性差別相（異相），因此也沒有由自性而來的絕對差別。

簡括地說，我們若由自性立場出發來看異相，則這異相絕對不可能出現於現實世界之中，因為現實世界裡一切東西均是緣起的，當中絕對沒有由自性而來的異相存在。

一四・八

是法不自合，異法亦不合，合者及合時，合法亦皆無。（大三〇・一九c）

龍樹在這首偈頌之中，再次以結合作為論題。「是法不自合，異法亦不合」一句中，「是法」指相同的法，「異法」則指不同的法。這是說，相同的法不會自行結合，不相同的法也不會自行結合。龍樹於此明顯運用了兩難法來進行論證，他認為不論是相同的法，還是相異的法，俱不可能自行結合，即不會出現有自性的結合。究其原因，則不外乎兩者在實際上皆為緣起法，本身並沒有自性，故此其結合也不可能以自性為基礎。既然沒有可以作為根基的自性，那自然也不可能發生自性的結合的情況。

「合者及合時，合法亦皆無」這句話是說，結合自身（合法）固然沒有自性可得，就連結合的因素（合者）、結合的時間（合時）也沒有自性可得，一切有關相合的東西均只能從因緣和合的角度來看，而不可視其為有自性的結合。實際上，所有東西皆只是如幻如化地連結在一起的，其中只產生出一種短暫結合的情狀，而不是永恆地結合著。這種短暫的結合不會永久存在，若其中有某些因素發生變化，結合的條件將會改變，而結合的狀態也會消失。這正由於結合的因素、結合的時間和結合自身都沒有自性所致。

觀有無品 第十五

〈觀有無品〉在《中論》中是相當重要的一品。本品所表達出對存在狀態的觀念與一般人的想法不同。一般人依自性的眼光言「有無」，所謂「有」是絕對地有；「無」是絕對地無。龍樹認為，若以自性立場說事物絕對有，是「常見」；說事物絕對無，是「斷見」。常見與斷見都是偏見，由於是偏見，故不能關涉明瞭真理。真理不是從絕對的有無說的，而是從緣起中體證的。緣起不僅是中觀學派所談論，更是佛教各學派所重視的，它是佛教最基本的義理。

由於事物本身是由種種因素集合而成，它的生起是有一定的規則，在日常生活中有其影響力，因此可說，事物是緣起無自性，但不能說它是一無所有。如茶杯是由種種條件組合而成，但沒有茶杯的自性。雖然沒有茶杯的自性，卻不能說沒有茶杯的存在，因茶杯能盛水，占一定空間，它的生成與消失，必須經過一段時間的歷程。所以我們固然不能將緣起的東西，如茶杯，加以自性化或實體化，也不能說它是一無所有。

事物是緣起，故不能說是有，亦不能說是無，此即是「非有非無」。龍樹認為，描述事物的真相，應該以非有非無的遮遣方式，而不能依自性說。因為事物是緣起無自性，故不能說它是實質地有、自性地有，或是實實在在地有，此是非有之意。至於非無，因是緣起，事物的產生有一定的程序，在日常生活中有其影響力，故不能說一無所有。透過這種非有非無的雙邊否定方式，才能將事物的真正性格表露出來。這種非有非無的思想，不僅是中觀派所重視的問題，而且對中國佛學影響極大。如三論宗僧肇的名著《肇論》中的〈不真空論〉，便以非有非無發揮其理論。僧肇基於緣起性格，描述事物是依他而生起，它的生起有一定程序、作用及功能，故不能說一無所有，此是非無之意；另一方面，事物緣起無自性，我們不能說事物是實在地有、自性地有，此是發揮非有之意。僧肇依非有非無的思想，發揮「不真故空」的理論，這明顯地是承繼《中論》第十五品而來。後來發展到禪的思想也是談及有無的問題。

中觀學派描述事物的真相，以非有非無的方式來進行。他們認為，在緣起世界中是找不到有自性的東西，因為緣起與自性互相排斥，兩者不能同時並存。所以，對緣起的事物，不能依自性觀點說是絕對有，只能從相對層面說是相對地有，此是非有之意。雖然說事物緣起無自性，但不可說它是一無所有。因為它在日常的生活中，各有影響力、作用及功能。如茶杯能盛水，錄音機能錄音，筆能寫字，這些都是緣起的東西，但它們的形狀、作用，皆不一樣。所以，我們不能說它是一無所有。此即是非無之意。

對於現實世界上的緣起的東西，我們以非有非無的方式來描述，這在一般的理解上，恐怕會令人產生一個難題。在一般人的思維中，同樣的東西，怎能以相反的方式來形容呢？但龍樹認為，描述緣起的事物，惟有依雙非的說法，才能令人真正體會緣起的實義。能夠掌握雙非的思考，我們對緣起的世界才不會產生迷惑，更不會將緣起世界自性化、實體化。

〈觀有無品〉就是基於雙非的思考，對有無的問題展開討論。龍樹認為有及無都是我們主觀思維的構作，用來描述世間事物的存在狀態。而現象界的東西，都是緣生緣滅，沒有一法不受緣起法則的支配。在緣起的諸法中，找不到一個永恆不變的自性，所以不能執有自性，不能視自性藏於現象界每種東西中。如果我們堅執地認為一切事物各有自性，對事物作出一種極端的判斷，認為事物的有是絕對的有，事物的無是絕對的無，這只會將緣起世界自性化。龍樹為了破除眾生的自性見，而以觀有無為主題，討論自性有無的問題。

一五・一　眾緣中有性，是事則不然，性從眾緣出，即名為作法。（大三〇・一九c）

這是〈觀有無品〉首頌。偈頌中已經清楚地指出自性與緣起兩者不能同時存在。前半頌明顯地表露，在緣起的世界中，是不可能有自性的存在。頌中所謂「性」者即是自性（svabhāva），這是說自己本身具有存在性，它的存在不依賴外在的因素。以佛教的觀點而言，事物存在是要由種種因緣和合而成，不能有自性，這便是緣起。如茶杯是由泥土、水、人工等製造而成。既然茶杯是緣起，就不能有自性。自性與緣起互相排斥，兩者不能同時成立，故頌曰「眾緣中有性，是事則不然」。

後半頌則提出自性與作法之間的關係。假如說自性是從眾緣中所得，則意味著自性是被造作出來的東西。這被造作的東西，必須要依因待緣。如果說自性從因緣中出，就顯示自性被造作，這違背了自性的定義。

整首偈頌清楚地表明，在緣起的領域中，是不可能有自性。假若在緣起事物中，固執有自性，這就與自性本身相矛盾。所以說緣起無自性。

一五・二　**性若是作者，云何有此義？性名為無作，不待異法成。**（大三〇・一九c）

本偈頌是承首偈頌而來。上面已說自性非造作，假若說自性被造作，則與自性的定義相矛盾。因為自性本身便能夠將自己的存在性提供出來，不需依其他的條件而存在，故不能說自性被造作。接著，後半頌說自性名為無作，它的存在是不依賴其他條件，是自然的存在。這與現象世界不相合。現象界的東西都是依因待緣，不能離緣起而獨立存在的。

一五・三　**法若無自性，云何有他性？自性於他性，亦名為他性。**（大三〇・二〇a）

本偈頌中說明諸法緣起無自性。這就關聯到兩個相對的概念，即「自性」與「他性」。因緣和合，不可能有自性，因為自性只是我們意識裡的假構物，並不是真正有永恆不變的自性。因此，在緣起現象界，自性是無法成立。同樣道理，他性也不能成立，因為實際上，自性與他性同是一性，只是人們基於不同的觀點與角度而分別命名。他性於他者來說，就是自性。自性與他性的基本性格相同，自性非造作，他性亦如是。

一五・四　**離自性他性，何得更有法？若有自他性，諸法則得成。**（大三〇・二〇a）

上首偈頌是對自他性的否定。但一般人認為，自性不成立，他性不成立，在自性他性以外，可以成立第三性。龍樹為了駁斥這類人的錯誤見解，因此在本偈頌中運用四句否定的方式表達諸法無自性、他性，亦無自他性結合的「共性」。龍樹運用四句否定的方式如下：

（一）自性否定：在眾緣和合的東西中，不能有自性。

（二）他性否定：在眾緣和合的東西中，不能有他性。

（三）共性否定：在眾緣和合的東西中，不能有自性、他性結合的共性。

（四）其他性否定：第四句否定雖然沒有明顯地表達，但透過反問方式來表達。此是意味著在自性、他性，以及自性、他性結合的共性外，不能有「其他性」的存在。

一般人認為，必須依自性、他性、共性才能令諸法成立。龍樹反對此說，他認為在緣起的現象中，不可能以自性、他性或共性為基礎，而成立諸法。如果在緣起諸法中，固執有自、他或共性，只是將緣起世界實體化、自性化。因此，龍樹運用四句否定命題，將自性、他性、共性等一一否定掉。

一五・五 有若不成者，無云何可成？因有有法故，有壞名為無。（大三〇・二〇a）

〈觀有無品〉討論有無的問題，是依於絕對的立場，所謂有是自性有，是絕對有；無是自性無，是一無所有的虛無。但這首偈頌所說的有無是依相對的角度。由於絕對與相對是兩個相反的概念，故整品的有無，與本頌的有無存著不一致性、不調和性。為了釐清這個問題，必須作出一點說明。由於本頌是基於相對的層面言有無，而第十五品本來是基於絕對的層面言有無，這自然產生一種不調和性。我們應將本偈頌的有無超離第十五品的討論規矩，而獨立地加以分析。事實上，從相對層面上說有無，亦有相當價值，而且，這種思考也相當普遍。

現在分析這偈頌。「有若不成者，無云何可成？」這明顯地是運用相對概念來說有無：有對無而說，無對有而立。或者說，有是無的否定，無是有法的破壞，或是有法的消失。現象界的種種法都是相對的有、緣起的有。有法壞滅，便變成無。這便是「因有有法故，有壞名為無」。

一五・六　若人見有無，見自性他性，如是則不見，佛法真實義。（大三〇・二〇a）

上一偈頌將有無的問題超離整品的絕對的有無範疇進行分析。而這首偈頌所言的有無，則回歸到絕對的層面。此中說，有些人基於自性的立場，將有無自性化、實體化。按從自性、他性說有無，可有兩種方式：

（A）有：有之自性；無：無之自性。

（B）有：絕對有，自性有；無：絕對無，虛無。

從A與B兩式而論，所謂有，都是依自性的立場，將有自性化，實體化；所謂無，在兩式中則有差異：A式的無是自性的無，認為存在著無的自性，B式中的無則是虛無，或是一無所有。龍樹認為，這二種有無論都是不正確的，因為事物的有或無，必須依緣起來說，我們不能把事物的存在實在化，視為實有；也不能以為存在著無的自性，或把事物虛無化。如果將事物了解為絕對有，或絕對無，則與現象界的東西的緣起性相矛盾，相抵觸。

如果我們仍然執有自性、他性，把事物說成絕對有，說成絕對無，或說有自性、他性，則表示我們不了解佛法真理。所謂佛法真理，在佛教文獻中說到佛法時，如果沒有特別表明，佛法就等於真理。假若我們依自性的立場，說事物絕對地有，或絕對地無，這就表示我們不了解佛教的真理。因為佛教中所言的真理，是離自性、他性，從緣起立論的。

一五·七　佛能滅有無，於化迦旃延，經中之所說，離有亦離無。（大三〇·二〇b）

上一偈頌是說，如果有人以自性見說有說無，便是不了解緣起的真實義。而這首偈頌則表露佛陀教化迦旃延（Kātyāyana，佛陀十大弟子中，論議第一）以緣起的正見，而離卻有無的邪見。1 不過，漢譯本偈頌有少許問題，梵文較為清楚。下面是梵文偈頌的原義：

根據對迦旃延的教示，佛陀曾批評過以世界為有和以世界為無的兩種邪見。因為這兩種見解同樣地認可我們對緣起的東西的分割性，分割成存在和不存在。2

從梵文中，明顯地涉及佛陀的緣起的思想。通過對迦旃延的教示，佛陀指出，如果把世界說成有，是常見；說成無，則是斷見。常見與斷見都是邪見。因為有無這兩個概念，只是我們思維構造出來，用以表述存在的狀態，我們不應以為世界就是實質地有，或是一無所有。倘若我們堅執著，認為世界的狀態就如我們概念中絕對化的有或無，那就是自性見。佛陀教導迦旃延，表示對現實的世界，必須依緣起的正見去觀察，決不能依自性執，說世間有，或說世間無。所謂「佛能滅有無」，就是說佛陀能教人了知緣起世界，破除有無的自性見。

一五・八　若法實有性，後則不應異，性若有異相，是事終不然。（大三〇・二〇b）

上首偈頌顯示佛陀教誨我們，執著實有實無是自性見。有自性執的眾生，不能了知緣起現象界的性格。這首偈頌對自性作更深一層的解釋。性或自性，是指獨立而不變化的東西，它是不會從有變成無，故曰「若法實有性，後則不應異（無）」。如果說，現象界的一切諸法真正有自性，那應該是常住不變，永恆存在。可是，現象界的種種東西，都是剎那生滅，這就與自性的定義相矛盾。因為自性自身便能夠提供存在性給自己，是恆常不變的，決不能從有的狀態，變成無的狀態，這與現象界諸法的剎那變化的性格殊為不同。

後半偈則提到，若自性從有變成無，這即是「有異相」。異相者，指相狀的變異，或說從有變為無，或說從全部變為部分。就自性來說，這是不可能的，因為自性是獨立而無變化的，故不能說自性有相狀的變異，從有變成無，從整體變成部分。如果有人說，自性有變化，這便與自性的定義相違背，令人無法知解，而在邏輯上也不成立。

---

1. 按佛在教化迦旃延的經典（好像是《阿含經》中的一部）中，已說到佛滅邪見的事，要遠離「有」、「無」的邪見。有是自性有、絕對有；無是虛無。
2. Kenneth K. Inada, *Nāgārjuna: A Translation of his Mūlamadhyamakakārikā*. Tokyo: The Hokuseido Press, 1970, p.99.

一五・九 若法實有性，云何而可異？若法實無性，云何而可異？（大三〇・二〇b）

這首偈頌同樣是針對自性的問題而提出。但本偈是運用兩難（dilemma）的方法去對自性說作出詰難。這裡的有與無是從絕對的層面看。從正面說，倘若諸法實實在在有其自性，怎可能會變異呢？因為自性本質上是常住的，而常住與變異是兩個相違的概念。故此，既是有自性，就必定常住，常住就是不變異。

後半偈頌從反面來詰難。倘若諸法實在為虛無，又怎可能變異呢？若說變異，就意味著存在某些東西，其形態或狀況發生變化。既有某些東西存在，又豈會是虛無呢？所以，虛無就無可變異；若變異就必不是虛無。

龍樹運用兩難的方式，是針對自性見的眾生，因他們將緣起諸法，說成絕對有，或一無所有，因而加以破斥。

一五・一〇 定有則著常，定無則著斷，是故有智者，不應著有無。（大三〇・二〇b）

這首偈頌是討論有無與常斷的關係，從而指出不應執著有或無。這裡依人的兩種見解，對有無作進一步的解釋。前半偈頌指出，一般人從自性的眼光，說事物確實有自性，此是常見；另一方面，虛無主義者以為，事物確實是無，或一無所有，此是斷見。常見與斷見，都是邪見。因邪見故，而落有無二邊。這樣便不能明瞭緣起世界的真相。[3]

後半偈頌是說，有智慧的人，是不執著常見與斷見，不落有邊或無邊的。因為有智者，是依緣起的正見，洞察事物非有非無。非無指事物是緣起；非有指事物無自性。所以，我們應該以緣起正見，還給事物本來的面貌。故必須離開常見與斷見，而依從「中道」之見。所謂中道之見，即是不偏著常見或斷見，不執取有亦不執取無，而依因果正見去了解緣起的世界。

一五・一一 **若法有定性，非無則是常，先有而今無，是則為斷滅。**（大三〇・二〇b）

本偈頌是對上首偈頌作補充，同樣是針對有無與常斷的關係的問題而發。對於本偈頌，漢譯的文字不夠流暢，現參看梵文原義：

> 所謂常住，是指法有實在的自性，不會變成無；所謂斷滅，是指本來有的，現在變成一無所有。4

上面說過，若依自性見，把緣起法說成絕對有或絕對無，會造成常見或斷見。本偈頌再進一步說明何為常住和斷滅。常住是指存在著實在的自性，永恆不變；而斷滅是指從實在地有，變成一無所有。

---

3. 這裡說「定有」與「定無」，其中的「定」，取絕對涵義，也指涉自性。「定有」是絕對地、確定地具有自性。「定無」是絕對地一無所有，不止沒有自性，而且是虛無一片。

4. Kenneth K. Inada, ibid., p.100.

龍樹認為，這樣的實有論及虛無論（以諸法為常住是實有論，以諸法為無有為虛無論），基本上都是以絕對觀點，說事物實實在在地有，或說事物一無所有。這即將緣起世界自性化，或虛無化。龍樹為了破斥眾生的自性錯見，而展示緣起正見，說明現象界的諸法，都是緣生緣滅。緣起是無自性的（非有），無自性卻並非一切皆無（非無）。他認為，只有用這種遮遣的方法，才能顯出緣起世界的真實義。

觀縛解品 第十六

本品題為「觀縛解」，縛解即是束縛和解脫。在開始講本品內容之前，我們需提出一些要注意的地方。佛教的經論，特別在論典方面，固然會帶出很多深刻的義理。但倘若以批判的角度視之，某些論證卻未必一定恰當。以現代眼光來看，經論中某些論證未必有效，另有一些可能不是針對當時的論題提出來的，而只是帶出一些絃外之音。我們要特別留意這些地方，必須用現代眼光，作批判性的理解，不能對經論典籍毫無保留地接受。在研讀本品，或本論某些地方時，會遇到較為棘手的情況，我們需特別留意。當然，大部分偈頌都會帶出深刻的義理。本品的偈頌在敘述上有三種情況：第一種是偈頌本身能有效地帶出深刻的義理，這是正常的情況。第二種是在偈頌的字面上表達了一個意思，但實際上，作者是要帶出另一個更深層的意思。對於這種情況，我們必須特別留意。第三種情況是偈頌所提出的論證本身是無效的。對於以上的情況，我們在研讀時必須小心注意。本論有時會出現一些文字上的偏差，致我們研讀時遭遇一些障礙。所以，我們必須具備對佛教義理的基本認識，以及了解本論中的基本預設，例如緣起和空的義理，才能作有效的疏通與理解。

一六・一　**諸行往來者，常不應往來，**
無常亦不應，眾生亦復然。（大三〇・二〇c）

在解釋這首偈頌之前，我們先要清楚龍樹在這裡先有的假定。他先假定在流轉當中，例如從A流轉（或說轉變）成為B，A、B兩者之間需要有一種連續性（continuity）。即是說，從A流轉成B，一方面當然有變化，但另一方面，A、B之間亦應存在一些相同的因素，即未有變化的因素，才能說A變成了B。這些在流轉當中未有變化的因素就構成了連續性。倘若沒有這連續性，就不能確定地說A變成了B，因為可能A變成了C、D、E或其他東西，而B則是從別的東西變來的。所以，A、B之間必須具有連續性，我們才能說A變成B。

「諸行」是指心念，「往來」即是變化。龍樹指出，倘若諸行是常住的，就不能變化，亦即是不能出現流轉的情況。另一方面，倘若諸行是無常的，亦不能往來。無常就是剎那生滅，即是說，一個念頭生起就馬上滅去，另一個再生起，再滅去。那麼，念頭與念頭之間就不能說有聯繫，亦即是說，前念頭與後念頭之間，沒有一種連續性。沒有這種連續性，我們就不能說一個念頭經過了一些過程，轉變成為下一個念頭。舉例說：

念頭A在第一秒時生起，馬上滅去；
念頭B在第二秒時生起，又馬上滅去；
念頭C在第三秒時生起，又是馬上滅去。

這就是旋生旋滅，即剎那生滅的狀況。一般人以為念頭A轉變成B，再變成C，如此繼續發展下去。龍樹認為，這種理解是錯的。因為A在第一秒這個剎那中生起就立即滅去，到第二秒的剎那，B又生起，立即又滅去。A的滅去與B的生起，沒有一種連帶關係。這樣，A與B之間沒有一種連續性，即是不能說A變成了B。倘若說A生起後，會停留一刻然後變成B，這樣就不是旋生旋滅。所謂旋生旋滅，是生起後立刻滅去，可以說是生起和滅去同時進行。所以，A、B、C之間是沒有連續性的；既無連續性，則不能說A變成了B，B變成了C。一般人或許會提出，A、B、C好像是同一個念頭。例如，我現在想到下課後去玩遊戲機，這個念頭好像是生起後持續著一段時間，亦非立刻滅去的。在感覺上，這念頭好像是持續了一段時間，假設是一分鐘。在這一分鐘裡面，實際已包括了無數個剎那，倘若說念頭是剎那生滅，這種感覺又可以怎樣解釋呢？現試從理性上作出解釋。A、B、C等念頭可以是非常相似的。例如現在生起一個念頭，想著去玩遊戲機，假設這是A念頭，這念頭一生起立刻就滅去。其後B念頭生起，這B念頭可以與A十分相似，生起後又滅去。再到C生起，又滅去。以至一直繼續。A、B、C等念頭可以是幾乎一樣。由於這種相似性，使人以為是同一個念頭持續著，而實際上只是相似的念頭不斷生滅，任何一個念頭都不能持續的。假若要說A、B、C等念頭是同一個念頭，即是要建立A、B、C等之間的同一性，則每個念頭之間就必須具有連續性。現在既然念頭之間沒有連續性，同一性便不能建立。

以上已透露出，種種心念無論是常，或是無常，都是不能往來的。眾生亦是一樣。眾生是依五蘊、十二處、十八界等法數來安立的，無論說是常，或說是無常，眾生的生死流轉都是不能建立的。

現再總結本偈頌。諸行倘若是常的，則不應往來。這點較容易理解，因為常就是不變，而往來則是變。可見常與往來是相對反的，常就不會往來，往來的就必不是常。另一方面，諸行若是無常的，亦不應有往來。這點在表面看來，與常識有所違背。但細心觀察之下，就知道關鍵在於連續性，因為若不具備連續性，就不能說有往來。由於無常法是才生即滅的，故此每一個剎那現起的法都是獨立的，與其他剎那現起的法完全無關，這樣就不可能有連續性。倘若說有連續性，就意味著有某些停住不變的東西，從一個剎那持續到另一個剎那。這個性質就只有自性擁有，但這又與無常性相違。故說，諸行無常亦不應往來。照龍樹的觀點，自性或實體只是我們思維中的構作，是不存在的。他在這裡要透露的意思是：並沒有一個具連續性的實體或生命個體在往來流轉，一切往來流轉只能關聯到無自性的東西。這個意義與原始佛教所說的「諸行無常，諸法無我」一根本義理是相通的，龍樹的思想是緊扣著早期佛教的根本義理的。

一六・二　若眾生往來，陰界諸入中，五種求盡無，誰有往來者？（大三〇・二〇c）

正如以上所講，《中論》裡的偈頌未必每一句都是有效的。倘若我們以信仰的角度觀之，以為龍樹所講的每一句，必定有其深刻意義，而勉強將一些意思安放在他的偈頌中，則未免過當。因為龍樹亦可能會有失誤，在某些地方可能沒有怎樣重要的意思表達，或是論證未必有效。這首偈頌可能就有這種情況在裡頭。

這首偈頌的主旨是這樣，若說有眾生或生命主體、我體來往於五陰、十八界、十二入中，則以「五求門」（五種求）來求取眾生，應是可得的。但事實卻不然，故知沒有眾生在往來。按此中所說的眾生，當是指一具有自性的、連續的生命主體。依龍樹，這種東西是沒有的；眾生雖具有凝聚性，但亦不外是緣生法，沒有常住不變的自性、自體。

至於「五求門」相應於偈中的「五種求盡無」一句，指以五種求法皆不可得之意。這牽涉到《中論》〈觀如來品〉第二十二的一首偈頌：

非陰不離陰，此彼不相在，
如來不有陰，何處有如來？（大三〇・二九c）

按這「五求門」的典故，本來是牽涉如來的性格問題。有人執取如來為實有，外道也說有與神我異名的如來。到底如來是不是如人們所想像的那樣子呢？佛教中人便提出考察的方法，由於如來本來是依五蘊或五陰施設的，因此以五門尋求，這便是「五求門」。結果以五種方式來求如來，都不可得。[1]

本品此偈頌說，倘若說眾生往來於五陰、十二入、十八界等法數之中，則眾生生命必與五陰有某種關係。龍樹認為眾生生命與五陰的關係只能有五種方式，倘若這五種方式都不成立，則眾生生命與五陰的關係便無法建立，那麼，又何來具有生命和自性或實體的眾生往來於五陰之中呢？對於龍樹運用「五求門破」去否定眾生生命與五陰的關係的五種可能方式，可作如下的分析。

（一）非陰。如果說眾生生命是五陰，那就可說五陰等同於眾生生命。可是，五陰有生滅，而眾生生命，就它的凝聚性而言，不能馬上說生滅。因此，我們不能說眾生生命相同於五陰。

（二）非離陰。雖然說生命主體不等於五陰，但也不能離開五陰。因為眾生生命是依五陰而安立的。如果離開了五陰，又怎能安立生命主體呢？假若離五陰說有生命主體，那就是將生命主體自性化、實體化。但從現實而言，生命始終是依五陰而安立。所以我們不能說

1. 關於這點，請參考拙著《佛教思想大辭典》「五求門破」條（臺灣商務印書館，一九九二，一一三頁）。

眾生生命離五陰。

（三）眾生生命不在五陰內。這連同下一點是說眾生生命不在五陰內，五陰亦不是內在於生命中（這便是「此彼不相在」）。如果說生命主體內在於五陰，就會引伸出矛盾，或在思想上產生困難。因為，說生命內在於五陰，就等於承認生命為能在，五陰為所在。這樣安排生命與五陰的關係，即是將兩者看成別體，而有著能在與所在的關係。然而，五陰有生滅性，而生命依其凝聚性，不能馬上說生滅。因此，我們無法這樣地建立兩者的能在與所在的關係，即是不能說眾生生命在五陰內。

（四）五陰不在眾生中。這剛好與第三種情況相反，是說五陰不能內在於生命中。如說五陰在眾生中，其困難是與上一種相類似的。即不能產生能在與所在的關係。所以說五陰不在生命中。

（五）五陰不屬於生命主體。這相應於「如來不有陰」。如果說生命主體擁有五陰，這方式就等同於人擁有物件一樣。這同樣構成別體，出現能所關係的困難，其情況與上面兩點一樣。

龍樹透過五求門破去否定眾生生命與五陰的關係，指出若從自性角度看，眾生生命與五陰之間，完全不能建立關係。由此否定具有自性的生命主體往來於五陰的可能性。

我們若檢討五求門破這樣的論證，可發覺到這論證的效力並不很大，但從中可明顯見到龍樹的意向，他是要設法證明生命主體的常住性和連續性都是無法建立的。他運用五求門破去否定常住的生命主體與五陰的一切聯繫方式。他的結論是，生命主體並非常住的。龍樹在這裡的意向是明顯的，但所用的方法卻效力不大，這種五求門破的論證方式，應用在此情況是否適當，實在有待商榷。

無論龍樹所用的方法如何，他在這裡要表達的意思，毫無疑問就是生命主體終究是生滅的性格。通常人都以為有一個常住的、有連續性的生命主體在身體內，以為生命可以從此時延續到彼時，而沒有產生變化。龍樹針對這種誤解，指出當中矛盾的地方，就是常住的生命主體根本不能與五陰身產生任何關係。由此而推出，依五陰而安立的生命主體並非常住的，而是生滅性格的。龍樹這種觀點，與原始佛教的基本義理是一致的。他在本偈頌中只是提出了一套論證方法，將問題複雜化。

一六・三　若從身至身，往來即無身，若其無有身，則無有往來。（大三〇・二〇c）

現先略釋此偈頌的大意，往後再研究其涵義。這是說輪迴的問題。假設A是前一時間的生命軀體；B是後一時間的生命軀體。根據佛教輪迴的學說，人本身有一個業的身體，生命本身就是業的積聚。這些業是人過去所作的行為的總結。人過去所作的一切都不會消失，會以業的形式存留著。即是說，業的累積成為人的自我。我們可粗略地將業的累積類比為人的靈魂，以方便了解，但絕非說兩者是等同的。一般所理解的靈魂是不滅的、不變的，而佛教所講的業的累積是不斷地生滅變化的，新的業不斷加上去，舊的業的性質亦隨時變化。這個業的累積在佛教中稱為「中陰身」或「中有」（antarā-bhava）。在輪迴學說中，由前一時間的五陰身或生命軀體過渡到後一時間的生命軀體的過程中，中有占著重要位置。照佛教所講，人生長到某一程度，身體就會開始壞滅。肉身會死去，但業的累積，即中有，卻不會壞滅。中有會暫時離開死去的肉身，在空間中飄蕩。但中有不會永遠如此飄蕩，在一段時間後，中有會投向新的肉身，受胎而生。中有經過這歷程，從軀體A過渡到軀體B。龍樹在本偈頌指出，中有由A過渡到B是沒有連續性的。他這個觀點是較為獨特的。一般來說，這中有從A過渡到B是有連續性的。因為中有本身是業的累積，業本身是不會消失的，它能夠以中陰身的形式，從一個軀體，過渡到另一個軀體。所以，這中陰身或中有應該是有連續性的。但龍樹是從另一角度看，說沒有連續性，他是就物理的身體而說的。由於A與B是兩個分離的軀體，A總是在前一時間，B總是在較後時間，A不會停留著等待B，而B亦永不會追上A，兩者是永不會碰上的。就這點看，龍樹認為A、B之間是沒有連續性的。

龍樹的意思是，前一A或五陰身在前，前不到後；後一B或五陰身在後，後不及前。中間的中陰身如何聯繫呢？前一五陰身滅去，後一五陰身承接。但滅去的不復現，承接的還未來，中間不是有一間隔麼？中陰身如何能連接呢？中陰身不是五陰身，它是「無身」的，沒有物理的軀體。若這中陰身是無身，我們如何說它往來呢？龍樹的意思是，在前五陰身與後五陰身間不能有實在的連續性可言，中陰身不能是這一連續性，因它無實在的軀體。若由這實在的軀體說自性，則中陰身並無自性的連續性。故生死流轉缺乏前後五陰身的相續。既然沒有這種相續性，生死流轉自身亦不能成立。既然不能成立生死流轉，或生死流轉的自性，則解脫還滅也不能說，即自性的解脫還滅不能說。

很明顯，龍樹要否定的，是從自性說的生死流轉與解脫還滅。但這種否定，是以中陰身不具有自性的軀體為前提的。亦即是以自性與軀體的關聯性為前提的。但問題是，自性不必與軀體關聯起來，因軀體是沒有自性的。即是說，自性與軀體的關聯不能作前提看。因此，我們便不能以這前提不成立，而說生死流轉與解脫還滅沒有連結性，而不能成立。故龍樹這偈頌的論證是無效的。

龍樹在本偈頌所用的文字略嫌簡單，若不清楚本偈頌的思想背景，實在難以了解其中的意思，所以我們用了較長的篇幅來解釋。

一六・四　諸行若滅者，是事終不然，
眾生若滅者，是事亦不然。（大三〇・二一a）

此偈頌講出諸行和眾生都是不能滅的。這裡的「滅」，並非指現象上的生滅，而是指涅槃還滅，是另一層次的滅，是解脫的層次。若以現象的生滅這個意義去理解本偈頌中的滅，是無法通達龍樹的意思的。諸行和眾生是不斷生滅的，豈可說不能滅？所以，這裡的滅是指寂滅。何以諸行和眾生不能達到寂滅呢？若以緣起的角度看，諸行和眾生都是可以達到涅槃境界的。龍樹在本偈頌所說的是以自性的立場而言，以諸行和眾生都不能達到涅槃境界。諸行和眾生的流轉往來，都是如幻如化的，當中沒有一種流轉的實在性，或自性可得。若無流轉，則無從說寂滅，因為寂滅是相對著流轉而言的。龍樹在本偈頌中，是要破除一種自性的涅槃觀點，指出只有基於緣起的立場，諸行和眾生才能達到涅槃的寂滅境界。

一六・五　諸行生滅相，不縛亦不解，
眾生如先說，不縛亦不解。（大三〇・二一a）

表面看來，本偈頌的意義較難理解。束縛與解脫是相對的概念，諸行和眾生若非在束縛的狀態，則必定在解脫的狀態，何以說諸行和眾生，不縛亦不解呢？按照一般的理解，這是不可能的。對於本偈頌，我們必須作深入的反省。諸行，即種種心念，是不斷生滅的，它們本身有一種內在的力量令它們如此，其他的力量是不能阻礙它們的生滅的。就著這點來說，諸行是中性的，沒有所謂束縛。而解脫是就著束縛而言的，由束縛中得到釋放就謂之解脫。既然根本上沒有束縛，就無可說解脫。所以，這裡說諸行不縛亦不解。這是本偈頌前半部的意思。「眾生如先說，不縛亦不解，」這裡的「先說」應是指第三首偈頌。該處已指出，眾生生命主體都是無往來的，無往來就不能說還滅（往來是受著生死流轉所束縛，還滅就是解脫），所以眾生同樣是不縛亦不解的。

若再深入研究，可發現本偈頌包含另一個意思。束縛與解脫是相對的，這樣的解脫只是相對性的解脫。我們應追求的並非這種相對的解脫，而是一種絕對的解脫。絕對的解脫是從相對性中超越出來才能成就的一種境界。這種境界是在精神上達到自由自在，對於世界採取不著不捨的態度。這種對於世界的不著不捨的態度，正是般若典籍所經常提到的。所謂「不著」，就是不受世界所約束；「不捨」，就是不從世界中脫離。不著不捨透顯出一種在世間上任運自在的活動狀況，這就是真正的解脫。在這裡，我們可將解脫分成兩個層次：一個是相對的解脫；另一個是絕對的解脫。相對層次的解脫是對應於束縛而言的，即是不受世間事物的束縛。這種解脫傾向於偏離世間，在強調不受世間事物的束縛時，會發展為完全離棄世間種種事物，成為一種消極、虛無主義的態度。絕對層次的解脫，則是超越於束縛與解脫的相對性。相對性的束縛是為「著」；相對性的解脫是為「捨」。這種絕對的解脫，是超越於相對的束縛和相對的解脫，即是超越於著和捨，以至發展為不著不捨。這個意義沒有在本偈頌中明顯表示出來，它是要經過深入研究才能發現到的。由此意義可見得到，龍樹所嚮往的是一種超越於相對性，達到絕對的解脫。這境界是一方面不取著世間法，另一方面亦不捨離世間法，這正是般若思想中不著不捨的態度。

在思想史上，龍樹的思想是從般若思想開展出來的，故兩者的關係非常密切。就這個背景來看，我們這樣發揮本偈頌的意義是恰當的。再者，一種相對性的解脫，會引向離棄世間的態度，這只落入小乘佛教的路向；而將本偈頌的意義引伸至絕對的解脫，對世間採取不著不捨的態度，這樣就切合大乘佛教的精神。可見，這樣地引伸本偈頌的意義是恰當的。以上這種發揮是非常重要的，因為可以將龍樹的思想進行追溯，上接到般若思想，甚至是原始佛教的中道思想。[2]

一六・六　若身名為縛，有身則不縛，無身亦不縛，於何而有縛？（大三〇・二一a）

若說縛，必須要有能縛及所縛兩者結合在一起，才能成為束縛。假設五陰身本身是能縛，若眾生生命只有五陰身，則不成束縛，因為五陰身不可能束縛自己，一個五陰身不能同時成為能縛及所縛。相反地，若眾生生命沒有五陰身，則無身來作束縛，故亦沒有束縛。這偈頌的意思相當簡單明顯，亦不見得還有其他深層意義藏著。

一六・七　若可縛先縛，則應縛可縛，而先實無縛，餘如去來答。（大三〇・二一a）

---

2. 原始佛教有中道思想，它是指從超越相對的兩邊而發展出來，而達致絕對的境地的那種思想。原始佛教的文獻如《阿含經》常說到如來離於兩邊，說於中道，便是透露這種思想。

這偈頌牽涉到上面所說的A和B，即一前一後的兩個五陰身。就前後的五陰身來說束縛，應有一個能縛的五陰身，束縛一個所縛的五陰身。但正如前面所說，A、B是前後分離的，沒有碰頭的機會。既無碰頭的機會，就不能說一個五陰身束縛另一個五陰身。「若可縛先縛，則應縛可縛」意思是若將前後的五陰身分為能縛及所縛（可縛），則能縛應該束縛所縛。但要說A束縛B，或是B束縛A，就必需讓A、B有碰頭的機會。現在兩者一前一後，全無接觸，不可能構成束縛，故說「而先實無縛」。

龍樹在本偈頌要帶出的意思是：若從自性的角度看，每件事物都是各自獨立的，完全沒有接觸的機會，這樣，事物之間就不可能發生任何關係，不管是束縛也好，甚麼東西也好。若說事物之間發生某種關係，就必定要從緣起的觀點說，因為緣起的事物才能與其他事物有接觸，有接觸才能產生關係。本偈頌說明了必須以緣起的觀點看事物，才能談論事物之間的任何關係。

本偈頌最後一句「餘如去來答」的意思是將前面〈觀去來品〉的一首偈頌套用到束縛這個問題上。該偈頌是本論第二品的第一首偈頌：

已去無有去，未去亦無去，
離已去未去，去時亦無去。（大三〇．三c）

將此偈頌套入束縛的題材，就成為如下的偈頌：

已縛無有縛，未縛亦無縛，
離已縛未縛，縛時亦無縛。

〈觀去來品〉的第一首偈頌本身具有豐富涵義，可參考我們對該品的闡釋，這裡不再贅述。但將該偈頌套入束縛的題材，卻是不能理解的。例如第一句的「已縛」，意思是前五陰身束縛後五陰身。但上文已多番指出，前後兩個五陰身沒有碰頭機會，不可能產生束縛的情況。由此可見，龍樹如此套用〈觀去來品〉該首偈頌去處理束縛的問題是有錯失的。

一六・八 縛者無有解，無縛亦無解，縛時有解者，縛解則一時。（大三〇・二一b）

龍樹在這裡將關於束縛的情況分為三種，這三種亦即是束縛的三個時態：第一是已縛；第二是未縛；第三是縛時。他指出，在這三種情況下，解脫都是不可得的。本偈頌的字面意思相當簡單。在已縛的情況下，束縛已成為過去，而解脫是相對著束縛而言的，既然再無束縛，則不能說解脫。在第二種情況，未有束縛，亦不會有解脫。第三種情況是正在束縛當中，龍樹認為亦不能有解脫。因為，倘若束縛時有解脫，則縛和解就是同時進行。然而，這是不可能的，束縛和解脫是相違背的，豈能同時一齊發生？

對於本偈頌，我們須從簡單的字面意思，去尋找背後隱藏的意義。龍樹認為束縛本身是緣起的，是由多種因素結合而產生，所以是無自性的。倘若束縛是有自性的，則永遠也是束縛，不可能改變的，這樣，就無可能解脫。所以，我們不能以自性的眼光看束縛，否則就無法建立解脫。龍樹在這裡是要指出，束縛實際上只是一種緣起的現象，亦只有以緣起的觀點看，束縛才可能被解決，而成為解脫。

一六・九　若不受諸法，我當得涅槃，若人如是者，還為受所縛。（大三〇・二一b）

現先就字面作解釋。本偈頌是承接著上一首偈頌的。假定有人質疑龍樹在上首偈頌的意思，而認為倘若不執受諸法的實在性，只是努力追求證取諸法的真空無性，就應該能夠進入涅槃。龍樹會回答：如果有人這樣想，則這些人還是有所束縛。因為他們錯誤地以為透過刻意的追求，就可以找到涅槃的境界。他們這種想法，是傾向於將涅槃對象化、客觀化，把它看成是一種外在於生死領域的東西，要透過向外尋索才能獲得的。龍樹認為，持這種涅槃觀念的人，仍然是受著束縛的，他們仍是受著要去攫取涅槃境界這個意願所束縛。即是說，他們仍然受到被視為客觀對象的涅槃所束縛。照龍樹的想法，涅槃並不是被人去領受的外在對象，並不是客觀存在的東西；而是人在主觀方面，透過修行，在內心體會到的一種境界。偈頌說「若人如是者，還為受所縛」，就是指出，將涅槃視為所追求的對象的人，仍是執著於要領受涅槃，還是被這種意願所束縛著。

一六・一〇　不離於生死，而別有涅槃，實相義如是，云何有分別？（大三〇・二一b）

此偈頌是對涅槃的證得作出總結。剛才已提到，涅槃並不是一種客觀的、外在的東西。這裡再指出，涅槃並不是遠離生死界的另外一種境界。當我們對於生死界作出深沉的、本質的觀照，從中領悟到生死界是空的，而不生任何取著，我們當下就能體證涅槃。所以說，涅槃並不是外在於生死界的東西，而是我們在對於生死界的空的本質有所覺悟時，所體驗到的境界。我們並不能離開生死界而另外建立涅槃。涅槃並不同於淨土宗所說的淨土。淨土是遠離娑婆世界的一個清淨、無雜染的境界。這個淨土世界仍然是物質性的，它不是從現實世界中轉出，而是在這現實世界以外的另一種世界。但涅槃並不是脫離這現實世界，存在於別處的東西，它本身就是由現實世界轉出來的境界。涅槃並不是物質性的世界，而是人的一種精神境界。人在這個生死世界中修行，在精神上滲透到生死世界的本質層面，徹底地了解到生死世界的本性是空的，亦不再執著這世界的任何事物，在這種情況下，人的內心就會開拓出涅槃境界。龍樹說「不離於生死，而別有涅槃」，正確地，而且扼要地指出何處去實現涅槃境界，就是要「不離於生死」，即是不能對現實世界採取一種捨離的態度，而遠離它，往別處去找尋涅槃，卻是當下於現實世界中體證涅槃。

若將本偈頌的意思套入束縛和解脫的問題上，則所帶出的消息是，如果我們能在束縛當中，覺悟到此束縛本身便是空無自性，則當下就能得到解脫。而不需要遠離束縛，往別處去另尋解脫。例如，人在社會之中，往往受到社會上的價值觀念所束縛，在很多事情上都不由自主，被社會的價值觀所牽引、纏擾著。但是，當人覺悟到這些束縛都是不實在的、無自性的，他當下就能擺脫這些束縛。當人從束縛中解放出來，同時間就獲得解脫，而感到自由自在。並不是要離開這個社會，跑到渺無人跡的地方去尋求解脫。龍樹認為，採取這種消極的、逃避的方式，並不能真正了達涅槃的真正意義，也不能真正通達涅槃。

觀業品 第十七

「業」是在佛教中相當流行的概念。有關這概念的討論更不單止限於佛教，早在佛教以前，婆羅門教已經有討論業的問題，可見這個主題並非是佛教所創始的。但在這方面的理論發展上，以佛教最突出，它吸收了其他學派和教派關於業的理論，再行精鍊以及作進一步的發展。在佛教當中，各學派對這問題討論得很複雜，各方面的意見相當分歧，他們各自有對業力（karma）不同的理解。然而，在基本上，各佛教派別仍然有共通的地方。他們都承認依業感果而受報這個因果相續的見解。所謂依業感果而受報，意思是由業力召感結果，而這結果對於承受者來說，就是報應。由於果和報的密切關係，所以，兩者往往是連在一起來說的。報可分為兩種：一是樂報；另一是苦報。由於果報是由業力所召感，所以，業的性質就決定了果報的種類。善業召感樂報；惡業召感苦報。業與報之間有著一種聯繫，同時亦存在著一種因果相續性：業為因，報為果。

大體上，佛教各學派都承認由業力召感果報，以及業與報之間有著因果相續性。然而，在較微細的問題上，例如：業力以何種形式存在，以及業力是否具有自性等等，各學派間是存在著歧見的。龍樹透過本品去批評其他學派在這些問題上的差謬見解，同時提出自己的觀點。他在這裡所提出的，就是一種性空的業力說，即是將業力的本質說成是空的。他這套性空的業力說，主要是針對當時最流行的一種見解而發，該種見解將業力關聯到自性方面，認為業力是具有自性的。這種見解是基於業力的相續性而建立的。他們以為業力具有相續性，而此種相續性是由自性所支持的，由此推出業力具有自性。這些學派基於這種相續性的見解，而對業力產生常見。龍樹認為，這種見解是一種邪見。此外，有一種見解以為業力是瞬間消失的，這種見解又形成一種斷見。龍樹認為，這種斷見，亦是邪見，需要加以駁斥。龍樹在本品提出性空業力說，目的就是要駁斥對於業力的常見和斷見，在駁斥當中，顯示出業力是緣起的、性空的。在早期佛教，釋迦牟尼的教法基本上就是持這種性空業力說的。所以，龍樹其實是繼承了早期佛教對於業力的見解。

現在先講第二首偈頌，至於第一首偈頌將放在第十一首偈頌後，這樣的安排較方便講述。

一七・二 大聖說二業，思與從思生，是業別相中，種種分別說。（大三〇・二一c）

此偈頌及下面幾首偈頌，是龍樹提出來批評說一切有部（Sarvāstivādin，有部）對業力的錯誤見解。這裡先引述有部的見解，他們根據自己對佛法的理解，將業分為兩種：一種是思業；另一種是從思心所而生的業。思業是思心所的活動所積習的。所謂心所（caitta），是由「心」所帶引出來的心理狀態，而思（cetanā）就是心所的一種，亦即是一種心理狀態。所以，思業就是「思」這種心理狀態的活動所積習的一種力量。思業又稱為意業；意（manas）是指意識，是在心識系統中，負責進行思考的部分。所以，思業亦等於意識所作的業。意識是可以發起活動的，活動有兩種：一種是言語；另一種是身體的動作。這些活動會積習成業，言語的活動積習成語業；身體的動作積成身業。從思心所而生的業，就是指這些由意識所發動，而做出的言語和動作所積習成的業。「是業別相中，種種分別說」意思是：業是這樣地區別為意業、語業和身業的。

一七．三　佛所說思者，所謂意業是，所從思生者，即是身口業。（大三〇．二一c）

此偈頌相等於剛才所解釋的：上首偈頌中的思，是指意業；從思生，是指身業和口業（語業）。意業是內在的作用，從表面上是不能觀察的；身業和口業則關聯到外在的動作，在外表上可以觀察得到。按照以上的區分，業可分為兩種，以至三種，如下表：

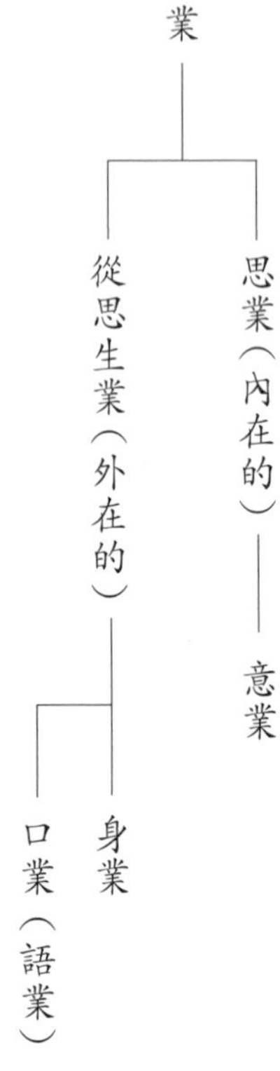

- 業
  - 思業（內在的）——意業
  - 從思生業（外在的）
    - 身業
    - 口業（語業）

一七．四　身業及口業，作與無作業，如是四事中，亦善亦不善。（大三〇．二一c）

身業和口業各自可分為作業與無作業，這樣就開為四種，稱為「四事」。此四事中，每種都包括有善的和不善的業。作業是明顯地做作、有顯著效應的身、口活動所積習的業，這些業的性質較為明顯。例如毆打別人和罵別人，這些活動所積習的業顯然是不善的；而攙扶老人，安慰別人等活動，所積習的業則明顯是善的。無作業是經常不自覺地進行的、而且是較平靜、沒有顯著效應的身、口活動所積習的業，這種業的性質並不顯著。例如：睡眠、呼吸、靜坐等。區分作業與無作業並不重要，但另一方面，善業與不善業的劃分就較為重要。善業會召感樂報，而不善業會召感苦報，這些未來果報的性質可作為人們作業的指引。

一七・五　從用生福德，罪生亦如是，及思為七法，能了諸業相。（大三〇・二一c）

此偈頌的前兩句較容易解釋，但後兩句若單從漢譯文字去解釋，卻難以暢通。現先看前兩句。「從用生福德」意思是業所產生的效應，是由受用者方面去決定的，若所作的業令受用者產生安樂舒適的感受，則此業就產生福德。「罪生亦如是」是說罪咎的產生亦是這樣的，若業的受用者因此業而感受痛苦、不安，則此業就產生罪咎。例如我們布施一些錢財給病人，若該人因這些錢財而得到醫治，則我們的布施就產生福德；倘若該人運用這些金錢去買刀殺人，則我們的布施就引來罪惡。所以，業所產生的效應是福還是罪，需要看受用者如何去處理有關的事物。

本偈頌的後兩句需參考梵文原本才能解釋，現將梵文原句意譯如下：

> 言語、動作、不可言詮的不捨、另一種被視為不可言詮的不捨、德性的要素、與玩樂相連的非德性的要素，加上思想，這七種法都能生起諸業。[1]

1. Kenneth K. Inada, *Nāgārjuna: A Translation of his Mūlamadhyamakakārikā*. Tokyo: The Hokuseido Press, 1970, pp.106-107.

這裡提出七種活動，其中的「不可言詮的不捨」是指內心對某些事物的執取，而不能以言語去表達的，這種執取是人本身在意識上察覺到的，但是無法表達出來。「另一種被視為不可言詮的不捨」亦是人內心對某些事物的執取，但這種執取是人本身在意識上亦不察覺到的，而是存在於人的下意識之中，亦是不可能用言語表達出來的。「德性的要素」是令人的言語行為關聯到德性方面的一些基本因素。「與玩樂相連的非德性的要素」是令人的言語行為關聯到玩樂方面的基本因素，而這些因素是非德性的。這裡所提到的七種事物，都能引生種種業。以上七種事情，實際上已包含了人所有的內在及外在的活動。這是有部的看法。有部的這種見解是佛教各學派都普遍地承認的。但龍樹仍然要作出批評，他要透過批評去強調業本身並非是實有的。

在本品中，他對其他學派所作的批評，並非完全是合理的，有部分被他批評的學派，根本不是如他所指的那樣。但從他的批評當中可以了解到，他對於將業自性化，或傾向於自性化的見解，都是非常敏感的。龍樹三番四次極力提出批評，反對實體化或自性化的見解，就是要提出警告，以確保其他人不會走上實體化或自性化的道路。所以，凡是遇到稍有自性化的傾向，或是可能會令人誤解，而走向自性化見解的學說，龍樹都要猛烈批評。可是，正因為他這種態度，令他所作出的批評有部分是不適當的。

一七・六 業住至受報，是業即為常，若滅即無業，云何生果報？（大三〇・二二a）

龍樹認為，有部傾向於將業自性化，以自性的角度看，業若不是常，就必是無常。常即是不變的；而無常就是會斷滅的。龍樹認為業不可能是常，亦不可能是無常，而是非常非無常。他在這裡想帶出的，就是業的連續性的問題。一般佛教文獻都是採取業具有連續性的見解，龍樹所要針對的，是把業說成是常住的或是無常的那些人。認為業是常住的人以為業是恆常地存在，它的影響力會不斷地維持著，以至於受報的階段。這種見解，會令人傾向於產生對業的常見。龍樹認為，業力的持久性未至於達到常的程度。另一類人則以為，業產生後會立刻消失，甚至在業力感果之前已經斷滅。這種無常的見解，亦是龍樹所否定的。他認為業與果是相續的，兩者之間有一種連續性。

為什麼對業採取常見是不正確的呢？假若業是常住的，則業力會不斷發揮，不斷感果，果報會重複地一次又一次出現，這與實際情況是不符合的，所以業的常見是不正確的。另一方面，業的斷見又何以不正確呢？倘若業是立刻斷滅的，則果報無法召感，這也是不合乎事實的。所以，龍樹對業採取非常非斷的理解方式。他的這種見解，亦是正宗佛教學派所普遍認同的。龍樹在本偈頌中的目的，就是要批評對業存有常見或斷見的學派，指出他們的見解的弱點。

一七・七　如芽等相續，皆從種子生，從是而生果，離種無相續。（大三〇・二二a）

本偈頌將業力感果比喻為植物生長過程的相續性，由種子生芽，以至長成結果。倘若沒有種子，則沒有這種相續性的發展。這是本偈頌的表面意思。實際上，此偈頌是要引出譬喻論者的見解。所謂譬喻論者，是一個學派，他們喜歡運用譬喻來表達出自己的理論。他們認為，業的性格是相續的，是不常不斷的，我們應透過業果相續的眼光去理解。他們運用植物生長為譬喻去解釋這種情況。植物從種子開始，發芽，生根，長莖，以至開花結果，這就是一種相續的過程。當植物發芽後，種子就會消失，即是以種子的形態去發揮影響力的階段已完畢。隨後以芽的形態去發揮影響力，接著生根，長莖後，芽又消失。此植物再以新的形態發揮力量，如此一直相續下去。而這個相續過程是以種子為開始的，所以可說是由種子引伸出以後的所有的相續過程。譬喻論者就用種子來代表業，以為業的影響力就如種子般相續地發展下去。植物生長的相續過程不能離開種子，而引生果報的過程亦同樣是不能離開業。植物的形態在生長過程中不斷改變，業在引生果報的過程中亦同樣是不斷變化；植物生長的各階段都是相連續的，就如業力召感果報的過程是相連續的一般。譬喻論者便是這樣運用植物生長來表達出業果相續的見解，這種見解實際上與龍樹的觀點相當吻合。然而，龍樹仍然以批評的眼光對待這種見解，原因就是，他恐怕這種見解會引伸出對業的自性見，使人誤以為業在相續的過程中，有某些東西一直存留著，常住不變，因而形成一種常見。

一七・八

從種有相續，從相續有果，
先種後有果，不斷亦不常。（大三〇・二二a）

此偈頌繼續引用種子的譬喻去闡明業的性格。植物從種子開始，經過發芽、長莖、開花，以至結果，經歷著一個相續的過程。從種子到結果這過程，是不斷亦不常的。何以說是不斷呢？雖然種子在發芽後已經消失，但以後整個的生長過程，都是由種子的影響力所導致。由於這種影響力在整個生長過程中不斷發揮，所以這個過程是連續的，因此說是不斷。另一方面，又何以說是不常呢？種子在發芽後馬上就消失，它本身不會以種子這個形態持續地存留下去，以後的芽、莖、花等，都是次第地生起然後失去其主導地位。就著這點而言，整個生長過程是不常的。由種子這方面的性格，可引伸至業的問題上。從業開始，到引生出果報，就正如植物生長，同樣是不斷亦不常的。業的影響力在整個過程中是持續著的，所以是不斷。但業本身不會維持著同一個形態至生果，故是不常。龍樹認為，只有用「不斷」、「不斷亦不常」，才能最適當地形容業在這方面的性格。但他又恐怕人們會過分地強調種子的「不斷」這種性格，而將種子的連續性關聯到自性的性質，再進一步以自性的角度去理解這種連續性，因而陷入常住的錯誤見解。所以，他以批判的態度去對待這種見解，告誡人們切勿將這種連續性關聯到自性方面去，而只能以緣起的眼光去看這連續性。

一七·九 如是從初心，心法相續生，從是而有果，離心無相續。（大三〇·二二a）

此偈頌仍然是引用譬喻論者的學說，以種子發展至生果的過程來帶出業力感果的見解。這裡承接前兩首偈頌對連續性（即相續性）的討論，作進一步的分析。正如上文所說，業可分為身、口、意三類，而意業是相對地較根本的業，因為身、口二業皆由意所發動，所以這裡集中在意業方面作討論，從而概括各種業在連續性方面的性質。現在所討論的相續過程從心開始，「初」意思是初始，「心」是指意識（mano-vijñāna）。「心法」即是心所法（citta-saṃprayukta-saṃskāra），是從「心」所生起的種種心理狀態。意識作出了思業後，業力就伴隨著心所法相續地流轉，直至適當時機，即眾緣和合的情況下，就會產生果報。意業與果報的相續性，就是藉著心所法的相續生起所形成的，心所法是從心生起的，所以說「離心無相續」。

譬喻論者以種子來比喻業，種子與果實間的相續性，就是透過發芽、長莖、開花等現象相續地生起而形成的，由此帶出，業與果報間的相續，是由「心」所生起的種種心理狀態所建立的。

本偈頌基本上是對前兩首偈頌所討論的相續性問題作出補充，本身沒有獨立地帶出其他意義。

一七．一〇　從心有相續，從相續有果，先業後有果，不斷亦不常。（大三〇．二二a）

此偈頌總結譬喻論者在相續問題上的討論。業力隨著心而相續地流轉，由於這種力量能夠相續不斷，所以最終能夠召感果報。整個過程都是由業的力量所引發的。龍樹在這裡所要強調的一點，就是這個過程的「不斷亦不常」的性格。由於業的影響力在整個相續過程中，不斷地發揮著，所以是「不斷」的；但在過程中，業不會保持著同一狀態，而是相續地生起種種現象，所以是「不常」。由於自性的本質是恆常不變的，與相續的性格相似，龍樹恐怕其他人會將這種相續性關聯到自性方面，於是三番四次地強調「不斷亦不常」，以求杜絕產生自性見解的可能性。

一七．一一　能成福德者，是十白業道，二世五欲樂，即是白業報。（大三〇．二二a）

業的性質有善有惡，而能夠成就福德果報的，是包含十種清淨素質的業，此十種清淨素質即所謂「十白業道」。十白業道包括：（一）不殺生，（二）不偷盜，（三）不邪淫，（四）不妄語，（五）不兩舌，（六）不惡口，（七）不綺語，（八）不貪，（九）不瞋，（十）不邪見。一切能夠稱為善業的，都必須包含以上十種素質。

「二世」指今世和未來世，「五欲樂」是色、聲、香、味、觸五方面的福樂。這些福樂都是「白業」的果報。這裡的「白業」是指善業，即是完滿包含十種清淨素質（十白業道）的業。

一七・一一 人能降伏心，利益於眾生，是名為慈善，二世果報種。（大三〇・二一b）

人的內心充滿著貪、瞋、癡等種種煩惱，人如果能夠修習十白業道，降伏自己的心念，壓制著種種煩惱，使不起現行，就不單只有利於自己，使內心得到安寧，同時亦利益他人。因為人能遠惡行善，一方面不會傷害別人，另一方面更能鼓勵別人積集善業，使眾生步向解脫。這種自利利他的精神，就是大乘菩薩所提倡的。所以，降伏內心的煩惱，積集善業，必定能成為今世和來世善樂果報的種子。以上是論述十白業道的問題，是佛教的一般說法，不獨譬喻論者為然。

一七・一二 若如汝分別，其過則甚多，是故汝所說，於義則不然。（大三〇・二二b）

龍樹在此偈頌中指摘譬喻論者的見解有很多過失，他認為這種見解會導致對自性的執著，形成常見和斷見。龍樹在偈頌中，沒有直接指出譬喻論者的見解何以有那麼多的過失，現引用青目的注釋。青目說：

復次從穀子有芽等相續者，為滅已相續？為不滅相續？若穀子滅已相續者，則為無因；若

穀子不滅而相續者，從是穀子常生諸穀，若如是者，一穀子則生一切世間穀。是事不然，是故業果報相續則不然。（大三〇・二二b）

青目的注釋運用了雙邊否定的方式，對譬喻論者所說的種芽相續的見解加以詰難。他指出，倘若說穀子已滅才生芽，則芽就是無因生，這是不可能的，這種見解犯了斷滅的過失。倘若說穀子未滅而生芽，則穀子就有常住性，有這種常住性就應能不斷地生芽，這樣，一粒穀子就能生出世間所有穀子，這亦與事實不符。由此可見，譬喻論者的見解，若非斷見，就是常見。這兩種見解都是由於以自性角度去理解事物而導致的，同樣都是不符合事實的。所以，譬喻論者以種子生長來譬喻業果相續，是不能表達出業果相續的真正情況的。龍樹認為，只有從緣起的觀點看，才能真正表示出業果相續的模樣。

一七・一三　今當復更說，順業果報義，諸佛辟支佛，賢聖所稱歎。（大三〇・二二b）

龍樹在上一首偈頌批評了譬喻論者以種子來比喻業力相續的過失，現再引述正量部（Sautrāntika）學者的見解。正量部亦認為譬喻論者的比喻不恰當，故此，他們要提出自己的一套業力理論。正量部學者認為，自己的一套業論是順著業力感果的基本原則而建立的，是諸佛、菩薩、辟支佛、聲聞等所共同稱許的。

一七．一四　不失法如券，業如負財物，此性則無記，分別有四種。（大三〇．二一b）

正量部在這裡提出「不失法」。不失法即是業在感果之前，其感果的力量是永不會消失的，這是根據「業力不失」的思想而來。不失法就好像債券一般，作為一種紀錄。債券是用來紀錄所欠的財物，以便將來進行追討；而不失法是紀錄著曾經作下的業，作為將來召感相應果報的記認。「業如負財物」之中的「業」應是指由業所召感的果報，「負財物」即是所欠的財物。業力將來要召感的果報，是由不失法所紀錄，到適當時候就會按著這紀錄，召感相應的果報。這些未來的果報，就好比所欠的財物，用債券紀錄著，將來會按著這些紀錄去討回財物。這些不失法本身只是作為一種紀錄，無所謂善或惡，所以是無記（中性）的。善或惡是決定於業的性質，無論業的性質以及所要召感的果報的性質是善或惡，或是無記，不失法作為一種過渡期的中介，都只是如實地紀錄著。它潛藏著生起果報的力量，在生起果報之前，無所謂善或惡，故沒有善或惡的標記（即無記）。

不失法共可分為四種，其中三種關聯到三界，即欲界、色界，以及無色界。另一種是關聯到「無漏白淨」，即是超越三界的一種覺悟境界。欲界就是欲望的境界；色界是指物質境界；無色界是超越了欲界和色界，而生死輪迴仍然在其中運作的一種境界。這三界都是在輪迴的領域之內。而無漏白淨是不受以上三界所繫，離開生死輪迴，但又未到完全清淨程度的一種境界；這種境界提供機緣，使人傾向於無漏清淨性。不失法運作於以上四種境界中，故分為四種，但同樣都是無記的。

一七・一五　見諦所不斷，但思惟所斷，以是不失法，諸業有果報。（大三〇・二二b）

此偈頌仍然是討論不失法的問題。佛教學說中有兩種斷法，即見所斷、修所斷的分別。見所斷的全稱是見道所斷，「見」指見四諦之理（四諦是苦、集、滅、道），即是能體會四諦之理。透過此體會而能斷除煩惱，就是見所斷。修所斷即修道所斷，指在修道的階位中斷除煩惱。「修」是指修習禪定（samādhi，音譯三昧）。禪定是一種集中意志的修習方法。人在日常的情況中，心念的生起是相當複雜的，在意識當中，不斷生起各種念頭，令到人的心識系統相當雜亂。修習禪定就是要令心識淨化。在這種修習過程中能夠斷除某些煩惱，這就謂之修所斷。在見所斷中，所斷除的是見惑；在修所斷中，所斷除的是思惑。見惑是從形體上而來的煩惱，是較為表面的煩惱；思惑是從思維而來的煩惱，是較為抽象的、內在的煩惱。人在見所斷和修所斷兩種實踐中，能破除種種煩惱。

偈頌說「見諦所不斷，但思惟所斷」，意思是說，這種不失法在見諦中，是不能斷除的。即是說，見所斷亦不能斷除這些不失法，而是要在較深層次的修所斷中，才能將之斷除。由此可見，這些不失法並非屬於見惑，而是屬於思惑。佛教的修行者，即使達到了見道的階段，即是能體會苦、集、滅、道四諦的階段，仍然有不失法的存在。他們必須要達到修所斷的階段，才能斷除不失法。

「以是不失法，諸業有果報」是就著前一個階段，即見所斷的階段而言的。由於在這階段中，仍然未能斷除不失法，故此，所作的業仍然是會召感果報的。

一七．一六　若見諦所斷，而業至相似，則得破業等，如是之過咎。（大三〇．二二b）

此偈頌的意思是：如果我們以為不失法在見諦中已被斷除，而且所作的業仍然能引來相似的果報，這樣，我們就干犯了兩重過失。首先，不失法屬於思惑，在見諦中是不斷除的；其次，倘若不失法已斷除，則業力再也不能召感果報，否則就破壞了業力感果的基本規律。不失法是業與果的中介，業以不失法來潛藏力量，到適當時機就引生果報。倘若不失法被斷除，即是這股潛藏力量已消失，以業力感果的基本規律來說，則不可能再引生果報。

一七．一七　一切諸行業，相似不相似，一界初受身，爾時報獨生。（大三〇．二二b）

「諸行」是指種種心理活動，這些心理活動所構成的業就是所謂「諸行業」。「相似不相似」是就這些業在各方面的性質而言，例如在德性方面，善業與善業相似，惡業與惡業相似，而善業與惡業則不相似。「界」（dhātu）是指「六道」（天、人、阿修羅、地獄、餓鬼、畜牲）的領域。整首偈頌的意思是：所有由諸行構成的業聚集在一起，無論它們在各方面的性質是否相似，當這個生命體在某一界受胎而生時，則只有屬於該界域的業才能生起果報。舉例說：一個生命受胎生成人，這個生命體的業當中，只有屬於人趣的，才能生起果報。雖然所有屬於其他界域的業都同時聚集在一起，但由於不屬人趣，所以都不能生起果報，無論這些業與人趣業在德性或其他方面是否相似。

此偈頌的梵文原本比起以上的漢譯本，在表達方面，更為清晰，現將梵文本翻譯如下：

> 當所有相似及不相似的業在某一存在界域中聚集在一起，則只有一種不消滅的連續的活動生起。2

這裡更清楚地指出，當一個生命體受胎而生於某一個界域中時，所有相似及不相似的業都聚集在該界域裡，但只有與該界域相應的，並且不會在生命期轉換的過程中消滅的業，才能生起連續的活動。正量部以為，當一個主體在結束一期生命時，原有的業（以不失法的形式存留著）當中，較薄弱的將會隨著一期生命結束而消失，只有較濃厚的業才能過渡到另一期生命，影響該新生命的活動。

正量部這種見解，能夠解釋何以在人趣中，不會有畜牲趣或餓鬼趣等等的業生起活動，雖然同一個生命體可能包含了每一界域的業。但這種見解亦不是完全正確的，龍樹將在下文中批評這種見解。

一七・一八　如是二種業，現世受果報，或言受報已，而業猶故在。（大三〇・二二c）

這裡仍然是正量部的見解。接著上一首偈頌所說，那些相似和不相似的業，就是這樣地在現世生命中召感果報。而正量部中一個派別更認為業力在召感果報後，仍然是繼續存留的。在這種理解中，業力感果就包含了兩重意義：第一是業力發揮作用，召感果報；第二是這些果報本身又含藏著

---

2. Kenneth K. Inada, ibid., p. 108.

原先的業力，以致果報生起後，原先的業力仍然存留，待將來再生果報。這過程如下圖所示：

業力 → 果報（含藏原先的業力）〔一重〕
↓
業力 → 果報 ……〔二重〕

第一重是業力生果報，第二重是果報又積習業力。如此，則業力會繼續存留，不斷產生果報。

一七．一九　若度果已滅，若死已而滅，於是中分別，有漏及無漏。（大三〇．二二c）

照以上所說，業力會不斷存留下去，那麼，到何時才能消滅呢？正量部認為在兩種情況下，業力會消滅。第一種情況是「度果」。度果是精神境界的提升，在提升至較高層次時，下層的相應的業就會消失。例如，當一個生命經過修持，從初果升進二果，則相應於初果境界的業就會消失。如此繼續升進，更多的業將消失，直至完全解脫。第二個情況是一期生命的結束。正如上文第十七首偈頌所言，正量部認為，當一期生命結束時，原先的不失法之中，一些較為薄弱的就會消失，只有較濃厚的不失法才能存留，過渡至另一期生命中，再發揮影響力。

正量部又認為，從不失法的消滅方式，可以分別出哪些不失法是屬於有漏或是無漏。所謂有漏，是指該等業是有煩惱的，會阻礙該生命升進解脫的境界的；無漏即是沒有煩惱，不會成為解脫障礙的。他們認為無漏業只能在度果中消滅，而只有已經滅盡有漏業的聖者，才能在度果中，將剩餘的無漏業滅除。所以，在度果中滅除的是無漏業。而一切凡夫所具備的有漏業只有在死亡時才會消失，在死亡當中，只能消除有漏業，卻不能使無漏業滅去。所以，以業力滅除的方式，可分別出所滅除的業屬於有漏或是無漏。

龍樹反對正量部這種見解。他認為，倘若業力在度果中消滅，或是隨著每期生命結束而消滅，都會令到業力失去了連續性。沒有了連續性，則作業招果的基本因果規律便不能建立。這是偏向於斷見的理解，是不正確的。另一方面，正量部又以為業力在召感果報後，仍然繼續存留，而且重複地引生果報。龍樹認為這樣是傾向於業力常住的見解，亦是錯誤的。

一七・二〇 **雖空亦不斷，雖有亦不常，業果報不失，是名佛所說。**（大三〇・二二c）

龍樹闡釋了正量部的業論後，以此偈頌作為總結。他提出一套見解去批評正量部對業的存在性的理解。他指出，按照諸佛所說，業果相續必須以不失法作為中介。不失法是依業而存在的，故此沒有自性，無自性則是空。不失法雖然是空，但並非一無所有，而是緣起的，有連續性的，所以說「雖空亦不斷」。另一方面，不失法在現實的世界中發揮其作用，能發揮作用的必然是有。但不失法並非常住不變的，故此是「雖有亦不常」。不失法紀錄著所作過的業，將來要引生相應的果報。由於不失法相續不斷，直至生起果報，所以能確保作業招果的基本規律。龍樹總結不失法的性格，可簡單地表示如下表：

不失法（性空）——┬——非常住不變——相續——不常——┬——緣起
　　　　　　　　　└——非一無所有——能感果報——不斷——┘

不失法無自性，所以是性空。它具備兩種特性：不常和不斷，只有通過緣起，才能理解不常和不斷的性格。這就是龍樹的緣起性空的業論。3

一七・二一　諸業本不生，以無定性故，諸業亦不滅，以其不生故。（大三〇・二二c—二三a）

龍樹抨擊過譬喻論者和正量部的業論的錯誤觀點後，便逐步闡述他的性空業論。龍樹認為，諸業是由心的活動，以及由此引發的種種言語、動作所積習成的。業既然是由其他事物所構成，那樣，就不能說業具有獨立的自性。所以，業的形成，並不是一種具自性的生。「諸業本不生」當中的生，是就著自性的生而言，由於諸業沒有固定的自性，所以沒有自性的生。

無生又焉能滅？既然知道諸業本來就沒有自性的生，由於沒有生，所以亦無可滅。龍樹所說，諸業不生不滅，是就著自性而言的。他反對以自性觀點去理解業的生滅。他認為，倘若業具有自性的生，則會形成一種恆常不變的業，業能生果報，果報亦應會不斷地重複生起，這樣是與實際的情況不符的。更進一步，若以為業有自性的斷滅，其本身就是一種矛盾。因為具自性就必定是恆常不變的，恆常不變的事物又豈能斷滅呢？況且，業若斷滅，豈非破壞了因果相續的規律麼？所以，總結來說，以為業有自性的生和滅，都會陷入常見和斷見的邪惑中，只有以緣起性空，才能真正代表業的性格。

3. 顯然龍樹在這一總結的偈頌中，重在不失法的空的性格上。即是說，不失法可保證業果聯繫的關係，但它不是具有自性的常住不變的東西。

正由於業果相續的現象都是沒有自性的，沒有自性就是不實在，所以，這些現象都是如幻如化的。

一七．二二 若業有性者，是則名為常，不作亦名業，常則不可作。（大三〇．二三a）

自性的本質是常住不變的，具常住性的事物必定是本來就存在。因為若非如此，這事物必然經過從無至有的階段，從無至有就是一種變化，亦即違反了常住的本質。倘若業具有自性，則是常住不變的。這樣說，業就是不被製作而本來就有的，因為常住的東西不可能是被製作的。

龍樹在上文已否定了業具有自性。在這裡，他再反覆申論，假設業是具有自性的，在這樣的假設之下，情況又會怎樣呢？

一七．二三 若有不作業，不作而有罪，不斷於梵行，而有不淨過。（大三〇．二三a）

倘若有不必被製作而成的業，倘若不需造作，便能得業，則不必作惡事，亦可有罪了。這樣，即使不斷除清淨的修行，繼續清淨的修行，也沒有用了，這樣仍會有不淨的行為生起。

一七．二四 是則破一切，世間語言法，作罪及作福，亦無有差別。（大三〇．二三a）

這裡承接上文提出的假設：倘若沒有作出某種業，亦會受該等果報。龍樹在此回應：這樣就會破壞一切世間的語言法則，甚至乎，因果法則也不能成立。[4]在這種情況下，未有作惡，卻招得罪業；未有作福，卻得福德。如此，則作惡與作福也沒有分別了。龍樹在這裡是運用反面詰難的方式，指出倘若如第廿三首偈頌所言，不作惡而有罪，作福亦未必有善報，則世間一切言說法則，以至我們一向所理解的因果法則，全都不能成立。由此而指出，以上這種論點是錯誤的。

一七・二五　若言業決定，而自有性者，受於果報已，而應更復受。（大三〇・二三a）

所謂「若言業決定，而自有性者」是說，假若我們以為業是確實地具有自性的。這表示業能恆久長存，不會消失，則業力仍會不斷發揮，以致果報一次又一次地出現，而永無窮盡。即是說，倘若業有自性，不消失，就不單只召感一次果報，而是無窮無盡地召感多次果報。這種情況，與業的運作方式是不相應的。因為，實際上，業力召感的果報只會發生一次。由於業力作為原因，能召感相應的果報。當果報發生後，業力已發揮了其作用，就會消失。但是，自性是不會消失的，所以若說業有自性，即是說業力感果後仍然存在，如此，就會不斷地感果，以至同樣的果報不斷地發生。這種情況，是大家都不認同的。龍樹就是利用這樣的方式，使到認為業有自性的論者，犯上無窮果報的過失，從而否定業具有自性的論點。

龍樹這種論證方式是較為奇特的。他的目標是要論證業是無自性的，但他沒有利用各種各樣的

4. 就語言的運用言，我們說要有製作，才能有業形成；先作惡，才會有罪形成。

證據去作出證明，反而先假定業是有自性的，然後指出這樣的假定會引伸各種困難，最後才歸結到必須取消「業有自性」這樣的假定，才能避免這些困難。既然說必須取消業有自性此一假定，即是要接受業無自性的論點。這樣，龍樹就達到了他的論證目的。

一七．二六　若諸世間業，從於煩惱生，是煩惱非實，業當何有實？（大三〇．二三a）

他說，若果世間的業是由煩惱而生的，那麼，既然煩惱本身都並非實在的，由煩惱所生的業又怎會是實在的呢？舉例說，人的三種基本煩惱（貪、瞋、癡）之中的瞋，會令我們內心產生一種怨恨的衝動，由此而引發出傷害他人的行為，形成惡業。煩惱本身是一種心念，照龍樹所講，煩惱是空無自性的，由此種空無自性的怨恨的心念所引發出的罪惡行為，當然亦是不可能有自性的。

本品從頭至今，都是要強調一點，就是業本身是無自性的、空的。即使我們從業當中，可以發現一種延續性，這種延續性亦是不能與自性掛鈎的。龍樹如此強調業的空性，就是要防止一般人將業的延續性關聯到自性方面去，而產生錯誤的見解。由於他恐怕一般人很容易產生延續性與自性間的聯想，所以不得不如此提防。

一七．二七　諸煩惱及業，是說身因緣，煩惱諸業空，何況於諸身？（大三〇．二三a－b）

此偈頌指出，各種各樣的煩惱及業，是根身的因。現在知道煩惱與業皆是空，根身既然是他們的果，當然亦是空的。

現再將第二十六、二十七兩首偈頌合起來理解。這兩首偈頌都是以煩惱皆非實、無自性，作為前題，推導出其所產生出來的業，以及業所感得的根身都是非實的、無自性的。

一七・二八

無明之所蔽，愛結之所縛，而於本作者，不即亦不異。（大三〇・二三b）

此偈頌比較曲折。龍樹在此擬設一個反對論者提出的論點來作討論。這反對論者基本上是一個有我論者，有我論是認為人的生命中有一個「我」存在。由無明和愛結的影響而生起一個受者，這個受者就是接受這種無明和愛結的一個主體，這個主體就是有我論者所說的我。一般佛教學者都贊同，無明（avidyā）是煩惱的根源。而愛結即是由「渴愛」（tṛṣṇā）所構成的一種纏擾，是無明的一種具體表現。所謂渴愛，即是對事物的一種盲目的癡戀、執著和趨赴。渴愛是有多種的，由各種各樣的渴愛總合而成的就是愛結。所謂無明，意義較為抽象，指一種沒有路向、黑暗、昏沉和渾沌的狀態。無明的其中一方面表現，對事物盲目癡戀執著，就是愛結。我們可以透過愛結去了解無明的這方面。有我論者認為，由於無明及愛結的緣故而生起一個受者去承受這些無明和愛結。

這裡產生作者與受者的關係問題。作者是指帶來無明和愛結的主體；受者就是承受這些無明和愛結的煩惱的身體。這身體由此而感到不舒適，受困擾。這裡提出，作者與受者有著「不即亦不異」的關係。所謂不即不異，或不一不異，即是又不能是同一，又不能是相別異的關係。如果兩者是同一的東西，則兩者的主客關係就無法建立。作者相對於受者，應該是主的角色；反過來，受者相對於作者，就是客的角色。若作者與受者是同一，這樣的關係是不可能的，故曰「不一」。另一方面，若兩者是絕對不同的，則作者與受者的關係就無法建立。這樣與實際的情況又不吻合，因為實際的情況是無明和愛結的作者將這些煩惱帶引給受者，令受者招致種種困惑果報。作者是帶引無明和愛結種種煩惱的，而受者是承受這些煩惱的。若兩者絕對不同，則這種作與受、主與客的關係就不會出現。所以，說作者與受者相異，亦是不可行的，這就是「不異」的意思。龍樹在這裡要論證出，若依有我論者的觀點，以自性的角度看，則不能建立作者與受者、主與客的關係。只有排除自性見，透過無自性的角度看，才能建立作者與受者的主客關係。

龍樹在這裡的一番討論，實際是要應用在業的問題上。對於業的問題，同樣是不能透過自性的眼光去處理。業在人的生命中產生作用，引來果報，從以上討論的結果看，業與果報之間亦有一種非一非異的關係。業代入為作者，果報代入為受者，則業與果報的關係不能說是一，亦不能說是異。這裡的一和異，都是以自性的角度來看。前面的偈頌已指出，業是不可能有自性的。如今，業是因，果報是果，由無自性的因所引伸出的果自然是不可能有自性的。

一七·二九　業不從緣生，不從非緣生，是故則無有，能起於業者。（大三〇·二三b）

有我論者以自性的角度去理解業，而龍樹則以空的角度去作理解。龍樹提到，業的生起，不外乎兩種方式：一是緣生，二是非緣生。現先討論非緣生。所謂非緣生，即是說無需原因便能生起，這樣明顯是違背了因果法則。所以，說業是非緣生，必定錯誤。現再討論緣生。緣生有三個方式：

一是自生，二是他生，三是共生。在上面第一品中已指出，以自性的立場來說自生、他生、共生都是不可能的。有興趣的讀者可參考該部分，這裡不多贅述。

龍樹在本偈頌中否定業從緣生的可能性，是就自性的生起而言。他要強調的是自性的自生、自性的他生、自性的共生，都是不可能的。所謂自性的生起，就是作為具有自性的東西而生起。既然自性的生起不可能，即表示業的生起，是一種無自性的生起。

下半首偈頌進一步提到，能夠生起具有自性的業的作者，是找不到的。我們能找到的，只是無自性的業，而生起業的作者，亦是無自性的。龍樹在這裡，基本上是要破自性的業和破自性的作者。本論至此，已可明顯看出龍樹的基本立場，是要破自性的預設。

一七・三〇 無業無作者，何有業生果？若其無有果，何有受果者？（大三〇・二三b）

龍樹在此偈頌中，更加明白地顯出破自性的立場。他說「無業無作者」，即是說具自性的業，和具自性的作者都找不到。既然找不到以自性角度來說的業和作者，自然就沒有具自性的「業生果」這樣的活動，當然亦沒有具自性的果。既然沒有具自性的果，自然也沒有具自性的受果者。

龍樹所用的推論方式是從業開始，指出從自性的角度看的業，是沒有的，由此推出與業有主客關係、因果關係等的東西，包括業的作者、業生果的活動、業所生的果以及受果者，都是沒有的。這裡所說的「沒有」，並非指完全沒有，只是從自性來說，這一切都沒有。倘若從緣起的角度看，則這一切都有。

一七・三一 **如世尊神通，所作變化人，如是變化人，復變作化人。**（大三〇・二三b）

前面的偈頌已說明作者、業、果報、受者等，都是無自性的，都是緣起幻化的。這些事物，就其緣起幻化這方面來說，就正像如來以其神通所變現的變化人一般，是如幻如化的。

一七・三二 **如初變化人，是名為作者，變化人所作，是則名為業。**（大三〇・二三b－c）

作者和業，都像變化人一樣，是如幻如化的，都是無自性的。起初的變化人，由於他會再變現出變化人，故稱之為作者。由變化人再變出的變化人，就相當於業，因為是被作出的。無論是作者，或是所作的業，都是與變化人的性質相同，是如幻如化、無自性可得的。

一七・三三 **諸煩惱及業，作者及果報，皆如幻如夢，如炎亦如響。**（大三〇・二三c）

此偈頌總結全品。這裡說出各種煩惱及業、作者及果報等，都是空無實性的，都是如幻如夢、如炎如響的。幻和夢都是不實在的，而炎即是陽燄，是在沙漠中出現的幻像，響是指回聲。這些都是虛幻不實的東西。煩惱、業、作者及果報等，就像這些事物一般，都是無自性、不實在的。這就是龍樹對本品的一個總結。

觀法品 第十八

本品稱為「觀法品」，對這名稱需要加以解釋一下。漢譯這名稱的意思是對現實種種存在的觀照。但在梵文原典和藏文翻譯中所定的名稱都是不同的。藏文譯本所用的名稱翻成漢文是「對於自我和存在要素的審察」，這題目的範圍包括對自我和種種存在要素的觀照，較漢譯的題目——「觀法」的範圍確定。梵文原本方面所用的題目是「ātma-parīkṣā」，譯成漢文是「對於自我的審察」。ātma 解作自我，parīkṣā 意思是觀察。可見梵文原本較著重於自我的問題，與兩種翻譯所標的題目都不同。

本品的內容相當豐富，其中以討論自我問題為主，亦兼涉及法與種種東西的討論，以至處理到實相（即真理）以及解脫的問題。所以，以上三個版本的題目都未能充分反映本品的內容。若將三個題目綜合，就會更加恰當。本品內容雖然廣泛，但仍然有一個中心，就是以自我為重點的討論。事實上，對自我的問題比起種種法等問題的討論都較為重要，應該予以優先處理。在佛法中，經常強調的是「我法二空」，當中「我空」的問題是較重要的，通常是先處理我空的問題，然後再及於法空的問題。我法二空的意思，與原始佛教的「三法印」中的「諸行無常」、「諸法無我」是相通的。本品是承接原始佛教的三法印中前二法印的義理，再進一步發展。

現在再解釋一下 ātma 這一概念。ātma 本身並非源自原始佛教，在比佛教更早期的婆羅門教之中，ātma已經是一個重要的哲學題材。當時的人認為，人的生命中有一個「我」或小我存在，這個我是常住不變的，這個存在於人的、主觀方面的我就是ātma。另外，在客觀方面，以至整個宇宙方面，有一個大我，稱為「梵」（Brahman）。小我與大我是相對應的，而且，婆羅門教認為兩者在內容上是相通的。所謂內容上相通，是指所有個別的小我，都是分享自一個大我的，所有小我的質素都是來自大我的。他們對解脫的觀念是從我與梵之間的關係來說的。他們認為，若小我能從種種染污之中解放出來，而回歸到梵，這就是解脫。小我本身是來自梵，但小我在其個別的環境中，遭受到種種染污因素所薰蓋，因此，人就產生種種煩惱。人若能從污染之中解放出來，令到我的心靈與梵契合，淨化心靈，這就謂之解脫。這是婆羅門教的解脫觀念。另一方面，他們所說的我和梵都是實體性的、有自性的，這正是佛教強烈反對的思想。

佛教不單是反對這自性的、實體性的我，同時亦反對幾個與我有關聯的概念：一個是「我所有性」（ātmīya），即是指事物是屬於我的，為我所擁有的這種性格，這是直接由「我」所引導出的概念；第二個是「自我同一意識」（mama）；第三個是「自我所有意識」（ahaṃkāra）。人們或許會問，這樣，豈不是說佛教當中沒有「我」這個主體？事實上，佛教只是反對具自性的、實體的我，卻承認在緣起立場所講的我，這個我稱為「假名我」。假名我是沒有自性的，它是在生命流轉的歷程中，依據身心和合而存在的（身是指肉體，心是指心靈）。在我們生命流轉的過程中，身和心都各自活動，在肉體和心靈的交互作用中，出現身心和合的情況。佛教將這種身心交互作用的結果假名之為「我」，即是以「我」一概念指述身心和合的情態。明顯可見，此種我的性格是緣起的。身心即是指五蘊（五陰），色是身，受、想、行、識指心。假名我與五蘊的關係是怎樣呢？佛教認為，假名我不能離開五蘊而獨立存在，但又不能等同於五蘊本身。兩者的關係，在本品中將會討論。

對於佛教所講的假名我，若以較寬鬆的眼光看，可以類比作「靈魂的主體」。但這靈魂與一般所理解的靈魂不同，一般認為靈魂是不滅的、不變的，而佛教所講的靈魂是隨時變化的。唯識家所講的阿賴耶識就是一種假名我，寬鬆地可稱為靈魂的主體，它是不斷變化的，其中的種子不斷生滅，種子的性質亦不斷改變。所以，我們可以說佛教亦有靈魂的觀念，但與一般所理解的靈魂有分別。[1]

以上介紹過本品的思想背景，現在可開始逐一解釋本品的偈頌。

一八・一　**若我是五陰，我即為生滅，若我異五陰，則非五陰相。**（大三〇・二三c）

龍樹在此運用了兩難的方式進行討論。他指出，若我與五陰相同，則會有困難；若我與五陰不同，亦會出現困難。他認為，若人以為有一個常住的自我，則說我與五陰是同或是異，都會有困難。但這是以自性立場來說的。以自性立場說同一和別異的情況，在觀因緣品已解釋過，現再簡略一提。以自性立場說同一，就是完全地相同，沒有任何分別；以自性立場說別異，就是完全地不同，無任何相同的地方。因為自性的特性是整一、不可分割的。若以自性的角度說A、B相同，兩者關係就

1. 關於靈魂的問題，必須小心判別開來。佛教反對有常住不變的靈魂或自我，原始佛教已說「無我」，便很明顯表示這點。但它有業力相續的說法，上一個生命體的業力，可以通過中陰身或中有的方式，過渡到下一個生命體，再度展開它的生命活動。這可以說是一種自我的變形。在唯識學派，有第七識執取第八識的種子為自我的說法，這自我要到轉依或轉識成智的階段才能化除。這亦是一種自我。這些說法的自我，都可以寬鬆地視作靈魂看。

如下圖：

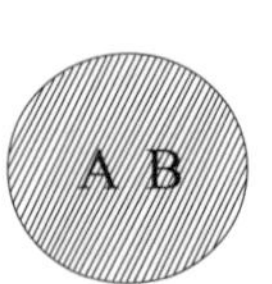

A、B兩者是完全重疊的，完全沒有不同的地方。由於以自性來說，A、B都是整一不可分割的，故此A不可能部分與B相同，部分與B不同。

若以自性立場說A、B相異，兩者的關係則如下圖：

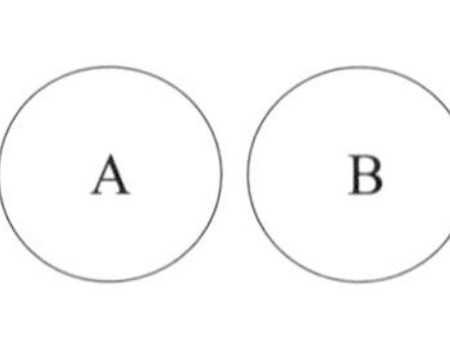

A、B是完全分離的，兩者無任何部分相同。基於自性的整一性，A不能分割成一部分與B不同，另一部分與B相同，而B亦是一樣。所以，以A、B有自性的立場來說兩者相同或相異，就會如以上兩圖的情況，相同就完全重疊，相異就完全分離。

倘若以緣起的觀點看，則可出現第三種關係，如下圖：

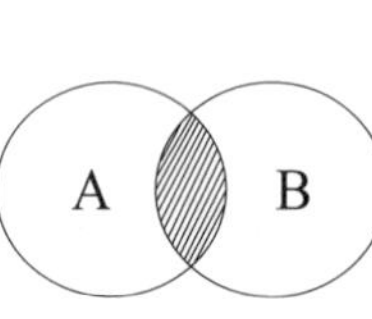

A、B可以是有同有異。因為緣起的東西是變化的、可分割的，A可分割成兩部分，一部分與B相同，另一部分與B不同；B亦如是。同時亦由於可變化和可分割，緣起的東西不會是完全相同或完全不同的。所以，以緣起的觀點看，兩樣東西不可能絕對相同，亦不可能完全別異。

龍樹在偈頌中指出，若自我與五陰是完全相同，則自我就當如五陰一般，是有生滅的。這樣就與常識認為自我具常住性產生矛盾。倘若要建立自我具有自性的論點，是會遇上這樣的困難的。另一方面，若說自我與五陰完全不同，亦會產生困難，因為五陰是剎那滅、變化無常的，與此相異的東西就應是常住不變的。但以佛教觀點看，任何東西都不可能是常住的，自我亦一樣不能常住。所以，說自我與五陰完全不同亦會產生困難。基於自我具有自性的假設，說自我與五陰相同，或說自我與五陰相異，都不能成立。所以，我們可以作出結論，自我具有自性的假設是不能成立的。

龍樹運用此兩難的方法，將自我的自性見破除，即否定了具有常住性的自我。其實，自我與身心五陰可以建立亦相同、亦相異的關係，但並非以自性的角度去建立，而是以緣起的角度建立。以緣起角度看，事物是可以分割的，如下圖：

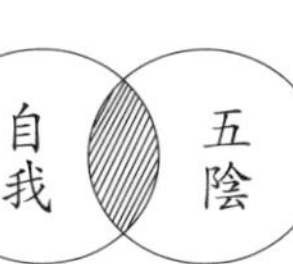

空白部分表示自我與五陰相異，而斜線部分則表示自我與五陰相同。龍樹對自我的考察，得出了結論，就是我們應以緣起的眼光去看，而不能用自性的眼光去看。用緣起的眼光去看，自我與五陰可以建立亦同亦異的關係。當然，對五陰本身亦不應用自性眼光去看，而應用緣起眼光去看。

在本偈頌中，龍樹建立了自我主體即假名我的緣起性格。反過來說，這即是排斥自我的自性性格。

一八．二　**若無有我者，何得有我所？**
滅我我所故，名得無我智。（大三〇．二三c）

此偈頌的漢譯文字與梵文原本有出入。現先就漢譯文字解釋。本偈頌說「若無有我者，何得有我所？」其中的我是就自性立場來說。這裡說，若果我們無法建立常住不變的我，則以自性立場來說的「我所」亦不能建立。所謂我所，意思是我所有，即自我對事物的擁有。「滅我我所故，名得無我智，」這裡說，如果我們能夠滅去自我及我所的自性的執著，就能得到一種「無我智」。所謂無我智，指一種智慧，可以觀照到自我本身，洞悉自我是無自性的。但這個無我智只出現在鳩摩羅什的漢譯本，而梵文原本是沒有此名相的。

現就梵文原本，將此偈頌翻譯成漢文：

> 沒有自我，怎會有自我的所有呢？自我與自己的所有若消滅，人便也沒有自我意識，也沒有所有意識了。2

上文第一句與漢譯本的上半偈頌的意思相同。第二句說「自我與自己的所有若消滅」，這仍然與漢譯的「滅我我所故」的意思一樣，但最後說「人便也沒有自我意識，也沒有所有意識了」，這便與漢譯本不同。梵文本最後這句表達出一種無我以及無我所的意識，即是不會對自我的自性和我所的自性起執著。這裡所表達的只是一種遮遣、否定的態度，表達出無我與無我所的自性的意識，但並沒有正面地提出有一種智，或一種超越的主體。可見梵文本是較為有保留的，它只是要摒除對自我和我所的自性的執著，但沒有進一步建立一種「無我智」這樣的超越的智慧或主體。

漢譯本強調一種無我智，可見此版本要較為積極地去建立一超越的主體，在這方面看，漢譯本是較為進取的。這樣的情況可能是受了中國佛學影響所致。鳩摩羅什翻譯《中論》時，一些中國僧人，例如竺道生、僧肇等，是從旁協助的，這些中國僧人或許會對羅什的翻譯有所影響。在義理方面，印度的中觀學派一直沒有積極地強調一種超越主體，而中國佛學是較著重這方面的，例如強調佛性。所以，無我智的提出，是較為偏近於中國佛學思想的。基於這點，我們可推測無我智何以在《中論》出現，或許是由僧肇等中國僧人潤飾所致。但到底實際情況是否這樣，已經無法證實。從事實來看，梵文原本絕無意去提出一種智，而在漢譯本中，無我智的提出是相當突出的。這點是梵漢兩版本的明顯而重要的分別，我們必須加以注意。

一八．三　得無我智者，是則名實觀，得無我智者，是人為希有。（大三〇．二三c）

這偈頌是接著第二偈頌的，文字上的意思是說，得到無我智的人，是能夠觀照真實、照見空理的，這樣的人是十分稀有的。若將這漢譯本與梵文本對照，就可明顯見到它是非常強調一種智慧，或是一超越的主體，而梵文本則完全沒有這意思。此點可反映出印度佛教與中國佛教一個重要的分別。印度佛教特別是中觀學一直迴避這種超越主體的意識，而中國佛教就較積極地去建立這種意識。以下是從梵文本翻譯出本偈頌的意思：

離「自我意識」、「自我所有意識」的人，亦是不存在的。那些人以為「離自我意識與所

2. Louis de la Vallée Poussin, ed., *Mūlamadhyamakakārikās de Nāgārjuna avec la Prasannapadā Commentaire de Candrakīrti.* Bibliotheca Buddhica, No. IV, St. Petersbourg, 1903-13, pp.345-347.

有意識的人是有的」，那些人便未見（真實）。3

這梵文本要否定有人能遠離自我意識、自我所有意識，並指出，以為真正有這種人的，是未見真實。由此可見，梵文本由頭到尾都未有提及所謂無我智。但漢譯本卻三番四次提出無我智，這反映出中國佛教是積極地去證立這種超越主體的，而印度佛教在這方面則是退避的、保留的。它並沒有提到無我智的攫取。在中國佛學，這種超越主體的思想，與佛性的思想有著密切關聯，兩者都是確立人具有成佛的能力的思想。

由以上的討論可以了解到何以《中論》完全沒有提到佛性的問題。因為龍樹在當時並不著意去強調超越主體的問題，他所表達的態度都是較退隱的，只說到人可以擺脫自我意識和我所意識這一步，並沒有積極地提倡能夠消滅自我意識、我所意識的超越主體，更沒有強調佛性。整本《中論》（梵文原本）都沒有有關超越主體或佛性的字眼。這種情況不單是翻譯上的問題，更是牽涉到早期中觀學的思想模式，和在處理超越主體的問題時所採取的態度。龍樹是傾向於一種保守的方式，破除執著，但迴避積極地能夠照見中道的一種能力。這是早期中觀學的一個思想特色，我們透過梵、漢版本的對比，就可明顯見到。

一八·四 內外我我所，盡滅無有故，
諸受即為滅，受滅則身滅。（大三〇·二三c）

「內外我我所」中的我指自我，我所指自我所有的東西。自我是內在的，而我所有的東西是外在的。整句是指對於內在的自我與外在的我所有的東西的意識。「盡滅無有故」意思是完全滅去自我意識與自我所有的東西的意識。「諸受即為滅」意思是不再有對於自我與我所的執取。倘若沒有對於某種東西的意識，則不會執著該種東西，因為意識是先於執取的。一般來說，我們都是先有某東西的意識，才會對之進行追逐、執取；沒有意識到的東西，不可能成為執取的對象。既然已滅去對於自我與我所的意識，自然就不可能執取自我與我所。這裡的「諸受」特別是指接受胎生的意識。「受滅則身滅」是說，當滅去了接受有胎生的意識，則對於由受胎而產生的身體的意識亦會隨之而消滅。這種消滅了對於身體的意識的狀態，就是佛教所講的最高境界，即是寂滅的境界。這裡所描述的，就是人得到覺悟，不再執取生命軀體，達致涅槃的境界。

本偈頌基本上是依照原始佛教的義理而說，不見得有龍樹自己特別要表達的意思，並不如前面的三首偈頌般義理深刻，蘊含著對於超越主體的獨特見解。

一八・五　**業煩惱滅故，名之為解脫，業煩惱非實，入空戲論滅。**（大三〇・二三c）

本偈頌是正面地提到解脫的問題，說出在怎樣的狀態下才得到解脫。「業煩惱」指由造業而引致的煩惱。這裡指出，要滅除這種由造業而產生的煩惱，才能得到解脫。這是龍樹對於解脫的先決條件的一種觀念。而龍樹以外某些佛教學派卻認為，即使保留某些煩惱，仍然可以得到解脫。例如

3. Louis de la Vallée Poussin, ed., ibid, p.348.

淨土宗所說的「帶業往生」。龍樹對於解脫的見解，在這裡是非常明顯的。下半偈頌說「業煩惱非實，入空戲論滅」，這裡說到一切業煩惱都是非實在的、無自性的，當人進入空的境界，則一切戲論都會滅去。戲論是指文字遊戲、概念遊戲的工夫，這些工夫對於修行是沒有作用的。人往往會執著文字上或概念上的工夫，以為對應於這些文字、概念，會有一些實在的東西，因而去追逐這些實在的東西，由此產生煩惱。業煩惱就是由戲論而來的染污的東西。當我們證取真理時，戲論就會自然熄滅。

在漢譯版本中，這首偈頌未有直接指出業煩惱與戲論之間的關係。從義理上推論，我們可知道業煩惱是由戲論產生的。梵文版本卻清楚地說明業煩惱是由戲論所引伸出來，而在我們證得空之真理時，戲論就會消失。4

在本偈頌中特別值得注意的一點，是剛才所提到龍樹對於解脫的觀念。他明確地指出必須滅去一切業煩惱，才能獲得解脫。這個主張，在佛教中是具代表性的。很多佛教學派在談論煩惱與解脫的關係時，都持這種態度。但某些態度較為圓融的學派卻並非這樣。他們認為無需完全滅除煩惱，都能獲得解脫。龍樹在煩惱與解脫的問題上，所提出的口號是「煩惱滅而得解脫」，持這種態度的包括中觀學派和多數其他印度學派；而認為「不斷煩惱而證菩提」的，則包括有天台宗、禪宗、《維摩經》（*Vimalakīrti-nirdeśa-sūtra*）等。在追求解脫的道路上，各佛教學派對煩惱所持的態度有這兩種，前者認為煩惱與解脫是絕對不能並存的，欲求得解脫，就必須盡滅煩惱；後者主張無需盡滅煩惱，仍可獲得解脫，甚至認為可以利用煩惱，作為方便之門，以教化眾生。這兩種主張引導出一個非常關鍵性的問題，就是在追求「解脫」這個佛教最終目標的路途中，應如何對待煩惱。以上第一種態度是較為簡單鮮明的，就是徹底地掃除一切障礙解脫的煩惱，這個道理是較為清楚直接的。第二種態度是不要盡滅煩惱，而是要超越煩惱，不讓煩惱束縛、控制自己，此外，還要進一步探討究竟如何超越煩惱，如何利用煩惱去渡化眾生。舉例來說，當菩薩要教化一個盜賊，令他改邪歸正，如果他只是正面地提出道理，指出他的錯誤，該名盜賊是不會輕易接受教誨的。菩薩可以循反面的途徑，自己變成一個盜賊，與該盜賊一同行事，一同去偷東西。當然，菩薩本身是自覺地去當賊，知道自己當賊的目的，他雖然經歷這種煩惱，但已經是超越了這煩惱，不會受到它的束縛。菩薩在當賊的過程中，由於與該名盜賊的行徑相同，因而兩人就容易溝通，能夠建立親和的關係，令該盜賊信任他。這樣，菩薩就可逐漸勸導該盜賊，自己又可作為改過遷善的模範，讓盜賊去跟隨，使他歸入正道。功成之後，菩薩亦可除去煩惱，變回原狀。在這個例子，菩薩是有效地利用煩惱去教化眾生。在現實上，亦不難舉出大量這種例子。由於煩惱可以發揮出這種特殊作用，故天台宗、禪宗、《維摩經》等因此認為無需盡滅煩惱。但必須強調一點，運用煩惱時必須能夠適當地控制煩惱，自己處於主宰的地位，不讓煩惱束縛自己，致成為解脫的障礙。

在中國佛教的立場來說，以上第二種主張，即「不斷煩惱而證菩提」，比起第一種主張，即中觀學派的「煩惱滅而得解脫」，更為高明，更為圓滿。印度佛教中，主要的學派都採取中觀學的主張；而中國佛教學派中，很多都是持第二種主張。後者是較為圓融的思維，可以說是比起中觀學的思維更深一層。從這一點看，中國佛學可說是比印度佛學有更進一步的發展。

---

4. Cf. Kenneth K. Inada, *Nāgārjuna: A Translation of his Mūlamadhyamakakārikā.* Tokyo: The Hokuseido Press, 1970, p.114.

一八・六　諸佛或說我，或說於無我，諸法實相中，無我無非我。（大三〇・二四a）

此偈頌明顯地是運用「四句」（catuṣkoṭi）的思考方式來表達的。四句是一種包含四條正反組合、層層深入的命題的思考方式。現在先將此偈頌的主題——我，配入四句的模式，排列如下：

第一句：我
第二句：非我
（第三句：亦我亦非我）
第四句：無我無非我

此四句含攝了所有對於「我之有無」的見解。本偈頌包含了第一、二、四句。龍樹在這裡指出，佛是針對不同根器、對自我有不同理解的眾生，而運用不同的途徑向他們說法。對於激烈地否定自我存在的眾生，佛就運用第一句，對他們說我。因為這些人堅決否定自我，以為自我是一無所有，以致形成一種斷見。佛於是向他們說我，用以矯正他們的見解，說明自我雖然沒有自性，但亦非一無所有，而是緣起的，以業的形式存在著。相反地，有些人以為自我是實在的，他們以常住的觀點看自我，以為生命中具有實在的我體。對於這種對自我持常見的眾生，佛就運用第二句，對他們說非我，以消除他們對我的自性的執著，改而以緣起的觀點看自我。本偈頌中雖然沒有提到第三句，但並不表示此句沒有作用。如果只是單純地說我，或是說非我，都會有一種邊見的傾向。第三句就是第一和第二句的綜合，可避免偏向於任何一邊，而且將討論提升到另一層次。完整的四句模式將在本品第八首偈頌中出現，而本偈頌沒有運用第三句，現在且將第三句的結構和作用擱下，留待下文再詳述。

龍樹繼續指出，按照諸佛所說，生命的實相是「無我無非我」的，亦即是四句模式的第四句。對於這句，可以有兩種解釋。首先，在生命的真相中，並非存有一種常住不變而具有自性的我，這就謂之無我；另一方面，亦沒有所謂「非我」這樣一個空虛的對象。一般來說，「我」是指一個客觀的實體，如果我們否定這個客觀的實體，就謂之無我。而「無非我」的意義就較為複雜。某些人會採取一種二元的眼光去理解非我，以為非我就好像我一般，都有某個客觀的東西對應著，不同的只是對應於我的，是一個實體性的東西，即實在的我；而對應於非我的，則是一個空虛的我。他們這種想法，是基於將非我與我作出對比，以致認為非我與我分別指謂一個空虛的和一個實在的客觀的東西。這裡指出，一個對應於非我的客觀東西亦是沒有的，這就是所謂「無非我」。

第二種解釋是基於業的角度去理解句中的我。佛教所理解的我，是一種業的積聚。自我之所以成為目前的情狀，是基於過去所做的行為，這些行為的影響力是不會消失的，而會以業的形式繼續存留，這些業就積聚成為目前的自我。既然業是由於人的行為的影響力所構成的，所以業是緣起的東西。而自我是由業積聚而成的，所以不能說自我是一種常住的東西。另一方面，亦由於業是緣起的，因此，由業所構成的自我亦不能說是斷滅的，或虛無的。「無我無非我」的意思就是不能將我視為一種常住的東西，亦不能以斷滅的眼光去理解我。

一八・七　諸法實相者，心行言語斷，無生亦無滅，寂滅如涅槃。（大三〇・二四a）

此偈頌基本上是說出實相的性格。龍樹認為實相是絕對的東西，而不是相對的。正由於實相是絕對的，而一般的心念、語言等都只是相對的，所以我們不能以心念去想像，或是以言語去描述實相的模樣。另一方面，諸法實相亦是無生無滅的。因為生滅都是相對的，都是就著現象界種種流轉的東西而說的。在現象界中，事物生起後又會滅去，對於這些東西才可說生滅。而諸法實相是超越於生滅狀態的，無生起亦無滅去，就好像涅槃境界一般，是清淨無為的。

一八・八　一切實非實，亦實亦非實，非實非非實，是名諸佛法。（大三〇・二四a）

在中觀學中，經常運用到四句的思考模式，而本偈頌就是四句模式的一個典型例子。這裡運用四句去表達真理的性格。以下將本偈頌的文字排列成四句的模式：

第一句：一切是實
第二句：一切不是實
第三句：一切是實亦不是實
第四句：一切不是實亦不是不是實

偈頌中的第一句包含了四句模式的第一及第二句，此外，第二、三兩句相當於其餘兩句，合起來成為完整的四句模式。現先就字面上作出解釋。第一句「一切是實」是對現象界的東西作出肯定的判斷，認為這些東西都是實在的。第二句「一切不是實」是對於第一句所作的判斷進行否定，認為現象界的東西都不是實在的。第三句「一切是實亦不是實」是結合了第一和第二句。第四句「一切不是實亦不是不是實」就是對第三句的否定。

若套用現代邏輯符號，可將四句表示如下：

第一句是肯定命題 ———— p

第二句是否定命題 ———— ~p

第三句是第一、二句的結合 ——— p·~p

第四句是第三句的否定 ——— ~(p·~p)

從以上符號清楚可見，第一句跟第二句是相矛盾的；第三句是結合了第一、二兩句，故此構成了內部的矛盾；而第四句是否定了第三句，其本身的邏輯符號式可作如下推演：

~(p·~p) → ~p·~~p → ~p·p

可見此句仍然是矛盾雙方的結合。從符號分析可見，若單純以形式邏輯去理解四句，是難以暢通的。

現再試從辯證法（Dialectics）去理解四句。以下現試將四句套入辯證法的模式：

第一句是肯定語句 正（thesis）

↓

第二句是否定語句　　反（antithesis）

↑

第三句是綜合語句　　合（synthesis）——正

第四句是超越於第三句　　超越（transcendence）

辯證法只有正、反、合三句，而第三句——合本身又是下一回正、反、合循環的第一句，如此再繼續循環，逐步提升思想的層次。而四句就比辯證法更多出一句，此多出的第四句超越於第三句所表達的層面。現試問：此四句的表達模式用意何在？照龍樹的觀點，此四句代表了追求真理的四個階段；要對真理有所了解，這四個階段是必需而且充分的條件（necessary and sufficient condition）。第一階段是對世間上種種事物進行肯定，確認其存在。這樣可了解到事物「實」的一方面性質，但這種理解只是片面的。第二階段是否定事物的存在。這是對事物「非實」一方面的了解，但這是走到了另一個極端，仍然只有片面的了解。由於對事物肯定或是否定，都只是在兩個極端上作出片面的了解，於是就需要有第三階段，將第一和第二階段綜合起來，同時既肯定，又否定事物的存在性，這樣就更全面地了解到真理的性格。到了這個階段，似乎沒有對肯定或否定任何一邊的偏執，何以仍然需要第四句超越的階段呢？若我們細心觀察，第三句的綜合，實際上是傾向於肯定的，它是同時間肯定正反雙邊，雖然沒有偏執一方，但在語調上仍然是肯定的。所以，便需要有超越的階段，透過對整體的否定、超越，便能脫離綜合層面上的限制，使真理的種種面相都同時呈現。龍樹提出這個四句的思考模式，用意就在於指出透露真理的途徑。這個思考模式又稱為「四門入實相」，即是，中國佛教發展至天台宗時，將第一句稱為「有門」；第二句稱為「空門」；第三句稱為「亦有亦空門」；第四句稱為「非有非空門」。到了非有非空門，才能讓實相全面地透徹地表現出來。

現再將四句與辯證法作一比較。辯證法是透過否定的方式去逼近真理的一種方法。從上表可清楚比較到，四句中的第一至第三句，與辯證法的正、反、合三個階段相當吻合。而第四句就是在合的階段之後，所表示的一個超越的階段；這階段擺脫了綜合階段所受到的限制，升進到無限廣闊的領域，使真理不受任何拘束而能全面呈現。由此可見，四句能達到辯證法在不斷循環提升之中仍無法跨進的層面，這便顯出四句的獨特而且高深之處。這種思考模式早在原始佛教的經典，例如《阿含經》之中，已經出現過，但正式地全面運用則始自龍樹。所以，四句可說是龍樹的創造。5

一八・九　自知不隨他，寂滅無戲論，無異無分別，是則名實相。（大三〇・二四a）

這偈頌的漢譯本與梵文原義有所不同，現先就漢譯文字作解釋，往後再引梵文原義以作比較。此偈頌仍然是討論實相的問題。對實相的了解是需要每個人親自去體會的，不能夠輕率地跟從別人的理解就以為了解實相。實相是完全寂靜，無任何染污擾動的。它亦是超越種種戲論的。戲論就是文字上或概念上的造作。由於真理是不受任何限制的，不能以任何文字或概念去完全剖釋或加

5. 關於四句的性格與運用，可進一步參考拙著《印度佛學研究》（臺灣學生書局，一九九五）所收拙文〈印度中觀學的四句邏輯〉，頁一四一－一七五。

以界定，所以必須要親身體會才能透徹了解。「無異無分別」意思是說真理隱藏於每件事物當中，而真理是整一的，所以不能從每件事物的個別性（異或分別）去探求，而是要找出一切事物的共通性。龍樹在這裡要說的就是「空」，這就是實相，即真理的性格。

現再將此偈頌的梵文原本譯成漢文如下：

> 沒有條件地關聯到任何質體，寂靜的，不為戲論所概念化，沒有區別的，沒有分化的。這便是真實（真理）的性格。6

這裡指出，真理是不受任何條件限制的，並且具有無限的普遍性，關聯到每一件事物。真理亦是寂靜的，不能單純以概念思考去了解，而是需要親身體會的。它是整一的，不能分化成若干部分的，這就是真理的性格。

一八・一〇　**若法從緣生，不即亦不異因，是故名實相，不斷亦不常。**（大三〇・二四a）

本偈頌包含很重要的意義，需要詳細解釋。這裡先從法（dharma）的成立說起：從眾緣和合而成立的法，與構成此法的眾緣或因具有「不即不異」的關係。不即不異的關係就是指雙方存著此起彼承、交相涉入的情況，在這種情況中，雙方具有相同的地方，亦有相異的地方。舉例來說，一隻手錶是由手錶的零件所組成，這些零件在一定的安排底下結合，就構成了這隻錶。手錶與零件之間有一種此起彼承的關係，兩者之間有相同的地方，亦有相異的地方。相同的地方是：手錶的整體本身就是這些零件，它們在結合成手錶之後，仍然存在，成為手錶的組成元素。相異的地方是：手錶是各樣零件在一定的安排下配置而結合成的，且具有某些功能，這種配置和功能是零件本身不具備的。由此可見，事物與構成事物的因素之間，有著相同的地方，同時亦有相異之處，此即所謂「不即不異」。這是從緣起的立場去理解事物，在事物之間可以發現到的關係，這種關係是符合現實情況的。

倘若我們從自性立場去理解事物，則會推出另一種關係。從上面的例子來說，若手錶與零件各自具有自性，則兩者的關係若非完全相同，就必定是完全相異。試看下圖：

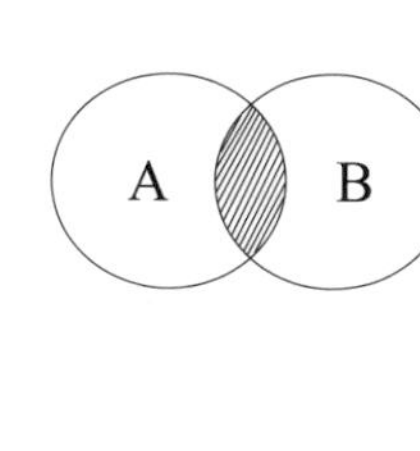

A與B各有本身獨特的地方，亦有相同之處（圖中斜線部分），這種情況預設了A和B都可各自分割成兩部分，一部分是兩者不同的地方（各自空白的部分）；另一部分是兩者相同之處（斜線部分）。這種不即不異的關係，只會出現在緣起的事物之間，若以自性觀點看事物，則只會出現下圖的情況：

（甲）

A B

（乙）

A　B

---

6. Kenneth K. Inada, ibid., p.115.

由於自性依定義是不可分割的，所以A和B只可能是完全相同，如圖甲；或是完全相異，如圖乙。而不能像緣起事物般亦同亦異。即是說，若以自性觀點看，事物與構成事物的因素之間的關係只可能是完全相同，或是完全相異。但這兩種關係都不符合現實情況，故此必須取消自性的觀點。若從緣起觀點看事物，就能發現事物與其因素之間有著不即不異的關係，這就是世間事物的實際狀況。

此外，從緣起觀點看，事物是「不斷亦不常」的。以上述例子來說，零件在構成了手錶之後，仍然是存在的，只是以不同的狀態存在，並沒有斷滅，這就是不斷。另一方面，零件雖然沒有斷滅，但已經成為了另一種東西，不再以原本的狀態存留，所以是不常。不斷亦不常是世間一切事物變化的狀況。

一八・一一 不一亦不異，不常亦不斷，是名諸世尊，教化甘露味。（大三〇・二四a）

「諸世尊」意思是諸位值得世間尊敬的人物，即是指諸佛。「甘露」是佛教用來譬喻真理的，真理就如甘露般能潤澤眾生。「不一亦不異，不常亦不斷」是諸佛教化眾生的真理。剛才已提到，以自性立場看事物，事物間的關係若非完全同一，就是完全相異，這是由於自性的不可分割性而得出的結果。此外，自性又是不能改變的，基於這個特點，若事物具有自性，則這事物就會恆常不變地存在；否則，事物就根本上不存在，完全是斷滅的、虛無的。所以，基於自性立場，事物若非常住，就必是斷滅。龍樹認為，自性的見解根本上是虛幻的，只是人們在心理上的一種虛妄構想。對於諸法，我們必須以緣起立場去理解，這樣就會發現事物間的關係是同中有異的，而事物本身並非恆常不變，亦不會斷滅的。這就是龍樹所說的「不一亦不異，不常亦不斷」，亦是諸佛教化眾生的真理。

一八・一二　若佛不出世，佛法已滅盡，
諸辟支佛智，從於遠離生。（大三〇・二四a）

佛就是體現真理的人物，他能對眾生宣講真理。若佛沒有降生世間，就沒有人出來彰顯真理，這樣就會令佛法滅盡。滅盡的意思並不是完全消失，只是頻於熄滅，因為還有「諸辟支佛智，從於遠離生」。這些辟支佛是屬於小乘的修行者，他們亦能證取真理，但所行的途徑是出世的，遠離俗世眾生，只重自利，只求達到個人的解脫，而沒有普渡眾生的心志。所以，若佛沒有降生世間，佛法就只有靠這些辟支佛延續著，沒有人將佛法宣揚，這樣，佛法就會頻於滅盡。

本偈頌的梵文本意思與上述漢譯本有出入，現引梵文原義以作參考：

當諸佛和聲聞不出現時，獨覺的覺悟心靈便來了。這覺悟是由獨自斷離對自我的執著而來的。7

聲聞亦是小乘的修行者，他們是憑著聽聞佛所說的道理而得到覺悟的，所以若佛沒有降生，聲聞也不會出現。此偈頌說，當諸佛和聲聞都沒有出現時，獨覺的覺悟心靈便會顯示出來，這種覺悟是修行者靠著自己的力量，斷除自我的執著而來的。獨覺是一種憑著自己的努力而能夠領悟真理的修行

7. Kenneth K. Inada, ibid., p.116.

者，若佛沒有出現，眾生就只有靠自己努力去求解脫，於是就顯出了這種覺悟心靈。但能夠憑著自力而得解脫的人畢竟只屬少數，而獨覺就相等於辟支佛，只求自己解脫，不求普渡眾生。如果佛沒有降世，解脫就只會是屬於極少數人的事，廣大眾生就難以脫離生死輪迴的束縛。

觀時品 第十九

本品集中探討時間的實在性問題。時間本身是非常抽象的概念，西方學者一般都認為時間雖然抽象，但卻是具有實在性的。他們有一種相當流行的見解，認為時間好像一個大箱子，世間的事物都在這個箱子中運轉，即是說，世間一切事物都不能離開時間而獨自活動，一切事情都在時間的限制中進行。[1] 印度方面亦有另一種流行的見解，他們亦認為時間具有實在性，甚至是具有自性的。勝論（Vaiśeṣika）是其中一個頗具影響力的學派，他們認為時間是具有自性的一種東西，當時間結合起來，就使到一切事物具有過去、現在、未來等時間相。另有一個被佛教稱為時論外道的學派認為，時間是一切事物的本體，是生起萬物的泉源。以上列舉了三種見解，包括西方學者的流行觀念、印度的勝論學派，以及時論外道的見解，他們都具有一個共通點，就是認為時間具有實在性，具有實在性就是能夠離開人這個思維主體而獨立存在。

但龍樹有另一種見解，他認為時間是沒有客觀實在性的、沒有自性的，時間只是人的意識的一種造作，虛構出來用以假立事物的過去、現在、未來等狀況。過去就是指事物已經消失的狀態；現在是指事物正在進行的狀態；未來就是指未發生而預計會發生的事物的狀況。照他的觀點，時間就

1. 英國物理學家牛頓便持這種看法。

好像一個虛架子，只是思想虛構出來而不具有實在性的。但這個虛架子是有它的作用的，一切事物的發生都可以依著先後次序，以及過去、現在或未來的狀態而安立在其中，用以比較和表述事物的存在情況。這種觀點亦顯出時間具有相對的性質，過去是相對於現在和未來而成立的；現在是相對於過去和未來而成立的；未來是相對於過去和現在而成立的，沒有一種能獨立存在的時間。若以自性的角度看時間，則任何一種時間都是獨立存在的，過去能脫離現在和未來而存在，同樣，現在和未來都是獨立存在。佛教認為這種自性的見解是錯誤的，他們認為只可以將時間視為虛構的東西，時段之間相對相待，不能獨立存在。

一九・一　若因過去時，有未來現在，未來及現在，應在過去時。（大三〇・二五c）

倘若未來和現在兩個時間相是依待過去而成立的，那麼未來和現在就應在過去之中，即是說，過去應該已包含了現在和未來兩個時間相。龍樹在這裡先作出了這個論斷。可是，這個論斷是可以商榷的。當一件事物依待另一件事物而成立，假設A依待B而成立，我們只能斷定B是A產生的原因，但不能就此確定B裡面已包含A。因為要使到B包含A，所需的條件，比較使到B成為A的因，所需的條件複雜得多。若未來和現在是依待過去而成立，則只能說過去是未來和現在成立的條件，但不能就此斷定未來和現在已存在於過去之中。所以，龍樹作出的這個論斷是不成立的。

一九・二　若過去時中，無未來現在，未來現在時，云何因過去？（大三〇・二五c）

此偈頌的意思是：如果在過去時間相中沒有未來和現在時間相，則不能說未來和現在時間相依待過去時間相而成立。此偈頌的意思與第一首偈頌相似，分別只在形式上，是從相反方面表達。第一首偈頌說：

倘若未來和現在依待過去　則　過去中有未來和現在

此句說話可用符號表達為：

x → y

第二首偈頌說：

倘若過去中沒有未來和現在　則　未來和現在不依待過去

此句用同樣符號表達則成為：

∼y → ∼x

在邏輯上，「x→y」與「∼y→∼x」是完全等值的。

在上文中，我們已經否定了龍樹在第一首偈頌中的論斷（x→y），所以，這裡的判斷（∼

$y \rightarrow \sim x$）亦不能成立。即是說，就算在過去中沒有未來和現在，我們亦不能斷定未來和現在不是依待過去而成立。

從以上分析可見，龍樹在這兩首偈頌中都作出了失誤。但這種失誤是以較嚴格的態度去理解字句而得出的結果，倘若我們較寬鬆地處理偈頌的用詞，這兩首偈頌仍是可以達意的。我們試將第一首偈頌中的「未來及現在，應在過去時」解釋為：未來和現在應與過去存在著緊密關係；再將第二首偈頌中的「若過去時中，無未來現在」理解為：倘若過去沒有關聯到未來和現在，這兩首偈頌就表達出以下意思：

第一首：倘若未來和現在依待過去而成立　則　未來和現在應與過去存在著緊密關係

第二首：倘若過去沒有關聯到未來和現在　則　未來和現在不是依待過去而成立

這樣的意思就很清楚而合理，若是依待就當然是有緊密關係；沒有關係當然就不可能依待。由此可見，若撇除用字上的一點失誤，龍樹在此兩首偈頌中所表達的意思是相當明顯的。由這個意思可以引伸到過去、現在和未來三者的依待關係。因為，說未來和現在依待過去，用同樣理由亦可說過去和現在依待未來，以及過去和未來依待現在。既然說三者互相依待，不能獨立存在，就不能說三者具有自性。倘若過去、現在和未來各自具有自性，則三者就是獨立存在，沒有任何關聯，這是龍樹所要否定的見解。時間不外乎過去、現在和未來三相，綜合以上所述，龍樹在這兩首偈頌要表達的意思就是：時間是無自性的。我們亦可補充說：時間只是意識上的妄構。

一九・三　**不因過去時，則無未來時，**
亦無現在時，是故無二時。（大三〇・二六a）

此偈頌是順著上文所說：時間互相依待而成立，這個意思繼續發揮的。這裡說：如果沒有過去時作為依待，就不會有未來時以及現在時，所以未來和現在二時都不能離開過去時而存在。這裡直接表明時間不可能具有自性，否則各個時間相就應能獨自存在。龍樹指出，實際上，時間是互相對望的，過去相對著現在和未來而成立；現在相對著過去和未來而成立；未來亦是相對著過去和現在而成立。每個時間相都不可能脫離其他時間相而獨立存在，所以時間必定無自性。

一九・四　**以如是義故，則知餘二時，**
上中下一異，是等法皆無。（大三〇・二六a）

上面說到，若沒有過去時作為依待，就沒有未來和現在。這裡接著說：同樣道理，若沒有現在時為依待，就沒有過去和未來；若沒有未來為依待，就沒有過去和現在。再進一步說，上、中、下、同一、別異等事情，都是沒有實體的。上是相對於中和下而成立的，沒有一個絕對的上，脫離於中和下獨立地成為上；同樣地，中和下都是沒有絕對可言的。同一相對於別異而成立，若無別異，就無所謂同一；若無同一，亦不能說別異。這些位置以及同異等法，一般稱為「虛法」，都是沒有自性的。

本偈頌的最後一句「是等法皆無」的意思是：這些法都是無自性的，而梵文原本這句的意思是：「這些法都應同樣對待。」即是說，這些東西都應視為是相對待的，沒有自性可得。[2] 這兩個意思當然沒有衝突，因為相對待的東西必定是無自性的，但上文一直是著重於討論時間相的相對性，這裡提出上、中、下、一、異等例子來說明，亦應是針對這些法的相對性方面，這樣會比較順應上文下理。所以，梵文原本的意思是較為可取的。當然，龍樹最終的目標還是要論證時間和諸法一樣是無自性的。

一九・五　時住不可得，時去亦叵得，時若不可得，云何說時相？（大三〇・二六a）

此偈頌再運用兩難方式來否證時間相具有自性。「時住」是指時間停留不動的狀態，「時去」是指時間流動的狀態。一般的事物是從因緣而生起的，它們在世界中具有各種影響力，所以，這些事物雖然沒有自性，但在某程度上仍是有的。但時間卻不然，它並不是由各種因素結合而產生的，純粹只是意識上的妄構，完全沒有實在性。所以，一般來說，緣起的諸法現象可以在停留的狀態，或在運動的狀態，但時間本身就不是緣起的現象，完全只是虛構出來的，故無所謂停留或流動。事物若非在停留的狀態，就必定是處於運動的狀態，既然「時住」和「時去」都不可得，就可見根本沒有「時間」這樣事物存在。所以，嚴格來說不能講有「時間相」這件事。時間只是虛架子，方便我們舖排各樣事物發生的次序、間距等，完全沒有實在性。龍樹在本偈頌指出了時間不單只沒有自性，甚至連緣起法所具有的一點實在性也不具備。

一九・六　因物故有時，離物何有時？物尚無所有，何況當有時？（大三〇・二六a）

時間本身是由意識依著事物的發生、流變而安立出來的。舉例說，植物的生長經過發芽、長莖、結果、凋謝等過程，我們為著方便去理解這個發展過程，就施設各個時間階段，例如：春、夏、秋、冬，運用這些時段去表述這個過程，說植物在春天發芽，夏天長莖，秋天結果，冬天凋謝；但實際上並沒有春、夏、秋、冬這些事情或現象，這些時段都只是依著事物的發生而施設出來的。這就是「因物故有時」的意思。當事情已經發生，我們就安立過去這個時相去套入事情之上；當事情正在發生，我們就安立現在時相；當事情未發生而預計會發生，我們就安立未來時相去配合。可見我們是根據事物流變的情態而安立時間的，客觀上並沒有過去、現在、未來等時間，所以說：離開了事物，哪裡還有時間呢？這就是「離物何有時」的意思。

既然時間只是依附事物而安立的，比較起來，時間的實在性比緣起事物還要低，甚至不能說有任何實在性，現時已知緣起事物尚且不具有自性，又怎可能說時間具有自性呢？龍樹這樣總結本品，同時破除時間有實在性，甚至具有自性等見解。

---

2. Kenneth K. Inada, *Nāgārjuna: A Translation of his Mūlamadhyamakakārikā.* Tokyo: The Hokuseido Press, 1970, p.118.

觀因果品 第二十

本品討論因果的問題。在哲學上，因果表示事物變化的一種規律，事物變化必定基於某些原因，在原因的驅使下，經過某些歷程，就會產生結果。這就是一般理解的因果律則。由於所有事物的變化都依循這種律則，所以事物不會從無中生有，出現無因生的情況：亦不可能從有變為虛無，形成一種斷滅的狀態。在《中論》的第一品——〈觀因緣品〉中已討論過有關因果的問題，現在再用相當長的篇幅去討論，可見這個主題非常重要。然而，本品並非第一品的重複，實際上，兩品各自有本身的重點。本品著重於因果之間的直接關聯，因對於果有一種涉入的動態，而果就承接著從因而來的作用。基於這種關係，因與果是不能分離的，因必須有果才能成為因；果必須有因才能成為果。兩者此起彼承，故不可能各自有獨立的自性。這就是本品的旨趣所在。而〈觀因緣品〉著重於指出：眾緣作為生起現象世界的因，以及現象世界作為眾緣生起的果，兩者的無自性的性格。簡單地說，本品重點在於因與果的關聯，而第一品則著重於因與果本身的性格。當然，兩品同樣都是指向空的真理，故立場是一致的。

本品的梵文名稱為 sāmagrī parīkṣā，意思是對諸緣聚合之考察。龍樹指出，事物作為一種結果，是基於諸緣聚合，本品的重點就在於兩者之間的因果關聯。

二〇・一　若眾緣和合，而有果生者，和合中已有，何須和合生？（大三〇・二六b）

二〇・二　若眾緣和合，是中無果者，云何從眾緣，和合而果生？（大三〇・二六b）

本品有一種特色，就是偈頌的意義是一對一對地配合著的，所以在理解偈頌時，將一對合併起來解釋會較清楚。

這兩首偈頌若依文字進行表面的、率直的解釋，將找不到特別的意義。然而，首先仍需要作表面的解釋。「若眾緣和合，而有果生者，和合中已有，何須和合生？」這偈頌的意思很簡單，它說，倘若在眾緣和合之中會生出結果，則表示這結果原本已存在於眾緣和合之中，那麼，又何需眾緣和合將它生起呢？從表面看，這首偈頌的意思是重複的。前三句說到，若眾緣和合而生果，則表示果已存在於眾緣和合中。這三句的意思已經很完整，無需再加上第四句。「何須和合生？」就是表示果已經存在於眾緣和合中，無需再由和合而生。可見，第四句的意思是重複的。

「若眾緣和合，是中無果者，云何從眾緣，和合而果生？」這首偈頌是說，倘若在眾緣和合之中沒有果生起，則如何能說由於眾緣和合而生果呢？這首偈頌同樣是有重複的情況。前兩句說，假設眾緣和合之中無果生出，很明顯就是表示果不是從眾緣和合而生。然而，後兩句又再重複這個意思，令人有點困惑。

我們試進行較深入的分析，可以見到這兩首偈頌是採取兩難的方式進行論證。一方面，若說眾緣和合而有果生，這是有困難的；另一方面，若說眾緣和合而無果生，亦是有困難的。若各種各樣的緣都是有自性的，則縱使它們和合，都沒有結果產生。舉例說，動物的雄性和雌性若都具有自性，則他們是不可能有真正的和合的。在和合之先或是和合之後都不會有結果生起，所以根本無需要和合。在正常的理解中，和合是應該有其作用的，但現在卻得不到這種作用，所以就存在了困難。而構成困難的原因就在於以自性觀點看眾緣。雄性和雌性若都有自性，縱使勉強地結合，都不可能有真正的和合，故此不能產生下一代。以上這點的理解對於解釋本品是非常重要的，若能清楚了解這點，則會很容易明白這些偈頌，否則，將會遇到很多理解上的困難。

這兩首偈頌的文字，在意思表達上很混亂，但若各加上「先」字，即構成以下意思：

第一首：眾緣和合之先已有果，何需和合？

第二首：眾緣和合之先並無果，和合有何用？

這樣，兩難的格局就清楚呈現。這個論辯是先假定以自性的角度來理解原因和結果，基於這種理解，原因和結果之間就不會有此起彼承、交相涉入的密切關係。所以，必須從無自性的角度去理解因和果，兩者才會產生這種密切關係，如下圖：

	交相涉入，此起彼承	
無自性「因」	⟶	無自性「果」

在因當中醞釀某種變化，這種變化在果中有著回應，就構成此起彼承、交相涉入的關係。舉例來說，一個人利用一塊大理石去雕刻一個大衛像，在這件事情中，工匠和他所用的工具是因，而雕成的人

像就是果。在雕刻的過程中，因和果有著此起彼承的關係。工匠一下一下地雕刻這塊石，這塊石就不斷地承受著這種影響力，形狀亦同時改變著，逐漸地變成一個大衛像。工匠所耗費的心力，就由大衛像來承接。在這件事情中，我們必須承認因和果都沒有自性，否則，這種此起彼承的情況就不可能出現。如果工匠和大理石都是有自性的，這個大衛像就不可能雕刻完成。因為倘若這大理石有自性，它就不會接受工匠對它的影響力，以致改變形狀。這是由於自性是獨立存在的，不會與其他事物發生關係，而且亦是不會改變的，有自性的石頭不會成為一個大衛像。工匠本身亦不會有自性，否則，他就不可能對大理石發揮作用。實際上，工匠和大理石都是沒有自性的，這樣才能夠完成這個大衛像的雕刻工作。

以上的例子可以幫助我們了解因和果之間這種此起彼承、交相涉入的關係。這兩首偈頌若取上述的理解方式，是需要在每首偈頌中加插一個「先」字，才能暢通。倘若有人質疑這種改動是否忠於原文，我亦承認這是有一點出入。但我必須指出，當我們閱讀古人的文章時，不能夠固執地堅持於字面上的意思，因為可能作者在文字表達上有錯失。若我們不能變通，就很難理解作者本身希望表達的意義。現在我們對偈頌略加補充，就能顯出它的意義，亦符合龍樹一貫的思想。否則，這兩首偈頌是不能理解的。

二〇・三　若眾緣和合，是中有果者，和合中應有，而實不可得。（大三〇・二六b）

二〇・四　若眾緣和合，是中無果者，是則眾因緣，與非因緣同。（大三〇・二六b）

很明顯可見，這兩首偈頌是一個兩難的格局。「若眾緣和合，是中有果者」是一種可能情況，但這種情況會引出困難；「若眾緣和合，是中無果者」是另一種可能情形，但亦會帶來一些困難。這兩種可能性是互相對反的，而兩種情況都會引生困難，這就是兩難的格局。龍樹認為，我們以一個錯誤的角度去看事物，就會出現兩難的局面。在這兩首偈頌中，若以自性的角度去看事物，就會出現這種情況。如果我們要避過這種困難，就必須要放棄以自性的眼光去看事物，改而以無自性的眼光去看事物。無自性的另一種講法就是緣起。龍樹運用這種論證方式去否定世間事物具有自性，在本論中是很普遍的。若我們能了解這點，在閱讀本論時就可避免很多困難。相反，如果不能理解這種論證方式，就會遇到很多問題而不能解決。所以需要一再提出這點，讓大家了解清楚。

第三、四首偈頌基本上是運用兩難的論證方式。但實際上，第三首偈頌並非一定構成困難的局面。這首偈頌說：如果眾緣和合而能夠產生結果，這結果就應該存在於和合的狀態中，但事實上，在和合當中沒有具自性的結果可得。這首偈的關鍵在於「和合中應有」這一句中。實際上，和合中是有結果的，但這結果是一種緣起的事物，並不具有自性的。所以偈頌說「而實不可得」，意思就是在和合中生出的結果都是緣起的，而具有自性的結果是不可得的。由於在事實上，和合中是有結果產生的，所以這首偈並不一定構成困難。但若以自性角度說，結果還是不可得的。所以，從自性角度說，此偈頌仍然是構成了困難的局面。

第四首偈頌很明顯地顯示一個困難。偈頌說：如果眾緣和合而沒有結果產生，則這些眾緣就跟其他無關的事物沒有什麼分別。例如植物的種子與養料、水分、陽光等因緣結合是應該開花結果的，如果這些因緣的結合不能達致開花結果，則種子、水分等因緣就跟其他與開花結果無關的事物（非因緣），例如石頭、茶杯等，沒有什麼分別，同樣是不能生出結果。原先是因緣的東西，變成跟非因緣的東西沒有分別，這是不能理解的，所以構成了明顯的困難。構成這種困難的原因就在於以自性眼光去理解事物。如果種子、水分、陽光等事物都具有自性，它們就不可能和合而產生結果，因為有自性的東西是不可能與別的東西結合的。基於自性的定義，它是獨立自足的，故不可能與其他事物發生關係。所以具有自性的東西，只會獨立地存在，不能與其他東西結合而產生另一種事物。這首偈頌的目的是要指出，以自性眼光看眾緣和合，必定會產生困難，若要消除這種困難，我們就必須放棄以自性角度去理解事物。只有以緣起角度去看事物，才能理解眾緣和合而產生結果的事情。

二〇・五　若因與果因，作因已而滅，是因有二體，一與一則滅。（大三〇・二六b－c）

二〇・六　若因不與果，作因已而滅，因滅而果生，是果則無因。（大三〇・二六c）

這兩首偈頌亦是構成一種兩難的局面。假設因是與果，及假設因是不與果，是兩個相反的情況，而這兩種情況都會構成困難。即是說，無論因是與果，或是不與果，都是有困難的。這裡出現一個較難理解的詞彙，就是「與果」。「與果」指的是因的一種性格，具有這種性格的因能夠將本身的性質或作用給予它的結果，而使結果生起。例如在火燒引致水滾這個現象中，火燒是因，水滾是果，火燒將本身的熱提供出來而使到水滾這個結果生起，水滾這個結果包含了它的因（火燒）的某些性質或作用。火燒這個因就可稱為與果的因。在整件事情中，因將自己的影響力給予果，使之生起。能夠將本身的作用加諸果身上的一種性格，就稱為與果。「不與果」就剛好相反，指不能將因本身的作用加諸果身上的一種性格。這種不與果的性格使到果不能生起。若代入以上的例子，就是火燒沒有將本身的作用提供出來，而沒有構成水滾的現象。若是這樣，這個因就是不與果。

龍樹在這兩首偈頌要表達出，無論說因是與果或是不與果，都會產生困難。首先討論與果因，他說「若因與果因，作因已而滅，是因有二體，一與一則滅」，意思是如果這個因能將本身的性格給予果，則這個因就具有雙重體性，其中一種體性是與果的性格，另一種就是在因滅果生中表現出的滅的性格。體性的意思就是實在的性格。套用以上的例子，火燒將自己的作用加在水滾之上，使之生起。這種與果的性格就是火燒的體性。另一種體性是在因滅果生中，火燒這種現象滅去，而引出水滾的現象。火燒這個因是滅去的，這種滅去的性格成為火燒的另一種體性。若從緣起的角度來看，這兩種體性其實只是一樣東西，同屬於一樣事物，這是沒有問題的。但是，倘若從自性角度看，與果和滅這兩種體性就是獨立的，不可能有關的，兩種體性不可能同時屬於同一樣事物。所以，從自性角度說，火燒不可能具有與果和滅兩種體性。於是就可結論到，若說因是與果，就會出現雙重體性的困難。當然，這個困難是指著自性立場而說的。

另一個困難是第六首偈頌所說的。「若因不與果，作因已而滅，因滅而果生，是果則無因，」

意思是說，倘若因不能將自己的作用加諸果之上，而是作為因之後就滅去，因滅去後果才生起，則果就是無因而生的。在火燒水滾這件事情中，如果火燒沒有將自己的作用加在水滾之上，而火燒滅去之後才水滾，則水滾這個結果就是無因生的。現在的問題是為什麼會有無因果的出現。若是從自性角度看，火燒和水滾這兩件事是不能連接的。火燒有火燒的自性，水滾有水滾的自性，兩者是不能聯繫的。正如上文所說，兩者不能發生此起彼承、相涉相入的關係。因為如果以自性角度看，火燒是一個獨立的現象，水滾是另一個獨立的現象，兩者之間沒有什麼關聯，沒有此起彼承、相涉相入的情況，而只能見到火燒的現象，之後再見到水滾的現象。這樣，水滾這個果就變成沒有原因。然而，世間上又豈有沒有原因的結果呢？這種困難只有在自性立場來看事物才會產生的。如果我們不以自性立場看，則無因之果的情況是不會出現的。倘若以緣起角度看，火燒和水滾都是沒有自性的，我們就可見到兩者發生此起彼承、相涉相入的情況。火在煲底下燃燒著，熱力逐漸傳到水中，水就漸漸加熱，以致化成氣體，出現水滾的現象。這種就是此起彼承、相涉相入的現象。火燒的熱力涉入水中，水承接了火燒的熱力而產生變化，這樣就沒有無因之果的情況出現，因為因果之間是有接觸的，因的作用加到對象之上，使之發生變化而生果。於是就沒有無因生果的情況發生。

我們現再總結這兩首偈頌的意思。這個兩難的局面產生的原因，純粹是以自性的立場去看因和果的關係而引起的。若我們以自性立場去看因和果的關係時，則不單止因所具有的與果的性格不能成立，更會導致無因之果的情況。因為以自性立場來看，因和果都各有自性，兩者互不相涉，根本不可能有果對於因的承接涉入的關係。很明顯這是一種困難。如果我們要消除這種困難，就必須放棄以自性立場來看因與果的關係。若能以緣起立場來看因果關係，就不會出現兩難的局面。這兩首偈頌最後就歸結到，我們應該放棄自性的設定，而以緣起立場來看事物。

二〇・七 若眾緣合時，而有果生者，生者及可生，則為一時俱。（大三〇・二六c）

這首偈頌看來是有點問題的。偈頌的意思是說，如果眾緣在聚合時就有果生起，那麼生者及生成的結果就是同時俱在。龍樹認為這樣就犯了因果同時的過失。所謂因果同時，就是指能生的因和所生的果，同時間存在。對於這首偈頌，我們可作如下的理解：如果以緣起角度看，就會有因果同時的情況出現。這現象本來就是沒有困難的。因為我們說眾緣在和合時產生結果，因和果之間有一種此起彼承、相涉相入的關係。在這種關係之中，因果同時的情況是正常的。正如火在煲下燃燒，火燒的熱力逐漸傳入水中，使水的溫度上升，以致出現水滾的情況。在這件事情中，火燒和水滾是可以同時出現的，這就是因果同時的情況。所以，因果同時並不構成困難。但照偈頌的結構看，「生者及可生，則為一時俱」這兩句應該是指向一個困難的。但依照以上的分析，我們卻找不到構成困難的地方。對於龍樹在此偈頌中所欲表達的意思，我們只可有所保留。倘若龍樹只是要說出從緣起角度看，就會有因果同時的情況，這是合理的，但卻不符合他一貫的論證方式。如果跟前面的偈頌一樣，指向一種困難的局面，就較切合他的論證模式，但我們又看不到有什麼困難的情況。所以只好暫時保留這個疑問。

二〇・八　若先有果生，而後眾緣合，此即離因緣，名為無因果。（大三〇・二六c）

這首偈頌擬設一種情況，就是先有果生起，然後眾緣才和合。這個次序與一般理解的緣生的次序相反。很顯然，這是不合理的。正常情況應是先有因緣聚合，然後才生果的。倘若結果已先生起，然後才有因緣聚合，則無需因緣亦能有果，這樣就出現了無因生果的情況。這種情況顯然不符合我們日常的知解。我們日常的知解是符合因果律的，所有結果都是有原因才生起的。若將因果的次序顛倒，就會構成一種不合理的情況。

二〇・九　若因變為果，因即至於果，是則前生因，生已而復生。（大三〇・二六c）

這首偈頌的意思較難理解。「若因變為果」這句與梵文原本的意思有些出入，梵本原意是：假若果是由已滅去的因過渡而成。[1] 這首偈頌是要說明，倘若因滅去之後才生出結果，便是不合理的。理由是，因由存在變為滅去，表示這個因已經生起了一次，因為必須生起了才能滅去。如果在滅去之後，仍然能生起結果，則表示這個因的影響力還是存在的，它憑著這種影響力而生起結果。那麼，這個因便有兩次表現出它的影響力，亦即表示它有兩次的生起，這就是「生已而復生」的意

1. Kenneth K. Inada, *Nāgārjuna: A Translation of his Mūlamadhyamakakārikā*. Tokyo: The Hokuseido Press, 1970, p.121.

思。「生已」是指在滅去之前的生起，「復生」是指滅去之後的生起，從而引出結果。龍樹認為，同一件東西不應有兩次生起的。可是，我認為龍樹這種論辯方式是難以說服人的。理由就是，這個因在滅去之前，即第一次生起時，是否對結果有一種引生的作用呢？對於這點，龍樹沒有清楚說明。因在滅去之後又能生起果，這是不可能的。因既然已經滅去，如何能生起果呢？所以，嚴格來說，這第二次的生起根本不算是生起。龍樹以為，在果由滅去的因過渡而成的情況下，這個因在滅去前有生起，滅去後又有生起。但我認為只有第一次的生起才是真正的生起。如果我們以自性的角度去看因生果，這便成為不可能的事。因為因有本身的自性，果亦有自己的自性，而自性是獨立地存在的，所以果不可能由另一個有自性的東西生出來。

二〇・一〇 云何因滅失，而能生於果？又若因在果，云何因生果？（大三〇・二七a）

上一首偈頌提到因滅去之後才生果的情況。在此偈頌中，龍樹再一次強調因滅而生果的情況是不可能的。如果因滅在前，而果生在後，這兩件事情一先一後，則在時間上沒有一個延續點。這樣結果就不能跟隨著因滅而生起。這種情況是由於以自性的角度來看因滅和果生，以致兩件事情不能接觸到。若要達到因滅和果生有所聯繫，使因果之間發生此起彼承的關係，就必須以緣起角度去進行理解。但若從自性角度來看，就成為因滅在前，果生在後，兩者不能銜接，所以不能說因滅之後變成果。如果我們將因滅理解為因逐漸地轉變，雖然是轉變，但它的影響力仍然沒有消失，仍然存於果之中，這就變成了因果共住，或是因在果中。這樣能否說成是因生果呢？答案是否定的。因為因果共住或因在果中這種情況，是與因滅相違背的。既然說因已滅，它的影響力應是一同滅去的，不能說因在滅後，它的影響力仍存在於果中而成為因果共住或因在果中。所以，因果共住或因在果中的情況亦是不可能的。

對於這首偈頌，我們可分兩點進行評論。第一點，當因滅在前，果生在後，若以自性角度觀之，因滅和果生在時間上是沒有交接點的，這樣根本沒有可能出現因生果的情況。因為當我們說因生果時，是先確定了因和果在某一個時點上有聯繫的。如果兩者是完全隔絕的，因先滅去，然後才有果生出，兩者沒有一同存在的時間，我們就不能說是因生果。但若從緣起的角度說，因和果是有一種相續銜接的關係，就不會出現因前果後、互不相涉的情況。

第二點的評論是關於因在果中的情況。如果以自性角度說，因在果中的情況是不可能的。因為因和果各自具有自性，就會各自住著於本身的自性中。這樣，因和果就不可能交涉，因的影響力不能達於果，而果亦不會接受因的影響。因為果本身具有自性，已經能獨立存在，根本無需接受因的影響力而生起。所以不會有因在果中的情況。當然，如果從緣起角度看，情況就完全不同。在緣起的情況，因在果中的情況是可以出現的，而且亦容許因向果施加影響力而使它生起。

二〇・一一　若因遍有果，更生何等果？因見不見果，是二俱不生。（大三〇・二七a）

「若因遍有果，更生何等果？」意思是倘若在因當中已經周遍地具有果，又何必要再生果呢？如果因本身已周遍地具有果，而又說因生出果，則果就是重複地出現了。第一次是果本身已存在於因當中，第二次是由因生出來。這兩句說明了，如果因之中已經有果，則果不會由因再生出來。這是這兩句的字面上的意思。稍後，我們還要探討內裡表達出的意思。

下半首偈頌說「因見不見果，是二俱不生」。見果和不見果是因的兩種可能性。「見果」是指在因當中已經見到有果，即是說，果在因之中已經成形，成為可見的果。「不見果」是說在因之中並未見有果，或是說果在因之中還未成形。龍樹認為，無論果在因之中已經成形或是還未成形，因都是不能生果的。如果以自性的角度來看，則因生果的情況怎樣也不能成立。假定因和果都有自性，則兩者都是獨立自足的東西。在第一種情況下，果本身已經在因之中存在。所謂生，其實只是將這個果從因之中推出來，並非生出了一樣新的東西。所以，實際上不能說是生，根本沒有因生果這回事。我們充其量只能說這個果從因之中被推出，在位置上有轉移，因為這個果本身已經以自性的身分存在於因之中，沒有被生起。在第二種情況，果本身不在因中存在，因而也永遠不能出現。因為要使它出現，必須把它製作出來。但如何能製作出具有自性的果呢？故仍不能說生起果。

實際上，這下半首偈頌與前兩句的意思分別不大，都是說如果以自性角度去看因生果的情況，無論說果本身已存於因中，或是不存於因中，都不能建立因生果的關係。因為以自性立場說，果和因是各自獨立的。因生果表示出果是依賴因而成立。所以在這種立場之下，因生果是沒法建立的。

二〇・一二 **若言過去因，而於過去果，未來現在果，是則終不合。**（大三〇・二七a）

二〇·一三　若言未來因，而於未來果，
現在過去果，是則終不合。（大三〇·二七a）

二〇·一四　若言現在因，而於現在果，
未來過去果，是則終不合。（大三〇·二七a）

這三首偈頌所說的是同一類東西，可以集合起來一同解釋。這裡提到以下多種相合的關係，討論到過去因、現在因、未來因與過去果、現在果、未來果的相合問題：

過去因　——　過去果
現在因　——　現在果
未來因　——　未來果

龍樹認為，就自性的立場來說，這多種關係都不能發生。一般來說，相應於過去因的是過去果；相應於現在因的是現在果；相應於未來因的是未來果。通常我們會這樣安排它們的關係。但若以自性角度來說，則這種相合是不可能發生的。相合本身是一個緣起的觀念，意思是有兩種或以上的因素相聚合起來，而產生一種新的東西。這即是我們日常所了解的緣起的意思。但以自性立場來說，相合是不可能發生的，無論是過去因、現在因或是未來因，都不能相合而產生過去果、現在果，或是未來果。因為自性這個觀念本身跟相合的觀念相違背。過去、現在和未來的因和果，其實是象徵一切的因和一切的果，包括任何時間的因和果。這裡的意思是說，一切的因和一切的果，在自性的立場上，都不能夠結合起來而建立因果關係。即是說，任何因都不能結合起來產生任何果；任何果都不能由任何因結合而產生。這幾首偈頌的關鍵在於相合的觀念。說到相合，其實就是預認了緣起，因為只有在緣起的角度才能說相合，若以自性角度說，就不可能發生相合的情況。

二〇・一五　若不和合者，因何能生果？若有和合者，因何能生果？（大三〇・二七b）

這裡明顯是用兩難的方式展開論辯。無論因是在和合的情況，或是在不和合的情況，都不能生出結果，這就是一個兩難的結構。先看前半偈，若因不和合，而又假設果原先不存在於因當中，當然就不能生出結果，這是顯而易見的。再看後半偈，即使因能夠和合，而又假設果原先已存在於因當中，我們亦不能說因生出果。因為果是原先已有的，不用再生出。

試再進一步來說。第一種情況是因不和合，不能生果；第二種情況是因和合，亦不能生果。在第一種情況中，只需要以常識去理解，各種因素在不和合的情況下，當然不能產生結果。在第二種情況中，即使種種因能和合，龍樹認為亦不能產生結果。在這裡，龍樹預先作出假設，就是在因之中本身已經有果存在著。既然果原先已在因之中具備，我們如何能說因生出果呢？這是第一個解釋方法。而第二個解釋就是，若從自性角度說，這種和合只是將各樣因素放在一起，但因素之間不會交互發生作用。因為若各種因具有自性，它們就是各自獨立自足的，即是說，就算將它們放在一起，它們都不可能真正結合，而產生交互作用，令結果產生出來。

我們提出第一個解釋方法的原因就是，在第一首偈中，龍樹曾提到若因中已有果，則不能說因生果，所以，龍樹可能在這裡再運用同一方法去論辯。但如果順著龍樹一貫的論辯方式，即是以自性立場來說，而推論出困難的情況，從而否定自性，則以上第二個解釋方法較為切合他的原意。

二〇・一六 若因空無果，因何能生果？若因不空果，因何能生果？（大三〇・二七b）

這裡亦是運用兩難方式。「若因空無果」意思是倘若因之中本身沒有果，亦即是若因先無果的意思。「若因不空果」意思就是倘若因先有果。龍樹提出，無論因之中先無果或是先有果，都不能建立因生果的關係。這首偈頌擬設了兩種情況：第一種是因先無果；第二種是因先有果。然後指出，在這兩種情況下，都不能建立因生果的關係。為什麼說因先無果不能建立因果關係，同時又說因先有果亦不能建立因果關係呢？

在第一種情況下，因之中本身沒有果存在，所以不能生出果。這是顯而易見的。正如佛教典籍中經常運用的一個例子——石女兒。我們知道石之中不存在一個女兒，所以它不可能生出一個女兒來。同樣，因之中不存在有果，所以因當然不能生出果來。第二種情況就是原因之中本來已經有結果，這樣，我們也不能說原因生出了結果。因為我們說原因生出結果時，是假定原因要經過一個醞釀的階段，逐漸地生出結果來，而這個結果本來是沒有的。但現在是原因之中本來已經有結果，我們怎能說原因生出了結果呢？例如有一隻雞，牠的蛋本來就已經在體內，而由體內生出來。龍樹認為，既然那隻蛋本來已經存在於雞的體內，就不能說是雞生了一隻蛋。這樣的生產其實只是把蛋的位置轉移，由雞的體內轉移到體外，不能算是雞生出蛋來。但倘若是另一種情況，雞之中本來是沒有蛋的，而雞的體內出現生理變化，逐漸醞釀而生出一隻蛋來，這樣就可說是雞生蛋。

龍樹設定了自性的立場來看這兩種情況，所以兩種情況都成為困難。在自性的立場下，第一種情況中的原因和結果都是有自性的，有自性的東西不可能從另一個有自性的東西生出來，這是確定的。所以這種情況成為困難。第二種情況是原因之中本身已經有了結果，正如蛋本身已完整地存在於雞之中，有自性的果本身就已經存在，這種生產只是位置的轉移。所以在這情況下，因生果是不成立的，於是形成了另一個困難。這種兩難局面只在自性的設定下才出現。倘若我們以緣起角度看，就不成為困難。在第一種情況，原因之中本身無果，經過醞釀的階段，逐漸生出果來。在這種情況下，因生果是成立的。而在第二種情況，原因中本身已經有結果，而這個果是無自性的，我們不能說這個果不可以從無自性的原因生出來，正如不能否定無自性的蛋從無自性的雞生出來。在這種情況下，雞體內的蛋與生下來的蛋不是完全相同，這種生產不單只是位置上的轉移，還包含一些轉變。當我們不以自性的角度說時，在雞體內的蛋就不是完整的一隻蛋，而只是一種可能性。在雞體內有生出蛋的可能性，經過一段醞釀期，逐漸成為一隻蛋，在成熟之後就從雞的體內生出來。由於這個果在因之中是經過一段變化而逐漸形成的，所以這種情況可以說是因生果。在緣起的立場上，第一種和第二種情況都可以說是因生果。

總括來說，能否建立因生果的關係就在於以哪一種立場來說。若以自性立場來說，兩種情況都不能建立因生果的關係；若以緣起立場來說，則兩種情況都可以成立因生果的關係。

二〇・一七

果不空不生，果不空不滅，
以果不空故，不生亦不滅。（大三〇・二七b）

二〇・一八

果空故不生，果空故不滅，
以果是空故，不生亦不滅。（大三〇・二七b）

「果不空不生」中的「不空」，是指自性不空，即是有自性。這句的意思是，倘若果是有自性的，則它是不會被生起的。因為自性是獨立自在的，不可能被其他東西生起。「果不空不滅」意思是，倘若果是有自性的，它就不會滅去。因為具有自性的東西是恆久不變的，故不可能滅去。「以果不空故，不生亦不滅」這兩句重複了前面的意思，是說，假若結果是不空的，即是有自性的，它就不能生起，亦不會滅去。這首偈頌的意思相當明顯，而且簡單。

「果空故不生，果空故不滅，以果是空故，不生亦不滅，」這裡的「空」不是指無自性，而是指虛無。「果空」意思是結果是虛無的，這是一種斷滅無（nothingness）。如果結果是斷滅無的，它就無所謂生起。因為既是一無所有，怎樣可說是生起呢？沒有東西生起，又怎會有東西滅去呢？所以，倘若結果是一無所有的，它就不能生起，亦不能滅去。

這兩首偈頌說出結果的兩種情況，一種是「不空」，即是有自性的；第三種是「空」，這裡是指斷滅的、虛無的。無論這結果是有自性的，或是斷滅的，都是不生不滅的。因為這兩種情況都不符合緣起的正確狀況。在不空的狀態，不能說生滅；在空的狀態亦不能說。只有在緣起的狀態才能有生滅。因為，如果這個結果是有自性的，而自性是不生不滅，故這個果亦不能說生滅；如果這個結果是斷滅的，它不單是沒有自性，更是一無所有，這樣亦不能說生，既然不能生，也就不能滅。惟有緣起的東西才會有生滅，緣聚就是生，緣散就是滅。事物如果不是緣起的，就必定是有自性的，或者是虛無的。這裡說出了諸法在有自性的或虛無的狀態，跟在緣起的狀態的分別，而且是就著是否具有生滅來說。有自性的或虛無的，就不能說生滅；緣起的就有生滅。

二〇・一九

因果是一者，是事終不然，
因果若異者，是事亦不然。（大三〇・二七b）

這首偈頌運用兩難的方法來展開討論。這裡說因與果無論是同一，或是別異，都會有困難。我們先要留意一點，這裡所講的因和果，是同一或是別異，都是以自性立場來說的。即是說，有自性的因和有自性的果，如果是同一的，則有困難，所謂有困難是指不能建立因果關係。另一方面，如果有自性的因和有自性的果是別異的，亦有困難，亦不能建立因果關係。當因和果都是有自性的，它們之間的關係必定是極端的。如果它們是同一的，就必定是完全相同，互相等同於對方。如果是別異，則兩者就是完全不同，絕不能找到任何相通的地方。在自性的設定下，兩者不可能有部分相同，而有部分別異，這個理由以往已重複地說過。2

二〇・二〇

若因果是一，生及所生一，
若因果是異，因則同非因。（大三〇・二七b）

這首偈頌解釋上一首偈頌所提的兩難。如果因果各自有自性，而是同一的，則它們就是絕對地同一，這樣就不能有能生和所生的分別。一般理解的因果關係中，因是能生，果是所生，兩者應是不同的。倘若以自性角度說，能生和所生變成是同一的，則能所的關係就不能說。這種情況是與我們日常的知解相違背的，所以形成了困難。在第二種情況，因和果各有自性，而兩者處於別異的狀態中，則兩者是絕對地別異的。舉例說，在我們日常的理解中，手錶的零件是因，手錶是果。如果兩者各有自性，而又是別異的，則零件和手錶就是完全不同的。如果這些跟手錶完全不同的零件能生起手錶，則其他所有與手錶無關的東西，例如水、石頭等都應能生起手錶，因為零件與水、石頭等都同樣是跟手錶完全不同。若是這樣，則原先被視為因的零件，跟其他非因，即水、石頭等就沒有分別了，因為它們都是作為與手錶完全別異的東西而能生起手錶。這樣是違背了我們日常的知解，而且與事實不符。若我們要令這種困難不出現，就必須放棄自性的預設。若能以緣起的眼光來看因果關係，這些困難就不會出現。

二〇·二一

若果定有性，因為何所生？
若果定無性，因為何所生？（大三〇·二七b—c）

這裡說到果有兩種可能性，一種是「定有性」，另一種是「定無性」。「定有性」意思是確定地有自性，「定無性」的意思需要特別留意，它不單是說確定地無自性，更表示一無所有。定有性和定無性都是違背緣起正理的。這兩種見解都是有困難的，即是不能解釋因果關係。「因為何所生？」

2. 例如，可參考上面對第一品第一偈頌的闡釋。

就是用詰難的方式提出困難。如果結果是確定地有自性的，那麼，因對應於什麼而作為因呢？如果說這個因是對應於結果而作為因，因和果就必須要建立起一種關係。但具自性的果不會由具自性的因生出來，即是說這種因果關係是不能建立的，這樣，這個因造出了什麼結果而成為因呢？對於一個有自性的果，任何東西都不能成為因，因所能生起的結果都是無自性的，所以就存在著困難。另一方面，倘若果是確定地無自性的，而且更是一無所有的、虛無的，這樣就任何東西都不能作為它的因，因為從緣起角度來說，任何由因所生起的東西，都不會是虛無的。由因所生出來的果就是緣起的東西，如果將果當作是虛無的，因還能對應於什麼而成為因呢？我們不能說因生起一個虛無的果，因為這是違背現實的。基於緣起的律則，因無可能生起虛無，它只可能生起具有緣起性格的結果。

無論我們將結果當作有自性，或是當作虛無，都不可能建立起因果關係。如果我們要成就因果關係，就不可將果視作有自性或是虛無，而要以緣起角度去看事物。這首偈頌的目的就是要我們放棄以自性或虛無的角度看事物。

二〇・二二

因不生果者，則無有因相，
若無有因相，誰能有是果？（大三〇・二七c）

這首偈頌承接著上文而提出，同樣是針對無法建立因果關係的困難。因若不生果，則它就失去了作為因的特性。我們稱一樣東西為因，是基於它能生果這種特性，倘若該東西不生出果，我們就不能說它是因。例如父子的關係，一個人可稱為父親，是由於他生有子女，如果那人根本沒有生出子女，我們就不能說他是父親。父是相對於子女來說的，而因是相對於結果來說的。沒有生出子女的，就不能說是父親；沒有生出結果的，就不算是因。若因的特性不能成立，則果又如何能生出呢？因為有因才有果，因相不能成立，果亦無從構成。

二〇・二三｜若從眾因緣，而有和合生，和合自不生，云何能生果？（大三〇・二七c）

由眾因緣和合而生果，這種見解是正常的。例如A、B、C、D、E五種因素和合而生出F，這種和合而生果是合乎緣起正見的。但在這裡我們需要留意，和合本身只是一種方式，並沒有一樣有自性的東西稱為和合。和合只是眾緣聚合的一種方式，並非指某種事物，更不存在和合的自性。「和合自不生，云何能生果？」意思是說和合本身都沒有生起，它又怎能生出果呢？所以我們說因緣和合生果時，不能將重點放在和合上，不應以為和合是生出結果的因素。由A、B、C、D、E和合而生出F，我們不能說F是和合所生，更不能說和合本身是有自性的。這首偈頌的目的是要破斥某些人以為和合是一樣東西，即是說，根本沒有一樣東西是對應於和合的。更進一步是要破斥和合具有自性。和合並不是一種生起的東西，它本身沒有生起，更不能生起其他結果。

二〇・二四｜是故果不從，緣合不合生，若無有果者，何處有合法？（大三〇・二七c）

無論緣合或是緣不合，都不能生起結果。何以果不能從緣合而生呢？所謂緣合，是指眾緣具有自性的和合。剛才已提過，和合本身只是一種聚合方式，並不是具有自性的東西，所以，這種和合不可能生出結果來。至於緣不合，當然更不可能生出結果來。緣合不能生出果，緣不合亦不能生出果，既然沒有果生起，我們從哪裡可找到有自性的和合呢？

現再總結此偈頌。龍樹的意思是，當諸緣和合而生果，這種和合其實只是一個架構，或是模式。我們不能將和合視作緣或對象。現實上，並沒有一樣東西與之相應。和合作為一種模式，它的作用只是提供一種機會，讓眾緣接觸，互相交涉，透過緣起的原理來生出結果。所以，我們不應將和合看成一種實物，更不應以為和合具有自性。如果我們將和合對象化或自性化，則諸緣和合而生出結果這種現象便無法解釋。

觀成壞品 第二十一

本品討論兩個相對的概念，第一個是成，第二個是壞。所謂成，是指某一種現象或事物形成的狀態；而壞就是相反，即是現象或事物消失的狀態。試從梵文來看，成是 saṃbhava，意思是由某些因素聚合而構成某種現象或事物；壞是 vibhava，指構成某種現象或事物的因素離散，以致這些現象或事物消失。成和壞都是人的思想中的概念，用以描述事物的存在或不存在的狀態。當事物完整未受破壞之時，我們就稱此為成的狀態；當事物被破壞以致消失，我們就稱此為壞的狀態。最重要的一點是，成和壞都是我們思想中建構出來的概念，在客觀環境中，並沒有任何實際的東西對應於這兩個概念而存在。這品主要表達的意思就是，在現實世界中，並沒有相對於成和壞這兩個概念的自性存在，即是說，成的自性和壞的自性都不存在。

關於成壞的問題，在佛教中不單只《中論》有提到，中國的華嚴宗亦有討論這個問題，他們提出六相：

總相————別相
同相————異相
成相————壞相

其中成相和壞相所討論的，就跟本品的主題相近。然而亦有少許不同之處。華嚴宗是以緣起的立場來討論成和壞，亦即是從無自性的角度來討論成和壞，而採用一種正面肯定的方式。龍樹却在否定面來討論自性的成和自性的壞。兩者的思想背景都是空，他們的基本方向可作如下區分：

　　華嚴宗：「無自性的」成壞（肯定）

　　龍　樹：無「自性的」成壞（否定）

華嚴宗是要肯定、確立「無自性的」成壞，即是說，要肯定一種成壞的學說，而當中所講的成壞是無自性的成壞。龍樹卻是要否定「自性的」成壞，即是要否定一種以為成壞有自性的見解。兩者都是討論成壞的問題，基本思想都是一致的，前者是要肯定「無自性的」成壞，後者是否定「自性的」成壞，大家都是以緣起作為思想基礎，只是討論的方式不同。[1]

二一·一

離成及共成，是中無有壞，
離壞及共壞，是中亦無成。（大三〇·二七c）

我們首先要了解，當我們說成壞時，是以相對的角度來說的。我們說成，是對應於壞來說的；說壞，是對應於成而說的。正如當我們說大，是對應於小而說的；說事物小，是對應於大的東西而說。成和壞是相對的，沒有絕對的成或絕對的壞。此偈頌基本上是表達出成和壞的相對性。偈頌指出，離開了成，或是與成共在的情況下，都不會有壞；離開了壞，或是與壞共在的情況下，亦不會有成。成和壞是相對的，成必須要相對於壞，否則無所謂成；壞亦必須要相對於成，否則亦無所謂壞。龍樹在這裡是以一種相對的眼光來看成和壞，而不以絕對的眼光視之。以絕對眼光來看成和壞，即是將自性加諸成和壞之上，以為成和壞都有其本身的自性，這正是龍樹所反對的。無論在任何情況下，成和壞都無自性可得。這個意思不單在此偈頌中表達出來，更是貫徹於整品之中。龍樹就是要藉此反對將成壞實體化、自性化。

二一・二

若離於成者，云何而有壞？
如離生有死，是事則不然。（大三〇・二七c）

這首偈頌是順著第一首偈頌而說的，要解釋何以離開了成就沒有壞。這裡較仔細地作出考察。當我們說成相時，是相對於壞相而說的；說壞相時，亦是相對於成相而說。若離開了成相，怎可能有壞相呢？舉例說，父子之間正是有著這種相對的關係，父是相對於子而說；子亦是相對於父而說。若沒有父，子就不能成立；反過來，若沒有子，父亦不能稱為父。再從哲學的角度說，壞相是不能獨立於成相而建立的，而必須要相對於成相。既然壞相不能獨自成立，所以壞相不可能有獨立的體性，即是沒有壞的自性。

壞相必須要依於成相來建立，對於這個意義，龍樹以生和死為例去解釋。下半偈說「如離生有死，是事則不然」，如果說離開生而有死，這是不正確的。生死跟成壞同樣是相對性格的，若沒有生相，就不會有死相；沒有死相，亦不會有生相。我們不能說沒有生而有死，因為沒有生相，就不

1. 關於成壞，參看筆者的《佛教思想大辭典》，〈六相圓融〉條，臺灣商務印書館，一九九二，一三一b—一三二a。

能顯出何為死相。同樣地，沒有成相，我們亦不曉得何為壞相。

二一・三　成壞共有者，云何有成壞？如世間生死，一時則不然。（大三〇・二七c）

這裡繼續說，在成和壞共同存在的情況下，不可能有成和壞出現。前面說到成和壞是互相依待的，成不能離壞，壞亦不能離開成。那麼，成壞是否可以混在一起呢？龍樹在這裡指出，成和壞是不能混在一起的。當我們說成壞是相對著，不可以獨立於對方而成立，這並不表示成和壞是可以混合在一起。如果將成和壞混在一起，則成、壞兩者都不能建立。理由何在？如果成和壞混合在一起，就會有矛盾出現，試看下圖：

←成　　壞→

成和壞的方向是相反的，成指事物向著成立的方面前進，壞指事物向著毀壞的方向走去。如果我們將成和壞混在一起來說，就必定產生矛盾，因為成和壞的方向相反，事物怎可能同時趨向兩個相反的方向呢？所以，偈頌說：「成壞共有者，云何有成壞？」若事物同時又成又壞，則成、壞兩方都不能成立。

以上的偈頌可總結為兩點：第一、成壞不可以獨立於對方而成立；第二、成壞亦不可以共同存在。龍樹運用生、死來作譬喻。生和死是相違反的，一個人若是生，就必不是死；他若是死，就不可能是生。任何人或生物都不可能又是生又是死。因為生和死是互相矛盾的，所以兩者不可能同時存在。同樣地，成和壞亦是相矛盾的，因此亦不能同時存在。

任何概念建立起來時，分開來說，其相對的概念亦成立，這是我們思維上的規律。而我們說這種相對的概念不能共同存在，是就著時間和空間而言，同一時間和空間中，兩個相對的情況是不可能一起存在的。但在不同時間，或不同空間上，卻可能出現相對的情況。例如某甲在一九五五年生，而在一九六五年死，這是可能的；而在同一時間中，某甲是生，而某乙是死，這亦是可能的。

二一・四　若離於壞者，云何當有成？無常未曾有，不在諸法時。（大三〇・二七c）

這首偈頌回應上述第二首偈頌。前面說到離開成就沒有壞；這裡就反過來說，離壞沒有成。壞相不能獨立於成相而建立，同樣，成相亦不能獨立於壞相而成立。

下半偈頌提出常住的問題，「無常未曾有，不在諸法時」意思是，如果我們執著成相，以為它可以獨立於壞相而存在，就會產生一種常見，這是錯誤的。在佛教來說，常見和斷見都屬於妄見，都是錯誤的見解。照佛教所說，一切法都是無常的。無常這種性格總是在一切法之中。將這句說話反過來說，就是無常這種性格沒可能不在一切法當中，意思仍是一樣的，這就是下半偈所說的。

二一・五　成壞共無成，離亦無有成，是二俱不可，云何當有成？（大三〇・二八a）

這首偈頌將前面四首偈頌所討論的問題進行總結。「成壞共無成」中的前一個成字表示成相，而後一個成字表示成立，這點必須分清楚。這句的意思是，如果說成相和壞相共同存在，這是不可能成立的。「離亦無有成」是說，如果說成相和壞相完全分離，沒有任何關係，成和壞亦是不能成立的。這裡所說的離，是在邏輯上和義理上說的，而不是指時間和空間的分離。這兩句其實是重複了前面所討論的。

「是二俱不可，云何當有成？」意思是，既然以上兩種情況都不成立，我們又怎能建立起具有自性的成相和壞相呢？這是漢譯本的文字所表達的意思。但在梵文本中，這下半偈的文義卻是不同的，以下是該半偈的意思：

實際上，生與死是不能同時存在的。2

其實，這個意思在前面已經提過，第三首偈說「如世間生死，一時則不然」，就是這個意思。

二一．六 盡則無有成，不盡亦無成，盡則無有壞，不盡亦不壞。（大三〇．二八a）

這裡提出盡和不盡兩個概念來進行討論。盡是指一種狀態，在這種狀態之中，事物在每一微細的時刻裡都在泯滅、在消失，即是念念在泯滅的狀態，而念是指很短速的時刻。不盡就是指念念在相續、在生起的狀態。在佛教看來，事物不會恆常地保持不變的，例如一張椅，它在每一刻之中都不斷地消失，而同時亦在每一刻之中不斷地生起，所以這張椅是不停地轉變著的。事物的轉變所依據的方式就是盡和不盡。事物在每一刻中都消失，但馬上又再生起。人亦是一樣，都是不停地消失，又馬上生起，是斷斷續續地延續下去的。我們或許會質疑，這張椅子一直都放在這裡，怎會是消失了又生起呢？而在自己思考當中，可發覺自我一直都是存在著，又怎會是斷斷續續的消失和生起呢？照佛教所講，我們的感官能力是有限的，不能察覺到這些微細的轉變，所以，總是以為事物和自己都是常住不變的。然而，事實上自我和各種事物都是以盡和不盡的方式不斷地轉變的。

「盡則無有成」表示事物念念在泯滅的狀態，所以不能有成。這個成是指一種自性的成。諸法恆常地處於轉生的狀態，舊的事物不斷消失，新的事物不斷生起，在這種情況下，我們不能以自性的眼光說有成。在不盡當中亦不能說有自性的成。雖然不盡是諸法不斷生起的狀態，但這種生起是不會停留的，諸法生起後立刻又滅去，滅去後又立即生起，所以這種生起不能說是自性的成。所以說，盡沒有成，不盡亦沒有成。

若以緣起的立場來說，諸法亦是盡，亦是不盡。舊的滅去謂之盡；新的生起謂之不盡。盡和不盡各自指向一種變化的模式，這種變化的模式就是緣起的狀態。在這立場下，盡就是壞，不盡就是成。所以，以緣起立場來說，成和壞都是成立的。相反地，若以自性立場來說，則成和壞都不成立。這首偈頌最後還是回歸到緣起無自性，即是空的立場。

二一・七　**若離於成壞，是亦無有法，**
若當離於法，亦無有成壞。（大三〇・二八b）

---

2. Kenneth K. *Inada, Nāgārjuna: A Translation of his Mūlamadhyamakakārikā*. Tokyo: The Hokuseido Press, 1970, p.126.

這首偈頌討論法和成壞之間的關係。龍樹認為法和成壞是不能完全分隔的，法依賴於成壞而立，成壞亦依賴於法而立，雙方是互相依賴的。前面已經提過，成壞是不能以自性來說的，它們都不能離開諸法而獨自存在。因為成壞是我們意識中建構的概念，用以描述事物存在的狀況，所以若離開了事物，根本無所謂成和壞。

二一．八

若法性空者，誰當有成壞？
若性不空者，亦無有成壞。（大三〇．二八b）

本偈頌運用兩難的方式來論證，指出無論法是性空或是性不空，都不能建立起成和壞。我們要留意，這裡所說的「性空」和「性不空」是有特別意義的，並不等同於前面提過的緣起性空的意思，即是說，這個「性空」不等於無自性的意思。這裡所說的是以絕對眼光所說的空，即是虛無的意思。如果諸法是性空，即是一無所有，呈現斷滅的狀態，這樣就無所謂成壞。當我們說成壞時，必需有一些東西存在，才能說出它的成的狀態或是壞的狀態。如果諸法都是一無所有的，我們怎能說成壞呢？如果現在沒有緣起的諸法存在著作為描述的對象，而是完全一無所有，根本不能說什麼成壞。這是上半首偈頌的意思。

下半偈說「若性不空者，亦無有成壞」，這裡的「性不空」的意思是常住。若果諸法是常住的，亦不會有成壞。因為成壞是用來描述事物的不同狀態，如果事物是常住的，就根本沒有成或壞的狀態。只有緣起的東西才有成壞。而常住有自性是與緣起相衝突的，所以，對常住的東西不能說成壞。

二一·九　成壞若一者，是事則不然，成壞若異者，是事亦不然。（大三〇·二八b）

這裡亦是運用兩難的方式。成壞若說是處於同一的狀態，這顯然是錯誤的；而說成壞是不同的狀態，亦是不對的。就一般情況來說，成壞當然是不同的。對事象來說，成是指事物是成立的，而壞是說事物是破壞了，或是消失了。成和壞都是就緣起來說的，緣聚則成，緣散則壞。當種種緣聚合起來而生起某種事物，我們就稱之為成；當這些緣離散，令這件事物轉變成另一些東西，或是消失，就稱為壞。如果我們忽略了緣起的性格，而以一種絕對的眼光看事物，就會變成無所謂成或壞。所以，成壞只在緣起的事物中才成立。而緣起的事物是處於不斷變化的狀態中，倘若我們以絕對的眼光去看事物，則事物就只可能是常住的，或是斷滅的，在這兩種情況中，成壞都不能建立。此偈頌中所說的「一」和「異」，都是就絕對的眼光來說，而不是指相對的一和異。在絕對的角度來看，兩件事物是一，就是完全地等同，沒有任何差異；兩件事物若是異，就是絕無半點關係。在這種角度之下，說成壞是一或是異，都不能成立。因為成壞是相對的，所以只能以緣起的角度來看，而不能以自性、絕對的角度看。這首偈頌主要指出的，就是成和壞都只能在緣起的角度下才能建立起來。

二一·一〇　若謂以現見，而有生滅者，則為是癡妄，而見有生滅。（大三〇·二八b）

這裡出現一個較為少見的概念，就是「現見」。現見是指現前所見，即是概括地指一切感性直覺。例如我們現在看見這張檯的顏色，這是我們的視覺直接地在現前感知到的，無需經過思維去推度就已經得到的訊息。這是我們對現象世界進行認知的基本方式，純粹利用我們的五官去直接接觸現象世界。透過這種方式而達致對現象界的了解就謂之現見。這種認知方式是有局限性的，我們只能藉此了解到現象世界在我們的感官前所呈現的狀態，而現象世界背後所依據的東西，就不是現見所能了解的。這種依據，本身並不屬於現象範圍，我們稱之為「物自身」的範圍。物自身是埋藏於現象背後，支持著現象，使它呈現於我們的感官之前。一般來說，現象具有時間性和空間性，我們所感覺得到的現象都是在時間和空間之中發生的。另一方面，現象是具有成、住、壞、滅這四種相狀的。按照《中論》所說，真理有兩方面，即所謂二諦，分別是第一義諦，或稱真諦（paramārtha-satya）；及世俗諦，或稱俗諦（saṃvṛti-satya）。現見是屬於俗諦方面的。我們透過感官去認知這個世界的相狀，而且是一種正確的認知，這種認知在真理上是屬於俗諦方面的。而真理的另一方面，即第一義諦，是指向真如，即一般所說的物自身那方面的真相。總括來說，第一義諦是指向真如或物自身的真實情況；而俗諦是指向現象界的狀態。而現見是相應於俗諦方面的。

龍樹在這裡將現見關聯到生滅來說。他指出，透過現見而接觸到的東西是有生滅的。他同時對這些現見的東西表示出一種輕視的態度。「則為是癡妄，而見有生滅」意思就是，透過現見而接觸到的東西，是有一種癡妄的成分，即是虛妄的。這種虛妄顯然是相對於第一義諦而說的。他認為只有第一義諦才是指出事物的真實性格，而現見這種方式所接觸到的是虛妄的一面。這裡顯出龍樹有點輕視我們的感性直覺的認識能力。然而，這種理解跟龍樹在以後所講的二諦理論有點不協調。他所說的二諦（satya-dvaya）理論一方面是真諦，另一方面是俗諦。他認為要了解真諦就需要透過俗諦，可見他並沒有輕視俗諦。但在本偈頌中卻顯出了龍樹傾向於忽視與俗諦相應的現見，亦即是對俗諦有所輕視。這種態度跟後來講二諦理論時的態度實有點不協調。所以，我們認為龍樹在撰寫本偈頌時有點疏忽。

二一・一一　從法不生法，亦不生非法，從非法不生，法及於非法。（大三〇・二八b）

這裡提出了兩個概念，一個是法，另一個是非法。在本論中，當提到法時，一般是指現象或是事物，這些現象或事物都是緣起的東西。但本偈頌所說的法並非這個意思，而是指具有自性的法。至於「非法」，就是與自性的法相反的，即虛無的，或是一無所有的。所以，這種法是指實法，亦即是常住的法；而非法就是虛無的，亦就是斷滅的法。法和非法在這裡都是以絕對的立場說的，兩者都不能關聯到緣起的義理。當我們提到生時，我們知道現象是有生有滅的，所以這個生是就著緣起來說的。例如一棵葡萄樹長大後，就會生出葡萄來，這些葡萄的生是一種緣起的生，它需要有葡萄樹的種子、水分、泥土、陽光、養料等等因素，經過發芽生長，以至結果。這是在緣起的脈絡下說的生。而生亦必需要在緣起之中才能建立，倘若在常住或是斷滅的基礎上，就不可能建立生這種情況。龍樹在本偈頌中，是從自性以及虛無的脈絡下說生，亦即是在常住以及斷滅的角度來講生，因而得出結論：從法之中不能生出法或是非法；從非法之中亦不能生出法或非法。法若生出法，就是自生。但在自性的角度下，自生是不成立的，有自性的法不能生起有自性的法來。例如有自性的A生出有自性的A，這裡的生是沒有意義的，而且，有自性的A亦不需要由其他東西生起。有自性這種情況本身就排斥生這個概念。第二點是法不能生出非法來。有自性的法當然不能生起虛無來，虛無就是一無所有，根本不可能由任何東西生起。如果說虛無由另一種東西生起，這個生本身是沒有意義的。例如一隻雞生出一隻蛋，這隻雞和蛋兩者都是緣起法，在適當的緣集合起來時，這隻雞就生出蛋來。這裡的生就具有適當的意義。但如果說有自性的法生起虛無來，這個生就毫無意義。所以龍樹說有自性的法不可能生起虛無來。第三點是非法不能生出具自性的法。虛無本身一無所有，當然不能生出法來。第四點是非法不能生出非法來。由虛無生出虛無，這裡的生根本沒有任何意義。一般所了解的生是由一些東西生出另一些東西。若說一無所有生出一無所有，這裡根本沒有生的意味。以上四種生都不成立，所以龍樹將從自性來說的生加以否定。從自性來說的生不成立，則其他相狀，如壞滅，若從自性來說亦是不成立的。壞滅亦必須從緣起的角度才能建立起來。

二一・一二　法不從自生，亦不從他生，不從自他生，云何而有生？（大三〇・二八c）

這裡所說的生是從自性角度來說的。從這個角度來說，生者、所生和生這個活動本身都是有自性的。生這個活動可有四種情況：自生、他生、共生和無因生。現先說自生，從自性來說的生，不可能是自生。因為，說一個有自性的東西由自己生出來，當中提到的生根本沒有意義。具有自性與生是互相排斥的，有自性的東西不可能是生出來的，生起的東西就不具有自性。他生即是由他者的自性生出來，亦是自性生的一種，所以亦是不可能。共生就是自性和他性結合而生。自性和他性都不能生，兩者基本上性質相同，結合起來亦不會生。例如甲和乙兩者都是不懂駕駛的，他們各自不能駕駛汽車，縱使坐在同一車上，亦不可能駕駛這部車。所以，共生亦是不可能的。自生、他生和共生三者都屬於有因生，亦是窮盡了一切有因生的可能情況。三者都不可能，即表示有因生不能成立。此偈頌雖然沒有提及無因生，但亦預認了無因生是不可能的。無因生本身是違背因果律的。總括來說就是生不可能，這種生是指自性的生。生不可能即是成也不可能。生和成都不能在自性的角度來說。

二一·一三 若有所受法，即墮於斷常，當知所受法，若常若無常。（大三〇·二八c）

這裡提出了兩個概念，一個是「受」，另一個是「所受」。這個受並非一般所說的感受的意思，而是帶有負面的意義，是取著的意思。所受的意思是有所取著。而取著的對象就是自性。就受和所受來說，可有兩種態度。一種是取著於自性的法，即是以為法具有自性，因而加以取著，這樣就會對於法形成一種常住的見解。這種常住的見解，在佛教來說是一種邪見。另一種態度是對於任何法皆無所承受，以為種種法都一無所有，忽視其緣生的性格，這樣就流於斷滅的見解。這亦是一種邪見。佛教認為，必須要從常住和斷滅兩種極端的見解超脫出來，奉行中道，而中道是以緣起作為基礎的，它不著於常見，亦不流於斷見，這才是正確的認識。龍樹在這裡提出，我們在認識事物當中，應該擺脫常見和斷見，以緣起的角度去觀察，這樣才能對事物有正確的了解。

「若有所受法，即墮於斷常」意思是對於所受法一般有兩種見解。一種是認為這些法是斷滅的，另一種是視之為常住的。這兩種都是極端的見解，都屬於邪見。「當知所受法，若常若無常，」這是龍樹提出的見解。「常」是指常住，「無常」是指斷滅。他認為對於所受法，應該採取在常住和斷滅兩個極端之間的一種中道的見解。這種中道的見解是將事物看為是緣起的，緣起的就是無自性，亦即是從自性常住中超越出來；另一方面，緣起並非是一無所有，仍然是具有存在性，所以是超越於虛無。這就是正確的中道觀。一般人對事物都是採取較直接的態度，若非迎，就是拒。由迎而產生一種取著的態度，以至認為事物是有自性的，形成一種常住的見解。另一種就是拒斥的態度，認為事物都是一無所有的，完全忽視其存在性，以至構成斷滅的見解。龍樹認為這兩者都是偏見，或邊見，都不符合中道的態度。對於事物不應迎，亦不應拒，應視之為緣起，不具有自性，亦非一無所有。這才是正確的對事物的認識態度，亦就是中道正觀。

二一・一四　所有受法者，不墮於斷常，因果相續故，不斷亦不常。（大三〇・二八c）

此偈頌承接著上一首偈頌，而作為補充。這個補充是佛教以外的人提出的，並不是龍樹自己的意思。「所有受法者」是指一切所接觸到的事物。如果我們能以緣起的眼光去觀察一切事物，就不會陷於常見或斷見。「因果相續故，不斷亦不常，」這裡指出事物不會停著不動，而是生起後立即就滅去，每一瞬間都在變化，但卻不會斷滅，事物滅去後立刻又有相似的事物生起，延續著它的存在性格。在這個相續過程中，有一種因果關係聯繫著。當前一個相狀滅去後，馬上就有一個相似的相狀生起，這個生起的相狀是以前一個相狀為因。所以，在這個生滅過程中，前後的相狀之間具有一種因果相續性。在這過程中，事物不會停留不動，所以是不常；但又不會斷滅，所以是不斷。事物不斷亦不常的性格，就在這個生滅過程中顯出來。這個補充的意思，是龍樹以及佛教都認許的。

二一・一五　若因果生滅，相續而不斷，滅更不生故，因即為斷滅。（大三〇・二九a）

龍樹在這裡提出一點，一般人認為因滅果生，在這過程中有一種相續性存在。問題在於，在這種相續性中，是否就沒有斷滅的情況呢？在因滅果生中，因滅去之後，果就隨之生起。然而這個果並不就是因本身，它跟因是有分別的，可以說是一件新的東西。而那個滅去了的因就永遠滅去，雖然有果產生，但果是另一種東西，原來的因卻不會再出現。從這個角度看，那個滅去了的因是已經斷滅，不復存在。例如，現在是下午三時，檯上的茶杯是處於某種狀態。到了下一瞬間，譬如說三時零一秒，這時的茶杯已是一種新的狀況，跟剛才的茶杯已經不同。雖然，三時零一秒的茶杯是接續著三時的茶杯，相狀亦非常近似，但並不是等同。三時的茶杯消失之後就不會再生起完全同一的相狀，從這方面看，茶杯的相狀可以說是斷滅了。在另一方面，前一個相狀滅了之後，卻能生起一個近似的相狀。這種延續性使到事物不斷生起，始終保持著存在性。從這方面看，卻有點常住的意味。所以，在因滅果生的過程中，可以說事物有斷滅的性格，亦可以說有常住性。從因滅來看，因滅之後就不會生起同樣的東西，所以，這個因可說是斷滅了。從果生方面看，與因相似的相狀不斷生起，這種延續性亦可說具有點常住的意味。在這裡要注意一點，因滅果生並非是兩件事情，實際上只是同一件事，但分析起來可以從兩方面看。

「若因果生滅，相續而不斷，」這裡著重於果生方面構成的延續性，從這種延續性可以引出常住的意思。「滅更不生故，因即為斷滅，」這部分集中於因滅方面，因在滅去之後就不會再生起，由這點可引出斷滅的意思。在這種情況下，因滅和果生是屬於同一件事的兩個面相，這兩個面相分別引出斷滅和常住的性格。這兩種看來是矛盾的性格，在這情況之下卻能共存於一件事當中而沒有問題產生。

二一・一六　法住於自性，不應有有無，涅槃滅相續，則墮於斷滅。（大三〇・二九a）

這首偈頌承接著上文。上一首偈頌討論因滅果生兩方面，而這首就著重於討論斷滅的情況。在佛教的修持當中，涅槃（nirvāṇa）是一個最終的目標，而與涅槃境界相應的是斷滅的性格。「法住於自性，不應有有無」意思是如果事物住著於各自的自性當中，就不應從有轉變為無。若事物是以自性的狀態持續著，則永遠都是有，而不會變成無。涅槃作為佛教的終極目標，是要透過滅除生死煩惱才能實現的。在現實之中，人是生活於生死煩惱中，而涅槃是斷滅了生死煩惱而達致的境界。所以，涅槃帶有斷滅的意味。這是後半偈頌的意思。這裡顯出了龍樹的宗教意趣。由上一偈頌可見，在因滅果生中表現出斷滅和常住兩種性格的平衡狀態。而佛教作為一種宗教，它的最終目標是要達致涅槃的境界，而涅槃是透過滅除生死煩惱才能達致的，由此顯出一種斷滅的傾向。龍樹在討論一般事物的情況時，在斷滅與常住之間常保持著一個平衡點。但當提及宗教的目標時，就傾向於斷滅方面，正是由於涅槃境界是透過生死煩惱的斷滅而達致的。

我們可以提出一個問題，涅槃的達致是否必須透過滅除生死煩惱才能成就呢？我們可以持不同的態度。中國佛教在發展至天台、華嚴時強調一點，就是涅槃的達致可以與生死煩惱的狀態並存。

這種宗教態度表現出對於現實世界非常重視。這亦是中國佛教的特色。但在龍樹時期，佛教中一般仍然堅持必須要斷除生死煩惱才能達致涅槃境界。這種態度是傾向於斷滅方面的，由於認為現實的生死煩惱與涅槃不可能並存，所以若要達致涅槃境界，就必須斷除生死煩惱。這種態度是龍樹以至中觀學派所堅持的。

現實世界中的生死煩惱是由人的無明所產生的，對於這種負面的東西，中觀學派和中國佛教持有不同的態度。中觀學派主張直截了當地滅除煩惱，滅除生死而達到涅槃。而中國佛教則認為不必滅除煩惱和生死，而是要克服煩惱和生死，繼續保留現實世界，而且在現實世界中實踐涅槃境界。雙方顯出兩種不同的宗教智慧，其中，中國佛教透過克服煩惱，甚至利用煩惱來達致宗教的理想，比起中觀學派的消極地滅除煩惱來成就涅槃，顯然是更勝一籌。

以下的四首偈頌有著一個共同主題，就是論證我們的生命主體不可能具有自性的相續性。[3]這種生命主體的相續性的思想背景是一種自性的觀念。龍樹認為，我們應該以緣起的眼光去了解自己的生命主體或自我，不要以為自我是具有自性的、是常住不變的。龍樹這種態度，跟釋迦牟尼所講的三法印中的諸法無我的觀點是一致的，都是認為人的自我是無自性的。可見龍樹是繼承了原始佛教的無我觀念。他對於生命個體的想法可以下圖表達：

3. 這裡所說的生命主體，其實即是個體生命或個別自我，相當於一般所說的靈魂。在佛教，這通常稱為「有」。十二因緣中的「有」，便是指此而言。

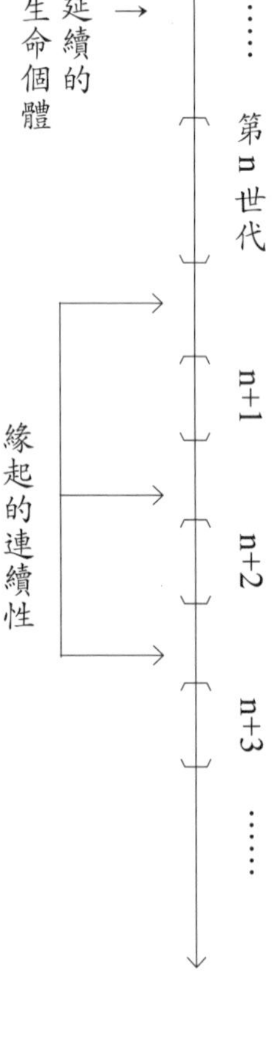

龍樹認為生命主體本身是延續的，每一個世代是有一種以生命為主脈的連續性連接著的。龍樹指出，我們不能以自性的角度去看這種連續性，這種連續性是緣起的。生命在兩個世代之間以中有的形式存在而延續著，中有本身亦是緣起的，沒有一種具自性的連續性把生命延續起來。

二一・一七

若初有滅者，則無有後有，
初有若不滅，亦無有後有。（大三〇・二九a）

「初有」是與「後有」相對的，假設第n世代是初有，則第n+1世代就是後有，而相對於第n+2世代，第n+1世代就是初有，第n+2世代就是後有，餘類推。

我們試參考此偈頌的梵文原本的意思：

說一個存有物只在它的前身停止存在時生起，是不對的。另外，說一個存有物在它的前身不停止存在時生起，也是不對的。4

這裡的意思較為清楚。停止存在的意思是斷滅，不停止存在的意思是常住；存有物即是我們所說的生命存在。前半部的意思是，若說後世必須在前世的生命斷滅後才能生起，這是不正確的。龍樹要指出，後世不可能在前世的生命斷滅了之後才生起。後半部是說，若說後世在前世生命仍然常住不滅的情況下而生起，亦是不正確的。龍樹認為生命具有延續性，而且跨越世代。但他指出，無論是說前世斷滅之後才生起後世，或是說前世仍然住著而生起後世，都是錯誤的見解。他的目標是要證明生命的延續性是基於緣起的。若在自性立場上，無論說前世是斷滅或是常住，都不能生起後世生命，所以不能建立起生命的延續性。只有在緣起的立場上，才能建立這種延續性。

漢譯本亦表達出同樣的意思，只是稍欠清晰。「若初有滅者，則無有後有」意思就是，如果初有斷滅，就沒有後有生起。亦即表示，如果前世生命斷滅了，就不能生起後世生命。「初有若不滅，亦無有後有」就是指出，初有若是常住不滅，在這種常住狀態中，後世生命亦不能生起。這個意思與梵文本是相通的。

再總括地說，龍樹認為每個世代的生命都是無自性的，生命的內容就是業的積習，而業本身是緣起的。業力的發揮令到生命不斷地延續下去，跨越世代。而在世代與世代之間，生命是以中有的形式存在的，中有本身亦是由業力所形成，故此亦是緣起的。所以，整個生命主體的流轉歷程是連續的，而且，只有在緣起的基礎上才能建立這種連續性。若以自性觀點看，生命主體的前後世代就不可能連接起來，因而失去了這種連續性。

---

4. Kenneth K. Inada, ibid., p.129.

二一·一八

若初有滅時，而後有生者，滅時是一有，生時是一有。（大三〇·二九b）

這裡的意思是，一個生命主體在一個世代的生命終結後，這個生命主體不會常住不變地存留到下一個世代，而後來的一個世代亦不會全無改變地承接上個世代的生命主體。即是說，生命在一個世代結束時所具有的業力，跟這個生命開始另一個世代時的業力不是完全相同的。在兩個世代之間的過渡中，這個生命已經有所變化，因為生命是緣起的，而緣起的東西是不斷地變化的，所以無論生命在某一世代之中，或在世代與世代之間的過渡期，都會不斷地改變。「滅時是一有，生時是一有」的意思就是，生命主體在一個世代結束時是一個模樣，到了另一世代生起時會變成另一個模樣。在西方的靈魂觀念中，當生命結束後，靈魂轉生到另一期生命時，這個靈魂仍是跟前期生命結束時沒有分別。但佛教認為，這個生命從一個世代死去後，直至轉生到另一世代時，在這段過渡期間是有改變的。雖然在這段過渡期間的轉變未必很大，可能大致上仍然很相近，但不會是完全不變的。這是由於在過渡期間，這個生命的連續性不是常住的。這種連續性是緣起的，所以這個生命仍是不斷地變化著。其實，生命的變化不單在此過渡期發生，更是在每一刻都發生的。任何生命主體在此刻與在下一刻之間，都有所改變。由於這種不斷變化的性格，滅時的生命主體跟在下世代生時的生命主體已經不盡相同，雖然是有著連續性，但由於這種連續性是緣起的，所以不可能保持常住不變。

二一·一九

若言於生滅，而謂一時者，則於此陰死，即於此陰生。（大三〇·二九b）

龍樹認為，初有滅和後有生之間應有一段中有的階段，所以初有滅和後有生在時間上應有一段距離的。如果說初有滅和後有生是同一時間發生的，即是將兩個五陰身勉強併合起來，這是違背了輪迴學說的。初有的五陰身和後有的五陰身應是不同的。初有滅即是前一個五陰身死去，後有生即是後一個五陰身生起。如果說初有滅和後有生同時發生，就等於說死和生都同時發生於一個五陰身之上，這是不可能的。所以，初有滅後，會有一段過渡期，在這期間，生命會以中有的形式存在，在空間中飄蕩，直至再轉生，即是後有生為止。

二一．二〇 三世中求有，相續不可得，若三世中無，何有有相續？（大三〇．二九b）

三世即是過去、現在和未來。龍樹認為在三世中都找不到具有自性的、常住不變的相續性。「三世中求有，相續不可得」這裡的「相續」是指一種自性的相續性。生命在三世之中是相續的，但這種相續性是緣起的，所以生命在相續當中仍是不斷變化的。並沒有一種常住的相續性存在於生命當中。「若三世中無，何有有相續」是說，若果三世中都找不到具有自性的相續性，怎會有一個實在的、具有自性的生命個體相續地存在呢？

生命在三世中延續地發展，其中並沒有一個自性支持著這個生命。雖然生命具有連續性，但這種連續性是緣起的。生命在這種連續的發展中仍是不斷地變化的，並不具備一個常住不變的自性。這就是龍樹在以上四首偈頌中所要透露的消息。

觀如來品 第二十二

本品集中於討論如來的問題。如來這個名詞是從梵文意譯過來的，原文是 tathāgata，這個名詞可用兩種方法來分拆解釋：

1. tathā — gata
2. tathā — āgata

tathā 解作真理，佛教常稱為真如；gata 解作去；āgata 解作來。所以，tathāgata 可有兩個意思，第一個是從真理而去，第二個是由真理而來。如來就是採用第二個意思，即是指由真理而來。如來具體的意思就是指證驗了真理而在世上出現的一種人格。通常我們提到如來，是與佛陀、世尊等字眼通用的，都是指得到覺悟解脫的人格。根據佛教歷史的記載，只有佛祖釋迦牟尼一人得到覺悟解脫，所以如來又用來指稱釋迦牟尼。如來這個名詞的意思相當複雜，需要仔細地進行解釋。如果要將如來這個名詞譯為白話文，可譯作「從真理而來的覺者」。[1]

我們現在要再提出一個問題，剛才我們說到如來是從真理而來的覺者，他是以人格的身分出現的，如果再進一步追問，究竟如來的本質是什麼呢？我們可以這樣解釋，如來的本質要從精神上來說，他可說是一種精神主體（spiritual subjectivity），意思是他是從精神方面來確立自己的主體或主體性。這個主體或主體性具有一種宗教救贖的意味，而非一種形而上的實體（metaphysical substance）。這個具有宗教救贖意味的主體，與形而上的實體之間有著重要的區別。一般人很容易誤解，以為如來就是一種形而上的實體。我們現在進行探討，所謂形而上的實體是指隱藏在事物的背後，而令事物成為如此狀態的一個形而上的基礎。即是說，在我們的感官範圍以外存在，而作為感官事物存在的根據，這就是形而上的實體。形而上的實體一般被視為一種靜態的實體，它雖然作為世間種種事物的基礎，但它不會隨著世間事物的變化而改變。它本身具有一種獨立自在性，在形而上的境界中以靜態的方式存在。總括來說，形而上的實體就是存在於現象界或感官界以外，而令到事物呈現為我們感官所接觸到的模樣的一種具有實體性的東西。如來則是恆常地處於活動的狀態中，而這種活動是能夠影響世界的。很多人都將如來關聯到一種形而上的實體，以為如來就是這樣的東西，這是非常錯誤的觀念，與佛教基本的緣起性空的義理相違背。形而上的實體在佛教來說是一種自性的表現。所謂自性，是自己能夠提供自己的存在性，無需依靠其他事物而能存在的一種東西，它是以一種實體的姿態而存在的。剛才所說的形而上的實體就是一種自性的模式，而佛教是極之反對自性的。佛教認為自性是不存在的，它只是人在意識中的虛妄的構想，世間種種事物都是沒有自性的，他們用「空」來表示這種無自性的意思。佛教反對這種形而上的實體，他們不可能將如來視為一種形而上的實體。

如來是一個精神的主體，基本上是建立在宗教救贖的意義上，完全與形而上的實體無關。但一般人很容易將如來關聯到形而上的實體，以為在如來背後有一個形而上的實體支持著。這種見解是

1. 關於「如來」的詳細意思，參考拙著《佛教思想大辭典》「如來」條，臺灣商務印書館，一九九二年。

徹底錯誤的，與佛教的基本立場，即無自性的立場是相違背的。我們必須緊緊掌握以上所說的，才能清楚了解本品的意義。

二二・一 非陰不離陰，此彼不相在，如來不有陰，何處有如來？（大三〇・二九c）

這裡透過「五求門」，即五種尋求方式，去尋求如來的實體性或自性，結果都是找不到這種實體性或自性。由這個結果而了解到如來並不能以實體性或自性來建立，這就是此偈頌的整體意思。以下，我們再解釋此偈頌如何運用五求門。這裡的五求門包括：非陰、不離陰、此不在彼、彼不在此（此彼不相在）以及如來不有陰。從以上五種途徑都找不到如來的實體，還能從哪裡找得到呢？現在我們逐一解釋此五求門：

1. 非陰

意思是如來本身不是五陰身。何以見得如來不是五陰身呢？因為五陰是緣起法，是有生滅的，而如來不是生滅法。如來是已經證得覺悟的精神性的法身。剛才所說的精神主體是現代的字眼，原來的文獻用的字眼是法身。法身（dharma-kāya）相等於精神主體。dharma 解作真理，kāya 解作身體，法身的意思是真理的身體。這個身體並非物質性的，而是精神意義的身體。我們用現代字眼說成是精神主體。這種精神主體是不能以生滅來描述的。所以不能說如來就是五陰。此外，精神主體亦不能視作形而上的實體或自性。所以，我們不能將如來自性化，以為如來具有自性。在這裡，我們找不到如來的自性，所以，這第一種求門是失敗的。

2. **不離陰**

意思是離開五陰，我們不能說如來。通常我們認為如來示現於五陰身之內；雖然如來已經證成了法身，或說是已經能夠顯示精神的主體，以這個法身或精神主體作為其基礎，但當他要顯示於世間，就需要藉著五陰身來活動。因為法身或精神主體對於這個物質世界來說是抽象的東西，要顯現於世界，就必須透過具體的事物作為媒介，所以如來要藉著五陰身來接觸這個世界，與世界建立關係。對於這點，若從基督教來說亦是相近的。基督教認為上帝是以抽象的形式存在，祂要與現實世間接觸，向世間表現祂的愛，就需要經過「道成肉身」的過程，藉著耶穌來到世界，宣佈上帝的福音，在世上以一種痛苦的形式來宣傳基督教，然後被釘死在十字架上，最後復活，回到上帝身邊。如來以五陰之身與世界發生聯繫，與基督教所說的道成肉身是相當近似的。所以我們不能完全離開五陰身來說如來。否則，如來就純粹只是一個抽象的法身或精神主體，與這個現實世界無法關聯起來。換句話說，如來仍然要依附於一個五陰身來顯示他對世界的慈悲與關懷。所以，我們不能說如來能夠完全遠離這個五陰身。這就是不離陰的意思。這亦含有這樣的意思：我們亦不能透過這第二求門，即離陰，而求取得如來的自性。

3. **此不在彼**

此是指如來，彼是五陰，此不在彼意思是如來不存在於五陰身之內。如果如來存在於五陰身之內，就會發生能在和所在的關係。如來成為了能在，五陰身成為了所在，如來與五陰發生能所的關係。如果如來是能在，他就好像是具有了獨立自在性。但實際上，如來不是存在於五陰身之內，所以我們不能透過如來在五陰身之內這點來證取如來的自性。這就是第三求門。這同樣是失敗的。

4. **彼不在此**

意思是五陰身不在如來之內。如果五陰身在如來之內，亦會成為一種能所的關係，如來成為所在，即對象方面，五陰身則是能在。這樣看來，如來好像是具有自性的。但這不是實際的情況。實際上，如來並不存在於五陰身之內。這就是第四求門，亦是失敗的。

5. **如來不有陰**

意思是如來不擁有五陰身，或說五陰身不是如來所有。如果五陰身是如來所有，則如來就成為能有，五陰身成為了所有；兩者互相對比，獨立於對方。這樣看來，如來又似是具有獨立的自性。但事實上，五陰身不是如來所擁有的。這第五求門亦是不成功的。

以上這種論證，在佛教中稱為「五求門破」，意思就是以這五種方式來求取如來的自性都是不成功的，藉此破斥認為如來具有自性的見解。

現在我們要反省一下，以這種五求門破的方式來證取如來沒有自性，是否具有論證功效呢？我認為這種論證方式實際上不大有效。因為，如果我們要論證如來沒有自性，應該就著如來作為一種精神主體來進行探討。我們需要將精神主體跟形而上的實體或自性區別開來，而顯示出如來與形而上的實體或自性是完全無關的。如果我們能夠建立這論點，就可以直接地證明如來不可能有自性。所以，我們在前面已經提出，如來是一種以活動的姿態存在的精神的主體性，而絕對不是以自性方式存在的一種形而上的實體。當我們能確定這點時，五求門破那種論證方式就變得用處不大。

我們需要再強調一點，如來是一種精神的主體性，這種精神主體性是一種活動，他能夠發出一種能動性，以種種作用來影響這個世界，轉化這個世界。他是恆常地以活動的姿態出現，而絕不是一個靜態的形而上的實體。他既然不是一個形而上的實體，就不可以自性來說，因為形而上的實體是自性的表現模式。由此可以得出結論，我們不能以自性來說如來，即是說，不能建立一個具有自性的如來。

對於以下各首偈頌，我們可以就著先前所講的一點，即如來作為一個精神主體，來進行理解。如來已經證得法身，與我們一般所理解的物理的生命不同。這個精神主體恆常地處於動感的狀態，我們不可以執著他作為一種靜態的自性或形而上的實體。如果我們能夠掌握這個意思去理解本品的偈頌，就不會有很大的困難。

二二・二 陰合有如來，則無有自性，若無有自性，云何因他有？（大三〇・三〇a）

這裡說，如果如來是依著五陰而有的，則如來就是依緣而起的，這個緣就是五陰，由此可以確定如來是沒有自性的。因為緣起的東西是不可能有自性的。若果如來沒有自性，又怎麼會有他性呢？自性（svabhāva）與他性（parabhāva）的意思相近，自性是就著自己本身來說，他性是以他者來說，同樣都是指一種獨立自在的性格，即是自己可以提供自己的存在性。如果如來依著五陰而有，就表示他是緣起的，緣起的就無自性，既然無自性，就必定沒有他性。因為他性基本上就等於自性，只是更換一個角度來說。從自己立場說本身擁有這種獨立自在性就謂之自性，若從他者來說，這個獨立自在性就是他性。沒有自性就必定沒有他性。

這裡提出了一點，就是從某一角度來說，如來可以說是緣起的，但這種緣起與一般事物的緣起不同。如來作為緣起的東西，只是就著如來與五陰和合而構成一個物理的軀體這一點來說。但若從精神方面來說，他是一個恆常地具有動感的精神主體，這並不是緣起的。這種精神方面的性格是一般事物所沒有的。所以我們說如來是緣起的，只是就著他與五陰和合而構成一個物理身軀這一方面說，並不能就著他作為精神主體那一方面來說。一般事物都是緣起的，是生滅法，但如來這個精神主體與一般事物不同，他具有本身的獨特性，而不是生滅法。

二二・三　法若因他生，是即非有我，若法非我者，云何是如來？（大三〇・三〇a）

如果諸法是由其他因素所產生，即是緣起的，這樣就沒有我。這個我是指具有自性的我，即是印度教所說的「神我」（prakṛti）。神我是印度教中非常流行的觀念，他們認為人裡面有一種質體存在，這種質體是永遠存在的，而且具有實體的要素，這就是所謂神我。神我不會被視為一種活動，所以，我們要區別開神我和如來，如來是恆常地活動著的精神主體，跟神我是完全不同的。

「若法非我者，云何是如來？」這個神我其實是一種自性的模式，但它不叫作自性，因為自性的意思較廣泛，而神我則集中指存在於人的生命中，作為人的主宰的一種形而上的東西。這兩句的意思是，如果諸法不能以神我來說，也就不能以如來來說。實際上，就算諸法能夠以神我來說，即是說，諸法中存在著一種形而上的實體，諸法仍然不能以如來來說。因為如來跟神我是截然不同的。神我本身是自性的一種模式，是靜態的、隱藏於事物背後的一種形而上的實體，是作為事物的基礎而主宰事物的。但如來在本質上就不是一個實體，而是恆常地活動著的一個精神主體性，與印度教所說的神我完全不能相提並論。在佛教立場來說，根本上沒有神我這種東西，它只是印度教徒所執取的，以為是存在於人裡面的一種實體。我們不應將如來混同為神我，亦不應以為諸法就是如來。

本偈頌的要點就是，我們要將印度教所說的神我，與如來區別開來。我們亦要再強調一點，就是神我是一種形而上的實體，是自性的一種模式，而如來非實體，而是一種精神主體，恆常地活動著，發揮他的作用去影響這個世間，去教化世間的眾生。如果我們不能清楚區分神我與如來，就很容易將外道的異端邪說視為佛教的正法，這是很大的過失。

二二・四　若無有自性，云何有他性？離自性他性，何名為如來？（大三〇・三〇a）

「若無有自性，云何有他性？」這兩句是就諸法來說的。種種事物，由於是因緣和合而成的，所以不能有自性。既然無自性，故亦不能有他性。一般人很容易將如來看作是具有自性的東西，因為他們以為如來的法身是常住不滅的，而自性亦是常住不滅的，所以很容易將自性加諸如來身上。但我們先前已強調自性與如來有一種很重要的區別，自性是一種形而上的實體模式，基本上是住著不動的，而如來則是恆常地活動的一種能力，經常產生作用。所以兩者是不容混淆的。

「離自性他性，何名為如來？」若是離開了自性與他性，就更不能說如來。其實如來是要從活動的層面來說的一個精神主體，跟自性、他性等作為靜態的實體是完全扯不上關係的。

二二・五 若不因五陰，先有如來者，以今受陰故，則說為如來。（大三〇・三〇a）

「若不因五陰，先有如來者，」意思是如果不是因為五陰而有如來，即是說，若果如來是在由五陰所構成的物理身軀之先已經存在。當然，這是就著如來的法身或精神主體而說的。這裡所說，在五陰身軀之先的「先」，有兩層意義：一層是從時間來說；另一層是從理論來說。從時間來說，是指在五陰的身軀形成之前，已經有如來這個精神主體存在著。若從理論來說，則是指如來這個精神主體能夠離開五陰身軀而獨立存在，無需倚靠這個五陰身軀。這兩層意義都可說。如果我們所說的如來是在五陰身軀之先已經存在，所指的就是法身的如來。而法身是不能以自性來說的。

「以今受陰故，則說為如來」是說，如今我們所提的是五陰身的如來。如來這個精神主體，領受一個五陰身而示現於世間，以一個實在的人物的形象出現在世間，這種情況在歷史上只有一次，就是釋迦牟尼。這種以示現方式出現的如來，可以說是精神主體與五陰身的一種結合，兩者結合就成為了一個現實的如來。但這如來是絕對不能以自性來說的，因為在構成他的要素之中，一方面，五陰是緣起的，不能以自性來說；另一方面，精神主體亦不是自性。所以，即使我們落實到現實的層面，即是就著如來以五陰身在世間顯現來說，我們亦不能執取這個如來，以為他具有自性。

二二・六　今實不受陰，更無如來法，
若以不受無，今當云何受？（大三〇・三〇a—b）

若單看這些文字，這首偈頌相當費解，所以需配合梵文本的意思來理解。現將此偈頌的梵本原文翻譯如下：

> 若不受五陰，是沒有如來能存在的。若有這樣的質體（entity），它不受五陰便不能存在，這樣的質體如何能受陰呢？[2]

這個梵文本的意思比漢譯本更為清楚。我們試分成兩部分來看。首先是第一句，即漢譯本的上半偈。這句的意思是，如果如來不受五陰身，他就不能存在。這是就現實的角度來說，指如來若不領受五陰身，就不能夠示現於世間上，不能以一個現實的人格，有血有肉地存在於這個世界上，這個意思是很清楚的。第二部分是第二句，即漢譯本的下半偈。這下半偈的文字，意思相當隱晦，所以必須參考梵文本。這裡說，如果有這樣的一個質體，它不領受五陰便不能存在，那麼，這樣的質體又如何能接受五陰呢？前面提到，這個質體若不受五陰便不能存在，現在又說這樣的質體不能受五陰。驟看起來，這句說話前後矛盾，但仔細分析一下，卻是能夠理解的。當我們提到一個質體時，就已預設了它是已經受了五陰而存在的。因為大前提已經表示，這樣的質體若是存在，就必定已經受了

2. Kenneth K. Inada, *Nāgārjuna: A Translation of his Mūlamadhyamakakārikā*. Tokyo: The Hokuseido Press, 1970, p.133.

五陰，而能夠讓我們提出來的東西就必定是已經存在的，因為我們不能夠設想任何東西，其本身是不以任何形式存在的。既然我們能夠將那樣東西提出來，就表示那東西已經是受了五陰的，而受了五陰當然就不能再去受五陰。總括來說，未受五陰的質體，根本不能讓我們提出；而已受五陰的質體不可能再去受陰。故此，我們不可能提出一個質體是能夠受陰的。這就是最後一句的意思，亦是與前文沒有矛盾的。

將以上的意思關聯到如來方面，就表示如來若不受五陰，就不能存在於世間。若單就如來的法身來說，他是不能存在於這個世間的。所以，當我們提到如來時，就表示如來已經是受了五陰身的。若如來不是受了五陰身，我們根本就不可能提到他。而已經受了五陰的如來又不可能再受陰。因此，我們不能說如來本身以未受五陰的姿態存在而去受五陰，亦不能說一個已受五陰的如來再去受五陰。

二二・七

若其未有受，所受不名受，
無有無受法，而名為如來。（大三〇・三〇b）

這裡說，如果如來未有領受五陰，則這個五陰身就不能稱為所受。更確切地說，根本不存在一個為如來所領受的所受五陰身。因為如來作為能受，五陰身作為所受，能受和所受是同時建立的，兩者是相對著才能成立的。如果能受不成立，所受也不能成立；若沒有所受，能受也不成立。所以，如果如來沒有領受五陰，即表示如來沒有成為能受，則這個五陰亦不能成為所受。

「無有無受法，而名為如來」意思是世間上沒有一個未受五陰的東西能夠稱為如來。當我們說到如來時，就表示如來已經是受了五陰身。我們從現實角度所說的如來，就是指帶著五陰身顯現的如來。在這裡要補充一點，就是不論如來有否領受五陰身，他都是以法身或精神主體作為其本質，而這種本質是不能以自性來說的。這樣說的意思才夠完滿。

二二・八　若於一異中，如來不可得，五種求亦無，云何受中有？（大三〇・三〇b）

這首偈頌中「一異」的意思是相當費解的。一異應該是指如來跟五陰的關係，從相同來說是一，從不同來說就是異。如果如來跟他的五陰是同一的東西，就說是一；若如來跟這個五陰是不同的，就說是異。如果如來跟五陰身是同一的，則如來就不可能離開他的五陰身；假若如來跟五陰身相異，兩者就是分離的。當然，這都是就著自性的角度來說。然而，從現實角度看，這兩種情況都不成立。所以，如來的自性是不可得的。這上半偈的關鍵就在於否定如來具有自性。龍樹指出了，不論說如來跟五陰是一還是異，都找不到具有自性的如來。這個意思其實在本品第一首偈頌中已經提過，就是透過如來跟五陰的五種關係去求取如來的自性（五求門），都找不到具有自性的如來。所以這裡繼續說：「五種求亦無，云何受中有？」意思就是透過五求門都找不到如來的自性，我們怎能說在這個五陰身（受）之中存有如來的自性呢？五陰基本上是緣起法，雖然如來跟五陰有一定的關聯，因如來是領受了五陰而以一個現實的人格出現於世間的，但不能由於如來領受了五陰，就說如來具有自性。這裡要強調的訊息就是如來不能以自性來建立。如來的法身是一種能動的主體，而不是一種靜態的東西。他這種本質與有否領受五陰是無關的。

二二．九 又所受五陰，不從自性有，若無自性者，云何有他性？（大三〇．三〇b）

如來所受的五陰是因緣和合的，所以不能說有自性。既然是沒有自性，又怎會有他性呢？我們在上面已提過，自性與他性都是同樣的東西，只是描述的角度不同。自性就是從自己的角度說。同一東西，若從他者的角度說，就是他性。所以，兩者在本質上無分別。由於如來是領受了五陰而存在的，而五陰本身是緣起法，不具有自性。所以，不能說基於如來領受了五陰法，因而他具有自性或他性。

二二．一〇 以如是義故，受空受者空，云何當以空，而說空如來？（大三〇．三〇b）

這裡說，由上面種種義理來看，受和受者，即五陰和如來，都是空的。那麼，我們怎能就著空的五陰，而將空的如來說成是實有自性呢？從開頭至這首偈頌，都是環繞著如來無自性這個主題來發揮。而以下幾首偈頌就暫時離開這個主題，去討論空這個真理透過言說去表達的問題。這裡牽涉到四句否定的問題。

二二．一一 空則不可說，非空不可說，共不共叵說，但以假名說。（大三〇．三〇b）

叵的意思是不可。空不能說絕對的真理，因言說是相對性的。我們不能以相對的言說去表達出絕對的真理，因為相對的言說是有限制性的，若以言說去表達真理，就會對真理構成了限制，所說的亦不可能是真理本身。所以，我們不能以言說去傳達絕對真理的訊息。非空亦是不可說。空與非空綜合起來就是「共」；而共的否定就是「不共」，亦即是空與非空的否定，成為非空與非非空。空不可說，非空亦不可說，兩者結合成的共當然亦不可說。共不可說，共的否定——不共，亦不可說。因為若要說不共，就必定要說到共，現共不可說，故不共亦不可說。這四句若配上邏輯符號，可成為下列句式：

1. 空——p（肯定）
2. 非空——~p（否定）
3. 共——空非空——p·~p（綜合）
4. 不共——非空非非空——~p·~~p（超越）

空是一種肯定句式；非空是否定；共是空與非空的綜合；不共就是綜合的否定，是一種超越的模式。龍樹認為這四句基本上都是以一種言說的方式來表達，而所有言說，基本上都是以一種約定俗成的方式建立的。一切約定俗成的東西都是相對性格的，這表示一切言說基本上都是相對性格的。而真理是具有絕對性格的。如果以相對的言說去描述絕對的真理，就必定限制了真理的絕對性，而不能忠實地將真理的本來面目表達出來。所以，這裡將這四句都完全否定，即是說，這四句都不能將欲表達的真理原原本本地展現出來。原因就是，真理是不可說的。

從絕對的層面看，真理是不可說的。但若以假名來說，則是可以的。假名並不是真理本身，而只是我們安立出來的名相，用以代表我們欲表達的真理。所以，空是假名；非空是假名；空非空、非空非非空都是假名；甚至真理這個名相本身亦是假名。從絕對的角度說，空、非空、共、不共等名相所代表的真理，都是不可說的。我們所討論的，只是從相對角度，藉著假名來說的。從假名的、相對的方式來說，一切都可說；若從絕對的角度，則一切都不可說。這裡牽涉到龍樹的一個著名的思考模式，即是四句否定。空是一句，非空、共、不共亦各是一句，合成四句。這四者都不能說，便是四句否定。

二二・一二

寂滅相中無，常無常等四，
寂滅相中無，邊無邊等四。（大三〇・三〇b—c）

上首偈頌採用了四句否定的思考方式來作討論，而這首偈頌就更深一層地探討。這裡有兩個討論主題，第一個是常，第二個是邊，然而，兩者的性質都是一樣的。「常無常等四」表示出一個四句的思考方式：

第一句：常（肯定）
第二句：無常（否定）
第三句：亦常亦無常（綜合）
第四句：非常非無常（超越）

這四句表現出真理層層升進的歷程，而在這些層次中，以第四句為最高，表示一種超越的境界。我們再看前一句「寂滅相中無」，「寂滅」實際上並非一般的相狀，而是一種境界。這句的意思是：在寂滅的境界中，無「常」；無「無常」；無「亦常亦無常」；亦無「非常非無常」。即是說，在寂滅的境界中，是一次過完全否定了四句。這種思考就是四句否定的方式。

現在我們要對四句以及四句否定進行分析和比較。首先是四句，在這種思考中，由肯定至否定，由否定至綜合，再由綜合至超越，這種思考歷程使人逐步地趨向真理，有著先後次序，層次分明。就展示真理而言，後一個層次比前一個為高。例如第一層次是肯定，是最表面的，對第一層次進行否定，就進入了第二層次。然而，對於展示真理來說，第一和第二層次都是各有所偏的，一個偏於肯定，另一個偏於否定。將這兩個各偏一端的層次進行綜合，就成為第三層次。這層次摒棄了從偏面來看真理的方式，當然比以上兩層為高。但若細心觀察這綜合層次，可發現它仍是有所偏的。因為我們在綜合的時候，是應用一種肯定的語態來進行的，即是同時肯定第一和第二層次。所以，綜合本身仍然是偏向肯定一方的。因此需要有第四層的思考，這層從綜合的肯定性超越出來，消除了第三層偏向於肯定的思考，擺脫了從具有偏面意味的思考而來的種種限制，走上完全開放的途徑。

在本偈頌中，龍樹運用了四句否定的思考形式。我們要注意一點，當龍樹提出四句時，他是將四句逐一提出的，而當他提到四句否定時，卻是一次過將四句同時否定的。例如在本偈頌中，他不是逐一地先否定「常」，然後否定「無常」，再否定「常無常」，最後才否定「非常非無常」。而是一下子將「常無常等四」否定掉。當龍樹提出四句時，是一句一句地提出的，這顯示出一種漸進的形式；但在提出四句否定時，卻用一種頓然的形式，一下子將四句否定掉。若套用禪宗所提的覺悟形式來說，四句是一種漸教的形式，而四句否定就是一種頓教的形式。龍樹講四句時，很明顯地是牽涉到對於真理的體會問題，可以透過四句表現出體會真理的歷程，而第四句就是體會真理的最高境界。然而，若從另一面看，這四句雖然表示出不同的層次、不同的階段，但四句都有一共通點，它們基本上都是透過語言概念來表達的，從常以至非常非無常，都是一些語言概念。但絕對真理本身應是超乎一切相對的語言概念的。所以，若果從四句來看，縱使是到達了第四句的超越層面，仍然是不足夠的。因此，必須要提出四句否定，以否定四句的語言概念，超越語言概念的相對性，達到絕對的真理。由此可見，四句仍然是落入語言概念的相對性的限制中，而四句否定就是超越語言的。通過四句否定，絕對真理就可以讓我們體會到，而這種體會是超語言的，是頓然的體會。而運用四句的體會，就只是一種語言概念中的體會，是一種漸進的體會。

下半偈跟上半偈的性質基本上相同，只是將主題由常改為邊。常是就著時間方面而說的；而邊則是就空間而說的。但無論主題是什麼，我們最需要留意的地方是四句與四句否定的思想性格，以及當運用時，這兩種思考所能夠到達的境界和所受的限制是什麼。

二二・一三

邪見深厚者，則說無如來，
如來寂滅相，分別有亦非。（大三〇・三〇c）

這首偈頌又重新回到如來的主題上去討論。這裡的文字所表達的意思不大流暢，而且跟梵文本的意思有些出入，故此我們需參考梵文本，其意思如下：

一個固執地斷定如來是有是無的人，會有如來在涅槃中是有是無的分別見。3

在漢譯本中，這首偈頌可分成兩部分，第一部分是「邪見深厚者，則說無如來」，即是說，邪見深厚的人提出沒有如來的見解；第二部分是「如來寂滅相，分別有亦非」，意思是如來在寂滅境界之中，若我們將他進行分別，而視之為有，亦是錯誤的。但梵文本此偈頌卻沒有分成兩部分，整首偈頌只表達一個意思，就是指一個人若固執地斷定如來是有，或斷定是無，他就會對於如來在證得涅槃之後的情況仍然用有或無這種分別見來看。

在前面，我們已經提過，如來是一個精神主體或法身，這種精神主體是不能用世間上的有和無這種相對的範疇去描述的。我們通常運用有、無這種概念時，是用於世間上相對的事物上的，例如，這間課室內有一張椅，這裡無床等情況，才能有效地描述這些事物的存在狀態。但對於如來這種絕對的精神主體來說，若我們仍然利用這些相對概念來說，就會混淆了兩種不同的領域。運用有和無去描述如來，是不能將如來的特性顯出的，因為如來是精神主體，是以一種絕對的姿態存在的，而有無卻是相對的概念，是用來描述一般世間相對性的事物的存在狀態的。如果我們用有無這種相對概念來指述如來的存在狀態，就是忽略了如來作為絕對的存在的獨特性，而不能將它與一般世間事物區分開來。當然，如來是擁有一個物理性的身軀的，這個身軀是受制於世間的因果律的，亦是相對性格的。但我們現在所說的，是作為一個精神主體的如來，這種精神主體是超越於一般的相對性

3. Ibid., p.135.

格的東西之外的。有和無只能運用於世間的相對事物上，若將有無應用在如來這個絕對的精神主體之上，就會混淆了絕對性的如來和相對性的世間事物。這就是梵文本所要表達的意思，顯然地是與漢譯本的意思有分別的。

再簡單來說，如來在涅槃中的狀態是無所謂有或無的，因為當我們運用有無來描述事物的狀態時，如果事物出現在我們的感官中，我們就說它是有；若在感官中找不到，我們就說是無。例如，我們說這課室內有檯，因為在視覺中出現檯這件東西；我們說這裡沒有床，因為在我們的感官中，沒發覺這裡有床。但如來這個精神主體根本不可能跟其他事物一樣，為一般的感官所接觸到，所以，如果同樣以感官為基礎去說如來是有或是無，就是忽略了如來作為精神主體的獨特性。

二二・一四

如是性空中，思惟亦不可，
如來滅度後，分別於有無。（大三〇・三〇c）

這首偈頌承接著前一首，補充該首偈頌的不足。這裡說，在性空這種絕對真理之中，我們不能思維計度如來滅度後的情況，而以有或無去加以描述、區分。這裡的「滅度」是指如來的色身瓦解、滅去。這首偈必須連成一句去解釋，只是基於偈頌的格式，才需要分成幾句。龍樹認為，在絕對真理之下，以相對的概念去區分如來滅度後的絕對狀態，就是一種戲論，不能反映出真實的情況。如來在滅度後，雖然色身已經瓦解，但他作為一個精神主體是永遠存在的。這個精神主體是超越乎有、無這些相對範疇的，無論我們說如來是有，或說是無，都是不適當的。有、無這些相對範疇只能用於世間一般相對事物之上，而不能應用在絕對真理中。這首偈頌補充了上一首的不足之處，即是指出，不單在言說上不能將如來寂滅的境界分別為有或無，甚至在思維上都不能作這樣的區分。

二二・一五　如來過戲論，而人生戲論，戲論破慧眼，是皆不見佛。（大三〇・三〇c—三一a）

這裡說如來的境界是超越乎一切戲論的。戲論的意思就是概念遊戲，是以種種相對性的概念應用到絕對的東西之上，因而產生虛妄見解。人生之中是充滿戲論的，一般人往往以為可以用相對性的概念去理解絕對性的東西，由此而產生種種虛妄見解。人們被這些虛妄見解障蔽著，以致不能體會到絕對境界中的佛。這個佛是指如來的法身或精神主體方面。

二二・一六　如來所有性，即是世間性，如來無有性，世間亦無性。（大三〇・三一a）

「所有性」是指實質或是內容，如來的實質或內容即是世間的實質或內容。這裡可能隱含一個意思，就是由於如來性等同於世間性，因此，我們不能離開世間去尋求如來，而是必須從世間中去求取。這上半偈指出了，在內容上，如來與世間是同樣的。而下半偈就指出，在存在性格上，如來跟世間一樣，都是無自性的。

觀顛倒品 第二十三

本品是討論在認知上的顛倒的問題。「顛倒」的梵文為 viparyāsa，英文為 perversion。顛倒是源於人的虛妄意識，這種意識將清淨與不清淨的事物混淆起來，以清淨的作為不清淨，將不清淨的視為清淨。顛倒的意思就是從這裡而來。基於這種意識，人將具有正面價值的東西顛倒為負面價值的東西；又將具有負面價值的東西顛倒成正面價值的東西。這種意識構成人們在知解上的顛倒，因而產生顛倒見，或稱倒見。

龍樹對於這種顛倒見的問題特別強調。他認為一切由顛倒見而產生的事物，其本性都是空寂的，都並非實有的。這些事物的產生是由於人們在知解上混淆，將正視為負，以負為正。某樣原本沒有的負面的東西，由於人們將正面的東西錯認而構成；某樣正面的東西原本是不存在的，但由於人們將負面的東西誤認為正面，於是就構成了這件正面的東西。所以，這些東西都不是真正存在的，只是由人們的意識虛妄地構想出來。舉例來說，我們在晚上光線不足的時候，往往會將地上的繩索誤認為一條蛇。這條蛇原本是不存在的，但由於我們不正確的知解而產生了蛇的影像，這就是顛倒見。所以，由顛倒見所產生的東西，其本性都是空寂的，是不存在的。

以緣起的角度來說，一切依於顛倒見而來的東西，原本都是不存在的，這些東西都是虛妄構想而成的。若我們能斷除這種顛倒見，就能消滅無明。無明就是缺乏明亮的觀察力，缺乏這種觀察力，對事物就會產生顛倒的見解。所以，無明跟顛倒見的關係非常密切。如果我們能去除顛倒見，我們生命中的無明就會減省，逐漸去除。當去除了無明，十二因緣的因果聯繫就會消滅，這時，人就會達到一種寂靜的境界。

從緣起立場來說，一切顛倒見都是緣起的，亦即是無自性的。無自性的東西是可以破除的，而破除的方法亦很簡單，只要我們表現出無顛倒、真實無妄的知見，就能破除顛倒見。在這種真實無妄的見解面前，一切顛倒見都會自動崩潰。如果我們仍然保持著顛倒的迷執，這種顛倒見就會成為我們生活中實際的內容，使我們的生命產生種種苦痛煩惱，從而令生命不斷在苦惱中流轉。所以，我們要建立真實無妄的知見，用以取代顛倒的見解。可是，一般人往往執著顛倒，以為顛倒本身具有自性，而由顛倒所生起的煩惱亦具有自性，以致將顛倒視為一種當然的事實，以為無法破除。這樣的態度會成為重大的障礙，阻擋我們去將顛倒破除。所以，我們要了解一點，就是顛倒見、顛倒的行為等都是不實在的，是可以破除的。只要我們能表現出真實無妄的知見，顛倒就會自然地消失。本品基本上就是要發揮以上的義理。

二三・一　從憶想分別，生於貪恚癡，淨不淨顛倒，皆從眾緣生。（大三〇・三一a）

「憶想分別」是一種不正確的分別，基本上是由意識的虛妄分別或概念化引伸出來的。龍樹指出，這種憶想分別會引出貪、恚（即瞋）、癡這三種根本煩惱。「淨不淨顛倒，皆從眾緣生」是本偈頌的關鍵所在。將淨的東西視為不淨，而將不淨的東西視為淨，以致邪正不分，就構成了顛倒見。

這種顛倒本身不具有常住不變的自性，它是由因緣而生起的。而生起這種顛倒的因緣，基本上就是憶想分別。所以，我們若要破除顛倒見，就要從憶想分別著手，亦即是要從意識的認知方面著手，避免意識產生虛妄的憶想分別。要做到這點，我們的意識就要表現出正確的知見。

二三・二

若因淨不淨，顛倒生三毒，三毒即無性，故煩惱無實。（大三〇・三一a）

由於淨和不淨這兩種性質被顛倒，就會產生三毒（三毒即三種根本煩惱貪、瞋、癡）。由此可見，煩惱本身是由因緣生起的，這因緣就是人們對淨和不淨的顛倒。所以，煩惱本身是不實在的、沒有自性的。這首偈頌主要表示兩個意思，就是說三毒是無自性的，以及煩惱是不實在的，亦即是說三毒無性、煩惱無實。這種對煩惱的本質的確認，對解脫哲學是非常重要的。因為必須要確定煩惱是緣起無實自性的，我們才有可能在實踐上滅除煩惱，得到覺悟，而達到解脫的境界。相反地，如果煩惱是有自性的，它們就不可能被去除，不能去除煩惱，覺悟、解脫就永不能達到。所以，作為一種解脫哲學，必須要認定煩惱是無自性的，是能夠去除的，覺悟和解脫是可能的。這樣，一種解脫哲學才有其實際意義。

二三・三

我法有以無，是事終不成，無我諸煩惱，有無亦不成。（大三〇・三一a）

對於「我法」的意思，我們需要作出澄清。照梵文原本的意思，「我法」應解作：作為一種事物的我。[1]我本身亦是事物中的一種，「我法有以無，是事終不成」的意思是，作為一種法的我，無論說是有或是無，都是不能成立的。這裡的有和無都是從絕對的眼光來看。若說我是有，就表示有一個實體性的、具自性的我；若說我是無，則表示我完全是虛無的、一無所有。這裡所說的有我或無我，都是不正確的。照龍樹的意思，對於一個作為一種事物的我，應以緣起的眼光去看，而不應以絕對的或自性的眼光去看。這個我是由因緣生起的，依據某些規律，各種因緣和合而生成這個我。所以，我是沒有自性的，亦不是一無所有。

「無我諸煩惱，有無亦不成，」這裡指出，煩惱是依附於我這個主體的，若沒有這個主體，煩惱就失去了它所屬的對象，這時，這些東西也不再成為煩惱。因為煩惱是指依附於某個主體的一些東西，這些東西能障礙著這個主體得到覺悟。煩惱並不是空泛地指某一樣單獨的東西，若離開主體而說煩惱，煩惱是沒有意義的。所以，談論煩惱時，必須以一個實際的、實踐的角度來說，指明煩惱是依附於某個主體；然後在實踐上誘導這個主體，使他去除煩惱，這樣才是有意義的。煩惱不能單獨存在，所以龍樹認為我們不能用自性的眼光去看煩惱。煩惱一方面不具有自性，另一方面亦不是一無所有。

本品的偈頌往往將煩惱跟顛倒交替地運用，因為兩者的關係非常密切。煩惱基本上是由顛倒見引伸出來的，有顛倒見就會產生煩惱，反過來，有煩惱就表示有顛倒見。所以，在運用時，往往沒有清楚地區分兩者。

1. Kenneth K. Inada, *Nāgārjuna: A Translation of his Mūlamadhyamakakārikā*. Tokyo: The Hokuseido Press, 1970, p.137.

二三·四　誰有此煩惱？是即為不成，若離是而有，煩惱則無屬。（大三〇·三一a）

前面已經提過，我們討論煩惱時，必須要扣緊煩惱的主體來說，若是離開了煩惱所屬的主體，根本不可能有煩惱存在。「誰有此煩惱？是即為不成」意思就是，若沒有人擁有這些煩惱，則這些煩惱就是沒有意義的，而且是不成立的。龍樹要強調，煩惱作為一種染污法，一定要附屬於某個主體才能夠存在，若離開主體而抽象地說煩惱，這是沒有價值的。

「若離是而有，煩惱則無屬」是說，若離開了自我主體而說煩惱，這些煩惱就是沒有所屬，這是不成立的。舉例來說，若將癌症抽離了病人，單討論癌症本身，我們可能建構出一大套理論，但龍樹認為，若從實踐的角度來說，這種討論是沒有多大意義的。他所關心的，是當癌症這種疾病發生在人身上時，如何就著病者的情況去對症下藥，去替病者治療。龍樹所著重的，就是這種實際的情境。

二三·五　如身見五種，求之不可得，煩惱於垢心，五求亦不得。（大三〇·三一b）

這裡牽涉到五求門破的問題，以往已經提及過這種討論方式，故現在不擬重複。但仍要一提，對於煩惱，如何運用五求門破。以上幾首偈頌基本上都是要表明煩惱並非獨立自在的，即是說，獨立自在的煩惱是不可得的。這種不可得的情況，就相當於從五陰身去求取獨立自在的自我所遇到的情況。前面曾經論證過，透過自我與五陰身之間可能存在的五種關係去尋找具有自性的自我，結果是得不到這個自我，由此證明具有自性的自我不存在。現在龍樹提出，運用同樣方式，透過煩惱跟垢心的五種可能關係去尋找具自性的煩惱，結果亦是得不到這種具自性的煩惱，由此而說明沒有具自性的煩惱。垢心是指帶有污染的心，而煩惱就是一種染污法，所以一般以為從垢心那處可以找到實在的煩惱。於是龍樹就運用五求門破去消除這種見解。五求門破應用在煩惱與垢心之上，共有以下五破：

一、煩惱不等於垢心
二、離開垢心就沒有煩惱
三、煩惱不在垢心之內
四、垢心不在煩惱之內
五、煩惱不屬於垢心

龍樹認為透過以上的五求門破，就可證明具自性的煩惱不存在。然而，我們以往亦提過，這種論證方式的效力並不大。但我們在這裡需要留意的，是龍樹這種思考背後所要傳達的訊息。這個訊息就是，當我們透過以上五種途徑去尋求煩惱的自性而仍然不可得，就可見煩惱的自性是不可得的。而煩惱這種東西只可能視為附屬於我們的生命，或是自我中的一些事物，即必須要附屬於某個生命，煩惱才能存在。所以，當我們去應付煩惱時，不能獨立地去研究煩惱，而要關聯到煩惱所屬的生命，就著帶有煩惱的生命本身的情況，去幫助這個生命消解其煩惱。

二三・六　淨不淨顛倒，是則無自性，云何因此二，而生諸煩惱？（大三〇・三一b）

由於對淨（śubha）與不淨（aśubha）的混淆而生的顛倒是沒有自性的，因為這種顛倒是有原因的，原因就是對淨與不淨缺乏正確的理解，以為淨的東西是不淨，以為不淨的東西是淨。基於某些原因而形成的東西必定是無自性的。所以顛倒是無自性的。「云何因此二，而生諸煩惱？」意思是為何我們因為淨和不淨此二者的混淆而生起種種煩惱呢？

這首偈頌實際上提出了一個實踐的問題。這種顛倒本身是無自性的，它如何能生起種種煩惱呢？龍樹透過這個問題來指出，種種煩惱是由這種顛倒而來的，而這種顛倒本身卻是無自性的，可見種種煩惱是沒有基礎的。由於煩惱沒有實在的基礎，所以它們是可以轉化的。如果煩惱具有自性，它們便不能轉化，即是不可能在實踐中去除煩惱。而現在龍樹指出了煩惱只是由無自性的、虛妄不實的顛倒所形成的，所以，煩惱可說是沒有基礎的。基於這點，我們才可能在實踐中將煩惱轉化。

二三・七　色聲香味觸，及法為六種，如是之六種，是三毒根本。（大三〇・三一b）

色、聲、香、味、觸、法合稱為六塵，即是六種認識的對象，它們分別為眼、耳、鼻、舌、身及意識所認知。這首偈頌說，這六種認識對象是三毒的根本。「根本」這個字眼，在梵文本中是沒有提到的。梵文本此偈頌的意思是：

色、聲、香、味、觸和存在的諸種要素被概念化，而成為貪、瞋、癡的六面對象。2

意思即是，貪、瞋、癡這三種基本煩惱是關聯到我們的感官和意識對事物的認知而生起的，而這種關係是非常密切的。可以說，這六種認識對象雖然不是直接產生煩惱，但基於這種密切關係，人愈多接觸這些認識對象，或愈多受到這些對象所引誘，就愈會產生煩惱。由此亦可推導出，人若要減少煩惱的生起，就要減少接觸這些認識對象，遠離它們的引誘。

二三・八　色聲香味觸，及法體六種，皆空如炎夢，如乾闥婆城。（大三〇・三一b）

這裡指出，色、聲、香、味、觸、法等東西都是無自性的。龍樹又用炎、夢和乾闥婆城來比喻這些東西。炎即是陽燄，是在沙漠中經常遇到的一種幻象，由陽光折射所造成的，又叫海市蜃樓。夢就是夢境中不真實的景象。乾闥婆（gandharva）是印度神話中居住於天上的樂師，他們不食酒肉，只需燒香來滋養身體。他們所居住的地方就是乾闥婆城，從人的角度來看，這個乾闥婆城是虛幻不實的。炎、夢和乾闥婆城都是指一些虛幻的東西，這裡用來比喻色、聲、香、味、觸、法，表示這些東西都是無自性的、如幻如化的。如果我們能認清這點，不去執著這些東西，就能減省許多煩惱。

2. Ibid., p.138.

二三·九　如是六種中，何有淨不淨？猶如幻化人，亦如鏡中像。（大三〇·三一b）

以上已指出，色、聲、香、味、觸、法這六種東西都是無自性的。既然是無自性的東西，又怎會有淨和不淨的分別呢？這種分別實際上都是由人的虛妄構想所營造出來的。這六種東西其實都是如幻化人，或是鏡中的影像一般，是虛而不實的。由於事物是無自性的，所以事物本身沒有所謂淨或不淨的性格。這裡隱含一個意思，就是我們一般說事物淨或不淨，實際上不是事物本身具有這些性格，而是我們的內心對待事物的態度所做成的。如果我們的內心受到這些認識對象的引誘而生起種種煩惱，我們就認為這些東西是不淨的。如果我們了解到這些東西的本性都是空的，就算它們放在面前，我們都不受引誘，沒有因此產生煩惱，我們就說這些東西是淨的。即是說，當事物障礙著我們，使我們產生煩惱，這些事物就是不淨的。相反地，當事物不令我們產生煩惱，這些事物就是淨的。這種淨與不淨並不是就著事物本身而說的，而是就著我們的內心對這些事物的反應而定。所以，淨與不淨的決定因素是在於我們自己的內心，而不是對象事物本身。

二三·一〇　不因於淨相，則無有不淨，因淨有不淨，是故無不淨。（大三〇·三一b）

二三·一一　不因於不淨，則亦無有淨，因不淨有淨，是故無有淨。（大三〇·三一b）

這兩首偈頌提到淨與不淨，或是其他在價值上相對的概念，都是在對比的脈絡中提出的。個別一方本身是沒有意義的，淨和不淨各自的自性是不存在的。淨的意義是相對於不淨的；不淨的意義同樣是相對著淨。所以，淨依於不淨而成立；不淨亦依於淨而成立。這兩首偈頌主要是補充上一首偈頌的意思，該處指出淨和不淨好像是幻化人一般，沒有本身獨立存在性，亦如鏡中的影像，都是虛而不實的。這兩首偈頌達到了兩個結論，一個是「是故無不淨」；另一個是「是故無有淨」。淨和不淨必定是相對地說的，離開了淨，沒有所謂不淨；離開了不淨，亦沒有淨。所以，沒有一個獨立的不淨，亦沒有獨立的淨。獨立的淨或獨立的不淨都是排斥相對性的。這裡實可引伸到，就現象的層面來說，世間上一切排斥相對性的東西都是不能成立的。

二三·一二 若無有淨者，何由而有貪？若無有不淨，何由而有恚？（大三〇·三一c）

我們通常認為淨是具有正面價值的東西，而不淨是負面價值的。「若無有淨者，何由而有貪？」這句表示出淨是會引致貪念的。何以淨會引致貪念呢？因為人會貪愛這種清淨無染的境界，對於淨本身產生一種貪念。「若無有不淨，何由而有恚？」表示不淨會引致一種憎憤的念頭。這是由於人們會對不淨產生一種憎憤的念頭。可見，無論是正價值的東西，或是負價值的東西，都會使人產生煩惱。對於正價值的東西，人們會產生貪愛；對於負價值的東西，人們會產生憎憤。

一般人的內心都會產生這種分裂，對淨的東西貪愛，而憎惡不淨的東西。由於對於具有相對價值的東西會產生這種分裂的態度，使人的內心不能保持整一。這種心念二分的情況，是龍樹所要破除的。

二三・一三　於無常著常，是則名顛倒，
空中無有常，何處有常倒？（大三〇・三一c）

二三・一四　若於無常中，著無常非倒，
空中無無常，何有非顛倒？（大三〇・三一c）

這裡轉移了題材，從淨不淨，轉為常無常。這裡說，如果在無常之中，執著某些東西，以無常作為常，這就成為顛倒。在空這種真理來看，我們不能建立一種常住不變的自性。如果我們能明白這個道理，就不會產生執著有常這種顛倒見。「常倒」的意思並不是指有一種常住不變的東西，而我們對它產生誤解。實際上並沒有常住不變的東西，如果我們執持著，以為真有常住的東西，這種執著就是一種顛倒，即是常倒。

後一首偈頌說，如果在無常之中，堅持著這種無常的性格，這就不是顛倒。在空的真理之下，是沒有無常的自性的。因此亦不可能有非顛倒的自性。原本，認為事物是無常的，是一種正確的態度，但如果過分地執著無常，以為無常這種性格本身具有自性，就是不正確的。同樣，如果過分地抗拒顛倒，致以為非顛倒這種行為是具有自性的，這亦是錯誤的。

這兩首偈頌的重點都在下半偈中，分別為否定常和常的顛倒，以及否定無常和非顛倒的自性。同樣都是著重於否定方面。

二三・一五　可著著者著，及所用著法，是皆寂滅相，云何而有著？（大三〇・三一c）

上面提到顛倒是基於執著而來，這裡就順著討論執著的問題。這裡提到有關執著的四方面，分別是：可著、著者、著和所用著法。可著是指可以被執著的外境，即是六塵等。著者是進行執著的當事人。著是指執著這種活動。所用著法是著者進行執著這種活動所憑依的東西。一般來說，六根，即眼、耳、鼻、舌、身、意這些器官就是所用著法。龍樹認為，關於執著的這四方面的東西，其本性都是空寂的。沒有所謂取著的自性可得，這就是「是皆寂滅相，云何而有著」的意思。如果我們了解到可著、著者、著和所用著法這四者的本性都是空寂的，我們就不會產生執著。

二三・一六　若無有著法，言邪是顛倒，言正不顛倒，誰有如是事？（大三〇・三一c）

倘若一切都是空寂的，沒有著法的自性，則不會有「邪是顛倒」而「正是不顛倒」這樣的分別相。所謂顛倒或不顛倒都是出於我們對事物的執著，以為事物具有自性。如果我們了解到一切事物都是無自性的，就能破除這種執著，於是就無所謂顛倒或不顛倒的事情。當我們說事物是顛倒或不顛倒時，並不是基於事物本身具有這些性格，而是出於我們對於事物的認識態度。如果我們對事物的認識是正確的，知道事物都是無自性的，則顛倒或不顛倒的問題就不會出現。「言邪是顛倒，言正不顛倒」是兩個相對的情況，而這種相對的分別是出於對事物自性的執著。如果能排除這種執著，就不會有這種相對的分別。所以，沒有所謂顛倒或不顛倒。

二三・一七　有倒不生倒，無倒不生倒，
倒者不生倒，不倒亦不倒。（大三〇・三一c—三二a）

二三・一八　若於顛倒時，亦不生顛倒，
汝可自觀察，誰生於顛倒？（大三〇・三二a）

按照梵文原本，第十七首偈應該只有前兩句，[3]而後兩句相信是鳩摩羅什在翻譯時，為整齊起見而加上去，使它合起來成為一首完整的偈頌。實際上，後兩句是重複了前兩句的意思。「有倒不生倒」是說顛倒已經有了，已經發生了，所以不會再生顛倒。「無倒不生倒」意思是顛倒還未有發生，既然未有發生，當然就沒有產生顛倒。有倒是顛倒已經發生了、過去了；無倒是顛倒還未有發生。龍樹要提的是現前生起顛倒，這種情況不會發生在正在顛倒之中。

這兩首偈頌的討論形式，跟第二・一偈頌是同樣的，偈頌說：

已去無有去，未去亦無去，
離已去未去，去時亦無去。（大三〇・三c）

3. Ibid., p. 140.

如果能弄清楚這首偈頌的涵義，就一定能了解以上討論的問題。這首偈頌討論去的問題，從自性的角度去尋求現前的去。倘若現前的去是有自性的，它只可能存在於三個時段當中，就是已去的時間、未去的時間，以及正在去的時間。在已去中，去者已經去了，所以不可能再有現前的去存在。在未去之中，由於去這件事還未發生，所以亦不可能找到現前的去這回事。這兩點都很容易了解。現在的問題是，在已去和未去之外，是否可以有正在去這回事呢？龍樹認為「去時亦無去」，意思是即使在正在去的時間之中，亦沒有現前的去這回事。若從一般的角度去理解，去時應該是有去的。因為稱之為去時，就正因為在這時間之中，有去這回事。倘若說去時沒有去，在邏輯上是矛盾的。但龍樹所說的去，並不等同於一般所說的去，龍樹所指的是具有自性的現前的去。具有自性的去是整一的東西，不能區別為不同部分的。一般所說的去，如下圖：

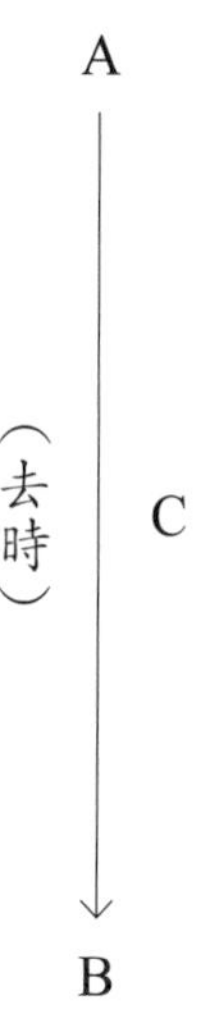

假設一件東西由A去B，中間經過一段時間，在這段時間，即是C之中，這件東西正在從A去B，這個C就是去時。在這個去的過程中，可以分成無限個時點，而現前的去時是指某一個時點，這個時點的持久性是無限地短，以至於無的。在去時這個時點上，只能夠容納著持久性是無限地短的東西，而去這個運動必需要在無窮地分割之下，才能容納於去時這個時點上，這樣，去時才能成立。而自性的東西是整一的、不能分割的，所以不能存在於現前這個時點之上。現前的時點沒有自性的去存在，所以沒有具自性的現前的去。

在這兩首偈頌中，「有倒不生倒，無倒不生倒」相等於「已去無有去，未去亦無去」；「若於顛倒時，亦不生顛倒」相等於「去時亦無去」。只是主題不同，形式和道理都是一樣的。已經顛倒的，沒有顛倒；未顛倒的，亦沒有顛倒；而顛倒時本身是不存在的，不是已顛倒，就是未顛倒，沒有正在顛倒的。這是以自性的立場去看顛倒才會出現的情況。

二三・一九　諸顛倒不生，云何有此義？無有顛倒故，何有顛倒者？（大三〇・三二a）

上面已提過，已經顛倒的沒有顛倒，未顛倒的亦無顛倒，除了已顛倒和未顛倒之外，正在顛倒之時是不可能出現的。所以，根本沒有具自性的顛倒。既然沒有顛倒這回事，又怎會有進行顛倒的人呢？這就是「無有顛倒故，何有顛倒者」的意思。

二三・二〇　若常我樂淨，而是實有者，是常我樂淨，則非是顛倒。（大三〇・三二a）

如果我們將常、樂、我、淨視為緣起的現象，就是如實地觀察這些東西。這裡的「實有」並非指形而上的實體或是自性，而是從緣起的角度看，是如實地有。如果我們能夠對常、樂、我、淨如實地觀察，視之為緣起的有，這樣看的常、樂、我、淨就不是顛倒見。[4]

二三・二一　若常我樂淨，而實無有者，無常苦不淨，是則亦應無。（大三〇・三二a）

若果以自性的眼光來看的常、樂、我、淨這四者都是不存在的，則無常、苦、非我、不淨亦都是不存在的。即是說，若果具有自性的常、樂、我、淨都是不存在的，那麼，這四者的否定，即具有自性的無常、苦、非我、不淨亦是不存在的。無論是正面的常、樂、我、淨或是負面的無常、苦、非我、不淨都是沒有自性的。

二三・二二　如是顛倒滅，無明則亦滅，以無明滅故，諸行等亦滅。（大三〇・三二a）

人的顛倒見是執著原本是無自性的東西，以為它們是有自性，將無自性與有自性顛倒起來。這種行為是發自人的無明，當無明產生了，自然就會做出顛倒的行為。如果我們能表現出正見，滅除種種的顛倒見，就表示無明亦已滅去。當無明滅除，諸行，即十二因緣亦會滅去。十二因緣是指無明、行、識、名色、六入、觸、受、愛、取、有、生、老死，這些因緣以因果關係緊扣著，前者為因，後者為果，循環不息。但當無明滅除後，整列因果結構就會斷絕，其他各項因緣亦會滅除。這時，人就能得到解脫，到達寂滅的境界。[5]

---

4. 佛所說的涅槃境界，具有常、樂、我、淨四種德性。
5. 關於十二因緣，參看筆者另文〈論十二因緣〉，載於拙著《佛教的概念與方法》，臺灣商務印書館，一九八八。

二三・二三 若煩惱性實，而有所屬者，云何當可斷？誰能斷其性？（大三〇・三二b）

二三・二四 若煩惱虛妄，無性無屬者，云何當可斷？誰能斷無性？（大三〇・三二b）

這兩首偈頌，前者擬設煩惱具有自性，後者以虛無的眼光看煩惱，將煩惱視為一無所有。將煩惱視為有自性，這固然是顛倒見；以為煩惱本身是一無所有，這亦是錯誤的。視煩惱為有自性，是一種常見；視煩惱為一無所有，是一種斷見。無論常見或斷見，都是不正確的。煩惱本身是緣起的東西，只有以緣起的立場看，才是正見。

無論持常見或斷見去看煩惱，都不可能斷除煩惱。只有以緣起眼光看煩惱，這些煩惱才可能斷除。自性是不生不滅的，所以，若果煩惱具有自性，就是不可能斷除的。另一方面，如果說煩惱等同於虛無，虛無就是一無所有，沒有東西可以斷。所以，若以為煩惱是虛無的，則無所謂斷煩惱。

「若煩惱性實，而有所屬者」是說，假如煩惱是有自性的，屬於某個生命體，「云何當可斷？誰能斷其性？」則怎可能斷除呢？哪個生命體可以斷除煩惱的自性呢？

「若煩惱虛妄，無性無屬者」意思是，如果煩惱是虛無的，一無所有，亦不屬於任何生命體，則「云何當可斷？誰能斷無性？」即是根本沒有斷除的對象，怎能有斷除這回事呢？哪個生命體能夠斷除一些根本是不存在的東西呢？

觀四諦品 第二十四

本品是《中論》之中最長的，亦是最重要的一品。本品集中討論真理的問題。諦（satya）是真理的意思。事實上，本品不單只討論四諦，亦有討論二諦和牽涉三諦，這些同樣都是真理的問題。有幾個佛教中非常重要的概念都在本品中討論，其一就是因緣生（pratītya-samutpāda），其二是空（śūnyatā），其三是假名（prajñapti），其四是中道（madhyamā pratipad）。這四個概念在中觀學中很重要，亦出現在同一首偈頌中。後來天台宗從這首偈頌發展成三諦的理論，所以這首偈稱為三諦偈。偈中提到因緣生法同時是空、是假名、是中道，故又稱為三是偈。將空、假名、中道三者都等同於因緣生法，這種理解完全是根據鳩摩羅什的譯本而得出的。若以梵文本作對照，就會發現意思有所出入。這點在我們討論到該偈頌時再行交代。

本品討論四諦（satya-catuṣṭaya）的問題。四諦作為釋迦牟尼所說教法的一部分，在原始佛教中已經很受重視。在這裡，我們要簡略地重溫一下四諦的問題。四諦包括苦、集、滅、道。苦（duḥkha）是著眼於現實世間的種種現象，這些現象都充滿著苦痛煩惱。集（samudaya）是痛苦的原因，痛苦是由種種因素積集而成的，這種積集就是集。滅（nirodha）是滅除了苦痛煩惱之後所得的境界；在種種苦痛煩惱滅除後，就會達到一個寂滅的境界，這境界就是滅。道（mārga）就是滅除種種苦痛煩惱的方法。貫串於四諦之中，有一相當重要的因果法則。苦是從現實世間的情狀來說；而集是構成這種世間的情狀的原因。所以集可以說是因，而苦是果，這是就現實世間而說的。另一方面，滅是痛苦滅除的境界，而道是滅除痛苦的方法，所以滅是結果，道是原因。這是在超越世間，或出世間而說的。無論在現實世界或出世間來說，都分別構成一個因果關係。而以世間相對於出世間來說，世間可說是因，出世間可說是果，這裡又構成了另一重的因果關係。這兩重因果可以下圖來表明：

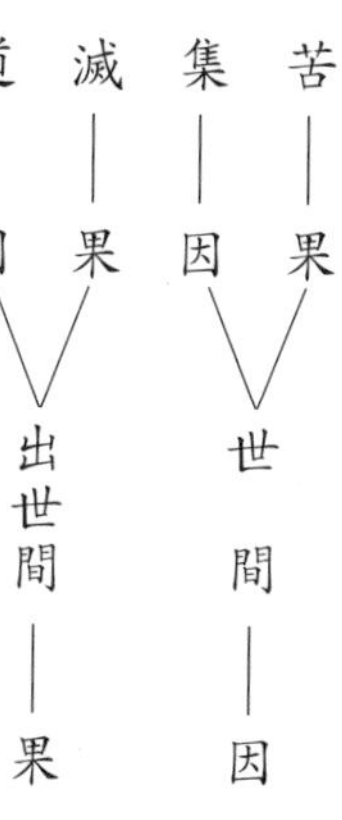

由此可見因果法則是貫串於四聖諦中一個非常重要的原則。

另一點，我們可以看到苦是貫串於整個四聖諦之中。苦是現實世間的真實情況，當我們如實地觀察這個現實世間，便知道這世間是充滿苦痛煩惱的。集是苦的成因；滅是除去苦的境界；而道是滅除苦的方法。所以，苦是貫串於四聖諦的整個脈絡之中，亦是四聖諦的焦點所在。

第三點要留意的，就是四聖諦是否可以視為四種真理的問題。答案是否定的。當我們說真理（satya，即是諦）時，是帶有一種絕對意味的。若果真理是絕對的，就應該是整一的，而且是獨一無二的。所以我們不能將四聖諦解釋為四項或四種真理。真理只有一種，四聖諦不是指四種真理，而是指實踐真理的四個歷程。照這樣說，我們實踐真理時是要順著每個階段來進行的，並不能一下子達到。實踐時，需要從苦開始，先要如實地認識到世間的種種苦痛煩惱，然後要找出原因，這原因就是集。由於了解到世間的現實情況皆是苦痛，於是要追求滅除苦痛的境界，這境界就是滅。要達到滅就要知道滅除苦痛的方法，這就是道。經過了這些階段之後，才能達到寂滅的境界。由此可見，四聖諦並不是表示四種真理，而是一種，並且是具有實踐意義的真理。我們要實踐這種真理，就要透過苦、集、滅、道四個步驟。從四聖諦中顯示出來的這種漸進的過程，是一種漸進式的教法。由於四聖諦在原始佛教中很受重視，所以，我們可以說原始佛教實踐真理的方法是一種漸教。而漸教是相對於禪宗所強調的頓教而立名的。

剛才已提到，本品從觀四聖諦，進而牽涉到二諦的問題。四聖諦在原始佛教中已出現，而二諦則是龍樹所提出的。二諦指世俗諦和第一義諦。龍樹認為世俗諦和第一義諦有著很密切的關係。我們要依照世俗諦以了解第一義諦，然後根據第一義諦來證取涅槃。世俗諦是指世人眼中的真理，而第一義諦就是最高的真理。亦可以說，世俗諦是相對的真理，而第一義諦是絕對的真理。由世俗諦到第一義諦，有一個漸進的歷程。我們從了解世俗諦，進而至了解第一義諦，要經過一個歷程。要證取最高境界，需要以世俗諦作為起點，繼而進入第一義諦，最後證取涅槃。二諦說所顯示出的是一種漸進式的教法，而不是頓然覺悟的教法。

這裡所說的二諦，並不是說有兩種真理。而是指出，我們去證取真理時，需要經過這兩個歷程，以世俗諦為基礎，進而提升至第一義諦，而不能夠採取頓然的方式，從最初步一下子就達到最終目標。

以上已經概括地介紹了本品整體的內容。現在我們再逐首偈頌進行探討。

二四·一　若一切皆空，無生亦無滅，如是則無有，四聖諦之法。（大三〇·三二b）

從這裡開始至第六首偈頌，都是龍樹擬設的反對論者的見解。這個反對論者反對龍樹所說的空，因而對這套學說進行一連串的問難。這個反對論者指出，如果照龍樹所講，一切都是空的，就會無生亦無滅，這樣，就不能安立釋迦當年所講的四聖諦的義理。由於四聖諦是佛教中最根本的義理，如果一切皆空的見解與四聖諦之間有衝突，或是不能安立四聖諦的義理，這套見解就必定有問題。

這個反對論者所了解的一切皆空的義理，與龍樹所說的空是不同的。龍樹所說的空是基於一切事物都是緣起的，因此是無自性的這一點來說。但反對論者所說的一切皆空是相等於虛無主義所說的空，是一無所有的意思。所以，反對論者所說的空是與四聖諦不能並立的。他一開始便將龍樹所說的空義錯誤地理解為一無所有，傾向於虛無主義的立場。

二四·二　以無四諦故，見苦與斷集，證滅及修道，如是事皆無。（大三〇·三二b）

反對論者繼續說，如果不能建立四聖諦，則依四聖諦而來的一切修行都不能成立。這些修行包括見苦、斷集、證滅和修道。見苦就是體會到現實世間的苦況，正確地了解苦的真實情況。斷集是將構成苦的原因——集，一一斷除。證滅是證入寂滅的境界，即是證入斷除了種種顛倒見解和種種煩惱的寂滅境界。修道是指修習八正道，八正道是指能夠滅除苦痛煩惱的八種方法，又稱為八聖道行。這八正道包括：

1. 正見——正確地了解四諦的道理；
2. 正思惟——正確地思想四諦的道理；
3. 正語——正確的言說；
4. 正業——正確的行為；
5. 正命——正確的生命方向；
6. 正精進——努力於佛道修行，不稍懈怠；
7. 正念——憶念正道，去除邪念；
8. 正定——正確的禪定。

反對論者認為，如果一切皆空，就不能建立四聖諦；不能建立四聖諦，就不能作出種種追求真理的修行，即是見苦、斷集、證滅和修道都不能進行；不能作出這些修行，就無所謂四果。

二四・三　以是事無故，則無四道果，無有四果故，得向者亦無。（大三〇・三二b）

沒有以上的修行，就沒有四果。四果即四道果，指小乘佛教的修行者，依照以上四個修行的歷程而達到的四種境界，亦即是經過四個階段的修道歷程所證得的四種結果，分別是以下四種：

1. 須陀洹 srotā-āpanna
2. 斯陀含 sakṛdāgāmin
3. 阿那含 anāgāmin
4. 阿羅漢 arhat, arahat

須陀洹是入流或預流的意思，故又稱預流果。達到這個階位的修行者是預入於聖者之流，即是剛剛踏入聖者的行列。這是聖者之中最初步的階位。

斯陀含譯作一來果。覺悟到一來果的修行者需要再來世間輪迴一次，才能夠證入涅槃，故名為一來。這是第二層的階位。

阿那含譯作不來果或不還果。達到這個階位的修行者已經斷盡欲界的煩惱，不再還生於欲界進行輪迴。這是第三層的階位。

阿羅漢意思是應供。這是小乘佛教中最高的階位。修行者若依照小乘的修行方法，最高可以達到這個階位，稱為阿羅漢果。達到這個階位的聖者，已斷除了一切生死欲界的煩惱，再沒有我、人、眾生、壽者的區別。我是指自我；人是所有人類；眾生指一切有情識的生命體；壽者指擁有生命的力量，令生命不斷延續下去的生命體。應供就是受人尊敬，應該得到供養的意思。

「以是事無故，則無四道果」是說，由於沒有見苦、斷集、證滅、修道這些修行工夫，所以不能有四果，沒有四果，就沒有四得和四向。四得是指得初果、得二果、得三果和得四果，即是獲得以上所說的四果。四向是初果向、二果向、三果向和四果向，即是在獲得以上四果之前，達到分別對於四果的性向的階段。四向和四果都是小乘佛教徒所達到的深淺不同的階段，其排列次序由淺至深如下：

初果向→得初果→二果向→得二果→三果向→得三果→四果向→得四果

二四・四　若無八賢聖，則無有僧寶，以無四諦故，亦無有法寶。（大三〇・三二b）

八賢聖指達到以上的四向和四果的賢人和聖人，其中達到初果向的，稱為賢人，達到以後的三向四果的都稱為聖人。前面提到若一切皆空，就沒有四得四向，反對論者繼續指出，沒有了八賢聖就無有僧寶。佛教有所謂三寶，即是三樣非常寶貴的東西，分別是僧寶、法寶和佛寶。僧寶是指有德行的、修行達到某些成果的出家人；法寶是指佛教的真理；佛寶就是佛祖釋迦牟尼。小乘佛教中，僧寶就是八賢聖，所以，無八賢聖就無有僧寶。「以無四諦故，亦無有法寶，」小乘人所講的真理主要集中於四聖諦，若四聖諦不能建立，也就沒有了法寶。

二四・五　以無法僧寶，亦無有佛寶，如是說空者，是則破三寶。（大三〇・三二b）

佛是證悟到究極真理的修行者，所以，若沒有法寶，即是佛教真理本身不能建立，就不可能有證悟真理的人，亦即是說不可能有佛。在小乘佛教來說，釋迦在成佛之前亦經過作為僧寶的階段。

所以，若沒有僧寶，就不能有佛寶。如果沒有三寶，整個佛教的系統亦必崩潰。反對論者指出，說空者破壞了三寶，亦即是破壞了整個佛教，這是極大的罪過。但我們要明白，龍樹所說的空是以緣起的角度去說，指出一切事物都是無自性，故一切都是空；而反對論者所理解的空是以斷滅的眼光去看，以為空就是指一切都是虛無的、一無所有。他們便是基於這種虛無的見解，指責空的義理破壞了三寶。

二四·六 空法壞因果，亦壞於罪福，亦復悉毀壞，一切世俗法。（大三〇·三二c）

我們基於現象界因滅果生的情況而建立起因果關係，倘若一切事物都是不生不滅的，因果關係就不能建立。反對論者認為，若說一切皆空，就表示一切都無生無滅，而無生無滅就不能建立因果關係。罪福是依靠因果關係而建立的，善業為因，就有福果；惡業為因，就生罪果。若不能建立因果關係，則罪福等因果報應都不能建立。而世間一切事物都是依因果關係建立的，破壞了因果關係，亦就是破壞了世間一切事物，使它們不能成立。

以上六首偈頌都是龍樹所擬設的反對論者提出的見解，藉以駁斥龍樹所說的空。但這種見解反映出反對論者顯然誤解了龍樹所說的空。從原始佛教開始到龍樹的時代，佛教基本上都是以緣起來說空的。由此顯出佛教相當重視世間法，認為依於緣起的世間法，才能說空。佛教從來沒有將空解釋為絕對虛無或斷滅。反對論者將空理解為絕對虛無或斷滅，顯示出他沒有正確地掌握龍樹以至大乘佛教所說的空理。所以，反對論者基於這種誤解而引伸出的種種困難都是不成立的。以下的偈頌是龍樹自己所提出的見解，藉以駁斥反對論者的問難。

二四・七　汝今實不能，知空空因緣，及知於空義，是故自生惱。（大三〇・三二c）

龍樹指向反對論者來說，指出他剛才所提出的問難，完全是由於他對空的義理作出錯誤的理解。「空空因緣」這句，在梵文本的意思是「空的用意」，鳩摩羅什這句譯文稍嫌累贅。1這上半偈指出反對論者實際上不了解佛教建立「空」的用意。「及知於空義，是故自生惱」是說反對論者亦不明白空本身的義理，因此產生種種煩惱困擾自己。這首偈頌是龍樹針對前面六首偈頌而作出的總回應，指出反對論者在前面提出的種種問題，完全是由於他沒有正確地理解空的義理所致，因而產生煩惱來困擾自己。

從以下的偈頌開始，龍樹展開他的二諦論的討論。在佛教當中，不同學派或不同人物，對真理有著不同的見解。諦即是真理。原始佛教講四聖諦，龍樹說二諦論，而中國的天台宗就提出三諦論。關於諦的理論，最少就有以上三種。我們知道，絕對真理應該是獨一無二的，何以佛教中有說二諦的，有說三諦的，亦有說四諦的？我們要留意一點，這裡所說的諦並不是指那個獨一無二的真理本身來說，而是從實踐的角度來說，即是指我們在實踐真理時所要依循的路數，或是所依循的面相。二諦就是兩個面相；三諦是三個面相；四諦是四個面相。惟有這樣去理解諦，才不會產生矛盾。對於不同品性、不同資質的人來說，需要有不同的實踐方式，所以有二諦、三諦、四諦等不同的方法。當然，最理想的方式是一種頓然的覺悟，直接地接觸到絕對真理本身，但能夠做到這種程度的人是極少的。

二四・八　諸佛依二諦，為眾生說法，一以世俗諦，二第一義諦。（大三〇・三二c）

這首偈頌的表面意思很清楚，諸佛按照兩個面相來為眾生宣講佛教的真理，這兩個面相分別是世俗諦和第一義諦。漢譯的這兩個名稱的意思不大清晰，我們需要參考原文的意思來作解釋。世俗諦的梵文是 lokasaṃvṛti-satya，第一義諦是 parama-artha-satya。一般來說，我們可以理解世俗諦為相對的真理，或是語言文字所表達的真理，即是世俗人所理解的真理；而第一義諦是絕對的、超越的真理，超越乎語言文字所能表達的真理。但這種初步理解還是不足夠的。

梵文 loka 指世間，satya 即是真理，saṃvṛti 的意思較為複雜，而且很具關鍵性，我們必須弄清楚這個意思。saṃvṛti 解作一般人所認可的事情，或是一般人所接受的事情。這些事情是指向一般人所理解的、所熟識的現實世界。所以，saṃvṛti 可以指稱一般人所理解的、所熟識的這個現實世界。世俗諦原本的意思就是在世俗的立場之下成立的真理，即是在一般人所熟識的這個現實環境中建立起來的真理。所以，世俗諦帶有現實的、經驗的意味，亦可以說，世俗諦是一種經驗世界的真理。這種真理是透過人的感性（sensibility）和知性（understanding）而成立的真理。這是運用康德哲學的詞彙來作的解釋。這種真理很著重事物之間的差異性和相對性，是建基於現實世間的種種情狀，而且對應於一般人的知解程度的真理。亦可以說這是關於科學知識的真理，具有相對性和經驗

---

1. Kenneth K. Inada, *Nāgārjuna: A Translation of his Mūlamadhyamakakārikā*. Tokyo: The Hokuseido Press, 1970, p.145.

性的，是一般人所接受的道理。所以，世俗諦不是絕對的真理。

梵文 parama 意思是最高的、最殊勝的，artha 解作義理。parama-artha-satya 的意思就是最高的義理之真理。所以，第一義諦原本的意思就是最高的、超越的、絕對的真理，在佛教來說是特別指空的真理。

龍樹所說的二諦之中，第一義諦的意思是很清楚的，它確定地指最高的、超越的、絕對的真理，較具體地說就是空或真如。世俗諦的意思就較為模糊，因為原文的用字 saṃvṛti 的意思較難確定，可以指語言本身，亦可以指語言所表達的東西。由於語言所表達的，是這個現實的、相對的世界，所以，saṃvṛti 的意思可以引伸到指述這個由語言所表達的相對的世界。這個世界就是一個約定俗成的環境。這首偈頌提出了龍樹的二諦理論。以下繼續進行有關二諦問題的討論。

二四・九　若人不能知，分別於二諦，
則於深佛法，不知真實義。（大三〇・三二c）

這首偈頌提出，若我們要深入地了解佛法，就要懂得分辨二諦，不能籠統地處理。這裡暗示出，對佛法的真實意義加以把握，是要依從一個次序的，這個次序從二諦中顯示出來。龍樹將諦分成兩種層次，一種是世俗的層次，另一種是第一義的層次。要順序經過這兩個層次，我們才能把握到佛法的真實義，亦即是佛法的最高真理。

二四・一〇 若不依俗諦，不得第一義，不得第一義，則不得涅槃。（大三〇・三三a）

這首偈頌很清楚地指出了實現真理的次序。我們必須從世俗諦開始，才能進至第一義諦，不能夠一開始就去把握第一義諦。只有依循著世俗諦，才能把握第一義諦，把握了第一義諦後，才能證得涅槃這種精神境界。前面提到的世俗諦原文是 saṃvṛti，而這裡的「俗諦」原文是 vyavahāra，在意思上有點混淆，所以必須要小心弄清楚。vyavahāra 指一些動作，或是一些日常的作為（common practices），但有些時候，vyavahāra 在應用時會與 saṃvṛti 混同起來，兩者都是指言說和言說所表達的東西。所以，我們可以將 vyavahāra 理解為日常生活的行為，而這些行為是以語言為基礎的。因為必須依賴語言來表達，才能互相溝通，進行日常生活。這就是 vyavahāra 的確實意思。這裡顯出龍樹對世間的關懷。他的理論帶有一種世間性（worldliness），因為他指出必須要透過世俗諦，才能把握第一義諦，而這世俗諦就是直接指向日常生活的行為，特別集中在語言方面。他特別強調，我們不能離開日常的生活來實現第一義諦，必須以生活中的各種營為作基礎才能實現第一義諦。這裡顯出龍樹的入世思想，對生活上的事情非常關注。

還有一點是很少人留意到的，偈頌說「若不依俗諦，不得第一義」，意思是我們必須依據世俗諦，才可能了解第一義諦。問題在於「依」的意義是什麼。漢譯本中沒有進一步解釋「依」的意義，我們需要細心地研究。我們可以提出兩個對於依的解釋。第一個意思是用作工具以求達到某些目的。例如一個人要過河，但又不懂游泳，於是就利用一隻木筏來過河。在這種情況下，這個人是依於這隻木筏來達到過河之目的，而達到目的後，這隻木筏是可以放棄的。依的這個意思是較為輕微的，即是說，依的對象是可以放棄的。第二個意思是以之作為條件。例如我們依著某些學識和經驗而當上某個職位，我們就是以這些學識和經驗為條件而達到出任某個職位的目標。而在當上了這個職位之後，我們仍然要保持著這些學識和經驗。因為在這個職位之中，我們仍然需要應用這些條件，若失去了這些學識和經驗，例如患上了失憶症，我們就再不能擔當這個職分。所以，這些學識和經驗可以說已經與這個職位連結起來，成為它的一部分，而不能放棄的。依的這個意思比起前一個要重很多，即是說，依的對象與目標是連結起來的，若要保有所達到的目標，就不能放棄依的對象。「依」的原文是 **āśritya**，[2] 這個字的語根是 **ā-śri**，這個語根有幾種意思，分別是：連接、依待、住著於、依靠。依待和依靠相應於以上第一個意思，住著於就相應第二個意思。

從以上分析可見，這半首偈頌可有兩種解釋。若以第一個意思來說，解釋就是：若要證立第一義諦，就必須以日常生活的種種行為作工具。第二個意思是比較強的，意思就是：第一義諦的證立是要內在於、住著於日常生活的行為中，即使在第一義諦獲得之後，仍然不能放棄日常生活的種種作為。日常生活的作為成為獲得第一義諦的必需條件，亦可說是成就第一義諦的一部分。若採取第一個意思，兩諦的關係是比較鬆動的，當證得第一義諦時，就可捨棄世俗諦。這並不是龍樹的意思。惟有第二個意思，才能將二諦緊密聯繫，在實現第一義諦後仍然不能放棄世俗諦。這才是龍樹真正的意思。

下半偈說「不得第一義，則不得涅槃」，意思是獲得第一義，是證取涅槃的先決條件。我們先要將第一義和涅槃作出區分。第一義是關於事物的最究極的真理，亦即是空。這個真理是外在的，具有很濃厚的客觀性。而涅槃是指證得最高真理，即覺悟後的一種主觀的精神境界。所以，證得第一義是指客觀方面的對諸法實相的了解，覺悟到一切皆空。而由這種覺悟而令到主觀方面轉變，內心進入一種寂滅的精神境界，這境界就是涅槃。總括而言，第一義是具有客觀性的、最高的真理，指向諸法的本質，即是空；而涅槃是指一種主觀的精神境界，這種精神境界是透過對第一義的覺悟而達到的。

這裡還顯示出一個實踐真理的步驟，先要了解客觀真理，證得諸法實相後，再基於這種覺悟而引發主觀內心的轉化，以至在主觀上進入涅槃的境界。由此可見，從證得第一義到證取涅槃，中間還有一段實踐的歷程。所以，了解第一義諦並非就等同於涅槃的證得。

二四・一一　不能正觀空，鈍根則自害，如不善咒術，不善捉毒蛇。（大三〇・三三a）

「鈍根」指領悟能力較低的人。這些人不能正確地了解空的義理，反會被空義所害。因為這些人很容易會執著空義，以為這空同於一無所有，而不知佛教是從緣起來說空的。這一類人接觸到空的義理後不單只沒有獲得好處，反而會產生更深的執著，以為空就是一無所有，這樣比起沒有接觸過空的情況更糟，好比不善於運用咒術的人去玩弄毒蛇，反而會被毒蛇所傷。這首偈頌強調我們必須正確地理解空義，不能將空理解為虛無，否則就反會損害了自己。我們應該以緣起的立場去說空，

2. Ibid., p.146.

對世界仍然保持一種肯定的態度。

二四・一二　世尊知是法，甚深微妙相，
非鈍根所及，是故不欲說。（大三〇・三三a）

「世尊」意思是值得世間尊敬的覺悟者，即是指釋迦牟尼。世尊知道這種佛法具有很深奧的性格，並不是領悟能力低的人所能夠明白的，所以不輕易將這些佛法向人宣講，只在遇到適當根器時才會說。

二四・一三　汝謂我著空，而為我生過，
汝今所說過，於空則無有。（大三〇・三三a）

龍樹在這裡作出一個小結，回應反對論者的指責。龍樹辯稱，反對論者說他執著空，因而認為他有過失。但實際上，反對論者所指的過失只是出於把空理解為虛無，而龍樹並不是這樣去理解空的，所以並不構成這些過失。反對論者所說的過失，包括破壞法寶、僧寶、佛寶等，都是由於他們不了解空的真正意義。如果能正確地理解空，就不會形成這些過失。所以，反對論者對於空的指控，其實並不適用於真正的空義，佛教所說的空，實在沒有這些過失。

二四・一四　以有空義故，一切法得成，
若無空義者，一切則不成。（大三〇・三三a）

這首偈頌正面地提出空義的價值。空的義理不單只沒有破壞世間一切法，反而是一切法得以成就的必需條件。這裡的「一切法」是指緣起的一切世間事物。由於有空無自性的義理，緣起的一切世間法才得以成立。亦即是說，一切世間事物都是依著空這個義理而成立的。倘若相反地，一切世間事物都是具有自性的，則這個世間就不能成為目前這個緣起的模樣。我們現在所身處的世間是流變無常的，世間事物都有成、住、異、滅的性格。倘若世間事物具有自性，就必然不是這種模樣。正因為世間事物都是依著空義而成立的，這個世間才成為目前這樣，不斷地緣起變化。所以，龍樹說空義使到一切世間事物能夠成立。若沒有空義，這世間緣起的一切法都不成立。

二四・一五——汝今自有過，而以迴向我，
如人乘馬者，自忘於所乘。（大三〇・三三a）

龍樹指出，反對論者以絕對的眼光去看這個世間，自己執著事物是絕對地實有，而以為龍樹所說的空是絕對地虛無。他沒有自我反省自己對實有的執著，反而基於對空的誤解而指責龍樹犯了過失。他自己身在過犯之中卻不自覺，反而在別人的地方去尋找過失，這種態度就好像一個人四處去找馬來騎，卻忘記了自己正坐在馬背上。

二四・一六——若汝見諸法，決定有性者，
即為見諸法，無因亦無緣。（大三〇・三三b）

龍樹對反對論者說，如果他以為諸法是確定地具有自性，就即是認為諸法是無因緣的。因為自性是排斥因緣的，有自性就無需因緣而生，由因緣而生就是無自性。如果以為諸法都有自性，就是否定了諸法的因果性，這是一種很重大的過失。

二四・一七　即為破因果，作作者作法，亦復壞一切，萬物之生滅。（大三〇・三三b）

這首偈頌的漢譯文字較為隱晦，我們試看梵文原本的意思：

> 這樣你便破壞了原因、結果、做作的人、做作的用具、做作本身、生起、消滅和果實。[3]

這裡所列舉出的東西都是依著無自性的義理才能成立的，如果以為諸法有自性，則這些東西都會完全被破壞掉。

二四・一八　眾因緣生法，我說即是空（無），亦為是假名，亦是中道義。（大三〇・三三b）

這首偈頌稱為三諦偈，又稱三是偈，可以說是全本《中論》之中最重要的一首偈頌。三諦偈這名稱是天台宗的人所起的，他們將這首偈中提出的空、假名和中道，分別發展成空諦、假諦和中諦，成為三諦的理論，故稱之為三諦偈。偈頌中將眾因緣生法說成是空（無）、是假名，亦是中道，故又稱為三是偈。這首偈頌之所以被視為全書中最重要的一首偈，其中一個重要原因就是當中提到中道。這本書名為《中論》，就是出自這裡提到的中道。《中論》裡面幾個最重要的概念，即是空、假名、中道和因緣生法，都出現在這首偈頌之中。這首偈頌的梵文本與漢譯本的意思有點出入，我們現在先根據鳩摩羅什的漢譯本作出分析和討論。

在漢譯本中，因緣生法作為主詞（subject），它一方面是空，另一方面是假名，第三方面是中道。空、假名和中道都是因緣生法的謂詞或稱實詞（predicate），這三個謂詞是對等的，都是作為因緣生法的謂詞而被提出的，如下圖所示：

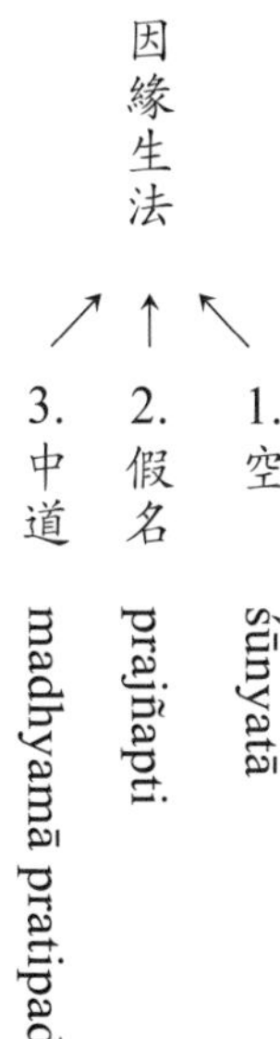

空就是無自性，因緣生法就其為因緣所生這一點來看，它們都是無自性的，所以是空。因緣生法雖然是空，但它們仍然是屬於現象界的東西，這些東西跟我們的日常生活有著非常密切的關係，所以因緣生法不是一無所有。由於因緣生法在現象界具有作用，而且與我們的生活息息相關，所以我們必須要運用一些名言概念去指述它們，對它們作出區分，以達到我們的需要。但由於這些東西都不是實在的，只是緣生的，所以對它們的指述所用的名言只是施設出來，並非代表一些實在的、具有自性的東西，所以稱為假名。例如一部巴士，我們稱這件東西為巴士，只是施設一個名稱去指述這件東西，以方便我們進行各種行為，並非表示在客觀世界中，真實地存在一件具有自性的東西，

3. Ibid., pp.147-148.

稱為巴士。巴士只是一個假名，用以指述一件因緣所生的東西。

我們可見，空是著重於指出因緣生法的本質，這種本質就是無自性。所以，空是傾向於顯示事物無的一方面。而假名是著重於表示事物的現象性，而現象是我們日常所接觸到的，是有的，所以，假名是傾向於顯出因緣生法有的一方面。對於中道的提出，按照鳩摩羅什的譯本，我們可以作出如下的解釋。由於空和假名分別偏重於顯出因緣生法的無和有的方面，故此龍樹恐怕一般人會作出偏執，可能將因緣生法執持為無，亦可能執持為有，而走到極端時，會誤以為世間事物是具自性的有，或是完全一無所有。於是提出中道以排除對空和假名的偏執。中道是超越於空和假名的一個超越層面。由於空和假名各有偏重，在一般人的眼光看來，就很容易落入相對性中，以為空所顯示的無，與假名所顯示的有是相對立的，這種誤解走到極端時，就會形成對有或無的執持。而中道的提出，目的就在於遮破這種偏執，在相對性中超越出來，顯出絕對的真理。

總括來說，空是指向事物的本質方面，指出事物本質上是無自性的。天台宗的人由這個理解而發展出「空諦」。假名指向事物的現象性方面，顯出事物是有的一面。由此而發展出天台宗所說的「假諦」。而中道就是超越於空和假名，天台宗稱之為「雙遮空假」。這裡帶有否定空假的意味。然而，在否定當中實際亦包含肯定的意思，因為在否定空時，實際就是肯定假；同時間，在否定假時，亦帶有肯定空的意味。所以，在否定空假的另一面就是綜合空假，同時肯定雙方。天台宗稱之為「雙照空假」。超越空假和綜合空假實際上是互相含蘊。基於對中道的這種理解，天台宗發展出「中諦」。空諦、假諦、中諦合起來就是天台宗所說的「三諦」。他們更認為三諦之間並不是互相排斥的。空諦和假諦雖然各有偏重，但都是沒有矛盾的；中諦雖然帶有否定空假之義，但實在亦可以融和的。而且三諦之間更是互相包含的，空諦之中包含假諦和中諦；假諦之中亦包含空諦和中諦；中諦也包含空諦和假諦。由此而發展出三諦圓融的理論。而這套理論的關鍵就在於對這首三諦偈的理解方式，即是將因緣生法視為主詞，而空、假名和中道都視作謂詞來解釋。這種解釋將空、假、中的地位視作對等的。空可以視為一種真理，而假和中亦可以作為真理看。

然而，天台宗的這種理解方式是有問題的。就整本《中論》來看，龍樹對真理的理解並不是以三諦的模式的，而是採用二諦的模式。前面某些偈頌已清楚表明龍樹是二諦的模式，例如在本品的第八至第十首偈頌就已清楚採取世俗諦和第一義諦去理解真理。世俗諦所講的是假名；而第一義諦就是說空。可見空和假名都可以成為諦，而中道就不能獨自成為一個諦。所以，天台宗的發展是不符合《中論》原來意思的。而且，從梵文本看此首偈頌，我們可以發現龍樹所表達的是一種二諦模式，而不是三諦模式。以下，我們要對這首偈頌的梵文原本的意思進行較深入的探討。現先將這首偈頌從梵文本翻譯過來：

我宣說一切因緣生法都是空，由於這空是假名，因此這空是中道。[4]

我們試參考青目的解釋：

眾緣具足和合而物生，是物屬眾因緣，故無自性，無自性故空。（大三〇・三三b）

4. Ibid., p.148. 關於這一偈頌的梵文原偈的文法的分析，參看拙著《佛教的概念與方法》，臺北：臺灣商務印書館，一九八八，二四頁。

這裡很清楚地解釋了上半偈，事物是由眾緣和合而生的，由於事物是屬眾緣所生，所以是無自性，而無自性就是空。這部分的解釋與鳩摩羅什譯本和梵文原本的意思都是吻合的。問題就在於下半偈。青目繼續說：

空亦復空，但為引導眾生故，以假名說，離有無二邊故，名為中道。（大三〇．三三b）

「空亦復空」意思是空本身亦是要空掉的。如果我們能正確地了解空，知道空是表示無自性的狀態，是顯出事物的真理，就不一定需要提出空亦復空。這裡提出空亦復空，目的是防止一些人對空產生偏執，以為在客觀世界中，有一樣實在的東西對應於空而存在。空的提出，是用以表示事物無自性的狀態。但某些人從這個空聯想到在客觀世界中存在著一樣東西與之相應。為防止人們對空產生這樣的理解，於是要提出空亦復空來否定對空的偏執。空亦復空之中，前一個空表示空這個概念，而後一個空的意思是否定，整句是說；空這個概念本身亦要否定。因為空亦只是一個假名，它並不是究極真理本身。究極真理本身是不能用言說來表達出來的，因為究極真理本身具有絕對性，而言說本質上是相對性的。但一般眾生所能理解的只限於相對性的語言概念，為了引導眾生邁向真理，故施設出空這個概念來指述真理。所以我們要知道空本身只是一個假名，不要以為空就是表示一樣實在的東西。故此，空這個概念本身亦需要否定掉，以防止人們對空產生偏執，把空視為實體的有。

當我們說空並非是實體的有，同時也就隱含一個意思，就是空亦非虛無的無。因為實體的有跟完全虛無是相對的，是在同一層面上的，而空是緣起無自性，這種狀態是超越於實體的有和虛無的層面。所以，我們說空並非實體的有時，是指出空是超越於實有的層面，同時亦表示空亦非虛無的無。空的這個意義就是非無。所以，空同時具有非有非無的意思。

以上由空是假名而推導出空是非有非無，非有非無即是離開有邊和無邊，離開有無二邊，所以是中道。這就是青目註釋的意思，亦是符合梵文原本所表達的意思。偈頌中說「由於這空是假名，因此這空是中道」，這裡表示空亦是假名，它不是空的實體，故是非有；它也不是虛無的空，故是非無。非有非無，即是中道。

「空是中道」表示出空是非有非無，而非有非無實際上表示出空是超越乎一切相對的層面而顯示出一個絕對的境界。當我們提到相對層面時，往往就用到有和無作為代表。因為有是概括了一切存在事物的一個概念，而無是相對於有，具有同樣的概括性。而一切指述存在或不存在事物的概念都是相對性的，所以有和無實際是用以概括一切相對性的事物。中道表示非有非無，字面上意思是超越於有無，而實際上是表示超越於相對的層面，顯出絕對的境界，這就是空的境界。

原始佛教典籍提到中道時都是以非有非無來作解釋，所以中道跟非有非無有著文獻學上的關聯。而在本偈頌中，從假名而推導出中道是超越相對層面的意思，這個意思是與空的意義相通的。因為空所顯示的境界是一個超越一切相對性的絕對境界，所以空是中道。而空透過與中道在意義上的相通，亦可以說是非有非無。由此可見，中道是作為空的意義上的補充，而所補充的意義就是非有非無；空透過中道的意義的補充，亦就具有了非有非無的意思。亦由於這種關係，中道不能夠獨立於空，另外成立一個中諦而與空諦對等。

按照以上的解釋，從梵文原典看，中諦是不能獨立地成立的，所以天台宗所說的三諦亦是不能成立。按照梵文本，這首偈頌的結構應如下圖：

因緣生法 → 空 ← 假名、中道

因緣生法是主詞，空是對因緣生法的謂詞，而空本身亦作為主詞，假名和中道就作為對空的謂詞。所表達的意思是因緣生法都是無自性的，這種無自性的狀態就是空。在這部分，梵文本與鳩摩羅什的漢譯本的意思是一致的。而兩者的分別就在於下半部分。要了解中道的意思，關鍵就在於下半部分。所以必須要參考原文，扣緊「由於這空是假名，因此這空是中道」這一句來理解中道的意思。空本身亦只是一個假名，我們不能執著空是完全等同於絕對真理。當提到空是假名的時候，對於空是有一種貶抑的意味。這種貶抑是關聯到一般人對空的兩種誤解。一種是以為相應於空這個名字，在客觀世界裡有一個實體存在，即是以為空是一個實體，即是有。針對這種誤解，對空的貶抑就具有否定有的意味，即是非有。另一種誤解就是以為空是一無所有、完全虛無。故此，貶抑空就是否定無，即是非無。所以，說空是假名，就是顯出了空是非有非無的意思，而在佛教典籍中，非有非無就是中道。在這個意義上，空透過假名而與中道的意義聯繫起來。就這方面來說，中道與空是等同的。有和無都是具有高度概括性的概念，一切相對層面的事物其實都可用有或無來加以概括。由此引伸，非有非無就是對相對層面的超越而顯出一個絕對的境界。就中道這方面的意義來說，中道能夠補充空所含蘊的意義，令到空具有超越相對層面的意味，而顯出絕對的境界。

按照梵文原本所作出的這種解釋，跟天台宗所理解的意義有所不同。從梵文原本只應發展出二諦，即是由空所代表的第一義諦，以及假名代表的世俗諦，而中道就作為對空的義理的補充。但天台宗就中道發展成為中諦，具有獨立於空以外的意義。天台宗是根據鳩摩羅什的漢譯來進行解釋，而我們以上的解釋是根據梵文原本。這兩種解釋具有根本的差異，我們必須留意。

二四・一九　未曾有一法，不從因緣生，是故一切法，無不是空者。（大三〇・三三b）

一切法都是依因待緣而生起的，從來沒有一樣東西不是由因緣所生的。這裡所說的，是指現象層面的法，即是一切世間法。這些法由於都是由因緣而生的，所以無自性，無自性就是空。所以，一切世間法，沒有一樣不是空的。

二四・二〇　若一切不空，則無有生滅，如是則無有，四聖諦之法。（大三〇・三三b）

在本品的開始，龍樹引述反對論者的見解。照反對論者所說，若一切都是空，就破壞了生滅現象，亦破壞了四聖諦的真理。龍樹在這裡強調一個相反的意見，就是若果一切法不是空的，就不會有生滅現象，亦不能夠成立四聖諦的真理。表面看來，這兩種意見是剛相反的。但我們要留意一點，反對論者所指的空，並非如龍樹所說的以緣起為基礎的空，而是指虛無主義的空。龍樹在這裡矯正反對論者對空的見解，並且指出正因為一切法是空，所以才有生滅，才能成立四聖諦的真理。只有以緣起無自性而說的空，才能成就生滅以及四聖諦。以下幾首偈頌是解釋何以沒有緣起就不能成立四聖諦。

二四・二一　苦不從緣生，云何當有苦？無常是苦義，定性無無常。（大三〇・三三b）

龍樹指出苦是依於緣而生起的。依照原始佛教所說，苦是由種種因素積集而成的，所以四聖諦中的前兩諦是苦和集。集表示種種因素積集而生起。如果沒有緣起的義理，集是不能成立的。而集是苦的原因，沒有集，苦亦不能成立。所以，假若不從緣生，就不會有苦。

何以無常是苦？假若一切事物都是隨著常軌的，人就能安心地生活，這樣就不會有苦。但世間事物是無常的，一切都在變化當中，人會感到難以適應，由此產生不安，以致感到苦痛。所以無常是苦的一種誘因。由於事物都是空，所以才會無常。如果事物都是有自性的，由於自性是固定不變的，因此就不會出現無常的情況。沒有無常也就不會產生苦。偈頌中的「定性」是指確定的自性。若事物不是空，而是具有確定的自性，就不會變化，不變就是常，常就沒有苦。所以，苦是依於空的義理才能成立的。

二四・二二　若苦有定性，何故從集生？是故無有集，以破空義故。（大三〇・三三c）

如果苦是不空的，是具有確定的自性，苦就不能由種種因緣結集起來而生起。所以苦必定是空的，才能由結集而生起。而集本身亦不能有自性，因為如果集具有自性，就是跟空義有抵觸，以致破壞空的義理。由於空義是究極的真理，所以不可能有具自性的集。

二四・二三　苦若有定性，則不應有滅，
汝著定性故，即破於滅諦。（大三〇・三三c）

如果苦具有決定的自性，就不能消滅。不能消滅苦，就不能建立一種寂滅的境界。龍樹斥責反對論者，指他們因為執著於決定的自性，以致不能建立關於滅的真理。

二四・二四　苦若有定性，則無有修道，
若道可修習，即無有定性。（大三〇・三三c）

這首偈頌的文字有點問題，「苦若有定性」當中的「苦」，若按照梵文本應該是「道」，而在第二十二偈已經討論過「若苦有定性」的問題，現在應是討論道的問題。所以，「苦若有定性」這句應改為「道若有定性」。[5]

道如果是決定地具有自性，修道就變成不可能的事。因為修道顯示出道是一個漸進的階梯，而修習時是要逐步前進的。道既然能分割為不同的階段，讓我們逐一去修習，就表示必定沒有自性。因為具有自性的道是不能分割的。倘若道具有自性，我們就不可能逐個階段去修習，只可能剎那間整體地實踐這道，又或是完全不修道，但這是不符合現實情況的。實際上，我們能夠逐步修習這道，以致達到寂滅的境界。所以，道沒有決定的自性。

5. Ibid., p.149.

二四・二五　若無有苦諦，及無集滅諦，
所可滅苦道，竟為何所至？（大三〇・三三c）

前面第二十一首偈頌已指出，苦必定是由緣生的，倘若具有自性，則苦亦不能成立。這裡指出，在自性立場下，集諦和滅諦都同樣地不能成立。若沒有苦、集、滅三諦，則用以滅除苦的道諦就不知為何而設。在這種情況下，道失去了作用的對象，再提出來亦沒有意義。

二四・二六　若苦定有性，先來所不見，
於今云何見？其性不異故。（大三〇・三三c）

倘若苦確定地具有自性，而人在修習四聖諦之先，是從來沒有見苦的，如今怎能得見？自性是不變的，具有自性的苦在先前不為人所見，如今的情況沒有改變，怎麼會被人所見呢？這裡所說的見苦，是指對於苦的感受。若苦具有不變的自性，在我們修習前不為我們所見，則如今以至永遠，都不應為我們所見。

二四・二七　如見苦不然，斷集及證滅，
修道及四果，是亦皆不然。（大三〇・三三c）

如果我們不能見苦，則斷集、證滅、修道，以至四果都不能達到。所以，我們不應執著苦具有自性，否則，就不可能達到以後的修行歷程以及四果。

二四・二八　是四道果性，先來不可得，諸法性若定，今云何可得？（大三〇・三四a）

人們在修行之先，是不可得到四道果的。倘若諸法具有確定的自性，如今怎能得到此四果呢？諸法如果具有自性，就必定是不變的，既然沒有轉變，先前沒有得到的四果，如今以至日後都不會得到。

二四・二九　若無有四果，則無得向者，以無八聖故，則無有僧寶。（大三〇・三四a）

承接上首偈頌，倘若沒有四果，則沒有得果者和向果者。四種得果者，加上四種向果者就是八賢聖。沒有八賢聖就沒有僧寶。僧寶就是僧人之中階位最高者，佛教中以八賢聖為最高階位者，故稱為僧寶。僧寶加上法寶和佛寶，合稱三寶，是佛教中最寶貴的三種東西。

二四・三〇　無四聖諦故，亦無有法寶，無法寶僧寶，云何有佛寶？（大三〇・三四a）

如果以自性立場看苦、集、滅、道，就無法建立這四聖諦。無四聖諦就沒有法寶。法寶是指真理之寶，即是指四聖諦。在自性立場下，法寶和僧寶都不能建立，由此，佛寶亦不能建立。因為僧、法、佛三寶是互相依待的，無法寶和僧寶，佛實也就無法建立。所以，自性立場破壞了三實。在佛教看來，三寶就是代表了佛教整體，若破壞三寶，就等於破壞整個佛教。由此可見，這種自性見或是實有論所帶來的後果非常嚴重。龍樹在這裡運用了最強烈的態度來斥責實有論者，要他們放棄自性的見解。

二四・三一 **汝說則不因，菩提而有佛，亦復不因佛，而有於菩提。**（大三〇・三四a）

反對論者在本品開始時，責怪龍樹講論的義理，他認為空義破壞了佛教的義理以及三寶。他所了解的空義是虛無主義的空，這虛無主義的另一面是實自性的有。由此可見他是以實有的態度看世間事物，堅持一種實有論。從這種實有論的立場出發，反對論者以為菩提和佛各自有其自性，兩者之間是無關的。照他所說，則佛不需依待菩提智而有；而菩提智亦不依賴佛。但龍樹認為，按照正確的緣起立場來說，菩提智和佛是互相依待的，佛依賴菩提智而得覺悟成佛，而菩提智是由佛發揮出來的，若沒有佛就不能發揮出菩提智。反對論者以實在的角度看菩提智和佛，使兩者獨立於對方，不能建立起關係。所以反對論者這種見解是錯誤的。

二四・三二 **雖復勤精進，修行菩提道，若先非佛性，不應得成佛。**（大三〇・三四a）

這首偈頌較為特別，由於偈頌中出現了「佛性」這個詞彙，某些人就以為龍樹提出了佛性的觀念。但事實上，般若思想以至龍樹，都未曾確立佛性的觀念。龍樹本身很受般若思想的影響，而般若思想主要是提出空的義理，龍樹亦主要是論證空的義理的成立，並未有涉及佛性的問題。佛性在梵文稱為buddhatā或是buddhatva，而根據梵文本，此偈頌並沒有出現buddhatā或buddhatva這個字。所以，鳩摩羅什在這裡用佛性這個詞彙，並不是對應於buddhatā或buddhatva。現將此偈頌由梵文本翻譯過來：

> 根據你的說法，任何人倘若就自存來說不是一個佛陀，即使通過認真的營為，或實踐菩薩道，也不能冀望獲得覺悟。6

照反對論者所說，一切事物都具有自性，若具有自性，則佛陀這種境界亦不能憑藉種種修行而獲致。這樣，則一切努力，甚至是實踐菩薩道，都不能使人獲得覺悟。所以，龍樹認為反對論者所持的實在論的觀點是不能接受的。這裡亦表示出，龍樹認為通過認真的營為，或實踐菩薩道，是可以得到覺悟，達到佛陀的境界。但他並沒有確立佛性的觀念，他只是反對佛具有自性的見解。因為如果佛具有自性，由於自性是不能夠由其他因素構成的，則人們無論如何認真地修行，都永不可能達到佛陀的境界。

這首偈頌是整本《中論》裡，唯一提到「佛性」這個名相的地方，但按照梵文本所顯示，這個「佛性」並不是指使眾生能夠得到覺悟而成佛的那種可能性。所以龍樹並沒有在此建立佛性的觀念。

單就鳩摩羅什的漢譯本，其實亦可有兩種解釋。第一種是將這首偈頌視為龍樹自己的見解，這

6. Ibid., p.151.

樣可作如下的解釋：

龍樹自己認為，人們就算是認真地努力修行，實踐菩提道，若果本身並不具備佛性，就怎樣也不能成佛。

在這個解釋中，「佛性」是指眾生得以成佛的可能性。基於這種解釋，我們可以說龍樹提出了佛性的觀念，認為佛性是眾生得以成佛的必需條件。

第二種解釋是把這首偈頌視為龍樹指出反對論者的謬誤，承接著前一首偈頌中的「汝說」，繼續引出反對論者的見解所構成的過失。按照這個脈絡，本偈頌可作如下解釋：

若按照反對論者所說，則人們就算認真地努力修行，實踐菩提道，如果本身並不具備佛的自性，就怎樣也不能成佛。

在這個解釋中，「非佛性」是解作並不具備佛的自性。這個解釋顯示出龍樹是反對佛有自性。因為若果佛有自性，而自性是不能透過努力修行而獲得的，這樣，人們就必須是本身早已具有佛的自性，才可以成佛。這樣等於否定了人能夠透過修道而成佛的可能性。因為如果佛有自性，而人本身已具有這種自性，他本身就已經是佛，再無需修道成佛；至於那些本身不具有這種自性的人，不管怎樣努力，都不可能成佛。所以，若按照這種自性的立場，就根本沒有成佛這回事。很明顯，這是錯誤的。龍樹在這裡是反駁反對論者的自性立場。龍樹自己認為人們是可以透過努力修行，實踐菩提道而達到佛陀境界的。

以上兩種解釋，我們認為第二種才是鳩摩羅什真正要表達的意思。理由有兩方面：首先，從本品的結構以及偈頌發展的脈絡來看，本首偈頌應是繼續引述反對論者的自性見解，以及指出他所構成的謬誤，從而否定佛有自性的見解。若將本偈頌視為龍樹自己的見解，上下文的意思就不能暢順貫通。第二方面，按照梵文本，本偈頌開頭有「根據你的說法」這個意思，可見本偈頌是繼續引述反對論者的見解。此外，梵文本中「就自存來說不是一個佛陀」，與第二個解釋中「本身並不具備佛的自性」，在意思上是相通的。

基於以上的理由，我們認為鳩摩羅什真正要表達的意思應是第二種解釋，問題只是在用詞上產生誤會。其實這也不是鳩摩羅什的失誤，因為當時還未流行佛性的觀念，他運用「佛性」這個詞來表示具有佛的自性亦無不可。

從以上討論可以說明，無論從梵文本看，或從鳩摩羅什的譯本看，都不應結論到龍樹在本偈頌提出了佛性的觀念。中觀學要發展到晚期時候，才開始有近似的觀念出現。晚期的中觀學大師寶作寂（Ratnākaraśānti）將如來藏思想引入中觀學之中，而如來藏相近於佛性的觀念，所以由那個時期開始，中觀學才出現有關佛性的觀念。

二四．三三　若諸法不空，無作罪福者，不空何所作？以其性定故。（大三〇．三四a）

假若如反對論者所說，諸法是不空的，即是有自性的，這樣就沒有作罪或作福這些事情發生。罪福這些東西都是諸法的一種，若說諸法有自性，即是說罪福亦有自性，而有自性的東西是不能被造作出來的，因為自性是固定不變的東西。所以，在自性的前提下，沒有作罪或作福這回事。

這裡牽涉一些文獻學上的問題。「罪福」在梵文本中是 dharmam adharmam。[7] dharmam 是善或好的意思；而 adharmam 意思是惡或壞。一些現代學者將 dharmam adharmam 譯為好壞，[8] 亦有譯為經驗中的因素和非因素。[9] 但這些不同翻譯，對內文的意思沒有多大影響。

二四．三四　汝於罪福中，不生果報者，是則離罪福，而有諸果報。（大三〇・三四b）

這首偈頌的漢譯不太通順，我們需要參考梵文本的意思。現將梵文本的意思譯為中文：

根據你的說法，果報在遠離經驗中的因素與非因素亦能成立了。又根據你的說法，果報是不能由經驗的因素與非因素而生起的。[10]

按照反對論者所講，一切法都是有自性的，而果報作為諸法的一種，亦應是有自性的。如果果報是有自性的，它就能夠不依賴經驗因素而生起。這種見解當然是不符合事實的。在現實情況中，果報是依賴行為而建立的。所以，果報是緣起無自性的，它依賴各種因素結合而成。

二四．三五　若謂從罪福，而生果報者，果從罪福生，云何言不空？（大三〇・三四b）

假如說果報是從罪福而生的，我們怎能說果報不是空的呢？凡是依賴因緣而生的東西都是空的。反對論者一向都是從自性的角度去看果報的，但如今知道果報是由罪福而生的，而一切由其他東西生起的事物都必定是無自性的。龍樹就此駁斥了反對論者的自性見解。

二四・三六　汝破一切法，諸因緣空義，
則破於世俗，諸餘所有法。（大三〇・三四b）

龍樹在本偈頌中直接斥責反對論者，指他以自性見去破壞一切世間法的緣生本質，亦即是破壞了世間一切法，使世間所有事物無法建立起來。

二四・三七　若破於空義，即應無所作，
無作而有作，不作名作者。（大三〇・三四b）

龍樹繼續指出，如果破壞了空義，即是認為諸法是有自性的，而有自性的東西是本來就成立的，無需由造作而來，這樣就應該沒有造作這回事。但反對論者又說諸法在世間是被作成的，這樣無作而有作，豈不是自相矛盾？此外，諸法都是無需造作而成立的，故諸法的作者根本沒有作成任何東

---

7. Idem.
8. David J. Kalupahana, *Nāgārjuna: The Philosophy of the Middle Way*. New York: State University of New York Press, 1986, p.350.
9. Kenneth K. Inada, Ibid., p.151.
10. Idem.

西。這樣不作任何東西而又名為作者，亦是一個矛盾。

二四・三八　若有決定性，世間種種相，
則不生不滅，常住而不壞。（大三〇・三四b）

倘若諸法都是決定地具有自性，則世間種種事物的相狀都是不生不滅、常住不壞的。這樣就與緣起性空的見解相抵觸。緣起性空的事物都經歷成、住、異、滅的過程的，龍樹基於緣起的立場，認為這種自性的見解是錯誤的。

二四・三九　若無有空者，未得不應得，
亦無斷煩惱，亦無苦盡事。（大三〇・三四c）

如果空義不成立，則原本未得的東西就永遠也不能得到。因為未得的東西不能由緣起來成就而讓我們得到，故此永遠都不會得到。此外，煩惱和苦都成為了有自性的東西，以致不能被斷除，有煩惱的就永遠煩惱，苦痛的就永遠苦痛。很明顯，這是不合理的。所以，必須成立空義。

二四・四〇　是故經中說，若見因緣法，
則為能見佛，見苦集滅道。（大三〇・三四c）

龍樹在這裡作出總結。他引述經中的說話來教訓我們要破除自性見，以緣起的角度來看一切事物。若能見到諸法的緣起性格，就能體現佛的境界，亦能證悟四諦的真理。

在梵文本中，這首偈頌並沒有第一句的意思，即是沒有提及龍樹引述經中的說話。[11]所以，第二至第四句應是龍樹自己所說的，不是從經中引述的。無論如何，本偈頌表達了緣起性空的義理是佛教的基本真理，是成佛的關鍵所在。

11. Ibid., p.152.

觀涅槃品 第二十五

本品集中討論涅槃的有關問題，是《中論》之中相當重要的一品。本品受到很多外國學者的重視，其中一位著名的俄國佛教學者茲爾巴特斯基（Th. Stcherbatsky）著有 *The Conception of Buddhist Nirvāṇa*（《佛教的涅槃概念》），專門討論這個問題。我們現在先對涅槃這個名相進行分析。涅槃原文是 **nirvāṇa**，這個詞由 **nis-vāṇa** 所組成，**nis** 是否定的意思，**vāṇa** 解作火。這裡採取一種象徵的意味，**vāṇa** 所指的不是燃燒現象中的火，而是指我們的煩惱火，亦即是三毒之火。**nis-vāṇa** 的意思就是否定這種煩惱火。消滅這種火後，我們就能獲得清涼自在的境界。所以，涅槃本身的意思就是透過潑熄三毒之火而獲致的一種清涼自在的境界。涅槃的這個基本意義帶有一點消極的意味，而大乘佛教後期發展出的意義就較為積極，他們認為人們達致涅槃後，仍然須在這個生死輪迴的世界中進行教化，普渡眾生。

涅槃的原初意思，是透過潑熄三毒之火而達致清涼境界，是印度各個學派，包括佛教以外的思想所共有的觀念。這個意思代表一種脫離苦痛煩惱的安樂境界，這種境界是佛教興起之前，印度人思想中普遍存在的一種要求。後來，大乘佛教興起，他們積極地肯定這個世間，強調即使是涅槃的境界，也要在這個世間中實現。大乘佛教將涅槃的意義推進，發揮出積極的意味，他們反對遠離世間，單獨地達致涅槃的境界，而強調要在這個世間中實現涅槃。

本品是順著大乘佛教的積極意味去解釋涅槃，強調涅槃與世間的同一性，這同一性指在邊際（koṭi）方面的同一。基於這種同一性，涅槃的實現必須緊扣這個生死世界，不能離開世界的範圍去實現涅槃。涅槃必須在這個世界中實現，這種思想顯出一種積極的實踐意義。在大乘佛教以外，一般人都認為涅槃與俗世是各走極端的，涅槃是一個純粹清涼自在的境界，而俗世就是充滿煩惱之火的地方，兩者是完全分隔的。但龍樹要將俗世與涅槃拉在一起，他教訓我們不要住著於涅槃而捨離這個生死世界，卻要在這個俗世中實現涅槃的境界。

二五・一　若一切法空，無生無滅者，
何斷何所滅，而稱為涅槃？（大三〇・三四c）

二五・二　若諸法不空，則無生無滅，
何斷何所滅，而稱為涅槃？（大三〇・三四c）

這兩首偈頌構成一個兩難的情況。第一首偈頌擬設一切法空，由此而構成一個困難；第二首偈頌擬設一切法不空，由此亦推出困難的情況。於是，無論說諸法是空或是不空，都不能避免出現困難，這樣就形成了一個兩難的局面。若要解決這種困難情況，就必須要超越正反兩面的見解，進入更深的一個層面。這裡的兩首偈頌是屬於不同人的見解。第一首偈頌是反對論者提出的，而第二首是龍樹自己的見解。反對論者強調一切法是實有的，他以為空就是完全虛無，所以他認為，如果一切法皆是空（虛無）的，就會沒有生滅，那麼，還有什麼可以斷滅而成就涅槃呢？涅槃是斷滅苦痛煩惱後所達到的境界。如果苦痛煩惱本身都是一無所有的，我們就沒有東西可以斷滅以達到涅槃的境界。

在第二首偈頌中，龍樹反駁反對論者的自性見解，他說「若諸法不空，則無生無滅」，這裡的「不空」，意思是實有的、具自性的。如果如反對論者所說，諸法具有自性，則諸法就是無生無滅的，因為自性是常住不變的。龍樹接著提出困難，在這種情況下，「何斷何所滅，而稱為涅槃？」意思是在諸法具有自性的情形下，有什麼可以被我們斷滅而達到涅槃呢？自性是常住不變的，若果苦痛煩惱具有自性，我們怎能斷除苦痛煩惱而達到涅槃境界呢？所以，涅槃只有在諸法緣起的情況下才能建立。在緣起的情況下，苦痛煩惱是由種種因素構成的，只要能去除構成苦痛煩惱的因素，就能斷除苦痛煩惱而達致涅槃。

在第一首偈頌中，實有論者以虛無來理解空，以致涅槃不能在這個「空」的基礎上建立起來。在第二首偈頌中，龍樹駁斥實有論者的自性立場，指出他們的自性見解亦不能建立起涅槃，而且他們對空的理解是錯誤的。由這兩首偈頌可以見到，無論從虛無的角度，或是實有的角度，都不能建立起涅槃境界。真正能夠建立起涅槃境界的，是在緣起的基礎上。只有在諸法是緣起，種種煩惱都是從因緣而生的前提下，才可能達到涅槃境界。因為只有從緣生的苦痛煩惱才能被斷除，而斷除了苦痛煩惱才能達致涅槃這種精神境界。

二五・三 **無得亦無至，不斷亦不常，**
不生亦不滅，是說名涅槃。（大三〇・三四c）

這首偈頌透過遮詮的方式來描述涅槃境界的狀況。「無得」表示涅槃並不是一種被獲取的對象。我們用錢可以買到一些東西，這些東西就是被我們所獲得的。但涅槃並不是這樣，這個境界不是外在於我們的生命而作為一個對象被我們去取得的。「無至」表示涅槃並不是一個有形體的目標，可以被我們達到的。「不斷」是指涅槃並不是在一種斷滅的狀態中。「不常」指出涅槃亦不是常住不變的東西。「不生亦不滅」意思是說，涅槃並不像其他東西一樣經過生滅的歷程，這種境界是無生無滅的。

這裡提到的得、至、斷、常、生、滅等概念，都是人們思維中的構作，用以描述現象界中流變無常的東西的狀態。我們不能將這些概念實體化或自性化，以為對應於這些概念，有真實的得、至、斷、常、生、滅等東西存在。這些概念都只是從思維中構作出來，以用在現象界的範域中，而涅槃是屬於本體界的範疇，所以，所有這些概念都不能用來描述涅槃的境界。

再進一步說，涅槃並不是一種現象，而是我們在正確的實踐修行下，所達到的一種精神境界。這種精神境界具有本體性的、真實的意味，它是脫離了現象界，是在精神上的一個實在境界。涅槃亦是具有絕對性的，它超越了現象界的相對性，而到達一個絕對的精神境界。以上就是對涅槃的正面的理解。

二五·四　涅槃不名有，有則老死相，終無有有法，離於老死相。（大三〇·三五a）

這首偈頌的意思相當顯明。「有」（bhāva）是存在的意思，這種存在是作為現象的存在，而不是本體的存在。這種現象的存在是有「老死相」的，所謂老死相就是壞滅的情況。成、住、壞、滅是一切現象所共有的特性，沒有任何一種有法能夠脫離老死相。而涅槃並沒有壞滅的情況，它並不是現象界的存在。

二五．五　若涅槃是有，涅槃即有為，終無有一法，而是無為者。（大三〇．三五a）

這裡提出有為與無為作對比。有為（saṃskṛta）是造作的意思，透過種種造作而建立起來的就是有為的東西。一切緣起的事物都是有為的，而一切有為法亦都是緣起的。無為（asaṃskṛta）就是沒有造作，一切具有真理性格的東西，例如真如、涅槃等，都屬於無為法。

倘若涅槃是現象的存在，則它就是一種有為法，亦即是說，涅槃是被造作建立起來的。但實際上，涅槃是人們透過修行，提升自己的精神而達到的一種精神境界。涅槃是不能被構作出來的。當我們說涅槃是無為法時，我們是就著這種境界的空寂性而說的，而這種空寂性是不能實體化的，不應以為相應於這種空寂性，在外在世界中存在著一個實在的東西。我們不能將涅槃視為現象性的有，這種現象性的有是屬於有為法，而涅槃是一種無為法。

二五．六　若涅槃是有，云何名無受？無有不從受，而名為有法。（大三〇．三五a）

「受」（upādāya）是執受、攝受、執持的意思。一般現象界的東西都具有受的性格，這些東西執受自己本身的存在性，而這種存在性是有為的。所以，受是針對現象界的有為法來說的。

而涅槃是無所執受的，這種境界超越乎現象界，不會執受現象界的存在性。所以，涅槃是無受（anupādāya），無受表示沒有執受現象界的存在性，亦即是超越現象界，這種性格是指著無為法而說的。

「若涅槃是有，云何名無受？」如果將涅槃視為有，它怎能稱為無受呢？涅槃既然是無受，就不能說涅槃以一種有的姿態而存在。「無有不從受，而名為有法」意思是，一切有法都是從受來建立起有為的性格，即是說，所有緣起法都是透過執持本身的存在性而成為法的。我們找不到任何東西不是透過執持本身的存在性而成為有為法，所以一切有為法都具有受的性格。現象的有跟無受的性格是相違的，涅槃是無受，所以不可能是現象的有。

二五·七　有尚非涅槃，何況於無耶？涅槃無有有，何處當有無？（大三〇·三五a）

以上第四至第六首偈頌都是在論證涅槃不是現象的有，而由這首偈頌至第八首偈頌則是要指出涅槃亦不是現象的無。由此顯出涅槃是非有非無的，亦即表示涅槃是超越於有無的相對性格的。「有尚非涅槃，何況於無耶」是說，有尚且不能用來描述涅槃的狀況，無就更加不能了。有和無都是屬於現象層面的，是用來描述現象界事物的存在狀況的概念，但涅槃並不是這個層面的東西。人們透過修持，從現象界的苦痛煩惱中解放出來，超離了現象界而達到一個自由自在的精神境界，這境界就是涅槃。這個境界不可以說成有，亦不可說成無。若從主客的角度去看，涅槃具有主觀方面實踐的性格，而有無只能描述客觀的存在性。所以，有無不能表示涅槃境界。

二五．八　若無是涅槃，云何名不受？未曾有不受，而名為無法。（大三〇．三五b）

以上提過涅槃是無受的，倘若涅槃是無，又怎能稱之為不受呢？不受即是無受，是不執受現象的存在性。但涅槃並不是虛無的，在涅槃這種精神境界中，有著種種功德，例如常、樂、我、淨等，所以並不是一無所有的。「未曾有不受，而名為無法」是說，從來未有一種不受法是稱為無法的。不受只是不攝持現象的存在性，但並不等於無。不受法仍然是有各種功德的，但這些功德卻不能視為現象的存在。現象的存在是具有生滅性格的，而不受法的功德卻不是生滅的，而是具有常住性格的。所以，不受法不能視為虛無。

二五．九　受諸因緣故，輪轉生死中，不受諸因緣，是名為涅槃。（大三〇．三五b）

「諸因緣」在這裡是指具有生滅性格的因緣。眾生由於執受種種生滅的因緣，因而受業力所轉，沉溺於生死相續的世界中，在這個世界中輪迴而不能出離。如果我們不執持種種生滅的因緣，當下體會諸法空寂的性格，不受生死世界的約束，就能夠超離生死輪轉，而達到涅槃的境界。「不受諸因緣，是名為涅槃」就是指出，當我們不執受諸因緣，脫離了這些事物的約束而達到清涼自在的境界，這就是涅槃境界。

二五・一〇　如佛經中說，斷有斷非有，
是故知涅槃，非有亦非無。（大三〇・三五b）

上面第七首偈頌已提到涅槃是超越於有無的相對層面，我們在涅槃境界中能夠體會諸法空寂的性格。這種空寂性格可以說是涅槃的基礎。空寂是指不著於有，亦不著於無，而是從有無的相對層面中超越出來的一種性格。具有這種空寂性格的精神境界，就是涅槃。

二五・一一　若謂於有無，合為涅槃者，
有無即解脫，是事則不然。（大三〇・三五b）

以上的偈頌指出了涅槃不是有亦不是無，但有些人仍然試圖將涅槃說成是有和無的結合，究竟有和無合起來是否就成為涅槃境界呢？龍樹認為是不可能的。涅槃是超越於有無的層面的，有無本身是附屬於經驗範圍的法，凡是經驗的東西都經過生、住、異、滅的歷程，所以，有無都是屬於生死法。而涅槃是人們經過修行，在主觀精神上獲致到的一種境界，是解脫法的一種。解脫法和生死法的性格基本上是不同的。如果以為有無的結合就是涅槃，便是混淆了生死法和解脫法。故龍樹說「有無即解脫，是事則不然」，意思就是，若以為有無結合便成為涅槃，就是將有無視為解脫法，這是不正確的。

二五・一二　若謂於有無，合為涅槃者，
涅槃非無受，是二從受生。（大三〇・三五b）

以上曾提到涅槃是一種無受法，即是說涅槃不執受現象的存在性。這裡再提到涅槃這種無受的性格。有無本身與攝受有著很密切的關係，何以這樣說？凡是有為法皆有生、住、異、滅這四種相狀，而具有這四相的法皆有著執受現象的存在性的意味。其中的生、住、異這三相是屬於有的方面，是正面地執持著現象的存在性。而滅是屬於無的方面，雖然不是正面地執持，但仍是與有相對反的，即是處於同一層面上，屬於否定一方。所以，無與有都是處於執受現象的存在性的層面。但涅槃卻是一種無受法，完全沒有執受現象界的存在性，而是一種透過修行實踐而達到的精神境界。如果說有無結合就成為涅槃，則涅槃便不會是無受法，因為有和無都是有受的，都是執持著現象的存在性，它們的結合當然亦應是有受的。所以，涅槃不可能是有無結合而成的。

二五・一三　有無共合成，云何名涅槃？涅槃名無為，有無是有為。（大三〇・三五b－c）

龍樹再提出一個理由去否定有無結合成為涅槃，這理由就是涅槃是一種無為法。所有無為法都是不生不滅的，而有無都是屬於有為的。剛才所說的四相，其中的生、住、異是屬於有，滅屬於無。所以，有無結合起來就成為有為法的四相。而涅槃則是無為法。有無本身是有為法的相狀，當然不能等同於屬無為法的涅槃。

二五・一四　有無二事共，云何是涅槃？是二不同處，如明暗不俱。（大三〇・三五c）

這裡更提出一個理由，進一步否定有無的結合就是涅槃。有和無都是用來表示事物的狀態。一件事物在同一時間中，只可能是有，或是無，卻不可能同時又是有又是無。有和無是相違反的，相違反的事物不可能同時同處存在，正如一個地方不可能同時又是明又是暗。所以，有和無根本不能夠結合。故此，說有無結合就是涅槃，這種見解必定是錯誤的。

二五．一五　若非有非無，名之為涅槃，
此非有非無，以何而分別？（大三〇．三五c）

二五．一六　分別非有無，如是名涅槃，
若有無成者，非有非無成。（大三〇．三五c）

這兩首偈頌無論從漢譯本或是梵文原本來看，在解釋上都會出現一些困難。在梵文本中，這兩首偈頌的次序與漢譯本是相反的，梵文本的第十五首偈，相當於以上的第十六首，而梵文本的第十六首偈就等於上面的第十五首。但無論依哪一個次序看，這兩首偈頌的意思都相當難理解。

前面幾首偈頌是表達有無的結合不就是涅槃。我們已知涅槃不是有，亦不是無，更不是有無的結合，這裡再進一步提出一個問題，就是非有非無是否就是涅槃？龍樹認為，如果說非有非無就是涅槃，就必須先弄清楚什麼是非有非無。而要建立非有非無，就必須將它跟其他事物加以分辨。問題是如何能夠將非有非無分辨開來呢？我們要注意，這裡所說的非有非無，跟前面解釋緣起性空時所說的非有非無有些不同。說緣起性空時，非有非無表示對有無所代表的相對概念加以否定，從而超越相對層面的局限性，突顯絕對層面的緣起性空的真理。而現在所說的非有非無仍是在相對層面而說的。何以見得？龍樹在下半偈提出一個困難，用以否定非有非無就是涅槃。他說：「此非有非無，以何而分別？」他的意思是，我們根本不能夠將非有非無辨別開來，不能加以辨別就不能建立起這個概念。從中可見，龍樹在這裡所說的非有非無是需要加以分別的，而只有在相對層面中的概念才需要分別或界定，絕對層面的東西是沒有這種需要的。所以，這裡所說的非有非無只是有無結合的否定面，並不表示超越於相對層面去表現絕對真理的性格。龍樹在這首偈中指出了，由於我們不能建立起非有非無，所以，說非有非無就是涅槃亦是不對的。至於為什麼不能建立起非有非無，在第十六首偈中就有解釋。

「分別非有無，如是名涅槃，」其中的「非有無」即是上面說的「非有非無」。這句的意思是：試圖去分別非有非無，而說它就是涅槃，這種作法是錯誤的。為什麼呢？「若有無成者，非有非無成。」意思是，如果有無能夠成立，則非有非無亦能成立。這裡實際上要透過跟有無的對比，去否定非有非無的成立。「有無」即是前面所說有與無的結合，非有非無就是有無的否定面。有無與非有非無是相對而成立的，若任何一方不成立，則另一方亦不能成立。第十四首偈已指出，有跟無是相違反的，所以不可能結合在一起，正如明暗不能同在。既然有無不成立，相對的非有非無也就不能成立。所以，試圖去分別非有非無，必定會是失敗的。

二五・一七　如來滅度後，不言有與無，
亦不言有無，非有及非無。（大三〇・三五c）

二五・一八 如來現在時，不言有與無，亦不言有無，非有及非無。（大三〇・三五c）

這兩首偈頌指出，如來無論在生前或死後，都不能以有或無來表示。這裡將有無排列成四句，分別是：有、無、亦有亦無及非有非無。「滅度」即是死去。第十七偈說，如來在死去之後，不能用有或無來表示，也不能用亦有亦無，或是非有非無來說。這有無四句都不能用來表示如來，成為了一個四句否定的形式。第十八偈是說如來在世期間亦不能用以上四句來表示，成為另一個四句否定的情況。一般來說，有無都是用來表達現象界的事物的狀態。例如，檯上面放著一卷廁紙，我們就可說在檯上有廁紙。當廁紙用完之後，沒有廁紙放在檯上，我們就可說這裡無廁紙。由此可見，有和無是適用於現象界的事物上，用以描述事物的存在狀態。現象界的事物都是相對性的，但如來作為一種得到解脫的人格，其本質是精神性的，而這種精神性的東西是有絕對性格的，他超越乎一切時間和空間。有無只能夠用來描述現象界的相對性的東西，卻不能用來描述具有絕對性格的如來。龍樹在這兩首偈中運用了四句否定的方式來指出，無論如來在世之時或是死去之後，都不能用有無來進行描述。

以上的解釋是就著如來與世間事物在本質上的差異來作理解的，除此之外，我們還可作另一種解釋。有無這四句都是屬於思議的（conceivable）領域，即是可以透過概念範疇來進行思考的，而如來是超越乎思議範圍的，是屬於不思議的（inconceivable）領域。在思議領域內的都是有限制的東西，有無只能用來描述一般有限性格的事物，即是現象界的事物。而如來是超越乎有限性的，故此不能以思議範圍內的有無來描述。

以上兩種解釋基本上是相通的，分別只在於著眼點不同，前者著眼於現象界的相對性與精神界的絕對性的差別，而後者集中於思議領域與不思議領域的不同。有無是屬於現象界，具有相對性格，亦是思議領域的東西；而如來是精神界的，具有絕對性格，是屬於不思議領域的。所以，有無的四句不能用來描述如來的狀態，無論在如來滅度後，或是現在時。

二五．一九　涅槃與世間，無有少分別，世間與涅槃，亦無少分別。（大三〇．三六 a）

二五．二〇　涅槃之實際，及與世間際，如是二際者，無毫釐差別。（大三〇．三六 a）

這兩首偈頌非常重要，當中討論到涅槃和世間的邊際（koṭi）問題。這裡站在實踐的立場來作討論。兩首偈頌都是針對一個問題，就是實現涅槃境界，應該在什麼範圍內進行。龍樹的答覆是，涅槃境界必須要在這個世間內實現，涅槃境界的邊際與現實世間的邊際是同一的，我們不能離開這個世間，到另一個世界去實現涅槃。

在邊際來說，涅槃與世間沒有些微分別，即是說，涅槃與世間的範圍是同一的。在內容上，涅槃與世間是有很大分別的，涅槃是清淨的，而世間則是污染的。從實踐的角度說，由於涅槃與世間的範圍是同一的，所以要實現涅槃境界，就必須在現實世間著手，將世間的污染轉化為清淨，就能在同一邊際內實現涅槃境界。這種觀念反映出大乘菩薩不捨世間的精神，他們將佛教的至高理想放在世間上，要將這個世間轉化成理想境界，而不是離開世間，另外建立一個理想的國度。這一點是以上兩首偈頌所帶出的最重要的訊息。

二五・二一　滅後有無等，有邊等常等，諸見依涅槃，未來過去世。（大三〇・三六a）

這首偈頌的漢譯本文字較難理解，我們先參考梵文本的意思：

> 關於生命死後的狀態、世界的極限、常住的概念等種種看法，都依於涅槃、存在之後的狀態、存在之先的狀態這些概念。[1]

這裡的意思較為清晰，現按照這些文字進行解釋。關於生命死後的存在性、世界是否有極限，以及世界是否常住等問題，都是屬於形而上的範疇，我們對於這類問題很難給予確實的答案。而這些問題是依於以下幾個概念的，分別是：涅槃、存在之後的狀態和存在之先的狀態。涅槃是人們憑著主觀的努力修行所能達到的一種精神境界。存在之後的狀態即是生命死去以後的情況，存在之先的狀態就是生前的情況。前面所說的形而上的問題是依於這幾個概念的。這裡所說的「依」，梵文是samāśrita，意思是關係相當密切，有著內在的關聯。

---

1. Kenneth K. Inada, *Nāgārjuna: A Translation of his Mūlamadhyamakakārikā*. Tokyo: The Hokuseido Press, 1970, p.158.

現在，我們試行去探尋龍樹在這裡欲表達的意思。龍樹認為，我們不應該過於執著地去探究這些形而上的問題，反而應多留意修行方面，努力去解決如何求取覺悟的問題，包括涅槃、存在之先和之後的狀態等，這些問題都是關乎精神方面的。如果我們能夠解決這些問題，在精神上獲得提升，以致解脫，實現涅槃境界，則以上的形而上範疇內的事情就不會再成為問題。因為按照龍樹所說，那些形而上的問題都是依於涅槃等概念的，所以涅槃等問題的解決是一個先決條件，先要達到這個條件，才能了解形而上的問題。因此，龍樹要求我們先要關心精神上的解脫，不要過於執著形而上的問題，因為這樣不是解決問題的途徑。由龍樹這種態度，可見他是非常著重實踐的，他將精神上的解脫放在首位，而對抽象事物的玄思則放在較後位置。

二五・二二　一切法空故，何有邊無邊？亦邊亦無邊？非有非無邊？（大三〇・三六a）

二五・二三　何者為一異？何有常無常？亦常亦無常？非常非無常？（大三〇・三六a—b）

這裡很明顯是用四句的方式去陳述關於有邊無邊以及有常無常的問題。關於世界是有邊或無邊的問題，第一句是有邊；第二句是無邊；第三句是亦有邊亦無邊；第四句是非有邊非無邊。同樣地，關於世界是有常或無常的問題，第一句是有常；第二句是無常；第三句是亦常亦無常；第四句是非常非無常。關於這類形而上的問題，龍樹認為我們不應花費太多精神在這些問題上，因為這類問題跟人生的解脫沒有直接關係，我們思考的重點應放在現實的一切法的問題上。他指出一切法都是緣起無自性的，是畢竟空寂的，他認為這一點才是最重要。我們要對一切法有透徹的了解，明白諸法的本性，才能避免產生顛倒的見解，由此而避免做出種種執持的行為。至於世間是有邊（有極限）或是無邊（無極限），身體與心是一還是異，以及世間是有常住性或是無常住性等等形而上的問題，龍樹認為都是無關重要的。如果我們過分地纏繞於這些問題上，不能擺脫，就會陷入戲論當中。戲論就是跟正法相違背的議論，只是在作概念上的思辯遊戲。

二五・二四 諸法不可得，滅一切戲論，無人亦無處，佛亦無所說。（大三〇・三六b）

「諸法不可得」指諸法的自性不可得。諸法本身是可得的，我們對諸法可以有正確的理解，但諸法的自性就不可得，因為自性是虛構的。「滅一切戲論」是說，我們要將所有戲論滅除。戲論的本性都是空寂的，是違背正理的，所以我們要將之滅除。「無人亦無處，佛亦無所說」意思是關於種種理論、思辯的問題，都是從人的思想發出的，按照龍樹所說，這一切都是歸於空寂的。能證的人、所到的處所，都是無自性的，佛教的真理是要透過直覺來契會，而不能從抽象的思維而獲致的。就算是佛，亦不能用言說、概念去將佛教的真理表示清楚，我們必須要親自體證，才能夠領會真理。2

2. 關於佛教的真理不能通過抽象的思維來會得，必須透過親證或直觀才能會得，這點在很多佛教的經論中已有說過。

本論從開始至第二十五品，都是講論大乘佛教所關心的論題，並以大乘佛教的觀點作為基礎。〈觀涅槃品〉是這類論題的尾聲，所以，現在可說是告一段落。以後的兩品，包括〈觀十二因緣品〉以及〈觀邪見品〉，基本上是屬於小乘佛教的論題。

我們可以說，佛教的真理具有絕對的性格，而抽象的思維只能運用相對的概念，那是不能接觸絕對的真理的。要接觸佛教的絕對的真理，只能通過那種超越時空與一切概念範疇的神秘的直觀，才能成事。這便是所謂密契主義或神秘主義（mysticism）。

觀十二因緣品 第二十六

十二因緣（dvādaśāṅgika-pratītya-samutpāda）的義理在小乘佛教中非常受重視，佛祖釋迦牟尼亦講述過這些義理。龍樹在這裡特別提出十二因緣的義理來討論，反映出在他的年代中，小乘的教理有普遍的影響力，而十二因緣亦必定是很流行的教理，才促使龍樹用獨立一品來作討論。但龍樹並不是從小乘佛教的觀點來講十二因緣，而是以大乘佛教的空作為基礎來討論。龍樹所說的空，是中觀學的空，是關聯著緣起的有的，而不是小乘佛教所說的虛無的空。這種空與有是融和的，有就是緣起的有，所以龍樹所說的空是有別於小乘佛教所理解的虛無主義的空。龍樹講十二因緣，是要觀緣起的現象世界的如幻如化的生滅相狀，以通達諸法無自性的畢竟空寂的性格。

從名稱上可見，十二因緣與緣起是有關係的，而龍樹是怎樣去闡釋十二因緣中的緣起義理呢？他是透過兩個面相來說緣起的，一個是流轉，另一個是還滅。流轉的核心問題是苦，是指人生的苦痛煩惱的形成。還滅就是指苦的熄滅，由苦的熄滅到涅槃境界的達致，謂之還滅。流轉是屬於生死方面的，故有所謂生死流轉；而還滅是關聯到涅槃方面的，故有所謂涅槃還滅。生死流轉與涅槃還滅一般是相對比的，然而，兩者確實的關係是怎樣的呢？龍樹以一種實踐的立場去看兩者的關係，他認為生死流轉與涅槃還滅之間是有不異或圓融的關係。若就著十二因緣來說明流轉和還滅兩者的異同，我們可以這樣說：

流轉——無明緣行，行緣識，識緣名色，……生緣老死

還滅——無無明無行，無行無識，無識無名色，……無生無老死

順著十二因緣的環節，由無明開始，以無明為緣而生行，以行為緣而生識，以識為緣而生名色，……以生為緣而致老死，這個生起的歷程循環不息，就是生死流轉。相反地，沒有無明則無行，無行則無識，無識則無名色，……以至無生則無老死，這個熄滅的歷程就是還滅。

對十二因緣的解釋有很多不同的意見，而一般來說是以三世因果來理解。按著這種理解，十二因緣可作如下區分：

過去因——無明、行

現在果——識、名色、六入、觸、受

現在因——愛、取、有

未來果——生、老死

從過去因招引現在果，再從現在因引出未來果，這就是所謂三世因果。至於十二因緣每個環節是指什麼，將在以下偈頌中提及。以上是對本品的簡略介紹，當中最主要的是指出龍樹是以大乘佛教的空的觀念作為基礎，去闡釋十二因緣；而這個空的觀念是以緣起為依據的，並不等同於小乘佛教的虛無主義的空。

二六・一 眾生癡所覆，為後起三行，以起是行故，隨行墮六趣。（大三〇・三六b）

「癡」就是無明（avidyā），「覆」解作覆蓋，意思是指生命的光輝為無明所覆蓋。眾生為無明所覆蓋，致不能證得我法二空的真理，反而以為我和法都是有自性的，因而執取我法的自性，由此產生種種顛倒的行為。在這種情況下，生命就會生起三行，三行是指身業行、口業行和意業行。行（saṃskāra）是非理性的意志活動，由於這種意志活動是由無明而生起，所以是盲目的、沒有方向的。這些意志活動有身、口、意三種形式。身指身體的動作，這種行稱為身業行；口是指言語，這種行稱為口業行；意是指思想，這種行稱為意業行。眾生基於無明的驅使而做出身、口、意三種業行，隨著這些業行的生起，眾生就墮於六趣之中。六趣是生死輪迴中的六種存在領域，包括：天、人、阿修羅、畜牲、餓鬼、地獄。這六種領域都是在輪迴的圈子中，生命在這裡頭不能超離苦痛煩惱的束縛。

二六・二 以諸行因緣，識受六道身，以有識著故，增長於名色。（大三〇・三六b）

「諸行」是指以上所說的三業行。以三業行作為因緣，使眾生生命召感六道生死輪迴的環境，這「六道」即是六趣。而這六道的輪迴的核心就是「識」（vijñāna）。識在這裡是指一種盲目的了別作用，並不是一般所理解的認識。由三業而生起識，這個識就是眾生在六道輪迴中的生命主體。

由於有這個識，以至眾生產生名和色兩方面的增長。名（nāma）指抽象的概念，色（rūpa）是指具體的物質。名和色的結合就成為具體的生命存在的雛形。

二六・三　名色增長故，因而生六入，情塵識和合，而生於六觸。（大三〇・三六b）

由於名色的增長，以致有六入的出現。六入（ṣaḍ-āyatana）是指六根，或叫六情，即是眼、耳、鼻、舌、身、意六種感覺器官。「情塵識和合，而生於六觸」當中的情是指六情；塵是感官的對象，對應於六種感覺器官，有色、聲、香、味、觸、法六種感官的對象；識是認識的能力，對應於六情和六塵，有六種認識的能力。情、塵、識和合，即是感覺器官、感官對象和認識能力的結合，就能產生有效的認知活動，這些認知活動就是接觸。六種感覺器官，配合六種感官對象和六種認識能力，就會產生六種接觸，即六觸（saṃsparśa）。例如眼根配合眼識，面對著眼的對境——顏色，就會產生視覺的接觸。其餘五種接觸都同樣是由對應的情、塵、識結合而產生的。

二六・四　因於六觸故，即生於三受，以因三受故，而生於渴愛。（大三〇・三六b）

由六種認識機能，透過六種器官，跟六種對境發生接觸，就成為了「六觸」。由這六種接觸就會產生六種感受（vedanā）。而每種感受又可分為三類，即「三受」，三受分別為苦、樂、捨。苦就是痛苦的感受；樂是快樂的感受；而捨就是另一些感受，這些感受既非痛苦，亦非快樂。例如我們看到自然界的變化，日月更替，冬去春來，對於這些感受，我們一般不以為痛苦，亦不感到快樂，這種感受就屬於捨受。捨的意思是捨棄，捨受就是捨棄苦亦捨棄樂的感受，所以，這種感受是中性的，無所謂苦或樂。

感受能夠牽動人的內心，由此而對自己或其他事物產生渴愛（tṛṣṇā）。渴愛是一種濃烈的而且無方向的愛，亦可說是一種癡愛、一種非理性的愛。

二六・五 因愛有四取，因取故有有，若取者不取，則解脫無有。（大三〇・三六b）

「愛」是指渴愛，由渴愛會引生四種取。渴愛是一種非理性的癡戀，而取（upādāna）就是更進一步，達到要占有的程度。取可分為四種，分別為：欲取、我語取、見取、戒取。欲取是要對五欲的境界進行占有，即是對色、聲、香、味、觸這五種對境進行執取。我語取是對自我本身的取著，由於以為自我是具有實體的，因而盲目地去取著。見取是對於種種不正確的見解進行執取。一般來說，所有違背佛教的緣起性空的見解，都是不正確的，都屬於邪見。對於任何邪見加以執持，就謂之見取。戒取是指執取不正確的戒律。只有符合佛教義理的戒律才是正確的，一切外道的、違背佛教義理的戒律都是不正確的，如果執持這些戒律而去進行修習，就屬於戒取。

「因取故有有」是說由種種執取，引致產生「有」（bhava）。有是指生命個體的存在，而這種存在是以業作為基礎，故稱為「業有」。個體做出的種種行為會累積起來，將這些業的積習執持，視之為生命存在，就形成有。由這個有可以召感生死輪迴。有可分為欲有、色有和無色有三種。欲有是以感官的欲望作為基礎的有。色有是以物質作基礎的有。無色有是欲有和色有以外的一種存在。

由於種種執取，以致形成有，而有能夠召感生死輪迴，一切苦痛煩惱就依附在這個體生命上。如果能夠停止執取，就不會結集業力，故此就不會構成有。業力不再束縛身心，就不會召感生死，亦能免除一切苦痛煩惱，在這種情況下就可以達致解脫。解脫就是建基於對有的突破，而突破有就在於不再執持過往的業力，若沒有取，就不會構成有。「若取者不取，則解脫無有」就是說，若果不取著過往的業力，就會沒有「有」，亦即達致解脫。

二六・六──從有而有生，從生有老死，從老死故有，憂悲諸苦惱。（大三〇・三六c）

剛才提到有是生命個體，可分為三種。而三有的業力可以召感生命的軀體，於是就會受胎而生。所以在十二因緣中，有能夠構成生（jāti），亦即是受胎而生。形成了生命的軀體後，這軀體順著自然發展，最後就會老死（jarā─maraṇa）。從生到老死這段期間，會出現無數憂悲苦惱的情況困擾人的身心。及至老死之後，憂悲苦惱才會暫時停止。然而，生命個體仍然是延續的，會再次受胎而生，憂悲苦惱亦會再度困擾著人。這就是生死輪迴的歷程。而輪迴過程中的主體就是有。這個有近似於一般人所說的靈魂，他們認為人具有靈魂，這個靈魂在人死後仍然存在，及後會轉向另一個生命軀體，再出生而繼續活動。這種靈魂的見解跟佛教的輪迴學說相似。佛教以有作為生命的主體，當人死後，這個有會召感另一個生命軀體，從而再展開他的生命活動，承受種種憂悲苦惱。這種輪迴的歷程會連綿不斷，直至生命的主體被突破而得到解脫，這種輪迴的情況就會停息。

二六・七　如是等諸事，皆從生而有，但以是因緣，而集大苦陰。（大三〇・三六c）

「如是等諸事」指上首偈頌所說的憂悲苦惱。這些憂悲苦惱是由受胎出生開始的，由於有生，以致有老死，故此產生憂悲苦惱。「但以是因緣，而集大苦陰」意思是，由於有這種受胎而生的因緣，令生命成為種種苦痛的結集。「大苦陰」是指聚集了種種苦痛煩惱的生命。

二六・八　是謂為生死，諸行之根本，無明者所造，智者所不為。（大三〇・三六c）

「是謂為生死」的意思是，上述所講的事情就是所謂生死煩惱的現象。而這些生死煩惱就是「諸行之根本」，即是我們日常的行為的根源。一切日常的行為都是順著生死煩惱而構成，從這條脈絡再向前追溯，最終可歸究於無明。所以，我們日常的行為都是根源於無明的，這就是「無明者所造」的意思。如果要使人從生死煩惱中解放出來，就要根本地破除無明，使一切生死煩惱都止息。而「智者」就能做到這一點。

二六・九　以是事滅故，是事則不生，但是苦陰聚，如是而正滅。（大三〇・三六c）

前一個「是事」指無明，而後一個「是事」指十二因緣。一切憂悲苦惱都是順著十二因緣而衍生出來的，由於智者能夠斷除十二因緣中最根本的一個環節——無明，以致其後的行、識、名色……都一一斷除，故此整個十二因緣都不會生起。隨著十二因緣的瓦解，一切苦痛煩惱都會斷除，這樣就能達到寂滅的境界。

觀邪見品 第二十七

邪見（drṣti）基本上是小乘佛教所提出的問題，雖然大乘佛教亦有討論相關的問題，但仍以小乘佛教最先討論，所以本品仍然算是環繞著小乘佛教的主題而展開的討論。

佛教中有所謂正見和邪見兩類見解。正見是圍繞著幾個基本義理，即緣起、空、無自性等觀念來展開的。而邪見就是違背了以上幾種基本義理的見解。所以，邪見跟正見相違反。一般來說，佛教所講的邪見包括我見、自性見等。我見認為有一個實在的我存在著；自性見以為世間事物都具有自性。這兩種見解都屬於常見。常見就是以為自我和事物都具有常住不變的自性。而與常見對反的斷見亦是邪見的一種。所謂斷見，是一種斷滅無的見解，以為一切都是虛空的、一無所有的。常見跟空這種正見是直接地相衝突的，而斷見就與緣起的義理相違反。在佛教中，所有跟緣起性空的義理背離的見解，都屬於邪見。而在邪見之中，最具代表性的就是常見和斷見，這兩種見解亦是互相對反的。

基本上，要消滅邪見是非常簡單的，我們只要顯現正見，自然就能消除邪見。而正見就是空和緣起，空是針對常見，而緣起是針對斷見而說的。我們只要顯現出空和緣起，就能去除常見和斷見。若再進一步問，為什麼邪見是可以破除的？對於這個問題，我們亦要基於緣起性空的義理來回答。一切邪見的本性都是空的，它們本身只是緣起的現象，所以是可以破除的。倘若邪見是具有自性的，或者是完全虛無的，我們便不可能破除邪見。因為自性是常住不變的，所以不可能被我們消滅；而本身是虛無的東西，根本就不存在，所以亦沒有東西可以被我們破除。

本品主要就是描述種種邪見，以及破除邪見的途徑。剛才所介紹的是最基本的理解，以下將詳細地逐一解釋各首偈頌的內容。

二七・一 **我於過去世，為有為是無，世間常等見，皆依過去世。**（大三〇・三六c）

二七・二 **我於未來世，為作為不作，有邊等諸見，皆依未來世。**（大三〇・三六c—三七a）

這裡首先提出一些形而上的問題，包括：我在過去世時是有或是無，此世間是常住或是無常。龍樹認為這些問題都要依過去世的觀點作解釋。就過去世來說，過去世的我是有的；在過去世看過去世的世間，世間是常住的。但如果就現在的時間去看過去的世間，則過去的世間是無的。因為過去的世間並不存在於現在的時點，故此，對於現在而言，過去的世間便是無。而過去的世間曾經是有，現在卻是無，所以就現在來說，過去世的世間是無常的。關於我在過去世是有還是無，以及世間是常還是無常等形而上的問題，龍樹認為我們不能給予一個絕對的答案。因為相對於不同時間，答案就會不同。就過去世來看過去世的我，這個我是有的；就過去世而說過去的世間，這世間是常住的。但若就現在世而說過去世的我，則過去世的我是無的；而就現在世來看過去世的世間，則這世間是不存在的，所以是無的。所以對於過去世的我是有還是無、過去世的世間是常或是無常等形而上的問題，我們不能提供一個絕對的答案，而是應以相對的角度去理解。

第二首偈頌的意思是：我在未來世之中，有沒有造作生死的業力，以及未來世是有邊或無邊等形而上的問題，都是要依待未來世來觀察才能決定的。亦即是說，就未來世看未來世的我，這個我是有造作生死業力的；就未來世而說未來世的世間，這世間是不斷地延展的，所以是無邊的。但若就現在的時點來看未來世的我，則這個我並沒有造作生死業力，因為在這個時點中，未來的我根本未有出現，所以不能造作生死業力；同樣地，就現在世來看未來世的世間，我們不能見到任何延續性，所以說未來的世間是有邊的。

這兩首偈頌同時表達出一個意思，就是關於我是有或無、世間是常或是無常、未來世是有邊還是無邊等形而上的問題，我們不能給予一個絕對的答案。我們只能以一個相對的角度去回應這些問題。

二七・三

過去世有我，是事不可得，過去世中我，不作今世我。（大三〇・三七a）

有些人以為在過去世之中已經有現在的我存在，但龍樹認為這是錯誤的，所以他說：「過去世有我，是事不可得。」縱使過去世中已經有我，這個我與現在的我還不可能是同一的。亦即是說，我沒有常住不變的自性，而是流變無常的，不同時期的我，具有不同的姿態，過去世中表現出的我是一個模樣，現在世中表現的我是另一個模樣。龍樹認為，不可能有一個常住不變的自我，從過去到現在以至未來都是一樣的。龍樹這種見解，顯然是否決了自我同一的觀念。有些人以為，過去的我，跟現在的我以及未來的我，都是同一的。但龍樹反對這種觀念。他透過否定自我同一的觀念，展示出自我為緣起無自性的見解。他認為自我是由緣所決定的，過去世的我由過去世的因緣決定；現在世的我由現在世的因緣決定；未來世的我由未來世的因緣決定。所以，這三個我不會是一樣的。

二七・四　若謂我即是，而身有異相，
若當離於身，何處別有我？（大三〇・三七a）

龍樹假設有人以為自我的存在與身體是可以分開的，而自我本身是常住不變的，變異的只是身體。龍樹指出，這種將自我與身體分隔開的見解是有問題的。因為，倘若離開了身體，哪裡還找得到自我呢？這裡隱伏著一個意思：人的自我與身體緊密地聯繫著，身體可以說是自我的一部分，離開了身體，不能獨立地說自我。這是龍樹自己的主張。另有一些見解認為，離開了自我，身體仍是有獨立相狀的。即是說，自我和身體可以獨立開來。龍樹極之反對這樣的見解，他認為身體就是自我的一部分，兩者都不能離開對方而獨自存在。當提到自我時，同時就指涉到身體。所以，不可能完全離開身體而有一個獨立自存的自我。

二七・五　離有無身我，是事為已成，
若謂身即我，若都無有我。（大三〇・三七a）

「離有無身我」這一句，跟原文的意思有所出入。原文應是說「離身無有我」。[1] 我們按照原文的意思來理解。「離身無有我」的意思是，離開了身體，不能建立起自我。「是事為已成」是說，以上的論點是已經確定了的。「若謂身即我，若都無有我」的意思是，如果說身體就等於自我，則離開了身體就再沒有自我。

照龍樹所說，自我包括了身體，所以提到自我時，就已經同時提及了身體。即是說，我們不能完全不牽涉到身體而單獨地建立自我。這就是「身即我」的觀念。與身即我相對反的觀念就是離身我。離身我是認為自我與身體是分開的，各自可以獨立存在。龍樹本身傾向於身即我的觀念。但他所說的身即我並非表示身體與自我完全等同，而是認為身體是自我的一部分，倘若將兩者等同起來，就是混淆了它們的關係。龍樹以緣起的眼光來看自我，而身體就是構成自我的其中一個因素。所以，「身即我」之中的「即」，不能解作完全等同，只能理解為緊密結合著。

以上討論到身體與自我的三種關係，分別為：

一、離身我

二、身即我（身體完全等同自我）

三、身屬於我

照龍樹的觀點，第三種關係才是緣起的自我與身體的真正關係。

---

1. Kenneth K. Inada, *Nāgārjuna: A Translation of his Mūlamadhyamakakārikā*. Tokyo: The Hokuseido Press, 1970, p.166.

二七・六　但身不為我，身相生滅故，云何當以受，而作於受者？（大三〇・三七a）

在龍樹的時代，關於自我的問題，流行著一些見解，一種是身即我，另一種是離身我，即是上面提到的關於身體與自我的關係的見解。身即我是指身體完全等同於自我；而離身我是說自我可由身體脫離開來，獨自存在。對於這兩種見解，龍樹都是反對的。這首偈頌是要破斥身即我的見解。龍樹指出身體不可能等同於自我，因為身體是不斷地生滅變化的，而自我相對地保有某程度的常住性。這個自我是指在輪迴中的生命主體。這輪迴主體當然並非完全不變，因為他會做出各種行為，這些行為不是過後就消失，而是以業的形式存留著，成為輪迴主體的一部分。所以，輪迴主體是隨著業的變化而改變。但是，相對地，這個輪迴主體還是保持一定的穩定性，與如幻如化的身體有所不同。

從另一角度看，身體為自我所領受，所以身體本身是一種受法；而自我領受這個身體，透過身體去從事各種生命活動，所以自我就是受者。身體是自我的所受，自我是身體的能受，兩者之間有著受法和受者、所受與能受的區別。龍樹認為，持身即我的見解的人，將作為受法的身體和作為受者的自我混同起來，構成了重要的過失。

二七・七　若離身有我，是事則不然，無受而有我，而實不可得。（大三〇・三七a）

這首偈頌是破斥離身我的見解。離身我是指自我能夠離開身體獨自存在，有獨自的活動。龍樹認為這種見解是錯誤的。身體是受法，輪迴主體是受者，若離開身體，就失去了受法，沒有受法，我們怎能建立起受者呢？因為自我作為一個受者，是依著身體作為一個受法而建立的，即是說，受者與受法是互相依待而成立的。所以，若離開了身體，自我亦不能建立。

二七・八 **今我不離受，亦不即是受，非無受非無，此即決定義。**（大三〇・三七a）

上面兩首偈頌分別破斥了身即我和離身我的見解。在這首偈頌中，龍樹提出自己對自我與身體的關係的看法。他認為我並不等同於五蘊的身體，但又不能離開五蘊的身體而獨自存在，兩者之間有不即不離的關係。這種不即不離的關係是指：關聯到五蘊身體的我，是緣起無自性的假我，這個假我在世俗諦來說是成立的。世俗諦是指一般人所能理解的、常識層面的真理。即是說，在一般常識的眼光來看，可以將五蘊的身體視為自我。但從勝義諦，即絕對的層面來說，五蘊的身體並不是自我本身。因為五蘊的身體是有生滅性格的有為法，而勝義諦所說的我是一個絕對的精神主體，具有常、樂、我、淨等性格。若從如來藏思想來說，這個我就是如來藏、佛性的我，是具有常住性的。但龍樹並沒有進一步發揮勝義諦的觀念，及至如來藏思想的出現，才建立起佛性的我。從勝義諦和世俗諦兩個層面來看，構成了自我與身體之間的不即不離的關係。

「非無受非無」這句，在梵文本的意思是「非無受非無我」。[2] 漢譯版本需按照五字一句的格

2. Idem.

式，然而，在解釋上應依照梵文原本的意思。「非無受非無我」就是同時承認受法和作為受者的我兩者都具有某種實在性。在這首偈頌中，龍樹提出了兩點：首先，在自我和身體的關係方面，兩者是不即不離的，自我不等同於身體，但又不能離開身體而存在；其次，在自我和身體兩者本身的存在性方面，它們都具有某種實在性，我們不能將它們忽視。

二七・九　**過去我不作，是事則不然，過去世中我，異今亦不然。**（大三〇・三八a）

「過去我不作」這句未能清楚表達偈頌的意思，這一句原來的意思是：過去的我不是現在的我。即是否定了過去的我與現在的我之間的連續性。龍樹認為這種見解是錯誤的。下半首偈頌說：「過去世中我，異今亦不然。」意思是，說過去世中的我與現在世的我相異，亦是錯誤的。按照這些文字理解，上半首偈頌與下半首偈頌的意思是重複的，都是否定過去我與現在我相異的見解。所以，我們必須參考原文來進行理解。這首偈頌原文的意思如下：

> 我們不能持在過去我不存在的說法。因為這（現今的）存在並無不同於存在的先前狀態（案指過去世）的那種情態。[3]

梵文本的這個意思，基本上與漢譯偈頌的意思一致，但漢譯本將這個意思重複了一次，而且在語氣

3. Idem.

上似是要表達兩個不同的意思。梵文本較詳細地表達出，過去的我與現在的我並沒有本質上的不同。龍樹實際上是要指出，輪迴主體是貫串於過去的我、現在的我，以至未來的我，所以過去的、現在的與未來的我有著連續性。由於具有這種連續性，我們不能說過去世的我異於現在世的我，以及未來世的我。這個輪迴的主體本質上是業力的積聚，過去世的業力可以存留到現在世，以至未來世，當然在過程當中有部分舊的業力發揮了作用，又有新的業力生成，但基本上這個積聚都是連續著的，不會由於時間上的差異而斷絕。

二七・一〇 **若謂有異者，離彼應有今，我住過去世，而今我自生。**（大三〇・三八a）

「若謂有異者，離彼應有今」意思是，若果過去世的我與現在世的我在本質上相異，即是兩者完全沒有關係，則就算沒有過去世的我，亦應該有現在世的我。這樣即是完全切斷了過去世的我與現在世的我之間的關係。龍樹認為這種情況是不可能的。因為，按照這種情況會出現以下的問題，就是「我住過去世，而今我自生」，意思是過去世的我仍舊住著於過去世，而現在世的我是自己生出的，不由過去世的我生出。這種自生的情況並不符合事實。事實上，過去世的我與現在世的我是連續著的，而且有著因果關係。

以上兩首偈頌都強調一點，就是過去世的我，跟現在世的我，以至未來世的我都是連續著的，我們不能將它們的關係完全切斷。

二七．一一　如是則斷滅，失於業果報，彼作而此受，有如是等過。（大三〇．三八a）

這裡再次假定過去世的我與現在世的我完全隔絕。龍樹指出，這種情況會導致因果報應的原則受到破壞。在正常的情況下，過去世的我所作的業，會存留到現在或未來，在我身上生起相應的果報。這種規律是建基於過去世的我與現在世的我和未來世的我之間的連續性之上。倘若這種連續性被切斷，過去世的我與現在及未來世的我無關，則過去世的我所作的業，就不能在現在或未來的我身上生起相應的果報。這樣，就可能會出現一種情況，就是A所作的業，由B去承受果報。這種情況顯然是謬誤的。

二七．一二　先無而今有，此中亦有過，我則是作法，亦為是無因。（大三〇．三八a）

龍樹在這裡再提出一個困難來針對認為過去世的我與現在世的我完全隔絕的見解。他指出，按照這種見解，現在世的我不以過去世的我為原因，這樣就會構成現在世的我是「先無而今有」的過失。在正常的情況下，現在世的我是以過去世的我為因而形成的。現在將兩者之間的關係切斷，則現在世的我就變成了無因而生起。現在世的我在先前不存在，如今卻突然生起，而且沒有原因，這是不能理解的情況，是一個很重大的錯失。

龍樹認為這個輪迴主體，在過去世與現在世之間，必須具有連續性，否則就會形成以上種種困難。

二七・一三　**如過去世中，有我無我見，若共若不共，是事皆不然。**（大三〇・三八b）

這首偈頌以四句否定來總破關於自我在過去世中存在問題的四種斷然的見解。首先，在過去世中，我斷然地、確定地存在，這表示我具有自性地存在。龍樹認為這種情況不可能。第二種見解是，在過去世中，我斷然地不存在。這種見解亦是以一種絕對的眼光去看，把自我視為虛無。龍樹認為這種情況亦是不可能的。因為若我在過去世為虛無，則過去的我與現在的我就失去了關聯性。這樣，現在的我就沒有了源頭，因為現在的我是源自過去的我，如果過去的我是斷然地不存在，過去的我與現在的我就不能建立因果關係，這是不可能的。第三種見解是我斷然地存在又不存在。第四種是我斷然地不存在又非不存在。這兩種情況本身是矛盾的。存在又不存在的情況是不能理解的。不存在又非不存在相等於不存在又存在，所以亦是不能理解的。

龍樹在這裡主要是否定第一和第二句，即自我在過去世中斷然地存在，和斷然地不存在這兩種情況。而第三和第四句其實是無必要提出的。這兩句主要是用來堆砌成完整的四句模式，沒有什麼實際作用。

二七・一四　**我於未來世，為作為不作，如是之見者，皆同過去世。**（大三〇・三八b）

這裡再以四句否定，來否定自我在未來世斷然地存在，與現在的我了無關係；斷然地不存在，以致現在的我沒了結果；存在又不存在；不存在又非不存在。這些情況與上面所說過去世的情況一樣，都是不成立的。斷然地存在，指具有自性地存在。斷然地不存在亦是從絕對的角度看，指一無所有。若未來世的我具有自性，他就與現在的我沒有關係，這樣，未來世的我就失去了源頭。所以，這種情況是不可能的。若未來世的我是虛無的，則現在的我就沒有了結果。現在的我應該是延續下去，至未來世的；若到了未來世，自我變為虛無，即表示現在的我斷滅了，這是不符合因果律的，所以亦是不可能的情況。第三和第四句都是矛盾的，沒有論證的作用，只是用來堆砌成四句的模式。

二七·一五　**若天即是人，則墮於常邊，天則為無生，常法不生故。**（大三〇·三八b）

這裡轉換了主題，連同下面三首偈頌，以四句否定的方式來破除常與無常的邊見。所謂常是指以自性角度來看，事物具有常住不變的性格；無常是以虛無的角度看，事物一無所有。「天」指天界的存在，即生於天界的眾生。若果天界的眾生可以轉化至人界，即表示天界與人界的眾生之間有一種共通的性質，這種性質在眾生由天界轉化到人界時仍然保持不變。這樣的見解帶有常住的性格，令它墮於常住的邊見。龍樹認為這種見解是不成立的，理由就是，天界的存在倘若具有常住性，他們就應是無生的。有生滅的必定是無常的東西，所以常住的東西必定無生無滅。但事實上，九界的存在，當中包括天界，都是生起的。所以，說天界是無生，必定不能成立。這樣，龍樹否定了天界的存在具有常住性的見解。

二七・一六　若天異於人，是即為無常，若天異人者，是則無相續。（大三〇・三八b）

這裡討論另一種情況。如果天界的存在異於人界的存在，即兩者互不相涉，這就成為一種無常的情況。這裡的「異於」是以一種絕對的角度來說，意思是完全隔絕、完全無關。如果一個生命體生在天界時與生在人界時完全無關，就表示兩者沒有相續性。沒了相續性，這個生命體生於天界之後就不可能轉而生於人界，這種情況是不成立的。所以，說天界存在完全隔絕於人界存在亦是不可能的。

二七・一七　若半天半人，則墮於二邊，常及於無常，是事則不然。（大三〇・三八b）

此首偈頌討論四句中的亦常亦無常。「半天半人」意思是天界存在的生命體，其半身與人界存在相同，另半身與人界存在相異。龍樹認為這種情況是不成立的，因為半身同半身異就等於同時墮於常和無常兩邊，這樣會同時遇到前兩首偈頌的兩個困難。

二七・一八　若常及無常，是二俱成者，如是則應成，非常非無常。（大三〇・三八c）

這裡討論四句中的第四句，即非常非無常。從邏輯的角度看，「非無常」相等於常，所以非常非無常相等於亦常亦無常。既然亦常亦無常不成立，非常非無常也不能成立。再從另一角度看，亦常亦無常遇到的兩種困難，非常非無常也同樣會遇到。所以，如果亦常亦無常不成立，非常非無常也不成立。

二七・一九　法若定有來，及定有去者，
生死則無始，而實無此事。（大三〇・三八c）

這首偈頌很明顯跟上下文脫節，前面和下一首偈頌都是討論常和無常的問題，這首偈頌加插另一個主題，與上下文完全不連貫。

「法若定有來」的「法」，在梵文本作「人」。[4] 偈頌的意思是，人若果確定地有其所自來，以及有其所將往，這樣，生死就變成了無始無終，而實情並不是這樣的。人如果確定地有他所自來的源頭，那個源頭亦應有源頭，因為人由他的源頭生出，那個源頭亦應由它的源頭生出，這樣繼續追溯上去，生就變成無起始。另一方面，人如果確定地有他所將往的處所，那處所之後又會有另一將往的處所，無窮無盡，那麼，死就會成為永無終結。龍樹認為，生死的實情並非是這樣的。

這首偈頌加插進來，與上下文無關聯，所以無法得知這裡要表達的意思。照推測，這首偈頌可能被錯誤地放在這裡。

二七・二〇　今若無有常，云何有無常，
亦常亦無常，非常非無常？（大三〇・三八c）

從第十五首偈頌開始，對常和無常所構成的四句進行了討論，並一一加以否定。這首偈頌就著以上的討論作出總結。如果常的見解不能成立，無常、亦常亦無常、非常非無常等見解亦不能成立。按照龍樹的意思，這些見解都背離了因果律，所以不能成立。

二七・二一　若世間有邊，云何有後世？若世間無邊，云何有後世？（大三〇・三八c）

這首偈頌開始轉入另一個話題，討論世間有邊、無邊的問題。此偈頌的梵文本意思為：

> 倘若世界有邊際，如何能有另外一個世界呢？另一方面，倘若世界沒有邊際，又如何能有另外一個世界呢？[5]

這裡構成一個兩難的格局，無論說世界是有邊或是無邊，都會出現問題。倘若世界有邊際，則在這邊際之外應是虛空。因為世界的邊際應是包圍著世界一切東西，如果外面還有東西，那就不算是邊際。既然邊際之外是虛空，怎能有另外一個世界呢？另一方面，倘若世界沒有邊際，則一切東西都在這世界之內，在這個世界之外，不可能再有另一個世界。龍樹認為，世間是有邊或是無邊這類形而上的問題，不是我們的理性可以解決的，如果我們勉強去找尋答案，就只會造成概念上的困擾。

---

4. Ibid., p.169.
5. Idem.

二七・二二 五陰常相續，猶如燈火焰，以是故世間，不應邊無邊。（大三〇・三八c）

在這首以及下面兩首偈頌中，龍樹以五陰身來比配世間，以五陰身有止點，比配世間有邊；以五陰身無止點，比配世間無邊。這裡首先出現一個問題，就是以五陰身來比配世間是否有理論上的根據？即是說，五陰身有沒有止點，與世間有沒有邊際，這兩件事有什麼理論上的關聯，以及如何關聯呢？龍樹在偈頌中沒有就此作出交代，這可說是論證上的弱點。

以一般理解來說，一個生命體的五陰身壞滅後，會經過中有的階段，然後再投到另一個五陰身，繼續他在世上的活動。五陰身這種相續的情況，就好像燈火般延續著。而每一瞬間的燈火都是在生滅變化中，五陰身亦同樣是不斷地變化。當前一個五陰身滅去，後一個五陰身就接著生起，這樣不斷地延續下去，有一種身身相續的情況。就這種身身相續的情況來說，五陰身是沒有止點的。但以每一個五陰身來說，它生起後又會壞滅，所以又可說是有止點的。

就身身相續的情況來說，五陰身不能說有止點；但就每一個五陰身都會壞滅來說，又不能說沒有止點。所以，無論說五陰身是有止點，或說是無止點，都有困難。龍樹以五陰身來比配世間，按照這種情況，無論說世間是有邊，或說是無邊，都同樣是不對的。其實，世間有沒有邊際的問題，與我們的日常生活距離很遠，而且與佛教的修行沒有什麼關係，我們不應花太多精神去尋找答案。況且，這類形而上的問題根本上不是我們的理性可以解決的，勉強地作出解答，只會遇到上述兩難的局面。

二七・二三 若先五陰壞，不因是五陰，更生後五陰，世間則有邊。（大三〇・三九a）

若前一個五陰身先壞滅，而後一個五陰不是依賴前五陰身而生起，則前後兩個五陰身就失去了相續性。即是說，每一個五陰都是自己生起，而生起後又壞滅，沒有延續下去。這樣看來，五陰身就是有止點的。在比配之下，五陰身有止點，表示世間有邊。按理，從五陰身有止點而說到世間有邊，仍然須要交代清楚兩件事之間的關係，但龍樹並沒有作出交代。就表面看來，兩者之間不見得有任何關聯。

二七・二四 若先陰不壞，亦不因是陰，而生後五陰，世間則無邊。（大三〇・三九a）

若在前的一個五陰身沒有壞滅，而後一個五陰身亦不依賴這在前的五陰身而生起，這樣，五陰身就是無止點。因為在前的五陰身還沒有壞滅，就已經出現後五陰身來接續它，而且後五陰身沒有依賴前五陰身而生起，即表示後五陰身的生起無需依待前五陰身的壞滅。如果後五陰身需要依賴前五陰身而生起，即是前五陰身為因，後五陰身為果，果的生起意味著因的壞滅，則後五陰身生起表示前五陰身已壞滅。但現在後五陰身不需依賴前五陰身而生起，所以前五陰身不用壞滅就有後五陰身起來接續。照這樣看，五陰身就有常住性，亦即是沒有止點。按照龍樹的比配，五陰身沒有止點，即表示世間無邊。

二七·二五　真法及說者，聽者難得故，如是則生死，非有邊無邊。（大三〇·三九a）

按梵文本中沒有這首偈頌，而此偈頌的意思亦相當隱晦。如要勉強作出解釋，可以這樣說：關於五陰身是有止點或是無止點、世間是有邊或無邊這類問題的真實情況，以及有興趣去講說和聆聽這類問題的人都不易碰到。故此，生死是否有止點，以至世間是否有邊際的形而上的問題，很難有確定的見解。

二七·二六　若世半有邊，世間半無邊，是則亦有邊，亦無邊不然。（大三〇·三九a）

龍樹顯然是要運用四句否定，來否定世間有邊或無邊的見解。前面已經否定了世間有邊，以及世間無邊兩種情況，現在討論第三句，即世間亦有邊亦無邊。同樣運用五陰身作比配，這裡將五陰身分成兩半，一半有止點，另一半沒有止點。這等同於將世間分成兩半，一半有邊，一半無邊。龍樹認為這樣將五陰身分割是不成的，因為五陰身是一個緣起的整體，不可能一半有止點，會壞滅，而另一半無止點而常住。五陰身必須是整個地出現，不能壞滅了一半而剩下另一半。同樣地，世間亦不可能一半有邊，一半無邊。所以，第三句亦有邊亦無邊也不能成立。

二七·二七　彼受五陰者，云何一分破，一分而不破？是事則不然。（大三〇·三九a）

「受五陰者」指領受五陰身的那個生命主體。那生命主體本身也是一個緣起的整體，我們不能將之分為兩半，一半有止點，一半沒有止點。有止點的一半會壞滅，沒有止點的一半不壞滅。這等於破壞它的一半，保留另一半。這樣破壞了一半，它本身就不再成為領受五陰的生命主體。

二七・二八

受亦復如是，云何一分破，一分而不破？是事亦不然。（大三〇・三九a）

「受」指領受五陰身這個活動。受跟受者一樣，都不可能一半破壞，一半保留。因為這個活動本身也是緣起的事件，若將它分為兩半，破壞一半，保留一半，則留下的一半亦不再是這個領受的活動了。

二七・二九

若亦有無邊，是二得成者，非有非無邊，是則亦應成。（大三〇・三九b）

現在回到五陰身是否有止點的問題，亦即是世間有無邊際的問題。如果世間亦有邊亦無邊的情況能成立，則世間非有邊非無邊的情況也應該成立。「非有非無邊」是四句中的第四句，其中的「非有」即非有邊，實際上相等於無邊；「非無邊」實際上相等於有邊。所以非有邊非無邊的情況，跟亦有邊亦無邊的情況無分別。故此，如果亦有邊亦無邊能夠成立，非有邊非無邊也應該成立。但前面已經否定了亦有邊亦無邊的情況，所以非有邊非無邊亦同樣遭否定。

以上，龍樹運用了四句否定的方式，先後否定了世間有邊、世間無邊、世間亦有邊亦無邊、世間非有邊非無邊四種情況。實際上，第三和第四句遭否定是顯而易見的，沒有需要提出來討論，大概只是用來堆砌，使這個論證成為完整的四句否定形式。

二七・三〇 一切法空故，世間常等見，何處於何時，誰起是諸見？（大三〇・三九b）

此首偈頌對本品作出總結。世間一切事物本性都是空，如果我們能夠明白這點，則對於世間是常或無常、有邊或無邊等見解都不會再執著。因為在空的真理下，這些都不再成為問題。所以，無論在任何地方，任何時間，只要我們掌握空的義理，就不會生起常或無常、有邊或無邊等種種邪見。

二七・三一 瞿曇大聖主，憐愍說是法，悉斷一切見，我今稽首禮。（大三〇・三九b）

這是全本《中論》最末的偈頌，是一首歸敬頌，將造本論的功德歸給佛祖。「瞿曇大聖主」指佛祖釋迦牟尼，「瞿曇」是Gautama的音譯。Gautama是釋迦族的五個姓氏之一，即佛陀本人的姓氏。故佛陀又稱為瞿曇佛陀（Gautama Buddha）。「大聖主」是對佛陀的尊稱。佛陀由於憐愍一切眾生，因而對他們開示佛教的真理，使眾生斷除一切邪見。為著佛陀的慈悲，我們如今向他稽首禮拜。

附錄：《中論》梵文原典與漢譯對照表

## मङ्गलम्	**歸敬偈**
अनिरोधमनुत्पादमनुच्छेदमशाश्वतम् । अनेकार्थमनानार्थमनागमममनिर्गमम् ॥	不生亦不滅，不常亦不斷， 不一亦不異，不來亦不出。
यः प्रतीत्यसमुत्पादं प्रपञ्चोपशमं शिवम् । देशयामास संबुद्धस्तं वन्दे वदतां वरम् ॥	能說是因緣，善滅諸戲論， 我稽首禮佛，諸說中第一。

## १ प्रत्ययपरीक्षा	**觀因緣品　第一**
न स्वतो नापि परतो न द्वाभ्यां नाप्यहेतुतः । उत्पन्ना जातु विद्यन्ते भावाः क्वचन केचन ॥ १ ॥	諸法不自生，亦不從他生， 不共不無因，是故知無生。 1
चत्वारः प्रत्यया हेतुरारम्बणमनन्तरम् । तथैवाधिपतेयं च प्रत्ययो नास्ति पञ्चमः ॥ २ ॥	如諸法自性，不在於緣中， 以無自性故，他性亦復無。 2
न हि स्वभावो भावानां प्रत्ययादिषु विद्यते । अविद्यमाने स्वभावे परभावो न विद्यते ॥ ३ ॥	因緣次第緣，緣緣增上緣， 四緣生諸法，更無第五緣。 3
क्रिया न प्रत्ययवती नाप्रत्ययवती क्रिया । प्रत्यया नाक्रियावन्तः क्रियावन्तश्च सन्त्युत ॥ ४ ॥	果為從緣生？為從非緣生？ 是緣為有果？是緣為無果？ 4
उत्पद्यते प्रतीत्येमानितीमे प्रत्ययाः किल । यावन्नोत्पद्यत इमे तावन्नाप्रत्ययाः कथम् ॥ ५ ॥	因是法生果，是法名為緣， 若是果未生，何不名非緣？ 5
नैवासतो नैव सतः प्रत्ययोऽर्थस्य युज्यते । असतः प्रत्ययः कस्य सतश्च प्रत्ययेन किम् ॥ ६ ॥	果先於緣中，有無俱不可， 先無為誰緣？先有何用緣？ 6
न सन्नासन्न सदसन् धर्मो निर्वर्तते यदा । कथं निर्वर्तको हेतुरेवं सति हि युज्यते ॥ ७ ॥	若果非有生，亦復非無生， 亦非有無生，何得言有緣？ 7

अनारम्बण एवायं सन् धर्म उपदिश्यते ।
अथानारम्बणे धर्मे कुत आरम्बणं पुनः ॥ ८ ॥

果若未生時，則不應有滅，
滅法何能緣？故無次第緣。 8

अनुत्पन्नेषु धर्मेषु निरोधो नोपपद्यते ।
नानन्तरमतो युक्तं निरुद्धे प्रत्ययश्च कः ॥ ९ ॥

如諸佛所說，真實微妙法，
於此無緣法，云何有緣緣？ 9

भावानां निःस्वभावानां न सत्ता विद्यते यतः ।
सतीदमस्मिन् भवतीत्येतन्नैवोपपद्यते ॥ १० ॥

諸法無自性，故無有有相，
說有是事故，是事有不然。 10

न च व्यस्तसमस्तेषु प्रत्ययेष्वस्ति तत् फलम् ।
प्रत्ययेभ्यः कथं तच्च भवेन्न प्रत्ययेषु यत् ॥ ११ ॥

略廣因緣中，求果不可得，
因緣中若無，云何從緣出？ 11

अथासदपि तत् तेभ्यः प्रत्ययेभ्यः प्रवर्तते ।
फलमप्रत्ययेभ्योऽपि कस्मान्नाभिप्रवर्तते ॥ १२ ॥

若謂緣無果，而從緣中出，
是果何不從，非緣中而出？ 12

फलं च प्रत्ययमयं प्रत्ययाश्चास्वयंमयाः ।
फलमस्वमयेभ्यो यत् तत् प्रत्ययमयं कथम् ॥ १३ ॥

若果從緣生，是緣無自性，
從無自性生，何得從緣生？ 13

तस्मान्न प्रत्ययमयं नाप्रत्ययमयं फलम् ।
संविद्यते फलाभावात् प्रत्ययाप्रत्ययाः कुतः ॥ १४ ॥

果不從緣生，不從非緣生，
以果無有故，緣非緣亦無。 14

२ गतागतगम्यमानपरीक्षा

觀去來品 第二

गतं न गम्यते तावदगतं नैव गम्यते ।
गतागतविनिर्मुक्तं गम्यमानं न गम्यते ॥ १ ॥

已去無有去，未去亦無去，
離已去未去，去時亦無去。 1

चेष्टा यत्र गतिस्तत्र गम्यमाने च सा यतः ।
न गते नागते चेष्टा गम्यमाने गतिस्ततः ॥ २ ॥

動處則有去，此中有去時，
非已去未去，是故去時去。 2

गम्यमानस्य गमनं कथं नामोपपत्स्यते ।
गम्यमानं विगमनं यदा नैवोपपद्यते ॥ ३ ॥

云何於去時，而當有去法？
若離於去法，去時不可得。 3

गम्यमानस्य गमनं यस्य तस्य प्रसज्यते ।
ऋते गतेर्गम्यमानं गम्यमानं हि गम्यते ॥ ४ ॥

若言去時去，是人則有咎，
離去有去時，去時獨去故。 4

गम्यमानस्य गमने प्रसक्तं गमनद्वयम् ।
येन तद् गम्यमानं च यच्चात्र गमनं पुनः ॥ ५ ॥

若去時有去，則有二種去，
一謂為去時，二謂去時去。 5

द्वौ गन्तारौ प्रसज्येते प्रसक्ते गमनद्वये ।
गन्तारं हि तिरस्कृत्य गमनं नोपपद्यते ॥ ६ ॥

若有二去法，則有二去者，
以離於去者，去法不可得。 6

गन्तारं चेत् तिरस्कृत्य गमनं नोपपद्यते ।
गमनेऽसति गन्ताथ कुत एव भविष्यति ॥ ७ ॥

若離於去者，去法不可得，
以無去法故，何得有去者？ 7

गन्ता न गच्छते तावदगन्ता नैव गच्छति ।
अन्यो गन्तुरगन्तुश्च कस्तृतीयोऽथ गच्छति ॥ ८ ॥

去者則不去，不去者不去，
離去不去者，無第三去者。 8

गन्ता तावद् गच्छतीति कथमेवोपपत्स्यते ।
गमनेन विना गन्ता यदा नैवोपपद्यते ॥ ९ ॥

若言去者去，云何有此義？
若離於去法，去者不可得。 9

पक्षो गन्ता गच्छतीति यस्य तस्य प्रसज्यते ।
गमनेन विना गन्ता गन्तुर्गमनमिच्छतः ॥ १० ॥

若去者有去，則有二種去，
一謂去者去，二謂去法去。 10

गमने द्वे प्रसज्येते गन्ता यद्युत गच्छति ।
गन्तेति चाज्यते येन गन्ता सन् यच्च गच्छति ॥ ११ ॥

若謂去者去，是人則有咎，
離去有去者，說去者有去。 11

गते नारभ्यते गन्तुं गन्तुं नारभ्यतेऽगते ।
नारभ्यते गम्यमाने गन्तुमारभ्यते कुह ॥ १२ ॥

已去中無發，未去中無發，
去時中無發，何處當有發？ 12

प्रागस्ति गमनारम्भाद् गम्यमानं न वा गतम् ।
यत्रारभ्येत गमनमगते गमनं कुतः ॥ १३ ॥

未發無去時，亦無有已去，
是二應有發，未去何有發？ 13

गतं किं गम्यमानं किमगतं किं विकल्प्यते ।
अदृश्यमान आरम्भे गमनस्यैव सर्वथा ॥ १४ ॥

無去無未去，亦復無去時，
一切無有發，何說而分別？ 14

गन्ता न तिष्ठति तावदगन्ता नैव तिष्ठति ।
अन्यो गन्तुरगन्तुश्च कस्तृतीयोऽथ तिष्ठति ॥ १५ ॥

去者則不住，不去者不住，
離去不去者，何有第三住？ 15

गन्ता तावत् तिष्ठतीति कथमेवोपपत्स्यते ।
गमनेन विना गन्ता यदा नैवोपपद्यते ॥ १६ ॥

去者若當住，云何有此義？
若當離於去，去者不可得。 16

न तिष्ठति गम्यमानान्न गतान्नागतादपि ।
गमनं संप्रवृत्तिश्च निवृत्तिश्च गतेः समा ॥ १७ ॥

去未去無住，去時亦無住，
所有行止法，皆同於去義。 17

यदेव गमनं गन्ता स एवेति न युज्यते ।
अन्य एव पुनर्गन्ता गतेरिति न युज्यते ॥ १८ ॥

去法即去者，是事則不然，
去法異去者，是事亦不然。 18

यदेव गमनं गन्ता स एव हि भवेद् यदि ।
एकीभावः प्रसज्येत कर्तुः कर्मण एव च ॥ १९ ॥

若謂於去法，即為是去者，
作者及作業，是事則為一。 19

अन्य एव पुनर्गन्ता गतेर्यदि विकल्प्यते ।
गमनं स्यादृते गन्तुर्गन्ता स्याद् गमनादृते ॥ २० ॥

若謂於去法，有異於去者，
離去者有去，離去有去者。 20

एकीभावेन वा सिद्धिर्नानाभावेन वा ययोः ।
न विद्यते तयोः सिद्धिः कथं नु खलु विद्यते ॥ २१ ॥

去去者是二，若一異法成，
二門俱不成，云何當有成？ 21

गत्या ययाज्यते गन्ता गतिं तां स न गच्छति ।
यस्मान्न गतिपूर्वोऽस्ति कश्चित् किंचिद्धि गच्छति ॥ २२ ॥

因去知去者，不能用是去，
先無有去法，故無去者去。 22

गत्या ययाज्यते गन्ता ततोऽन्यां स न गच्छति ।
गती द्वे नोपपद्येते यस्मादेके प्रगन्तरि ॥ २३ ॥

因去知去者，不能用異去，
於一去者中，不得二去故。 23

सद्भूतो गमनं गन्ता त्रिप्रकारं न गच्छति ।
नासद्भूतोऽपि गमनं त्रिप्रकारं स गच्छति ॥ २४ ॥

決定有去者，不能用三去，
不決定去者，亦不用三去。 24

गमनं सदसद्भूतस्त्रिप्रकारं न गच्छति ।
तस्माद् गतिश्च गन्ता च गन्तव्यं च न विद्यते ॥ २५ ॥

去法定不定，去者不用三，
是故去去者，所去處皆無。 25

३ आयतनपरीक्षा

觀六情品 第三

दर्शनं श्रवणं घ्राणं रसनं स्पर्शनं मनः ।
इन्द्रियाणि षडेतेषां द्रष्टव्यादीनि गोचरः ॥ १ ॥

眼耳及鼻舌，身意等六情，
此眼等六情，行色等六塵。 1

स्वमात्मानं दर्शनं हि तत् तमेव न पश्यति ।
न पश्यति यदात्मानं कथं द्रक्ष्यति तत् परान् ॥ २ ॥

是眼則不能，自見其己體，
若不能自見，云何見餘物？ 2

न पर्याप्तोऽग्निदृष्टान्तो दर्शनस्य प्रसिद्धये ।	火喻則不能，成於眼見法，
सदर्शनः स प्रत्युक्तो गम्यमानगतागतैः ॥ ३ ॥	去未去去時，已總答是事。 3
नापश्यमानं भवति यदा किंचन दर्शनम् ।	見若未見時，則不名為見，
दर्शनं पश्यतीत्येवं कथमेतत् तु युज्यते ॥ ४ ॥	而言見能見，是事則不然。 4
पश्यति दर्शनं नैव नैव पश्यत्यदर्शनम् ।	見不能有見，非見亦不見，
व्याख्यातो दर्शनेनैव द्रष्टा चाप्यवगम्यताम् ॥ ५ ॥	若已破於見，則為破見者。 5
द्रष्टा नास्त्यतिरस्कृत्य तिरस्कृत्य च दर्शनम् ।	離見不離見，見者不可得，
द्रष्टव्यं दर्शनं चैव द्रष्टर्यसति ते कुतः ॥ ६ ॥	以無見者故，何有見可見？ 6
द्रष्टव्यदर्शनाभावाद् विज्ञानादिचतुष्टयम् ।	見可見無故，識等四法無，
नास्तीत्युपादानादीनि भविष्यन्ति पुनः कथम् ॥ ७ ॥	四取等諸緣，云何當得有？ 7
व्याख्यातं श्रवणं घ्राणं रसनं स्पर्शनं मनः ।	耳鼻舌身意，聲及聞者等，
दर्शनेनैव जानीयाच्छ्रोतृश्रोतव्यकादि च ॥ ८ ॥	當知如是義，皆同於上說。 8

४ स्कन्धपरीक्षा	**觀五陰品　第四**
रूपकारणनिर्मुक्तं न रूपमुपलभ्यते ।	若離於色因，色則不可得，
रूपेणापि न निर्मुक्तं दृश्यते रूपकारणम् ॥ १ ॥	若當離於色，色因不可得。 1
रूपकारणनिर्मुक्ते रूपे रूपं प्रसज्यते ।	離色因有色，是色則無因，
आहेतुकं न चास्त्यर्थः कश्चिदाहेतुकः क्वचित् ॥ २ ॥	無因而有法，是事則不然。 2
रूपेण तु विनिर्मुक्तं यदि स्याद् रूपकारणम् ।	若離色有因，則是無果因，
अकार्यकं कारणं स्यान्नास्त्यकार्यं च कारणम् ॥ ३ ॥	若言無果因，則無有是處。 3
रूपे सत्येव रूपस्य कारणं नोपपद्यते ।	若已有色者，則不用色因，
रूपेऽसत्येव रूपस्य कारणं नोपपद्यते ॥ ४ ॥	若無有色者，亦不用色因。 4
निष्कारणं पुना रूपं नैव नैवोपपद्यते ।	無因而有色，是事終不然，
तस्माद् रूपगतान् कांश्चिन्न विकल्पान् विकल्पयेत् ॥ ५ ॥	是故有智者，不應分別色。 5

न कारणस्य सदृशं कार्यमित्युपपद्यते ।
न कारणस्यासदृशं कार्यमित्युपपद्यते ॥ ६ ॥

若果似於因，是事則不然，
果若不似因，是事亦不然。 6

वेदनाचित्तसंज्ञानां संस्काराणां च सर्वशः ।
सर्वेषामेव भावानां रूपेणैव समः क्रमः ॥ ७ ॥

受陰及想陰，行陰識陰等，
其餘一切法，皆同於色陰。 7

विग्रहे यः परीहारं कृते शून्यतया वदेत् ।
सर्वं तस्यापरिहृतं समं साध्येन जायते ॥ ८ ॥

若人有問者，離空而欲答，
是則不成答，俱同於彼疑。 8

व्याख्याने य उपालम्भं कृते शून्यतया वदेत् ।
सर्वं तस्यानुपालब्धं समं साध्येन जायते ॥ ९ ॥

若人有難問，離空說其過，
是不成難問，俱同於彼疑。 9

५ धातुपरीक्षा

觀六種品 第五

नाकाशं विद्यते किंचित् पूर्वमाकाशलक्षणात् ।
अलक्षणं प्रसज्येत स्यात् पूर्वं यदि लक्षणात् ॥ १ ॥

空相未有時，則無虛空法，
若先有虛空，即為是無相。 1

अलक्षणो न कश्चिच्च भावः संविद्यते क्वचित् ।
असत्यलक्षणे भावे क्रमतां कुह लक्षणम् ॥ २ ॥

是無相之法，一切處無有，
於無相法中，相則無所相。 2

नालक्षणे लक्षणस्य प्रवृत्तिर्न सलक्षणे ।
सलक्षणालक्षणाभ्यां नाप्यन्यत्र प्रवर्तते ॥ ३ ॥

有相無相中，相則無所住，
離有相無相，餘處亦不住。 3

लक्षणासंप्रवृत्तौ च न लक्ष्यमुपपद्यते ।
लक्ष्यस्यानुपपत्तौ च लक्षणस्याप्यसंभवः ॥ ४ ॥

相法無有故，可相法亦無，
可相法無故，相法亦復無。 4

तस्मान्न विद्यते लक्ष्यं लक्षणं नैव विद्यते ।
लक्ष्यलक्षणनिर्मुक्तो नैव भावोऽपि विद्यते ॥ ५ ॥

是故今無相，亦無有可相，
離相可相已，更亦無有物。 5

अविद्यमाने भावे च कस्याभावो भविष्यति ।
भावाभावविधर्मा च भावाभावाववैति कः ॥ ६ ॥

若使無有有，云何當有無？
有無既已無，知有無者誰？ 6

तस्मान्न भावो नाभावो न लक्ष्यं नापि लक्षणम् ।
आकाशमाकाशसमा धातवः पञ्च येऽपरे ॥ ७ ॥

是故知虛空，非有亦非無，
非相非可相，餘五同虛空。 7

अस्तित्वं ये तु पश्यन्ति नास्तित्वं चाल्पबुद्धयः ।
भावानां ते न पश्यन्ति द्रष्टव्योपशमं शिवम् ॥ ८ ॥

淺智見諸法，若有若無相，
是則不能見，滅見安隱法。 8

६ रागरक्तपरीक्षा

觀染染者品　第六

रागाद् यदि भवेत् पूर्वं रक्तो रागतिरस्कृतः ।
तं प्रतीत्य भवेद् रागो रक्ते रागो भवेत् सति ॥ १ ॥

若離於染法，先自有染者，
因是染欲者，應生於染法。 1

रक्तेऽसति पुना रागः कुत एव भविष्यति ।
सति वासति वा रागे रक्तेऽप्येष समः क्रमः ॥ २ ॥

若無有染者，云何當有染？
若有若無染，染者亦如是。 2

सहैव पुनरुद्भूतिर्न युक्ता रागरक्तयोः ।
भवेतां रागरक्तौ हि निरपेक्षौ परस्परम् ॥ ३ ॥

染者及染法，俱成則不然，
染者染法俱，則無有相待。 3

नैकत्वे सहभावोऽस्ति न तेनैव हि तत् सह ।
पृथक्त्वे सहभावोऽथ कुत एव भविष्यति ॥ ४ ॥

染者染法一，一法云何合？
染者染法異，異法云何合？ 4

एकत्वे सहभावश्चेत् स्यात् सहायं विनापि सः ।
पृथक्त्वे सहभावश्चेत् स्यात् सहायं विनापि सः ॥ ५ ॥

若一有合者，離伴應有合，
若異有合者，離伴亦應合。 5

पृथक्त्वे सहभावश्च यदि किं रागरक्तयोः ।
सिद्धः पृथक्पृथग्भावः सहभावस्ततस्तयोः ॥ ६ ॥

若異而有合，染染者何事？
是二相先異，然後說合相。 6

सिद्धः पृथक्पृथग्भावो यदि वा रागरक्तयोः ।
सहभावं किमर्थं नु परिकल्पयसे तयोः ॥ ७ ॥

若染及染者，先各成異相，
既已成異相，云何而言合？ 7

पृथग् न सिध्यतीत्येवं सहभावं विकाङ्क्षसि ।
सहभावप्रसिद्ध्यर्थं पृथक्त्वं भूय इच्छसि ॥ ८ ॥

異相無有成，是故汝欲合，
合相竟無成，而復說異相。 8

पृथग्भावाप्रसिद्धेश्च सहभावो न सिध्यति ।
कतमस्मिन् पृथग्भावे सहभावं सतीच्छसि ॥ ९ ॥

異相不成故，合相則不成，
於何異相中，而欲說合相？ 9

एवं रक्तेन रागस्य सिद्धिर्न सह नासह ।
रागवत् सर्वधर्माणां सिद्धिर्न सह नासह ॥ १० ॥

如是染染者，非合不合成，
諸法亦如是，非合不合成。 10

७ उत्पादस्थितिभङ्गपरीक्षा

觀三相品　第七

यदि संस्कृत उत्पादस्तत्र युक्ता त्रिलक्षणी ।
अथासंस्कृत उत्पादः कथं संस्कृतलक्षणम् ॥ १ ॥

若生是有為，則應有三相，
若生是無為，何名有為相？ 1

उत्पादाद्यास्त्रयो व्यस्ता नालं लक्षणकर्मणि ।
संस्कृतस्य समस्ताः स्युरेकत्र कथमेकदा ॥ २ ॥

三相若聚散，不能有所相，
云何於一處，一時有三相？ 2

उत्पादस्थितिभङ्गानामन्यत् संस्कृतलक्षणम् ।
अस्ति चेदनवस्थैवं नास्ति चेत् ते न संस्कृताः ॥ ३ ॥

若謂生住滅，更有有為相，
是即為無窮，無即非有為。 3

उत्पादोत्पाद उत्पादो मूलोत्पादस्य केवलम् ।
उत्पादोत्पादमुत्पादो मौलो जनयते पुनः ॥ ४ ॥

生生之所生，生於彼本生，
本生之所生，還生於生生。 4

उत्पादोत्पाद उत्पादो मूलोत्पादस्य ते यदि ।
मौलेनाजनितस्तं ते स कथं जनयिष्यति ॥ ५ ॥

若謂是生生，能生於本生，
生生從本生，何能生本生？ 5

स ते मौलेन जनितो मौलं जनयते यदि ।
मौलः स तेनाजनितस्तमुत्पादयते कथम् ॥ ६ ॥

若謂是本生，能生於生生，
本生從彼生，何能生生生？ 6

अयमुत्पद्यमानस्ते काममुत्पादयेदिमम् ।
यदीममुत्पादयितुमजातः शक्नुयादयम् ॥ ७ ॥

若生生生時，能生於本生，
生生尚未有，何能生本生？ 7

प्रदीपः स्वपरात्मानौ संप्रकाशयते यथा ।
उत्पादः स्वपरात्मानावुभावुत्पादयेत् तथा ॥ ८ ॥

若本生生時，能生於生生，
本生尚未有，何能生生生？ 8

प्रदीपे नान्धकारोऽस्ति यत्र चासौ प्रतिष्ठितः ।
किं प्रकाशयते दीपः प्रकाशो हि तमोवधः ॥ ९ ॥

如燈能自照，亦能照於彼，
生法亦如是，自生亦生彼。 9

कथमुत्पद्यमानेन प्रदीपेन तमो हतम् ।
नोत्पद्यमानो हि तमः प्रदीपः प्राप्नुते यदा ॥ १० ॥

燈中自無闇，住處亦無闇，
破闇乃名照，無闇則無照。 10

अप्राप्यैव प्रदीपेन यदि वा निहतं तमः ।
इहस्थः सर्वलोकस्थं स तमो निहनिष्यति ॥ ११ ॥

云何燈生時，而能破於闇？
此燈初生時，不能及於闇。 11

प्रदीपः स्वपरात्मानौ संप्रकाशयते यदि ।
तमोऽपि स्वपरात्मानौ छादयिष्यत्यसंशयम् ॥ १२ ॥

燈若未及闇，而能破闇者，
燈在於此間，則破一切闇。 12

अनुत्पन्नोऽयमुत्पादः स्वात्मानं जनयेत् कथम् । अथोत्पन्नो जनयते जाते किं जन्यते पुनः ॥ १३ ॥	若燈能自照，亦能照於彼， 闇亦應自闇，亦能闇於彼。 13
नोत्पद्यमानं नोत्पन्नं नानुत्पन्नं कथंचन । उत्पद्यते तथाख्यातं गम्यमानगतागतैः ॥ १४ ॥	此生若未生，云何能自生？ 若生已自生，生已何用生？ 14
उत्पद्यमानमुत्पत्ताविदं न क्रमते यदा । कथमुत्पद्यमानं तु प्रतीत्योत्पत्तिमुच्यते ॥ १५ ॥	生非生已生，亦非未生生， 生時亦不生，去來中已答。 15
प्रतीत्य यद् यद् भवति तत् तच्छान्तं स्वभावतः । तस्मादुत्पद्यमानं च शान्तमुत्पत्तिरेव च ॥ १६ ॥	若謂生時生，是事已不成， 云何眾緣合，爾時而得生？ 16
यदि कश्चिदनुत्पन्नो भावः संविद्यते क्वचित् । उत्पद्येत स किं तस्मिन् भाव उत्पद्यतेऽसति ॥ १७ ॥	若法眾緣生，即是寂滅性， 是故生生時，是二俱寂滅。 17
उत्पद्यमानमुत्पादो यदि चोत्पादयत्ययम् । उत्पादयेत् तमुत्पादमुत्पादः कतमः पुनः ॥ १८ ॥	若有未生法，說言有生者， 此法先已有，更復何用生？ 18
अन्य उत्पादयत्येनं यद्युत्पादोऽनवस्थितिः । अथानुत्पाद उत्पन्नः सर्वमुत्पद्यतां तथा ॥ १९ ॥	若言生時生，是能有所生， 何得更有生，而能生是生？ 19
सतश्च तावदुत्पत्तिरसतश्च न युज्यते । न सतश्चासतश्चेति पूर्वमेवोपपादितम् ॥ २० ॥	若謂更有生，生生則無窮， 離生生有生，法皆能自生。 20
निरुध्यमानस्योत्पत्तिर्न भावस्योपपद्यते । यश्चानिरुध्यमानस्तु स भावो नोपपद्यते ॥ २१ ॥	有法不應生，無亦不應生， 有無亦不生，此義先已說。 21
नास्थितस्तिष्ठते भावः स्थितो भावो न तिष्ठति । न तिष्ठते तिष्ठमानः कोऽनुत्पन्नश्च तिष्ठति ॥ २२ ॥	若諸法滅時，是時不應生， 法若不滅者，終無有是事。 22
स्थितिर्निरुध्यमानस्य न भावस्योपपद्यते । यश्चानिरुध्यमानस्तु स भावो नोपपद्यते ॥ २३ ॥	不住法不住，住法亦不住， 住時亦不住，無生云何住？ 23
जरामरणधर्मेषु सर्वभावेषु सर्वदा । तिष्ठन्ति कतमे भावा ये जरामरणं विना ॥ २४ ॥	若諸法滅時，是則不應住， 法若不滅者，終無有是事。 24

स्थित्यान्यया स्थितेः स्थानं तयैव च न युज्यते। उत्पादस्य यथोत्पादो नात्मना न परात्मना ॥ २५ ॥	所有一切法，皆是老死相， 終不見有法，離老死有住。 25
निरुध्यते नानिरूद्धं न निरूद्धं निरुध्यते। तथा निरुध्यमानं च किमजातं निरुध्यते ॥ २६ ॥	住不自相住，亦不異相住， 如生不自生，亦不異相生。 26
स्थितस्य तावद् भावस्य निरोधो नोपपद्यते। नास्थितस्यापि भावस्य निरोध उपपद्यते ॥ २७ ॥	法已滅不滅，未滅亦不滅， 滅時亦不滅，無生何有滅？ 27
तयैवावस्थयावस्था न हि सैव निरुध्यते। अनन्यावस्थयावस्था न चान्यैव निरुध्यते ॥ २८ ॥	法若有住者，是則不應滅， 法若不住者，是亦不應滅。 28
यदैव सर्वधर्माणामुत्पादो नोपपद्यते। तदैवं सर्वधर्माणां निरोधो नोपपद्यते ॥ २९ ॥	是法於是時，不於是時滅， 是法於異時，不於異時滅。 29
सतश्च तावद् भावस्य निरोधो नोपपद्यते। एकत्वे न हि भावश्च नाभावश्चोपपद्यते ॥ ३० ॥	如一切諸法，生相不可得， 以無生相故，即亦無滅相。 30
असतोऽपि न भावस्य निरोध उपपद्यते। न द्वितीयस्य शिरसश्छेदनं विद्यते यथा ॥ ३१ ॥	若法是有者，是即無有滅， 不應於一法，而有有無相。 31
न स्वात्मना निरोधोऽस्ति निरोधो न परात्मना। उत्पादस्य यथोत्पादो नात्मना न परात्मना ॥ ३२ ॥	若法是無者，是即無有滅， 譬如第二頭，無故不可斷。 32
उत्पादस्थितिभङ्गानामसिद्धेर्नास्ति संस्कृतम्। संस्कृतस्याप्रसिद्धौ च कथं सेत्स्यत्यसंस्कृतम् ॥ ३३ ॥	法不自相滅，他相亦不滅， 如自相不生，他相亦不生。 33
यथा माया यथा स्वप्नो गन्धर्वनगरं यथा। तथोत्पादस्तथा स्थानं तथा भङ्ग उदाहृतम् ॥ ३४ ॥	生住滅不成，故無有有為， 有為法無故，何得有無為？ 34
（編按：《中論》梵文本中此品無第 35 偈頌，但羅什的漢譯本有第 35 偈頌。）	如幻亦如夢，如乾闥婆城， 所說生住滅，其相亦如是。 35

८ कर्मकारकपरीक्षा

觀作作者品　第八

सद्भूतः कारकः कर्म सद्भूतं न करोत्ययम्। कारको नाप्यसद्भूतः कर्मासद्भूतमीहते ॥ १ ॥	決定有作者，不作決定業， 決定無作者，不作無定業。 1

梵文	漢譯	
सद्भूतस्य क्रिया नास्ति कर्म च स्यादकर्तृकम् ।	決定業無作，是業無作者，	
सद्भूतस्य क्रिया नास्ति कर्ता च स्यादकर्मकः ॥ २ ॥	定作者無作，作者亦無業。	2
करोति यद्यसद्भूतोऽसद्भूतं कर्म कारकः ।	若定有作者，亦定有作業，	
अहेतुकं भवेत् कर्म कर्ता चाहेतुको भवेत् ॥ ३ ॥	作者及作業，即墮於無因。	3
हेतावसति कार्यं च कारणं च न विद्यते ।	若墮於無因，則無因無果，	
तदभावे क्रिया कर्ता कारणं च न विद्यते ॥ ४ ॥	無作無作者，無所用作法。	4
धर्माधर्मौ न विद्येते क्रियादीनामसंभवे ।	若無作等法，則無有罪福，	
धर्मे चासत्यधर्मे च फलं तज्जं न विद्यते ॥ ५ ॥	罪福等無故，罪福報亦無。	5
फलेऽसति न मोक्षाय न स्वर्गायोपपद्यते ।	若無罪福報，亦無有涅槃，	
मार्गः सर्वक्रियाणां च नैरर्थक्यं प्रसज्यते ॥ ६ ॥	諸可有所作，皆空無有果。	6
कारकः सदसद्भूतः सदसत् कुरुते न तत् ।	作者定不定，不能作二業，	
परस्परविरुद्धं हि सच्चासच्चैकतः कुतः ॥ ७ ॥	有無相違故，一處則無二。	7
सता च क्रियते नासन् नासता क्रियते च सत् ।	有不能作無，無不能作有，	
कर्त्रा सर्वे प्रसज्यन्ते दोषास्तत्र त एव हि ॥ ८ ॥	若有作作者，其過如先說。	8
नासद्भूतं न सद्भूतः सदसद्भूतमेव वा ।	作者不作定，亦不作不定，	
करोति कारकः कर्म पूर्वोक्तैरेव हेतुभिः ॥ ९ ॥	及定不定業，其過如先說。	9
नासद्भूतोऽपि सद्भूतं सदसद्भूतमेव वा ।	作者定不定，亦定亦不定，	
करोति कारकः कर्म पूर्वोक्तैरेव हेतुभिः ॥ १० ॥	不能作於業，其過如先說。	10
करोति सदसद्भूतो न सन्नासच्च कारकः ।	因業有作者，因作者有業，	
कर्म तत् तु विजानीयात् पूर्वोक्तैरेव हेतुभिः ॥ ११ ॥	成業義如是，更無有餘事。	11
प्रतीत्य कारकः कर्म तं प्रतीत्य च कारकम् ।	如破作作者，受受者亦爾，	
कर्म प्रवर्तते नान्यत् पश्यामः सिद्धिकारणम् ॥ १२ ॥	及一切諸法，亦應如是破。	12
एवं विद्यादुपादानं व्युत्सर्गादिति कर्मणः ।	（編按：羅什的漢譯本此品以第 12 偈頌為最後；但梵文本有第 13 偈頌。）	
कर्तुश्च कर्मकर्तृभ्यां शेषान् भावान् विभावयेत् ॥ १३ ॥		

९ उपदात्रुपादानपरीक्षा

觀本住品　第九

दर्शनश्रवणादीनि वेदनादीनि चाप्यथ ।
भवन्ति यस्य प्रागेभ्यः सोऽस्तीत्येके वदन्त्युत ॥ १ ॥

眼耳等諸根，苦樂等諸法，
誰有如是事？是則名本住。 1

कथं ह्यविद्यमानस्य दर्शनादि भविष्यति ।
भावस्य तस्मात् प्रागेभ्यः सोऽस्ति भावो व्यवस्थितः ॥ २ ॥

若無有本住，誰有眼等法？
以是故當知，先已有本住。 2

दर्शनश्रवणादिभ्यो वेदनादिभ्य एव च ।
यः प्राग् व्यवस्थितो भावः केन प्रज्ञप्यतेऽथ सः ॥ ३ ॥

若離眼等根，及苦樂等法，
先有本住者，以何而可知？ 3

विनापि दर्शनादीनि यदि चासौ व्यवस्थितः ।
अमून्यपि भविष्यन्ति विना तेन न संशयः ॥ ४ ॥

若離眼耳等，而有本住者，
亦應離本住，而有眼耳等。 4

अज्यते केनचित् कश्चित् किंचित् केनचिदज्यते ।
कुतः किंचिद्विना कश्चित् किंचित् किंचिद्विना कुतः ॥ ५ ॥

以法知有人，以人知有法，
離法何有人？離人何有法？ 5

सर्वेभ्यो दर्शनादिभ्यः कश्चित् पूर्वो न विद्यते ।
अज्यते दर्शनादीनामन्येन पुनरन्यदा ॥ ६ ॥

一切眼等根，實無有本住，
眼耳等諸根，異相而分別。 6

सर्वेभ्यो दर्शनादिभ्यो यदि पूर्वो न विद्यते ।
एकैकस्मात् कथं पूर्वो दर्शनादेः स विद्यते ॥ ७ ॥

若眼等諸根，無有本住者，
眼等一一根，云何能知塵？ 7

द्रष्टा स एव स श्रोता स एव यदि वेदकः ।
एकैकस्माद् भवेत् पूर्वमेवं चैतन्न युज्यते ॥ ८ ॥

見者即聞者，聞者即受者，
如是等諸根，則應有本住。 8

द्रष्टान्य एव श्रोतान्यो वेदकोऽन्यः पुनर्यदि ।
सति स्याद् द्रष्टरि श्रोता बहुत्वं चात्मनां भवेत् ॥ ९ ॥

若見聞各異，受者亦各異，
見時亦應聞，如是則神多。 9

दर्शनश्रवणादीनि वेदनादीनि चाप्यथ ।
भवन्ति येभ्यस्तेष्वेष भूतेष्वपि न विद्यते ॥ १० ॥

眼耳等諸根，苦樂等諸法，
所從生諸大，彼大亦無神。 10

दर्शनश्रवणादीनि वेदनादीनि चाप्यथ ।
न विद्यते चेद् यस्य स न विद्यन्त इमान्यपि ॥ ११ ॥

若眼耳等根，苦樂等諸法，
無有本住者，眼等亦應無。 11

प्राक् च यो दर्शनादिभ्यः सांप्रतं चोर्ध्वमेव च ।
न विद्यतेऽस्तिनास्तीति निवृत्तास्तत्र कल्पनाः ॥ १२ ॥

眼等無本住，今後亦復無，
以三世無故，無有無分別。 12

१० अग्नीन्धनपरीक्षा	觀燃可燃品　第十	
यदिन्धनं स चेदग्निरेकत्वं कर्तृकर्मणोः । अन्यश्चेदिन्धनादग्निरिन्धनादप्यृते भवेत् ॥ १ ॥	若燃是可燃，作作者則一， 若燃異可燃，離可燃有燃。	1
नित्यप्रदीप्त एव स्यादप्रदीपनहेतुकः । पुनरारम्भवैयर्थ्यमेवं चाकर्मकः सति ॥ २ ॥	如是常應燃，不因可燃生， 則無燃火功，亦名無作火。	2
परत्र निरपेक्षत्वादप्रदीपनहेतुकः । पुनरारम्भवैयर्थ्यं नित्यदीप्तः प्रसज्यते ॥ ३ ॥	燃不待可燃，則不從緣生， 火若常燃者，人功則應空。	3
तत्रैतत् स्यादिध्यमानमिन्धनं भवतीति चेत् । केनेध्यतामिन्धनं तत् तावन्मात्रमिदं यदा ॥ ४ ॥	若汝謂燃時，名為可燃者， 爾時但有薪，何物燃可燃？	4
अन्यो न प्राप्स्यतेऽप्राप्तो न धक्ष्यत्यदहन् पुनः । न निर्वास्यत्यनिर्वाणः स्थास्यते वा स्वलिङ्गवान् ॥ ५ ॥	若異則不至，不至則不燒， 不燒則不滅，不滅則常住。	5
अन्य एवेन्धनादग्निरिन्धनं प्राप्नुयाद् यदि । स्त्री संप्राप्नोति पुरुषं पुरुषश्च स्त्रियं यथा ॥ ६ ॥	燃與可燃異，而能至可燃， 如此至彼人，彼人至此人。	6
अन्य एवेन्धनादग्निरिन्धनं काममाप्नुयात् । अग्नीन्धने यदि स्यातामन्योन्येन तिरस्कृते ॥ ७ ॥	若謂燃可燃，二俱相離者， 如是燃則能，至於彼可燃。	7
यदीन्धनमपेक्ष्याग्निरपेक्ष्याग्निं यदीन्धनम् । कतरत् पूर्वनिष्पन्नं यदपेक्ष्याग्निरिन्धनम् ॥ ८ ॥	若因可燃燃，因燃有可燃， 先定有何法，而有燃可燃？	8
यदीन्धनमपेक्ष्याग्निरग्नेः सिद्धस्य साधनम् । एवं सतीन्धनं चापि भविष्यति निरग्निकम् ॥ ९ ॥	若因可燃燃，則燃成復成， 是為可燃中，則為無有燃。	9
योऽपेक्ष्य सिध्यते भावस्तमेवापेक्ष्य सिध्यति । यदि योऽपेक्षितव्यः स सिध्यतां कमपेक्ष्य कः ॥ १० ॥	若法因待成，是法還成待， 今則無因待，亦無所成法。	10
योऽपेक्ष्य सिध्यते भावः सोऽसिद्धोऽपेक्षते कथम् । अथाप्यपेक्षते सिद्धस्त्वपेक्षास्य न युज्यते ॥ ११ ॥	若法有待成，未成云何待？ 若成已有待，成已何用待？	11
अपेक्ष्येन्धनमग्निर्न नानपेक्ष्याग्निरिन्धनम् । अपेक्ष्येन्धनमग्निं न नानपेक्ष्याग्निमिन्धनम् ॥ १२ ॥	因可燃無燃，不因亦無燃， 因燃無可燃，不因無可燃。	12

आगच्छत्यन्यतो नाग्निरिन्धनेऽग्निर्न विद्यते ।
अत्रेन्धने शेषमुक्तं गम्यमानगतागतैः ॥ १३ ॥

燃不餘處來，燃處亦無燃，
可燃亦如是，餘如去來說。 13

इन्धनं पुनरग्निर्न नाग्निरन्यत्र चेन्धनात् ।
नाग्निरिन्धनवान् नाग्नाविन्धनानि न तेषु सः ॥ १४ ॥

可燃即非燃，離可燃無燃，
燃無有可燃，燃中無可燃，
可燃中無燃。 14

अग्नीन्धनाभ्यां व्याख्यात आत्मोपादानयोः क्रमः ।
सर्वो निरवशेषेण सार्धं घटपटादिभिः ॥ १५ ॥

以燃可燃法，說受受者法，
及以說瓶衣，一切等諸法。 15

आत्मनश्च सतत्त्वं ये भावानां च पृथक् पृथक् ।
निर्दिशन्ति न तान् मन्ये शासनस्यार्थकोविदान् ॥ १६ ॥

若人說有我，諸法各異相，
當知如是人，不得佛法味。 16

११ संसारपरीक्षा

觀本際品 第十一

पूर्वा प्रज्ञायते कोटिर्नेत्युवाच महामुनिः ।
संसारोऽनवराग्रो हि नास्यादिर्नापि पश्चिमम् ॥ १ ॥

大聖之所說，本際不可得，
生死無有始，亦復無有終。 1

नैवाग्रं नावरं यस्य तस्य मध्यं कुतो भवेत् ।
तस्मान्नात्रोपपद्यन्ते पूर्वापरसहक्रमाः ॥ २ ॥

若無有始終，中當云何有？
是故於此中，先後共亦無。 2

पूर्वं जातिर्यदि भवेज्जरामरणमुत्तरम् ।
निर्जरामरणा जातिर्भवेज्जायेत चामृतः ॥ ३ ॥

若使先有生，後有老死者，
不老死有生，不生有老死。 3

पश्चाज्जातिर्यदि भवेज्जरामरणमादितः ।
अहेतुकमजातस्य स्याज्जरामरणं कथम् ॥ ४ ॥

若先有老死，而後有生者，
是則為無因，不生有老死。 4

न जरामरणं चैव जातिश्च सह युज्यते ।
म्रियेत जायमानश्च स्याच्चाहेतुकतोभयोः ॥ ५ ॥

生及於老死，不得一時共，
生時則有死，是二俱無因。 5

यत्र न प्रभवन्त्येते पूर्वापरसहक्रमाः ।
प्रपञ्चयन्ति तां जातिं तज्जरामरणं च किम् ॥ ६ ॥

若使初後共，是皆不然者，
何故而戲論，謂有生老死？ 6

कार्यं च कारणं चैव लक्ष्यं लक्षणमेव च ।
वेदना वेदकश्चैव सन्त्यर्था ये च केचन ॥ ७ ॥

諸所有因果，相及可相法，
受及受者等，所有一切法。 7

पूर्वा न विद्यते कोटिः संसारस्य न केवलम् ।	非但於生死，本際不可得，	
सर्वेषामपि भावानां पूर्वा कोटी न विद्यते ॥ ८ ॥	如是一切法，本際皆亦無。	8

१२ दुःखपरीक्षा　　觀苦品 第十二

स्वयंकृतं परकृतं द्वाभ्यां कृतमहेतुकम् ।	自作及他作，共作無因作，	
दुःखमित्येक इच्छन्ति तच्च कार्यं न युज्यते ॥ १ ॥	如是說諸苦，於果則不然。	1
स्वयंकृतं यदि भवेत् प्रतीत्य न ततो भवेत् ।	苦若自作者，則不從緣生，	
स्कन्धानिमानमी स्कन्धाः संभवन्ति प्रतीत्य हि ॥ २ ॥	因有此陰故，而有彼陰生。	2
यद्यमीभ्य इमेऽन्ये स्युरेभ्यो वामी परे यदि ।	若謂此五陰，異彼五陰者，	
भवेत् परकृतं दुःखं परैरेभिरमी कृताः ॥ ३ ॥	如是則應言，從他而作苦。	3
स्वपुद्गलकृतं दुःखं यदि दुःखं पुनर्विना ।	若人自作苦，離苦何有人？	
स्वपुद्गलः स कतमो येन दुःखं स्वयंकृतम् ॥ ४ ॥	而謂於彼人，而能自作苦？	4
परपुद्गलजं दुःखं यदि यस्मै प्रदीयते ।	若苦他人作，而與此人者，	
परेण कृत्वा तद्दुःखं स दुःखेन विना कुतः ॥ ५ ॥	若當離於苦，何有此人受？	5
परपुद्गलजं दुःखं यदि कः परपुद्गलः ।	苦若彼人作，持與此人者，	
विना दुःखेन यः कृत्वा परस्मै प्रहिणोति तत् ॥ ६ ॥	離苦何有人，而能授於此？	6
स्वयं कृतस्याप्रसिद्धेर्दुःखं परकृतं कुतः ।	自作若不成，云何彼作苦？	
परो हि दुःखं यद् कुर्यात् तत् तस्य स्यात् स्वयंकृतम् ॥ ७ ॥	若彼人作苦，即亦名自作。	7
न तावत् स्वकृतं दुःखं न हि तेनैव तत् कृतम् ।	苦不名自作，法不自作法，	
परो नात्मकृतश्चेत् स्याद् दुःखं परकृतं कथम् ॥ ८ ॥	彼無有自體，何有彼作苦？	8
स्यादुभाभ्यां कृतं दुःखं स्यादेकैककृतं यदि ।	若此彼苦成，應有共作苦，	
पराकारास्वयंकारं दुःखमहेतुकं कुतः ॥ ९ ॥	此彼尚無作，何況無因作？	9

न केवलं हि दुःखस्य चातुर्विध्यं न विद्यते ।
बाह्यानामपि भावानां चातुर्विध्यं न विद्यते ॥ १० ॥

非但說於苦，四種義不成，
一切外萬物，四義亦不成。 10

१३ तत्त्वपरीक्षा

觀行品 第十三

तन्मृषा मोषधर्म यद् भगवानित्यभाषत ।
सर्वे च मोषधर्माणः संस्कारास्तेन ते मृषा ॥ १ ॥

如佛經所說，虛誑妄取相，
諸行妄取故，是名為虛誑。 1

तन्मृषा मोषधर्म यद् यदि किं तत्र मुष्यते ।
एतत् तूक्तं भगवता शून्यतापरिदीपकम् ॥ २ ॥

虛誑妄取者，是中何所取？
佛說如是事，欲以示空義。 2

भावानां निःस्वभावत्वमन्यथाभावदर्शनात् ।
नास्वभावश्च भावोऽस्ति भावानां शून्यता यतः ॥ ३ ॥

諸法有異故，知皆是無性，
無性法亦無，一切法空故。 3

कस्य स्यादन्यथाभावः स्वभावश्चेन्न विद्यते ।
कस्य स्यादन्यथाभावः स्वभावो यदि विद्यते ॥ ४ ॥

諸法若無性，云何說嬰兒，
乃至於老年，而有種種異？ 4

तस्यैव नान्यथाभावो नाप्यन्यस्यैव युज्यते ।
युवा न जीर्यते यस्माद् यस्माज्जीर्णो न जीर्यते ॥ ५ ॥

若諸法有性，云何而得異？
若諸法無性，云何而有異？ 5

तस्य चेदन्यथाभावः क्षीरमेव भवेद् दधि ।
क्षीरादन्यस्य कस्याथ दधिभावो भविष्यति ॥ ६ ॥

是法則無異，異法亦無異，
如壯不作老，老亦不作壯。 6

यद्यशून्यं भवेत् किंचित् स्याच्छून्यमपि किंचन ।
न किंचिदस्त्यशून्यं च कुतः शून्यं भविष्यति ॥ ७ ॥

若是法即異，乳應即是酪，
離乳有何法，而能作於酪？ 7

शून्यता सर्वदृष्टीनां प्रोक्ता निःसरणं जिनैः ।
येषां तु शून्यतादृष्टिस्तानसाध्यान् बभाषिरे ॥ ८ ॥

若有不空法，則應有空法，
實無不空法，何得有空法？ 8

（編按：《中論》梵文本此品有 8 個偈頌，但羅什的漢譯本有 9 個偈頌。）

大聖說空法，為離諸見故，
若復見有空，諸佛所不化。 9

१४ संसर्गपरीक्षा

觀合品 第十四

द्रष्टव्यं दर्शनं द्रष्टा त्रीण्येतानि द्विशो द्विशः ।
सर्वशश्च न संसर्गमन्योन्येन व्रजन्त्युत ॥ १ ॥

見可見見者，是三各異方，
如是三法異，終無有合時。 1

एवं रागश्च रक्तश्च रञ्जनीयं च दृश्यताम् ।
त्रैधेन शेषाः क्लेशाश्च शेषाण्यायतनानि च ॥ २ ॥

染與於可染，染者亦復然，
餘入餘煩惱，皆亦復如是。 2

अन्येनान्यस्य संसर्गस्तच्चान्यत्वं न विद्यते ।
द्रष्टव्यप्रभृतीनां यन्न संसर्गं व्रजन्त्यतः ॥ ३ ॥

異法當有合，見等無有異，
異相不成故，見等云何合？ 3

न च केवलमन्यत्वं द्रष्टव्यादेर्न विद्यते ।
कस्यचित् केनचित् सार्धं नान्यत्वमुपपद्यते ॥ ४ ॥

非但見等法，異相不可得，
所有一切法，皆亦無異相。 4

अन्यदन्यत् प्रतीत्यान्यान् नान्यदन्यदृतेऽन्यतः ।
यत् प्रतीत्य च यत् तस्मात् तदन्यन्नोपपद्यते ॥ ५ ॥

異因異有異，異離異無異，
若法從因出，是法不異因。 5

यद्यन्यदन्यदन्यस्मादन्यस्मादप्यृते भवेत् ।
तदन्यदन्यदन्यस्मादृते नास्ति च नास्त्यतः ॥ ६ ॥

若離從異異，應餘異有異，
離從異無異，是故無有異。 6

नान्यस्मिन् विद्यतेऽन्यत्वमनन्यस्मिन्न विद्यते ।
अविद्यमाने चान्यत्वे नास्त्यन्यद् वा तदेव वा ॥ ७ ॥

異中無異相，不異中亦無，
無有異相故，則無此彼異。 7

न तेन तस्य संसर्गो नान्येनान्यस्य युज्यते ।
संसृज्यमानं संसृष्टं संस्रष्टा च न विद्यते ॥ ८ ॥

是法不自合，異法亦不合，
合者及合時，合法亦皆無。 8

१५ भावाभावपरीक्षा

觀有無品 第十五

न संभवः स्वभावस्य युक्तः प्रत्ययहेतुभिः ।
हेतुप्रत्ययसंभूतः स्वभावः कृतको भवेत् ॥ १ ॥

眾緣中有性，是事則不然，
性從眾緣出，即名為作法。 1

स्वभावः कृतको नाम भविष्यति पुनः कथम् ।
अकृत्रिमः स्वभावो हि निरपेक्षः परत्र च ॥ २ ॥

性若是作者，云何有此義？
性名為無作，不待異法成。 2

कुतः स्वभावस्याभावे परभावो भविष्यति ।
स्वभावः परभावस्य परभावो हि कथ्यते ॥ ३ ॥

法若無自性，云何有他性？
自性於他性，亦名為他性。 3

स्वभावपरभावाभ्यामृते भावः कुतः पुनः।
स्वभावे परभावे च सति भावो हि सिध्यति ॥ ४ ॥

離自性他性，何得更有法？
若有自他性，諸法則得成。 4

भावस्य चेदप्रसिद्धिरभावो नैव सिध्यति।
भावस्य ह्यन्यथाभावमभावं ब्रुवते जनाः ॥ ५ ॥

有若不成者，無云何可成？
因有有法故，有壞名為無。 5

स्वभावं परभावं च भावं चाभावमेव च।
ये पश्यन्ति न पश्यन्ति ते तत्त्वं बुद्धशासने ॥ ६ ॥

若人見有無，見自性他性，
如是則不見，佛法真實義。 6

कात्यायनाववादे चास्तीति नास्तीति चोभयम्।
प्रतिषिद्धं भगवता भावाभावविभाविना ॥ ७ ॥

佛能滅有無，於化迦旃延，
經中之所說，離有亦離無。 7

यद्यस्तित्वं प्रकृत्या स्यान्न भवेदस्य नास्तिता।
प्रकृतेरन्यथाभावो न हि जातूपपद्यते ॥ ८ ॥

若法實有性，後則不應異，
性若有異相，是事終不然。 8

प्रकृतौ कस्य वासत्यामन्यथात्वं भविष्यति।
प्रकृतौ कस्य वा सत्यामन्यथात्वं भविष्यति ॥ ९ ॥

若法實有性，云何而可異？
若法實無性，云何而可異？ 9

अस्तीति शाश्वतग्राहो नास्तीत्युच्छेददर्शनम्।
तस्मादस्तित्वनास्तित्वे नाश्रीयेत विचक्षणः ॥ १० ॥

定有則著常，定無則著斷，
是故有智者，不應著有無。 10

अस्ति यद्धि स्वभावेन न तन्नास्तीति शाश्वतम्।
नास्तीदानीमभूत् पूर्वमित्युच्छेदः प्रसज्यते ॥ ११ ॥

若法有定性，非無則是常，
先有而今無，是則為斷滅。 11

१६ बन्धनमोक्षपरीक्षा

觀縛解品 第十六

संस्काराः संसरन्ति चेन्न नित्याः संसरन्ति ते।
संसरन्ति च नानित्याः सत्त्वेऽप्येष समः क्रमः ॥ १ ॥

諸行往來者，常不應往來，
無常亦不應，眾生亦復然。 1

पुद्गलः संसरति चेत् स्कन्धायतनधातुषु।
पञ्चधा मृग्यमाणोऽसौ नास्ति कः संसरिष्यति ॥ २ ॥

若眾生往來，陰界諸入中，
五種求盡無，誰有往來者？ 2

उपादानादुपादानं संसरन् विभवो भवेत्।
विभवश्चानुपादानः कः स किं संसरिष्यति ॥ ३ ॥

若從身至身，往來即無身，
若其無有身，則無有往來。 3

संस्काराणां न निर्वाणं कथंचिदुपपद्यते । सत्त्वस्यापि न निर्वाणं कथंचिदुपपद्यते ॥ ४ ॥	諸行若滅者，是事終不然， 眾生若滅者，是事亦不然。	4
न बध्यन्ते न मुच्यन्त उदयव्ययधर्मिणः । संस्काराः पूर्ववत् सत्त्वो बध्यते न न मुच्यते ॥ ५ ॥	諸行生滅相，不縛亦不解， 眾生如先說，不縛亦不解。	5
बन्धनं चेदुपादानं सोपादानो न बध्यते । बध्यते नानुपादानः किमवस्थोऽथ बध्यते ॥ ६ ॥	若身名為縛，有身則不縛， 無身亦不縛，於何而有縛？	6
बध्नीयाद् बन्धनं कामं बन्ध्यात् पूर्वं भवेद् यदि । न चास्ति तच्छेषमुक्तं गम्यमानगतागतैः ॥ ७ ॥	若可縛先縛，則應縛可縛， 而先實無縛，餘如去來答。	7
बद्धो न मुच्यते तावदबद्धो नैव मुच्यते । स्यातां बद्धे मुच्यमाने युगपद् बन्धमोक्षणे ॥ ८ ॥	縛者無有解，無縛亦無解， 縛時有解者，縛解則一時。	8
निर्वास्याम्यनुपादानो निर्वाणं मे भविष्यति । इति येषां ग्रहस्तेषामुपादानमहाग्रहः ॥ ९ ॥	若不受諸法，我當得涅槃， 若人如是者，還為受所縛。	9
न निर्वाणसमारोपो न संसारापकर्षणम् । यत्र कस्तत्र संसारो निर्वाणं किं विकल्प्यते ॥ १० ॥	不離於生死，而別有涅槃， 實相義如是，云何有分別？	10

१७ कर्मफलपरीक्षा　　觀業品　第十七

आत्मसंयमकं चेतः परानुग्राहकं च यत् । मैत्रं स धर्मस्तद् बीजं फलस्य प्रेत्य चेह च ॥ १ ॥	人能降伏心，利益於眾生， 是名為慈善，二世果報種。	1
चेतना चेतयित्वा च कर्मोक्तं परमर्षिणा । तस्यानेकविधो भेदः कर्मणः परिकीर्तितः ॥ २ ॥	大聖說二業，思與從思生， 是業別相中，種種分別說。	2
तत्र यच्चेतनेत्युक्तं कर्म तन्मानसं स्मृतम् । चेतयित्वा च यत् तूक्तं तत् तु कायिकवाचिकम् ॥ ३ ॥	佛所說思者，所謂意業是， 所從思生者，即是身口業。	3
वाग्विष्पन्दोऽविरतयो याश्चाविज्ञप्तिसंज्ञिताः । अविज्ञप्तय एवान्याः स्मृता विरतयस्तथा ॥ ४ ॥	身業及口業，作與無作業， 如是四事中，亦善亦不善。	4

परिभोगान्वयं पुण्यमपुण्यं च तथाविधम् ।
चेतना चेति सप्तैते धर्माः कर्माञ्जनाः स्मृताः ॥ ५ ॥

從用生福德，罪生亦如是，
及思為七法，能了諸業相。 5

तिष्ठत्या पाककालाच्चेत् कर्म तन्नित्यतामियात् ।
निरुद्धं चेन्निरुद्धं सत् किं फलं जनयिष्यति ॥ ६ ॥

業住至受報，是業即為常，
若滅即無業，云何生果報？ 6

योऽङ्कुरप्रभृतिर्बीजात् संतानोऽभिप्रवर्तते ।
ततः फलमृते बीजात् स च नाभिप्रवर्तते ॥ ७ ॥

如芽等相續，皆從種子生，
從是而生果，離種無相續。 7

बीजाच्च यस्मात् संतानः संतानाच्च फलोद्भवः ।
बीजपूर्वं फलं तस्मान्नोच्छिन्नं नापि शाश्वतम् ॥ ८ ॥

從種有相續，從相續有果，
先種後有果，不斷亦不常。 8

यस्तस्माच्चित्तसंतानश्चेतसोऽभिप्रवर्तते ।
ततः फलमृते चित्तात् स च नाभिप्रवर्तते ॥ ९ ॥

如是從初心，心法相續生，
從是而有果，離心無相續。 9

चित्ताच्च यस्मात् संतानः संतानाच्च फलोद्भवः ।
कर्मपूर्वं फलं तस्मान्नोच्छिन्नं नापि शाश्वतम् ॥ १० ॥

從心有相續，從相續有果，
先業後有果，不斷亦不常。 10

धर्मस्य साधनोपायाः शुक्लाः कर्मपथा दश ।
फलं कामगुणाः पञ्च धर्मस्य प्रेत्य चेह च ॥ ११ ॥

能成福德者，是十白業道，
二世五欲樂，即是白業報。 11

बहवश्च महान्तश्च दोषाः स्युर्यदि कल्पना ।
स्यादेषा तेन नैवैषा कल्पनात्रोपपद्यते ॥ १२ ॥

若如汝分別，其過則甚多。
是故汝所說，於義則不然。 12

इमां पुनः प्रवक्ष्यामि कल्पनां यात्र योज्यते ।
बुद्धैः प्रत्येकबुद्धैश्च श्रावकैश्चानुवर्णिताम् ॥ १३ ॥

今當復更說，順業果報義，
諸佛辟支佛，賢聖所稱歎。 13

पत्त्रं यथाविप्रणाशस्तथर्णमिव कर्म च ।
चतुर्विधो धातुतः स प्रकृत्याव्याकृतश्च सः ॥ १४ ॥

不失法如券，業如負財物，
此性則無記，分別有四種。 14

प्रहाणतो न प्रहेयो भावनाहेय एव वा ।
तस्मादविप्रणाशेन जायते कर्मणां फलम् ॥ १५ ॥

見諦所不斷，但思惟所斷，
以是不失法，諸業有果報。 15

प्रहाणतः प्रहेयः स्यात् कर्मणः संक्रमेण वा ।
यदि दोषाः प्रसज्येरंस्तत्र कर्मवधादयः ॥ १६ ॥

若見諦所斷，而業至相似，
則得破業等，如是之過咎。 16

सर्वेषां विसभागानां सभागानां च कर्मणाम् ।
प्रतिसंधौ सधातूनामेक उत्पद्यते तु सः ॥ १७ ॥

一切諸行業，相似不相似，
一界初受身，爾時報獨生。 17

कर्मणः कर्मणो दृष्टे धर्म उत्पद्यते तु सः ।
द्विप्रकारस्य सर्वस्य विपक्वेऽपि च तिष्ठति ॥ १८ ॥

如是二種業，現世受果報，
或言受報已，而業猶故在。 18

फलव्यतिक्रमाद् वा स मरणाद् वा निरुध्यते ।
अनास्रवं सास्रवं च विभागं तत्र लक्षयेत् ॥ १९ ॥

若度果已滅，若死已而滅，
於是中分別，有漏及無漏。 19

शून्यता च न चोच्छेदः संसारश्च न शाश्वतम् ।
कर्मणोऽविप्रणाशश्च धर्मो बुद्धेन देशितः ॥ २० ॥

雖空亦不斷，雖有亦不常，
業果報不失，是名佛所說。 20

कर्म नोत्पद्यते कस्मान् निःस्वभावं यतस्ततः ।
यस्माच्च तदनुत्पन्नं न तस्माद् विप्रणश्यति ॥ २१ ॥

諸業本不生，以無定性故，
諸業亦不滅，以其不生故。 21

कर्म स्वभावतश्चेत् स्याच्छाश्वतं स्यादसंशयम् ।
अकृतं च भवेत् कर्म क्रियते न हि शाश्वतम् ॥ २२ ॥

若業有性者，是則名為常，
不作亦名業，常則不可作。 22

अकृताभ्यागमभयं स्यात् कर्माकृतकं यदि ।
अब्रह्मचर्यवासश्च दोषस्तत्र प्रसज्यते ॥ २३ ॥

若有不作業，不作而有罪，
不斷於梵行，而有不淨過。 23

व्यवहारा विरुध्यन्ते सर्व एव न संशयः ।
पुण्यपापकृतोर्नैव प्रविभागश्च युज्यते ॥ २४ ॥

是則破一切，世間語言法，
作罪及作福，亦無有差別。 24

तद् विपक्वविपाकं च पुनरेव विपक्ष्यति ।
कर्म व्यवस्थितं यस्मात् तस्मात् स्वाभाविकं यदि ॥ २५ ॥

若言業決定，而自有性者，
受於果報已，而應更復受。 25

कर्म क्लेशात्मकं चेदं ते च क्लेशा न तत्त्वतः ।
न चेत् ते तत्त्वतः क्लेशाः कर्म स्यात् तत्त्वतः कथम् ॥ २६ ॥

若諸世間業，從於煩惱生，
是煩惱非實，業當何有實？ 26

कर्म क्लेशाश्च देहानां प्रत्ययाः समुदाहृताः ।
कर्म क्लेशाश्च ते शून्या यदि देहेषु का कथा ॥ २७ ॥

諸煩惱及業，是說身因緣，
煩惱諸業空，何況於諸身？ 27

अविद्यानिवृतो जन्तुस्तृष्णासंयोजनश्च सः ।
स भोक्ता स च न कर्तुरन्यो न च स एव सः ॥ २८ ॥

無明之所蔽，愛結之所縛，
而於本作者，不即亦不異。 28

न प्रत्ययसमुत्पन्नं नाप्रत्ययसमुत्थितम् ।
अस्ति यस्मादिदं कर्म तस्मात् कर्तापि नास्त्युत ॥ २९ ॥

業不從緣生，不從非緣生，
是故則無有，能起於業者。 29

कर्म चेन्नास्ति कर्ता च कुतः स्यात् कर्मजं फलम् ।
असत्यथ फले भोक्ता कुत एव भविष्यति ॥ ३० ॥

無業無作者，何有業生果？
若其無有果，何有受果者？ 30

यथा निर्मितकं शास्ता निर्मिमीतर्द्धिसंपदा ।
निर्मितो निर्मिमीतान्यं स च निर्मितकः पुनः ॥ ३१ ॥

如世尊神通，所作變化人，
如是變化人，復變作化人。 31

तथा निर्मितकाकारः कर्ता यत् कर्म तत् कृतम् ।
तद्यथा निर्मितेनान्यो निर्मितो निर्मितस्तथा ॥ ३२ ॥

如初變化人，是名為作者，
變化人所作，是則名為業。 32

क्लेशाः कर्माणि देहाश्च कर्तारश्च फलानि च ।
गन्धर्वनगराकारा मरीचिस्वप्नसंनिभाः ॥ ३३ ॥

諸煩惱及業，作者及果報，
皆如幻如夢，如炎亦如響。 33

१८ आ मधर्मपरीक्षा

觀法品 第十八

आत्मा स्कन्धा यदि भवेदुदयव्ययभाग् भवेत् ।
स्कन्धेभ्योऽन्यो यदि भवेद् भवेदस्कन्धलक्षणः ॥ १ ॥

若我是五陰，我即為生滅，
若我異五陰，則非五陰相。 1

आत्मन्यसति चात्मीयं कुत एव भविष्यति ।
निर्ममो निरहंकारः शमादात्मात्मनीनयोः ॥ २ ॥

若無有我者，何得有我所？
滅我我所故，名得無我智。 2

निर्ममो निरहंकारो यश्च सोऽपि न विद्यते ।
निर्ममं निरहंकारं यः पश्यति न पश्यति ॥ ३ ॥

得無我智者，是則名實觀，
得無我智者，是人為希有。 3

ममेत्यहमिति क्षीणे बहिर्धाध्यात्ममेव च ।
निरुध्यत उपादानं तत्क्षयाज्जन्मनः क्षयः ॥ ४ ॥

內外我我所，盡滅無有故，
諸受即為滅，受滅則身滅。 4

कर्मक्लेशक्षयान्मोक्षः कर्मक्लेशा विकल्पतः ।
ते प्रपञ्चात् प्रपञ्चस्तु शून्यतायां निरुध्यते ॥ ५ ॥

業煩惱滅故，名之為解脫，
業煩惱非實，入空戲論滅。 5

आत्मेत्यपि प्रज्ञपितमनात्मेत्यपि देशितम् ।
बुद्धैर्नात्मा न चानात्मा कश्चिदित्यपि देशितम् ॥ ६ ॥

諸佛或說我，或說於無我，
諸法實相中，無我無非我。 6

निवृत्तमभिधातव्यं निवृत्तश्चित्तगोचरः ।	諸法實相者，心行言語斷，	
अनुत्पन्नानिरुद्धा हि निर्वाणमिव धर्मता ॥ ७ ॥	無生亦無滅，寂滅如涅槃。	7
सर्वं तथ्यं न वा तथ्यं तथ्यं चातथ्यमेव च ।	一切實非實，亦實亦非實，	
नैवातथ्यं नैव तथ्यमेतद् बुद्धानुशासनम् ॥ ८ ॥	非實非非實，是名諸佛法。	8
अपरप्रत्ययं शान्तं प्रपञ्चैरप्रपञ्चितम् ।	自知不隨他，寂滅無戲論，	
निर्विकल्पमनानार्थमेतत् तत्त्वस्य लक्षणम् ॥ ९ ॥	無異無分別，是則名實相。	9
प्रतीत्य यद् यद् भवति न हि तावत् तदेव तत् ।	若法從緣生，不即不異因，	
न चान्यदपि तत् तस्मान्नोच्छिन्नं नापि शाश्वतम् ॥ १० ॥	是故名實相，不斷亦不常。	10
अनेकार्थमनानार्थमनुच्छेदमशाश्वतम् ।	不一亦不異，不常亦不斷，	
एतत् तल्लोकनाथानां बुद्धानां शासनामृतम् ॥ ११ ॥	是名諸世尊，教化甘露味。	11
संबुद्धानामनुत्पादे श्रावकाणां पुनः क्षये ।	若佛不出世，佛法已滅盡，	
ज्ञानं प्रत्येकबुद्धानामसंसर्गात् प्रवर्तते ॥ १२ ॥	諸辟支佛智，從於遠離生。	12

१९ कालपरीक्षा　觀時品　第十九

प्रत्युत्पन्नोऽनागतश्च यद्यतीतमपेक्ष्य हि ।	若因過去時，有未來現在，	
प्रत्युत्पन्नोऽनागतश्च कालेऽतीते भविष्यतः ॥ १ ॥	未來及現在，應在過去時。	1
प्रत्युत्पन्नोऽनागतश्च न स्तस्तत्र पुनर्यदि ।	若過去時中，無未來現在，	
प्रत्युत्पन्नोऽनागतश्च स्यातां कथमपेक्ष्य तम् ॥ २ ॥	未來現在時，云何因過去？	2
अनपेक्ष्य पुनः सिद्धिर्नातीतं विद्यते तयोः ।	不因過去時，則無未來時，	
प्रत्युत्पन्नोऽनागतश्च तस्मात् कालो न विद्यते ॥ ३ ॥	亦無現在時，是故無二時。	3
एतेनैवावशिष्टौ द्वौ क्रमेण परिवर्तकौ ।	以如是義故，則知餘二時，	
उत्तमाधममध्यादीनेकत्वादींश्च लक्षयेत् ॥ ४ ॥	上中下一異，是等法皆無。	4
नास्थितो गृह्यते कालः स्थितः कालो न विद्यते ।	時住不可得，時去亦叵得，	
यो गृह्येतागृहीतश्च कालः प्रज्ञप्यते कथम् ॥ ५ ॥	時若不可得，云何說時相？	5

भावं प्रतीत्य कालश्चेत् कालो भावादृते कुतः ।	因物故有時，離物何有時？	
न च कश्चन भावोऽस्ति कुतः कालो भविष्यति ॥ ६ ॥	物尚無所有，何況當有時？	6

२० हेतुपरीक्षा　　觀因果品　第二十

हेतोश्च प्रत्ययानां च सामग्र्या जायते यदि ।	若眾緣和合，而有果生者，	
फलमस्ति च सामग्र्यां सामग्र्या जायते कथम् ॥ १ ॥	和合中已有，何須和合生？	1
हेतोश्च प्रत्ययानां च सामग्र्या जायते यदि ।	若眾緣和合，是中無果者，	
फलं नास्ति च सामग्र्यां सामग्र्या जायते कथम् ॥ २ ॥	云何從眾緣，和合而果生？	2
हेतोश्च प्रत्ययानां च सामग्र्यामस्ति चेत् फलम् ।	若眾緣和合，是中有果者，	
गृह्येत ननु सामग्र्यां सामग्र्यां च न गृह्यते ॥ ३ ॥	和合中應有，而實不可得。	3
हेतोश्च प्रत्ययानां च सामग्र्यां नास्ति चेत् फलम् ।	若眾緣和合，是中無果者，	
हेतवः प्रत्ययाश्च स्युरहेतुप्रत्ययैः समाः ॥ ४ ॥	是則眾因緣，與非因緣同。	4
हेतुं फलस्य दत्वा च यदि हेतुर्निरुध्यते ।	若因與果因，作因已而滅，	
यद् दत्तं यन्निरुद्धं च हेतोरात्मद्वयं भवेत् ॥ ५ ॥	是因有二體，一與一則滅。	5
हेतुं फलस्यादत्त्वा च यदि हेतुर्निरुध्यते ।	若因不與果，作因已而滅，	
हेतौ निरुद्धे जातं तत् फलमाहेतुकं भवेत् ॥ ६ ॥	因滅而果生，是果則無因。	6
फलं सहैव सामग्र्या यदि प्रादुर्भवेत् पुनः ।	若眾緣合時，而有果生者，	
एककालौ प्रसज्येते जनको यच्च जन्यते ॥ ७ ॥	生者及可生，則為一時俱。	7
पूर्वमेव च सामग्र्याः फलं प्रादुर्भवेद् यदि ।	若先有果生，而後眾緣合，	
हेतुप्रत्ययनिर्मुक्तं फलमाहेतुकं भवेत् ॥ ८ ॥	此即離因緣，名為無因果。	8
निरुद्धे चेत् फलं हेतौ हेतोः संक्रमणं भवेत् ।	若因變為果，因即至於果，	
पूर्वजातस्य हेतोश्च पुनर्जन्म प्रसज्यते ॥ ९ ॥	是則前生因，生已而復生。	9
जनयेत् फलमुत्पन्नं निरुद्धोऽस्तंगतः कथम् ।	云何因滅失，而能生於果？	
हेतुस्तिष्ठन्नपि कथं फलेन जनयेद् वृतः ॥ १० ॥	又若因在果，云何因生果？	10

अथावृतः फलेनासौ कतमज्जनयेत् फलम् ।	若因遍有果，更生何等果？	
न ह्यदृष्ट्वा न दृष्ट्वापि हेतुर्जनयते फलम् ॥ ११ ॥	因見不見果，是二俱不生。	11
नातीतस्य ह्यतीतेन फलस्य सह हेतुना ।	若言過去因，而於過去果，	
नाजातेन न जातेन संगतिर्जातु विद्यते ॥ १२ ॥	未來現在果，是則終不合。	12
न जातस्य ह्यजातेन फलस्य सह हेतुना ।	若言未來因，而於未來果，	
नातीतेन न जातेन संगतिर्जातु विद्यते ॥ १३ ॥	現在過去果，是則終不合。	13
नाजातस्य हि जातेन फलस्य सह हेतुना ।	若言現在因，而於現在果，	
नाजातेन न नष्टेन संगतिर्जातु विद्यते ॥ १४ ॥	未來過去果，是則終不合。	14
असत्यां संगतौ हेतुः कथं जनयते फलम् ।	若不和合者，因何能生果？	
सत्यां वा संगतौ हेतुः कथं जनयते फलम् ॥ १५ ॥	若有和合者，因何能生果？	15
हेतुः फलेन शून्यश्चेत् कथं जनयते फलम् ।	若因空無果，因何能生果？	
हेतुः फलेनाशून्यश्चेत् कथं जनयते फलम् ॥ १६ ॥	若因不空果，因何能生果？	16
फलं नोत्पत्स्यतेऽशून्यमशून्यं न निरोत्स्यते ।	果不空不生，果不空不滅，	
अनिरुद्धमनुत्पन्नमशून्यं तद् भविष्यति ॥ १७ ॥	以果不空故，不生亦不滅。	17
कथमुत्पत्स्यते शून्यं कथं शून्यं निरोत्स्यते ।	果空故不生，果空故不滅，	
शून्यमप्यनिरुद्धं तदनुत्पन्नं प्रसज्यते ॥ १८ ॥	以果是空故，不生亦不滅。	18
हेतोः फलस्य चैकत्वं न हि जातूपपद्यते ।	因果是一者，是事終不然，	
हेतोः फलस्य चान्यत्वं न हि जातूपपद्यते ॥ १९ ॥	因果若異者，是事亦不然。	19
एकत्वे फलहेत्वोः स्यादैक्यं जनकजन्ययोः ।	若因果是一，生及所生一，	
पृथक्त्वे फलहेत्वोः स्यात् तुल्यो हेतुरहेतुना ॥ २० ॥	若因果是異，因則同非因。	20
फलं स्वभावसद्भूतं किं हेतुर्जनयिष्यति ।	若果定有性，因為何所生？	
फलं स्वभावासद्भूतं किं हेतुर्जनयिष्यति ॥ २१ ॥	若果定無性，因為何所生？	21
न चाजनयमानस्य हेतुत्वमुपपद्यते ।	因不生果者，則無有因相，	
हेतुत्वानुपपत्तौ च फलं कस्य भविष्यति ॥ २२ ॥	若無有因相，誰能有是果？	22

न च प्रत्ययहेतूनामियमात्मानमात्मना ।	若從眾因緣，而有和合生，
या सामग्री जनयते सा कथं जनयेत् फलम् ॥ २३ ॥	和合自不生，云何能生果？ 23
तस्मान्न सामग्रीकृतं नासामग्रीकृतं फलम् ।	是故果不從，緣合不合生，
अस्ति प्रत्ययसामग्री कुत एव फलं विना ॥ २४ ॥	若無有果者，何處有合法？ 24

२१ संभवविभवपरीक्षा　　觀成壞品　第二十一

विना वा सह वा नास्ति विभवः संभवेन वै ।	離成及共成，是中無有壞，
विना वा सह वा नास्ति संभवो विभवेन वै ॥ १ ॥	離壞及共壞，是中亦無成。 1
भविष्यति कथं नाम विभवः संभवं विना ।	若離於成者，云何而有壞？
विनैव जन्म मरणं विभवो नोद्भवं विना ॥ २ ॥	如離生有死，是事則不然。 2
संभवेनैव विभवः कथं सह भविष्यति ।	成壞共有者，云何有成壞？
न जन्म मरणं चैव तुल्यकालं हि विद्यते ॥ ३ ॥	如世間生死，一時則不然。 3
भविष्यति कथं नाम संभवो विभवं विना ।	若離於壞者，云何當有成？
अनित्यता हि भावेषु न कदाचिन्न विद्यते ॥ ४ ॥	無常未曾有，不在諸法時。 4
संभवो विभवेनैव कथं सह भविष्यति ।	成壞共無成，離亦無有成，
न जन्म मरणं चैव तुल्यकालं हि विद्यते ॥ ५ ॥	是二俱不可，云何當有成？ 5
सहान्योन्येन वा सिद्धिर्विनान्योन्येन वा ययोः ।	盡則無有成，不盡亦無成，
न विद्यते तयोः सिद्धिः कथं नु खलु विद्यते ॥ ६ ॥	盡則無有壞，不盡亦不壞。 6
क्षयस्य संभवो नास्ति नाक्षयस्यास्ति संभवः ।	若離於成壞，是亦無有法，
क्षयस्य विभवो नास्ति विभवो नाक्षयस्य च ॥ ७ ॥	若當離於法，亦無有成壞。 7
संभवो विभवश्चैव विना भावं न विद्यते ।	若法性空者，誰當有成壞？
संभवं विभवं चैव विना भावो न विद्यते ॥ ८ ॥	若性不空者，亦無有成壞。 8
संभवो विभवश्चैव न शून्यस्योपपद्यते ।	成壞若一者，是事則不然，
संभवो विभवश्चैव नाशून्यस्योपपद्यते ॥ ९ ॥	成壞若異者，是事亦不然。 9

संभवो विभवश्चैव नैक इत्युपपद्यते । संभवो विभवश्चैव न नानेत्युपपद्यते ॥ १० ॥	若謂以現見，而有生滅者， 則為是癡妄，而見有生滅。 10
दृश्यते संभवश्चैव विभवश्चैव ते भवेत् । दृश्यते संभवश्चैव मोहाद् विभव एव च ॥ ११ ॥	從法不生法，亦不生非法， 從非法不生，法及於非法。 11
न भावाज्जायते भावो भावोऽभावान्न जायते । नाभावाज्जायतेऽभावोऽभावो भावान्न जायते ॥ १२ ॥	法不從自生，亦不從他生， 不從自他生，云何而有生？ 12
न स्वतो जायते भावः परतो नैव जायते । न स्वतः परतश्चैव जायते जायते कुतः ॥ १३ ॥	若有所受法，即墮於斷常， 當知所受法，若常若無常。 13
भावमभ्युपपन्नस्य शाश्वतोच्छेददर्शनम् । प्रसज्यते स भावो हि नित्योऽनित्योऽथ वा भवेत् ॥ १४ ॥	所有受法者，不墮於斷常， 因果相續故，不斷亦不常。 14
भावमभ्युपपन्नस्य नैवोच्छेदो न शाश्वतम् । उदयव्ययसंतानः फलहेत्वोर्भवः स हि ॥ १५ ॥	若因果生滅，相續而不斷， 滅更不生故，因即為斷滅。 15
उदयव्ययसंतानः फलहेत्वोर्भवः स चेत् । व्ययस्यापुनरुत्पत्तेर्हेतूच्छेदः प्रसज्यते ॥ १६ ॥	法住於自性，不應有有無， 涅槃滅相續，則墮於斷滅。 16
सद्भावस्य स्वभावेन नासद्भावश्च युज्यते । निर्वाणकाले चोच्छेदः प्रशमाद् भवसंततेः ॥ १७ ॥	若初有滅者，則無有後有， 初有若不滅，亦無有後有。 17
चरमे न निरुद्धे च प्रथमो युज्यते भवः । चरमे नानिरुद्धे च प्रथमो युज्यते भवः ॥ १८ ॥	若初有滅時，而後有生者， 滅時是一有，生時是一有。 18
निरुध्यमाने चरमे प्रथमो यदि जायते । निरुध्यमान एक स्याज्जायमानोऽपरो भवेत् ॥ १९ ॥	若言於生滅，而謂一時者， 則於此陰死，即於此陰生。 19
न चेन्निरुध्यमानश्च जायमानश्च युज्यते । सार्धं च म्रियते येषु तेषु स्कन्धेषु जायते ॥ २० ॥	三世中求有，相續不可得， 若三世中無，何有有相續？ 20
एवं त्रिष्वपि कालेषु न युक्ता भवसंततिः । त्रिषु कालेषु या नास्ति सा कथं भवसंततिः ॥ २१ ॥	（編按：羅什的漢譯本此品只有20個偈頌，而梵文本則有21個偈頌。）

२२ तथागतपरीक्षा　　觀如來品　第二十二

स्कन्धा न नान्यः स्कन्धेभ्यो नास्मिन् स्कन्धा न तेषु सः।	非陰不離陰，此彼不相在，	
तथागतः स्कन्धवान् न कतमोऽत्र तथागतः ॥ १ ॥	如來不有陰，何處有如來？	1
बुद्धः स्कन्धानुपादाय यदि नास्ति स्वभावतः।	陰合有如來，則無有自性，	
स्वभावतश्च यो नास्ति कुतः स परभावतः ॥ २ ॥	若無有自性，云何因他有？	2
प्रतीत्य परभावं यः स नात्मेत्युपपद्यते।	法若因他生，是即非有我，	
यश्चानात्मा स च कथं भविष्यति तथागतः ॥ ३ ॥	若法非我者，云何是如來？	3
यदि नास्ति स्वभावश्च परभावः कथं भवेत्।	若無有自性，云何有他性？	
स्वभावपरभावाभ्यामृते कः स तथागतः ॥ ४ ॥	離自性他性，何名為如來？	4
स्कन्धान् यद्यनुपादाय भवेत् कश्चित् तथागतः।	若不因五陰，先有如來者，	
स इदानीमुपादद्यादुपादाय ततो भवेत् ॥ ५ ॥	以今受陰故，則說為如來。	5
स्कन्धांश्चाप्यनुपादाय नास्ति कश्चित् तथागतः।	今實不受陰，更無如來法，	
यश्च नास्त्यनुपादाय स उपादास्यते कथम् ॥ ६ ॥	若以不受無，今當云何受？	6
न भवत्यनुपादत्तमुपादानं च किंचन।	若其未有受，所受不名受，	
न चास्ति निरुपादानः कथंचन तथागतः ॥ ७ ॥	無有無受法，而名為如來。	7
तत्त्वान्यत्वेन यो नास्ति मृग्यमाणश्च पञ्चधा।	若於一異中，如來不可得，	
उपादानेन स कथं प्रज्ञप्यते तथागतः ॥ ८ ॥	五種求亦無，云何受中有？	8
यदपीदमुपादानं तत् स्वभावान्न विद्यते।	又所受五陰，不從自性有，	
स्वभावतश्च यन्नास्ति कुतस्तत् परभावतः ॥ ९ ॥	若無自性者，云何有他性？	9
एवं शून्यमुपादानमुपादाता च सर्वशः।	以如是義故，受空受者空，	
प्रज्ञप्यते च शून्येन कथं शून्यस्तथागतः ॥ १० ॥	云何當以空，而說空如來？	10
शून्यमिति न वक्तव्यमशून्यमिति वा भवेत्।	空則不可說，非空不可說，	
उभयं नोभयं चेति प्रज्ञप्त्यर्थं तु कथ्यते ॥ ११ ॥	共不共叵說，但以假名說。	11
शाश्वताशाश्वताद्यत्र कुतः शान्ते चतुष्टयम्।	寂滅相中無，常無常等四，	
अन्तानन्तादि चाप्यत्र कुतः शान्ते चतुष्टयम् ॥ १२ ॥	寂滅相中無，邊無邊等四。	12

घनग्राहो गृहीतस्तु येनास्तीति तथागतः ।	邪見深厚者，則說無如來，	
नास्तीति स विकल्पयन् निर्वृतस्यापि कल्पयेत् ॥ १३ ॥	如來寂滅相，分別有亦非。	13
स्वभावतश्च शून्येऽस्मिंश्चिन्ता नैवोपपद्यते ।	如是性空中，思惟亦不可，	
परं निरोधाद् भवति बुद्धो न भवतीति वा ॥ १४ ॥	如來滅度後，分別於有無。	14
प्रपञ्चयन्ति ये बुद्धं प्रपञ्चातीतमव्ययम् ।	如來過戲論，而人生戲論，	
ते प्रपञ्चहताः सर्वे न पश्यन्ति तथागतम् ॥ १५ ॥	戲論破慧眼，是皆不見佛。	15
तथागतो यत्स्वभावस्तत्स्वभावमिदं जगत् ।	如來所有性，即是世間性，	
तथागतो निःस्वभावो निःस्वभावमिदं जगत् ॥ १६ ॥	如來無有性，世間亦無性。	16

२३ विपर्यासपरीक्षा　　**觀顛倒品　第二十三**

संकल्पप्रभवो रागो द्वेषो मोहश्च कथ्यते ।	從憶想分別，生於貪恚癡，	
शुभाशुभविपर्यासान् संभवन्ति प्रतीत्य हि ॥ १ ॥	淨不淨顛倒，皆從眾緣生。	1
शुभाशुभविपर्यासान् संभवन्ति प्रतीत्य ये ।	若因淨不淨，顛倒生三毒，	
ते स्वभावान्न विद्यन्ते तस्मात् क्लेशा न तत्त्वतः ॥ २ ॥	三毒即無性，故煩惱無實。	2
आत्मनोऽस्तित्वनास्तित्वे न कथंचिच्च सिध्यतः ।	我法有以無，是事終不成，	
तं विनास्तित्वनास्तित्वे क्लेशानां सिध्यतः कथम् ॥ ३ ॥	無我諸煩惱，有無亦不成。	3
कस्यचिद्धि भवन्तीमे क्लेशाः स च न सिध्यति ।	誰有此煩惱？是即為不成，	
कश्चिदाहो विना कंचित् सन्ति क्लेशा न कस्यचित् ॥ ४ ॥	若離是而有，煩惱則無屬。	4
स्वकायदृष्टिवत् क्लेशाः क्लिष्टे सन्ति न पञ्चधा ।	如身見五種，求之不可得，	
स्वकायदृष्टिवत् क्लिष्टं क्लेशेष्वपि न पञ्चधा ॥ ५ ॥	煩惱於垢心，五求亦不得。	5
स्वभावतो न विद्यन्ते शुभाशुभविपर्ययाः ।	淨不淨顛倒，是則無自性，	
प्रतीत्य कतमान् क्लेशाः शुभाशुभविपर्ययान् ॥ ६ ॥	云何因此二，而生諸煩惱？	6
रूपशब्दरसस्पर्शा गन्धा धर्माश्च षड्विधम् ।	色聲香味觸，及法為六種，	
वस्तु रागस्य दोषस्य मोहस्य च विकल्प्यते ॥ ७ ॥	如是之六種，是三毒根本。	7

रूपशब्दरसस्पर्शा गन्धा धर्माश्च केवलाः ।	色聲香味觸，及法體六種，
गन्धर्वनगराकारा मरीचिस्वप्नसंनिभाः ॥ ८ ॥	皆空如炎夢，如乾闥婆城。 8
अशुभं वा शुभं वापि कुतस्तेषु भविष्यति ।	如是六種中，何有淨不淨？
मायापुरुषकल्पेषु प्रतिबिम्बसमेषु च ॥ ९ ॥	猶如幻化人，亦如鏡中像。 9
अनपेक्ष्य शुभं नास्त्यशुभं प्रज्ञपयेमहि ।	不因於淨相，則無有不淨，
यत् प्रतीत्य शुभं तस्माच्छुभं नैवोपपद्यते ॥ १० ॥	因淨有不淨，是故無不淨。 10
अनपेक्ष्याशुभं नास्ति शुभं प्रज्ञपयेमहि ।	不因於不淨，則亦無有淨，
यत् प्रतीत्याशुभं तस्मादशुभं नैव विद्यते ॥ ११ ॥	因不淨有淨，是故無有淨。 11
अविद्यमाने च शुभे कुतो रागो भविष्यति ।	若無有淨者，何由而有貪？
अशुभेऽविद्यमाने च कुतो द्वेषो भविष्यति ॥ १२ ॥	若無有不淨，何由而有恚？ 12
अनित्ये नित्यमित्येवं यदि ग्राहो विपर्ययः ।	於無常著常，是則名顛倒，
नानित्यं विद्यते शून्ये कुतो ग्राहो विपर्ययः ॥ १३ ॥	空中無有常，何處有常倒？ 13
अनित्ये नित्यमित्येवं यदि ग्राहो विपर्ययः ।	若於無常中，著無常非倒，
अनित्यमित्यपि ग्राहः शून्ये किं न विपर्ययः ॥ १४ ॥	空中無無常，何有非顛倒？ 14
येन गृह्णाति यो ग्राहो ग्रहीता यच्च गृह्यते ।	可著著者著，及所用著法，
उपशान्तानि सर्वाणि तस्माद् ग्राहो न विद्यते ॥ १५ ॥	是皆寂滅相，云何而有著？ 15
अविद्यमाने ग्राहे च मिथ्या वा सम्यगेव वा ।	若無有著法，言邪是顛倒，
भवेद् विपर्ययः कस्य भवेत् कस्याविपर्ययः ॥ १६ ॥	言正不顛倒，誰有如是事？ 16
न चापि विपरीतस्य संभवन्ति विपर्ययाः ।	有倒不生倒，無倒不生倒，
न चाप्यविपरीतस्य संभवन्ति विपर्ययाः ॥ १७ ॥	倒者不生倒，不倒亦不倒。 17
न विपर्यस्यमानस्य संभवन्ति विपर्ययाः ।	若於顛倒時，亦不生顛倒，
विमृशस्व स्वयं कस्य संभवन्ति विपर्ययाः ॥ १८ ॥	汝可自觀察，誰生於顛倒？ 18
अनुत्पन्नाः कथं नाम भविष्यन्ति विपर्ययाः ।	諸顛倒不生，云何有此義？
विपर्ययेष्वजातेषु विपर्ययगतः कुतः ॥ १९ ॥	無有顛倒故，何有顛倒者？ 19

न स्वतो जायते भावः परतो नैव जायते।
न स्वतः परतश्चेति विपर्ययगतः कुतः॥ २०॥

若常我樂淨，而是實有者，
是常我樂淨，則非是顛倒。 20

आत्मा च शुचि नित्यं च सुखं च यदि विद्यते।
आत्मा च शुचि नित्यं च सुखं च न विपर्ययाः॥ २१॥

若常我樂淨，而實無有者，
無常苦不淨，是則亦應無。 21

नात्मा च शुचि नित्यं च सुखं च यदि विद्यते।
अनात्माशुच्यनित्यं च नैव दुःखं च विद्यते॥ २२॥

如是顛倒滅，無明則亦滅，
以無明滅故，諸行等亦滅。 22

एवं निरुध्यतेऽविद्या विपर्ययनिरोधनात्।
अविद्यायां निरुद्धायां संस्काराद्यं निरुध्यते॥ २३॥

若煩惱性實，而有所屬者，
云何當可斷？誰能斷其性？ 23

यदि भूताः स्वभावेन क्लेशाः केचिद्धि कस्यचित्।
कथं नाम प्रहीयेरन् कः स्वभावं प्रहास्यति॥ २४॥

若煩惱虛妄，無性無屬者，
云何當可斷？誰能斷無性？ 24

यद्यभूताः स्वभावेन क्लेशाः केचिद्धि कस्यचित्।
कथं नाम प्रहीयेरन् कोऽसद्भावं प्रहास्यति॥ २५॥

（編按：羅什的漢譯本此品有 24 個偈頌，而在梵文本則有 25 個偈頌。）

२४ आर्यसत्यपरीक्षा

觀四諦品　第二十四

यदि शून्यमिदं सर्वमुदयो नास्ति न व्ययः।
चतुर्णामार्यसत्यानामभावस्ते प्रसज्यते॥ १॥

若一切皆空，無生亦無滅，
如是則無有，四聖諦之法。 1

परिज्ञा च प्रहाणं च भावना साक्षिकर्म च।
चतुर्णामार्यसत्यानामभावान्नोपपद्यते॥ २॥

以無四諦故，見苦與斷集，
證滅及修道，如是事皆無。 2

तदभावान्न विद्यन्ते चत्वार्यपि फलानि च।
फलाभावे फलस्था नो न सन्ति प्रतिपन्नकाः॥ ३॥

以是事無故，則無四道果，
無有四果故，得向者亦無。 3

संघो नास्ति न चेत् सन्ति तेऽष्टौ पुरुषपुद्गलाः।
अभावाच्चार्यसत्यानां सद्धर्मोऽपि न विद्यते॥ ४॥

若無八賢聖，則無有僧寶，
以無四諦故，亦無有法寶。 4

धर्मे चासति संघे च कथं बुद्धो भविष्यति।
एवं त्रीण्यपि रत्नानि ब्रुवाणः प्रतिबाधसे॥ ५॥

以無法僧寶，亦無有佛寶，
如是說空者，是則破三寶。 5

शून्यतां फलसद्भावमधर्मं धर्ममेव च ।	空法壞因果，亦壞於罪福，	
सर्वसंव्यवहारांश्च लौकिकान् प्रतिबाधसे ॥ ६ ॥	亦復悉毀壞，一切世俗法。	6
अत्र ब्रूमः शून्यतायां न त्वं वेत्सि प्रयोजनम् ।	汝今實不能，知空空因緣，	
शून्यतां शून्यतार्थं च तत एवं विहन्यसे ॥ ७ ॥	及知於空義，是故自生惱。	7
द्वे सत्ये समुपाश्रित्य बुद्धानां धर्मदेशना ।	諸佛依二諦，為眾生說法，	
लोकसंवृतिसत्यं च सत्यं च परमार्थतः ॥ ८ ॥	一以世俗諦，二第一義諦。	8
येऽनयोर्न विजानन्ति विभागं सत्ययोर्द्वयोः ।	若人不能知，分別於二諦，	
ते तत्त्वं न विजानन्ति गम्भीरे बुद्धशासने ॥ ९ ॥	則於深佛法，不知真實義。	9
व्यवहारमनाश्रित्य परमार्थो न देश्यते ।	若不依俗諦，不得第一義，	
परमार्थमनागम्य निर्वाणं नाधिगम्यते ॥ १० ॥	不得第一義，則不得涅槃。	10
विनाशयति दुर्दृष्टा शून्यता मन्दमेधसम् ।	不能正觀空，鈍根則自害，	
सर्पो यथा दुर्गृहीतो विद्या वा दुष्प्रसाधिता ॥ ११ ॥	如不善咒術，不善捉毒蛇。	11
अतश्च प्रत्युदावृत्तं चित्तं देशयितुं मुनेः ।	世尊知是法，甚深微妙相，	
धर्मं मत्वास्य धर्मस्य मन्दैर्दुरवगाहताम् ॥ १२ ॥	非鈍根所及，是故不欲說。	12
शून्यतायामधिलयं यं पुनः कुरुते भवान् ।	汝謂我著空，而為我生過，	
दोषप्रसङ्गो नास्माकं स शून्ये नोपपद्यते ॥ १३ ॥	汝今所說過，於空則無有。	13
सर्वं च युज्यते तस्य शून्यता यस्य युज्यते ।	以有空義故，一切法得成，	
सर्वं न युज्यते तस्य शून्यं यस्य न युज्यते ॥ १४ ॥	若無空義者，一切則不成。	14
स त्वं दोषानात्मनीयानस्मासु परिपातयन् ।	汝今自有過，而以迴向我，	
अश्वमेवाभिरूढः सन्नश्वमेवासि विस्मृतः ॥ १५ ॥	如人乘馬者，自忘於所乘。	15
स्वभावाद् यदि भावानां सद्भावमनुपश्यसि ।	若汝見諸法，決定有性者，	
अहेतुप्रत्ययान् भावांस्त्वमेवं सति पश्यसि ॥ १६ ॥	即為見諸法，無因亦無緣。	16
कार्यं च कारणं चैव कर्तारं करणं क्रियाम् ।	即為破因果，作作者作法，	
उत्पादं च निरोधं च फलं च प्रतिबाधसे ॥ १७ ॥	亦復壞一切，萬物之生滅。	17

यः प्रतीत्यसमुत्पादः शून्यतां तां प्रचक्ष्महे ।	眾因緣生法，我說即是空，	
सा प्रज्ञप्तिरुपादाय प्रतिपत् सैव मध्यमा ॥ १८ ॥	亦為是假名，亦是中道義。	18
अप्रतीत्यसमुत्पन्नो धर्मः कश्चिन्न विद्यते ।	未曾有一法，不從因緣生，	
यस्मात् तस्मादशून्यो हि धर्मः कश्चिन्न विद्यते ॥ १९ ॥	是故一切法，無不是空者。	19
यद्यशून्यमिदं सर्वमुदयो नास्ति न व्ययः ।	若一切不空，則無有生滅，	
चतुर्णामार्यसत्यानामभावस्ते प्रसज्यते ॥ २० ॥	如是則無有，四聖諦之法。	20
अप्रतीत्यसमुत्पन्नं कुतो दुःखं भविष्यति ।	苦不從緣生，云何當有苦？	
अनित्यमुक्तं दुःखं हि तत् स्वाभाव्ये न विद्यते ॥ २१ ॥	無常是苦義，定性無無常。	21
स्वभावतो विद्यमानं किं पुनः समुदेष्यते ।	若苦有定性，何故從集生？	
तस्मात् समुदयो नास्ति शून्यतां प्रतिबाधतः ॥ २२ ॥	是故無有集，以破空義故。	22
न निरोधः स्वभावेन सतो दुःखस्य विद्यते ।	苦若有定性，則不應有滅，	
स्वभावपर्यवस्थानान्निरोधं प्रतिबाधसे ॥ २३ ॥	汝著定性故，即破於滅諦。	23
स्वाभाव्ये सति मार्गस्य भावना नोपपद्यते ।	苦若有定性，則無有修道，	
अथासौ भाव्यते मार्गः स्वाभाव्यं ते न विद्यते ॥ २४ ॥	若道可修習，即無有定性。	24
यदा दुःखं समुदयो निरोधश्च न विद्यते ।	若無有苦諦，及無集滅諦，	
मार्गो दुःखनिरोधत्वात् कतमः प्रापयिष्यति ॥ २५ ॥	所可滅苦道，竟為何所至？	25
स्वभावेनापरिज्ञानं यदि तस्य पुनः कथम् ।	若苦定有性，先來所不見，	
परिज्ञानं ननु किल स्वभावः समवस्थितः ॥ २६ ॥	於今云何見？其性不異故。	26
प्रहाणसाक्षात्करणे भावना चैवमेव ते ।	如見苦不然，斷集及證滅，	
परिज्ञावन्न युज्यन्ते चत्वार्यपि फलानि च ॥ २७ ॥	修道及四果，是亦皆不然。	27
स्वभावेनानधिगतं यत् फलं तत् पुनः कथम् ।	是四道果性，先來不可得，	
शक्यं समधिगन्तुं स्यात् स्वभावं परिगृह्णतः ॥ २८ ॥	諸法性若定，今云何可得？	28
फलाभावे फलस्था नो न सन्ति प्रतिपन्नकाः ।	若無有四果，則無得向者，	
संघो नास्ति न चेत् सन्ति तेऽष्टौ पुरुषपुद्गलाः ॥ २९ ॥	以無八聖故，則無有僧寶。	29

अभावाच्चार्यसत्यानां सद्धर्मोऽपि न विद्यते ।	無四聖諦故，亦無有法寶，
धर्मे चासति संघे च कथं बुद्धो भविष्यति ॥ ३० ॥	無法寶僧寶，云何有佛實？ 30
अप्रतीत्यापि बोधिं च तव बुद्धः प्रसज्यते ।	汝說則不因，菩提而有佛，
अप्रतीत्यापि बुद्धं च तव बोधिः प्रसज्यते ॥ ३१ ॥	亦復不因佛，而有於菩提。 31
यश्चाबुद्धः स्वभावेन स बोधाय घटन्नपि ।	雖復勤精進，修行菩提道，
न बोधिसत्त्वचर्यायां बोधिं तेऽधिगमिष्यति ॥ ३२ ॥	若先非佛性，不應得成佛。 32
न च धर्ममधर्मं वा कश्चिज्जातु करिष्यति ।	若諸法不空，無作罪福者，
किमशून्यस्य कर्तव्यं स्वभावः क्रियते न हि ॥ ३३ ॥	不空何所作？以其性定故。 33
विना धर्ममधर्मं च फलं हि तव विद्यते ।	汝於罪福中，不生果報者，
धर्माधर्मनिमित्तं च फलं तव न विद्यते ॥ ३४ ॥	是則離罪福，而有諸果報。 34
धर्माधर्मनिमित्तं वा यदि ते विद्यते फलम् ।	若謂從罪福，而生果報者，
धर्माधर्मसमुत्पन्नमशून्यं ते कथं फलम् ॥ ३५ ॥	果從罪福生，云何言不空？ 35
सर्वसंव्यवहारांश्च लौकिकान् प्रतिबाधसे ।	汝破一切法，諸因緣空義，
यः प्रतीत्यसमुत्पादशून्यतां प्रतिबाधसे ॥ ३६ ॥	則破於世俗，諸餘所有法。 36
न कर्तव्यं भवेत् किंचिदनारब्धा भवेत् क्रिया ।	若破於空義，即應無所作，
कारकः स्यादकुर्वाणः शून्यतां प्रतिबाधतः ॥ ३७ ॥	無作而有作，不作名作者。 37
अजातमनिरुद्धं च कूटस्थं च भविष्यति ।	若有決定性，世間種種相，
विचित्राभिरवस्थाभिः स्वभावे रहितं जगत् ॥ ३८ ॥	則不生不滅，常住而不壞。 38
असंप्राप्तस्य च प्राप्तिर्दुःखपर्यन्तकर्म च ।	若無有空者，未得不應得，
सर्वक्लेशप्रहाणं च यद्यशून्यं न विद्यते ॥ ३९ ॥	亦無斷煩惱，亦無苦盡事。 39
यः प्रतीत्यसमुत्पादं पश्यतीदं स पश्यति ।	是故經中說，若見因緣法，
दुःखं समुदयं चैव निरोधं मार्गमेव च ॥ ४० ॥	則為能見佛，見苦集滅道。 40

२५ निर्वाणपरीक्षा　　觀涅槃品　第二十五

यदि शून्यमिदं सर्वमुदयो नास्ति न व्ययः । प्रहाणाद् वा निरोधाद् वा कस्य निर्वाणमिष्यते ॥ १ ॥	若一切法空，無生無滅者， 何斷何所滅，而稱為涅槃？	1
यद्यशून्यमिदं सर्वमुदयो नास्ति न व्ययः । प्रहाणाद् वा निरोधाद् वा कस्य निर्वाणमिष्यते ॥ २ ॥	若諸法不空，則無生無滅， 何斷何所滅，而稱為涅槃？	2
अप्रहीणमसंप्राप्तमनुच्छिन्नमशाश्वतम् । अनिरुद्धमनुत्पन्नमेतन्निर्वाणमुच्यते ॥ ३ ॥	無得亦無至，不斷亦不常， 不生亦不滅，是說名涅槃。	3
भावस्तावन्न निर्वाणं जरामरणलक्षणम् । प्रसज्येतास्ति भावो हि न जरामरणं विना ॥ ४ ॥	涅槃不名有，有則老死相， 終無有有法，離於老死相。	4
भावश्च यदि निर्वाणं निर्वाणं संस्कृतं भवेत् । नासंस्कृतो हि विद्यते भावः क्वचन कश्चन ॥ ५ ॥	若涅槃是有，涅槃即有為， 終無有一法，而是無為者。	5
भावश्च यदि निर्वाणमनुपादाय तत् कथम् । निर्वाणं नानुपादाय कश्चिद् भावो हि विद्यते ॥ ६ ॥	若涅槃是有，云何名無受？ 無有不從受，而名為有法。	6
भावो यदि न निर्वाणमभावः किं भविष्यति । निर्वाणं यत्र भावो न नाभावस्तत्र विद्यते ॥ ७ ॥	有尚非涅槃，何況於無耶？ 涅槃無有有，何處當有無？	7
यद्यभावश्च निर्वाणमनुपादाय तत् कथम् । निर्वाणं न ह्यभावोऽस्ति योऽनुपादाय विद्यते ॥ ८ ॥	若無是涅槃，云何名不受？ 未曾有不受，而名為無法。	8
य आजवंजवीभाव उपादाय प्रतीत्य वा । सोऽप्रतीत्यानुपादाय निर्वाणमुपदिश्यते ॥ ९ ॥	受諸因緣故，輪轉生死中， 不受諸因緣，是名為涅槃。	9
प्रहाणं चाब्रवीच्छास्ता भवस्य विभवस्य च । तस्मान्न भावो नाभावो निर्वाणमिति युज्यते ॥ १० ॥	如佛經中說，斷有斷非有， 是故知涅槃，非有亦非無。	10
भवेदभावो भावश्च निर्वाणमुभयं यदि । भवेदभावो भावश्च मोक्षस्तच्च न युज्यते ॥ ११ ॥	若謂於有無，合為涅槃者， 有無即解脫，是事則不然。	11
भवेदभावो भावश्च निर्वाणमुभयं यदि । नानुपादाय निर्वाणमुपादायोभयं हि तत् ॥ १२ ॥	若謂於有無，合為涅槃者， 涅槃非無受，是二從受生。	12

भवेदभावो भावश्च निर्वाणमुभयं कथम् ।
असंस्कृतं हि निर्वाणं भावाभावौ हि संस्कृतौ ॥ १३ ॥

有無共合成，云何名涅槃？
涅槃名無為，有無是有為。 13

भवेदभावो भावश्च निर्वाणमुभयं कथम् ।
तयोरभावो ह्येकत्र प्रकाशतमसोरिव ॥ १४ ॥

有無二事共，云何是涅槃？
是二不同處，如明暗不俱。 14

नैवाभावो नैव भावो निर्वाणमिति याञ्जना ।
अभावे चैव भावे च सा सिद्धे सति सिध्यति ॥ १५ ॥

若非有非無，名之為涅槃，
此非有非無，以何而分別？ 15

नैवाभावो नैव भावो निर्वाणं यदि विद्यते ।
नैवाभावो नैव भाव इति केन तदज्यते ॥ १६ ॥

分別非有無，如是名涅槃，
若有無成者，非有非無成。 16

परं निरोधाद् भगवान् भवतीत्येव नाज्यते ।
न भवत्युभयं चेति नोभयं चेति नाज्यते ॥ १७ ॥

如來滅度後，不言有與無，
亦不言有無，非有及非無。 17

तिष्ठमानोऽपि भगवान् भवतीत्येव नाज्यते ।
न भवत्युभयं चेति नोभयं चेति नाज्यते ॥ १८ ॥

如來現在時，不言有與無，
亦不言有無，非有及非無。 18

न संसारस्य निर्वाणात् किंचिदस्ति विशेषणम् ।
न निर्वाणस्य संसारात् किंचिदस्ति विशेषणम् ॥ १९ ॥

涅槃與世間，無有少分別，
世間與涅槃，亦無少分別。 19

निर्वाणस्य च या कोटिः कोटिः संसरणस्य च ।
न तयोरन्तरं किंचित् सुसूक्ष्ममपि विद्यते ॥ २० ॥

涅槃之實際，及與世間際，
如是二際者，無毫釐差別。 20

परं निरोधादन्ताद्याः शाश्वताद्याश्च दृष्टयः ।
निर्वाणमपरान्तं च पूर्वान्तं च समाश्रिताः ॥ २१ ॥

滅後有無等，有邊等常等，
諸見依涅槃，未來過去世。 21

शून्येषु सर्वधर्मेषु किमनन्तं किमन्तवत् ।
किमनन्तमन्तवच्च नानन्तं नान्तवच्च किम् ॥ २२ ॥

一切法空故，何有邊無邊？
亦邊亦無邊？非有非無邊？ 22

किं तदेव किमन्यत् किं शाश्वतं किमशाश्वतम् ।
अशाश्वतं शाश्वतं च किं वा नोभयमप्यथ ॥ २३ ॥

何者為一異？何有常無常？
亦常亦無常？非常非無常？ 23

सर्वोपलम्भोपशमः प्रपञ्चोपशमः शिवः ।
न क्वचित् कस्यचित् कश्चिद् धर्मो बुद्धेन देशितः ॥ २४ ॥

諸法不可得，滅一切戲論，
無人亦無處，佛亦無所說。 24

२६ द्वादशाङ्गपरीक्षा

पुनर्भवाय संस्कारानविद्यानिवृतस्त्रिधा ।
अभिसंस्कुरुते यांस्तैर्गतिं गच्छति कर्मभिः ॥ १ ॥

विज्ञानं संनिविशते संस्कारप्रत्ययं गतौ ।
संनिविष्टेऽथ विज्ञाने नामरूपं निषिच्यते ॥ २ ॥

निषिक्ते नामरूपे तु षडायतनसंभवः ।
षडायतनमागम्य संस्पर्शः संप्रवर्तते ॥ ३ ॥

चक्षुः प्रतीत्य रूपं च समन्वाहारमेव च ।
नामरूपं प्रतीत्यैवं विज्ञानं संप्रवर्तते ॥ ४ ॥

संनिपातस्त्रयाणां यो रूपविज्ञानचक्षुषाम् ।
स्पर्शः स तस्मात् स्पर्शाच्च वेदना संप्रवर्तते ॥ ५ ॥

वेदनाप्रत्यया तृष्णा वेदनार्थं हि तृष्यते ।
तृष्यमाण उपादानमुपादत्ते चतुर्विधम् ॥ ६ ॥

उपादाने सति भव उपादातुः प्रवर्तते ।
स्याद्धि यद्यनुपादानो मुच्येत न भवेद् भवः ॥ ७ ॥

पञ्च स्कन्धाः स च भवो भवाज्जातिः प्रवर्तते ।
जरामरणदुःखादि शोकाः सपरिदेवनाः ॥ ८ ॥

दौर्मनस्यमुपायासा जातेरेतत् प्रवर्तते ।
केवलस्यैवमेतस्य दुःखस्कन्धस्य संभवः ॥ ९ ॥

संसारमूलं संस्कारानविद्वान् संस्करोत्यतः ।
अविद्वान् कारकस्तस्मान्न विद्वांस्तत्त्वदर्शनात् ॥ १० ॥

अविद्यायां निरुद्धायां संस्काराणामसंभवः ।
अविद्याया निरोधस्तु ज्ञानस्यास्यैव भावनात् ॥ ११ ॥

तस्य तस्य निरोधेन तत् तन्नाभिप्रवर्तते ।
दुःखस्कन्धः केवलोऽयमेवं सम्यग् निरुध्यते ॥ १२ ॥

觀十二因緣品 第二十六

眾生癡所覆，為後起三行，
以起是行故，隨行墮六趣。 1

以諸行因緣，識受六道身，
以有識著故，增長於名色。 2

名色增長故，因而生六入，
情塵識和合，而生於六觸。 3

因於六觸故，即生於三受，
以因三受故，而生於渴愛。 4

因愛有四取，因取故有有，
若取者不取，則解脫無有。 5

從有而有生，從生有老死，
從老死故有，憂悲諸苦惱。 6

如是等諸事，皆從生而有，
但以是因緣，而集大苦陰。 7

是謂為生死，諸行之根本，
無明者所造，智者所不為。 8

以是事滅故，是事則不生，
但是苦陰聚，如是而正滅。 9

（編按：羅什的漢譯本此品只有 9 個偈頌，而在梵文本則有 12 個偈頌。）

२७ दृष्टिपरीक्षा　　觀邪見品　第二十七

दृष्टिपरीक्षा	觀邪見品	
अभूमतीतमध्वानं नाभूवमिति दृष्टयः ।	我於過去世，為有為是無，	
यास्ताः शाश्वतलोकाद्याः पूर्वान्तं समुपाश्रिताः ॥ १ ॥	世間常等見，皆依過去世。	1
दृष्टयो न भविष्यामि किमन्योऽनागतेऽध्वनि ।	我於未來世，為作為不作，	
भविष्यामीति चान्ताद्या अपरान्तं समाश्रिताः ॥ २ ॥	有邊等諸見，皆依未來世。	2
अभूमतीतमध्वानमित्येतन्नोपपद्यते ।	過去世有我，是事不可得，	
यो हि जन्मसु पूर्वेषु स एव न भवत्ययम् ॥ ३ ॥	過去世中我，不作今世我。	3
स एवात्मेति तु भवेदुपादानं विशिष्यते ।	若謂我即是，而身有異相，	
उपादानविनिर्मुक्त आत्मा ते कतमः पुनः ॥ ४ ॥	若當離於身，何處別有我？	4
उपादानविनिर्मुक्तो नास्त्यात्मेति कृते सति ।	離有無身我，是事為已成，	
स्यादुपादानमेवात्मा नास्ति चात्मेति वः पुनः ॥ ५ ॥	若謂身即我，若都無有我。	5
न चोपादानमेवात्मा व्येति तत् समुदेति च ।	但身不為我，身相生滅故，	
कथं हि नामोपादानमुपादाता भविष्यति ॥ ६ ॥	云何當以受，而作於受者？	6
अन्यः पुनरुपादानादात्मा नैवोपपद्यते ।	若離身有我，是事則不然，	
गृह्येत ह्यनुपादानो यद्यन्यो न च गृह्यते ॥ ७ ॥	無受而有我，而實不可得。	7
एवं नान्य उपादानान्न चोपादानमेव सः ।	今我不離受，亦不即是受，	
आत्मा नास्त्यनुपादानो नापि नास्त्येष निश्चयः ॥ ८ ॥	非無受非無，此即決定義。	8
नाभूमतीतमध्वानमित्येतन्नोपपद्यते ।	過去我不作，是事則不然，	
यो हि जन्मसु पूर्वेषु ततोऽन्यो न भवत्ययम् ॥ ९ ॥	過去世中我，異今亦不然。	9
यदि ह्ययं भवेदन्यः प्रत्याख्यायापि तं भवेत् ।	若謂有異者，離彼應有今，	
तथैव च स संतिष्ठेत् तत्र जायेत चामृतः ॥ १० ॥	我住過去世，而今我自生。	10
उच्छेदः कर्मणां नाशः कृतमन्येन कर्म च ।	如是則斷滅，失於業果報，	
प्रतिसंवेदयेदन्य एवमादि प्रसज्यते ॥ ११ ॥	彼作而此受，有如是等過。	11
नाप्यभूत्वा समुद्भूतो दोषो ह्यत्र प्रसज्यते ।	先無而今有，此中亦有過，	
कृतको वा भवेदात्मा संभूतो वाप्यहेतुकः ॥ १२ ॥	我則是作法，亦為是無因。	12

एवं दृष्टिरतीते या नाभूमहमभूमहम् ।	如過去世中，有我無我見，	
उभयं नोभयं चेति नैषा समुपपद्यते ॥ १३ ॥	若共若不共，是事皆不然。	13
अध्वन्यनागते किं नु भविष्यामीति दर्शनम् ।	我於未來世，為作為不作，	
न भविष्यामि चेत्येतदतीतेनाध्वना समम् ॥ १४ ॥	如是之見者，皆同過去世。	14
स देवः स मनुष्यश्चेदेवं भवति शाश्वतम् ।	若天即是人，則墮於常邊，	
अनुत्पन्नश्च देवः स्याज्जायते न हि शाश्वतम् ॥ १५ ॥	天則為無生，常法不生故。	15
देवादन्यो मनुष्यश्चेदशाश्वतमतो भवेत् ।	若天異於人，是即為無常，	
देवादन्यो मनुष्यश्चेद् संततिर्नोपपद्यते ॥ १६ ॥	若天異人者，是則無相續。	16
दिव्यो यद्येकदेशः स्यादेकदेशश्च मानुषः ।	若半天半人，則墮於二邊，	
अशाश्वतं शाश्वतं च भवेत् तच्च न युज्यते ॥ १७ ॥	常及於無常，是事則不然。	17
अशाश्वतं शाश्वतं च प्रसिद्धमुभयं यदि ।	若常及無常，是二俱成者，	
सिद्धे न शाश्वतं कामं नैवाशाश्वतमित्यपि ॥ १८ ॥	如是則應成，非常非無常。	18
कुतश्चिदागतः कश्चित् किंचिद् गच्छेत् पुनः क्वचित् ।	法若定有來，及定有去者，	
यदि तस्मादनादिस्तु शाश्वतः स्यान्न चास्ति सः ॥ १९ ॥	生死則無始，而實無此事。	19
नास्ति चेच्छाश्वतः कश्चित् को भविष्यत्यशाश्वतः ।	今若無有常，云何有無常，	
शाश्वतोऽशाश्वतश्चापि द्वाभ्यामाभ्यां तिरस्कृतः ॥ २० ॥	亦常亦無常，非常非無常？	20
अन्तवान् यदि लोकः स्यात् परलोकः कथं भवेत् ।	若世間有邊，云何有後世？	
अथाप्यनन्तवाँल्लोकः परलोकः कथं भवेत् ॥ २१ ॥	若世間無邊，云何有後世？	21
स्कन्धानामेष संतानो यस्माद् दीपार्चिषामिव ।	五陰常相續，猶如燈火焰，	
तस्मान्नानन्तवत्त्वं च नान्तवत्त्वं च युज्यते ॥ २२ ॥	以是故世間，不應邊無邊。	22
पूर्वे यदि च भज्येरन्नुत्पद्येरन्न चाप्यमी ।	若先五陰壞，不因是五陰，	
स्कन्धाः स्कन्धान् प्रतीत्येमानथ लोकोऽन्तवान् भवेत् ॥२३ ॥	更生後五陰，世間則有邊。	23
पूर्वे यदि न भज्येरन्नुत्पद्येरन् न चाप्यमी ।	若先陰不壞，亦不因是陰，	
स्कन्धाः स्कन्धान् प्रतीत्येमाँल्लोकोऽनन्तो भवेदथ ॥ २४ ॥	而生後五陰，世間則無邊。	24

अन्तवानेकदेशश्चेदेकदेशस्त्वनन्तवान् ।
स्यादन्तवाननन्तश्च लोकस्तच्च न युज्यते ॥ २५ ॥

若世半有邊，世間半無邊，
是則亦有邊，亦無邊不然。 25

कथं तावदुपादातुरेकदेशो विनङ्क्ष्यते ।
न नङ्क्ष्यते चैकदेश एवं चैतन्न युज्यते ॥ २६ ॥

彼受五陰者，云何一分破，
一分而不破？是事則不然。 26

उपादानैकदेशश्च कथं नाम विनङ्क्ष्यते ।
न नङ्क्ष्यते चैकदेशो नैतदप्युपपद्यते ॥ २७ ॥

受亦復如是，云何一分破，
一分而不破？是事亦不然。 27

अन्तवच्चाप्यनन्तं च प्रसिद्धमुभयं यदि ।
सिद्धे नैवान्तवत् कामं नैवानन्तवदित्यपि ॥ २८ ॥

若亦有無邊，是二得成者，
非有非無邊，是則亦應成。 28

अथ वा सर्वभावानां शून्यत्वाच्छाश्वतादयः ।
क्व कस्य कतमाः कस्मात् संभविष्यन्ति दृष्टयः ॥ २९ ॥

一切法空故，世間常等見，
何處於何時，誰起是諸見？ 29

सर्वदृष्टिप्रहाणाय यः सद्धर्ममदेशयेत् ।
अनुकम्पामुपादाय तं नमस्यामि गौतमम् ॥ ३० ॥

瞿曇大聖主，憐愍說是法，
悉斷一切見，我今稽首禮。 30

龍樹中論的哲學解讀 ／ 吳汝鈞　著.-- 二版. --新北市：臺灣商務，2018. 08

面 ；　公分. --（OPEN ：2）

ISBN 978-957-05-3163-3（平裝）

1. 佛教哲學

220.11　　107012389